Prager deutsche Erzählungen

Prager deutsche Erzählungen

Herausgegeben von
Dieter Sudhoff
und
Michael M. Schardt

Philipp Reclam jun. Stuttgart

Mit 26 Abbildungen

Universal-Bibliothek Nr. 8771

Umschlagabbildung der kartonierten Ausgabe:
Prag, Karlsbrücke. Tusch-Lithographie von Friedrich Feigl
Mit freundlicher Genehmigung von Achim Rotter, London
Satz: Wilhelm Röck, Weinsberg
Druck und Bindung: Reclam, Ditzingen. Printed in Germany 1992
RECLAM und UNIVERSAL-BIBLIOTHEK sind eingetragene
Warenzeichen der Philipp Reclam jun. GmbH & Co., Stuttgart
ISBN 3-15-008771-6 (kart.) ISBN 3-15-028771-5 (geb.)

Inhalt

Einleitung

I

Der Titel unserer Anthologie – *Prager deutsche Erzählungen* – ist analog zum üblich gewordenen Begriff der »Prager deutschen Literatur« eine leicht mißzuverstehende Abbreviatur und bedarf daher der Definition: Weder sollen die Texte in lokaler Reduktion nur einmal mehr den unheimlichen Zauber der untergegangenen »Goldenen Stadt« beweisen, noch stammen überhaupt alle ihrer Autoren aus Prag. Kriterien der (notwendig subjektiven und auch umfangsbedingten) Auswahl waren vielmehr die Qualität der Erzählungen und ihre Repräsentanz für eine Literatur deutscher Sprache, die ihre Besonderheit insulär in tschechischer Umgebung entwickelte und sich trotz ihrer inneren Heterogenität deutlich abgrenzt von der nationalistischen Literatur der Sudetengebiete. Dabei ist »Prag« mehr als eine Chiffre für eine mentale Situation der Isolierung: Den meisten der hier vertretenen Autoren wurde Prag mit seinem exemplarischen Spannungsfeld nationaler, religiöser und sozialer Antagonismen auch dann zum Fokus ihres Schreibens, wenn sie in der böhmischen oder mährischen Provinz geboren waren, und der prägende Einfluß dauerte selbst dann fort, wenn sie die Stadt früh wieder verließen. Daß besonders viele jüdische Autoren in die Sammlung aufgenommen wurden, ist weder Kalkül noch Zufall: vor allem sie empfanden in der polemisch zerrissenen Stadt die Krise ihrer Identität und gaben ihr den überregional und überzeitlich gültigen Ausdruck, der die Lektüre ihrer Texte noch heute oft so beklemmend sein läßt.

Als Inbegriff deutschjüdischer Prager Geistigkeit gilt mit einigem Recht Franz Kafka; die beispiellose Resonanz auf seine enigmatischen Romane und Erzählungen, mit der allenfalls noch der Weltruhm Rainer Maria Rilkes oder

Franz Werfels konkurrieren kann, hat freilich auch überlange die Stimmen anderer Prager Autoren übertönt und sie höchstens als Hintergrundschor wahrnehmen lassen. Historische und politische Gründe, zumal die Ausgrenzung der Tschechoslowakei aus dem europäischen Diskurs, taten ein übriges, das Schweigen aufrechtzuerhalten. Es ist daher kein Wunder, daß gerade in den letzten Jahren, im Zuge eines europäischen Umdenkens, hier ein Bewußtseinswandel eingesetzt hat, der endlich auch die relativ weniger bekannten, gleichwohl aber literarisch bedeutenden Autoren (wie Ernst Weiß, Hermann Ungar oder Leo Perutz) nachhaltig in den Blick der Öffentlichkeit rückt. Davon zeugen diverse Werkausgaben ebenso wie eine forcierte wissenschaftliche Aufarbeitung der verlorenen deutschen und jüdischen Tradition in Böhmen. Der demokratische Umbruch in der Tschechoslowakei dürfte diese Entwicklung und das Leserinteresse noch weiter fördern.

In dieser Situation eines Paradigmenwechsels soll unsere Anthologie erstmals nahezu das gesamte Spektrum der Prager deutschen Literatur zwischen Neuromantik und Neuer Sachlichkeit eröffnen, von den Anfängen der deutschböhmischen Moderne um die Jahrhundertwende bis zu ihrem gewaltsamen Ende durch die Nazi-Okkupation. Abgesehen von der einleitenden Glosse des Pseudonymus Ronald Croß, die von der Virulenz der Prager Literaten zeugt, dienten als Ordnungsschema die Geburtsdaten der Autoren, so daß sich eine Generationenfolge ergibt, die bei allen zwangsläufigen Unschärfen stilistische und inhaltliche Entwicklungen sichtbar machen kann. Im Nebeneinander der Berühmten und der Vergessenen lassen sich Wertungen hinterfragen und relativieren, werden Gemeinsamkeiten ebenso sichtbar wie die individuellen Unterschiede. Allemal aber erweist sich die Prager deutsche Literatur hier in ihrer Vielfalt, Eigenart und Aktualität als eines der eindringlichsten Phänomene der klassischen Moderne.

II

Tendenzen und Strömungen, die die Literatur und das künstlerische Dasein der Jahrhundertwende in Prag kennzeichnen, sind gleichzeitig in allen Kulturmetropolen Mitteleuropas zu beobachten: in Wien, das besonders vor 1900 eine unangreifbar dominante Stellung nicht nur in der Politik, sondern auch in den Künsten der k. u. k. Monarchie innehatte und lange Zeit selbst Prag zur Provinz degradierte, in Berlin, das binnen weniger Jahre den größten Bevölkerungszuwachs zu verzeichnen hatte und bald zur Wahlheimat vieler aus Böhmen, Mähren oder Österreich stammender Schriftsteller, Feuilletonisten und Wissenschaftler wurde, aber auch in München und Leipzig, abgeschwächt auch in Dresden, Halle oder Jena. Überall herrschte die Suche nach neuen Formen vor, überall entstand in Auseinandersetzung mit dem Naturalismus ein vielfältiges Nebeneinander verschiedenster Stilrichtungen und Epochen, und überall prägte sich als vorherrschende Lebenshaltung des Künstlers die des Bohemien und Décadent aus, der sich mit seinen Musenfreunden im Caféhaus traf, gescheite Gespräche führte und Proben seines Schaffens zum besten gab. Der Misanthrop oder Solipsist war die Ausnahme, und es wäre ganz falsch, diese Form der künstlerischen Existenz allein als individuelle Entscheidung zu werten. Sie mag dem einen oder anderen als bewußt gewählte, keiner bürgerlichen Norm unterliegende, ästhetisierte Lebensweise vorgekommen sein; in Wirklichkeit zeigen Verbreitung, Intensität und kommunikative Geschlossenheit des Bohemientums – das nicht wenige Künstler freilich nur zeitweise oder am Rande pflegten –, wie sehr es sich um ein literatursoziologisches, ja sozialhistorisches Phänomen handelte. Deshalb ist die Entwicklung neuer literarischer Ausdrucksformen und die so gelebte künstlerische Existenz als typische, allgegenwärtige Zeiterscheinung nur mit dem Rekurs auf die wesentlichen gesellschaftlichen, wirtschaftlichen und politischen Prozesse zu begreifen, die teilweise nicht nur überregional, sondern überstaatlich zu beobachten sind und mancherorts erst mit Verzögerungen eintraten. Zugleich dürfen lokale oder regionale Unterschiede, Besonderheiten und Sonderentwicklungen nicht nivelliert werden, die ihren Niederschlag in der Eigenart und Einzigartigkeit künstlerischen Ausdrucks fanden.

Ein solcher Unterschied mag für die Prager deutsche Bevölkerung das Gefühl kontinuierlich verlaufener Geschichte gewesen sein, welches Bewohner anderer Großstädte, vor allem Berlins, kaum in gleichem Maße entwickelt haben dürften. Daß die böhmische Metropole Sitz der ersten deutschen Universität war, daß Prag die Stadt war, von der aus einst die deutschen Kaiser regierten, wo die Vereinheitlichung der deutschen Sprache und die reformatorischen Bestrebungen eines Jan Hus ihren Ausgang nahmen oder 1848 der Kongreß aller Slawen stattfand, wird nicht die Hauptursache eines historischen Bewußtseins gewesen sein, in dem die vergangenen Jahrhunderte als gegenwärtig verschmolzen und die Zukunft als bruchlos logische Folge des Gewesenen erschien; man hat die Stadt selbst als Grund dafür angeführt, die in ihren rhythmisch geordneten Fügungen wie ein Monument wirke und bei den Menschen das Gefühl erzeuge, in einer zeitlosen Kulisse zu leben.

Als Fritz Mauthner, der frühestgeborene Erzähler des Bandes, 1849 in Hořitz zur Welt kam, hatte ein neues Kapitel der europäischen und böhmischen Geschichte gerade begonnen. Nach der staatsrechtlichen Neuordnung durch Maria Theresia (1749), die Böhmen die Eigenständigkeit nahm und es der Wiener Zentralbehörde unterstellte, hatten die durch die Kaiserin und Joseph II. durchgeführten Bildungsreformen und Sozialgesetze sowie das Toleranzpatent beide Völker des Reiches, die Tschechen wie die Deutschen, einander annähern lassen; aber nach der gescheiterten Revolution von 1848 trennten sich die Wege der Böhmen deutscher und tschechischer Zunge wieder. Gemeinsam war beiden

Parteien die Forderung nach Bürgerrechten, jedoch wurden bereits einander widersprechende nationale Programme verkündet. Das Wiedererwachen nationalen Bewußtseins fand vor allem darin seinen signifikanten Ausdruck, daß sowohl der als Führer seines Volkes geltende František Palacký für die Tschechen als auch Ludwig von Löhner für die deutschen Böhmen die Neuordnung Österreichs nach Sprachgebieten forderten. Ihrer Minderzahl entsprechend, drängten die Tschechen – nach dem Modell des Königreichs Ungarn – zunächst nur auf eine Landesautonomie innerhalb des Kaisertums Österreich, das ja insgesamt eine slawische Mehrheit besaß. Jedoch wurde den Tschechen die Wiederherstellung des böhmischen Staatsrechts nach dem Ausscheiden Österreichs aus dem Deutschen Bund (1866) verwehrt.

So behielten die Deutschen von der Jahrhundertmitte bis 1880, als die österreichische Regierung die Doppelsprachigkeit der Gerichte verordnete und durch neue Wahlvorschriften eine tschechische Landesmehrheit herbeiführte, in Böhmen die Vorherrschaft, da sie – zusammen mit der jüdischen Bevölkerung des Landes – die Industrialisierung und den Handel vorantrieben und es zur führenden wirtschaftlichen Region des Kaiserreiches machten.

Die Geschichte der jüdischen Bevölkerung in Böhmen und Mähren, wo sie seit dem 11. Jahrhundert lebte, ist in ihrer wechselhaften und leidvollen Ausprägung nicht anders verlaufen als im übrigen Mitteleuropa. Im 18. Jahrhundert bedeuteten die Aufhebung des jüdischen Gerichtswesens oder die Einführung der Militärpflicht folgenschwere Eingriffe in das Gemeinwesen. Besonders aber das Verbot der hebräischen und jiddischen Sprache bei Verwaltungsvorgängen oder administrativen Angelegenheiten trug zu einer Ghettoisierung bei. Durch die Förderung des deutschsprachigen Schulwesens in Böhmen wurde deutsches Kultur- und Gedankengut in hohem Maße Bestandteil vorwiegend der höhergestellten jüdischen Schichten.

Im Nationalitätenkampf der Deutschen und Tschechen

waren die Juden im Zeitraum von 1815 bis zur Jahrhundertmitte zwischen die Fronten geraten. Jedoch erhielten sie durch eine aufgezwungene Verfassung von 1849 wesentlich mehr Rechte und Freiheiten. So führte die Heiratserlaubnis zu einem sprunghaften Anstieg der aus den Ghettos auswandernden Juden, die sich in vielen bisher rein tschechischen oder deutschen Orten oder am Rand der Zentren ansiedelten und in den modernen Geschäftszweigen Fuß faßten. Da viele Juden zweisprachig waren, oft hervorragende wirtschaftliche Kenntnisse und großen Ehrgeiz hatten, die ärmlichen Verhältnisse, aus denen sie stammten, hinter sich zu lassen, kam es in den 1850er und 1860er Jahren zu einem enormen kapitalistischen Aufschwung, der die Zerstörung vorindustrieller Gewerbe- und Produktionsformen zur Folge hatte. Hierdurch entlud sich zu einem nicht geringen Teil die Aggression der durch die Veränderungen betroffenen tschechischen Kleinbürger, die in offen zur Schau gestelltem Antisemitismus Gewalttaten gegen Geschäfte und Wohngebäude verübten.

Mit der ökonomischen Stärkung vollzog sich auch der geistig-kulturelle Aufstieg der Juden. Viele der mit guter Schulbildung ausgestatteten und wirtschaftlich unabhängigen Söhne studierten Medizin, Philosophie, Literatur- oder Kunstgeschichte und wuchsen in die zentralen Redakteursstellen oder Presseämter hinein. Diplomatische oder gar politische Positionen waren im dritten Jahrhundertviertel für die meisten Juden noch nicht zu erreichen, da dies lange Zeit gesetzlich verboten war. Erst langsam bereitete man sich – etwa durch ein Jurastudium – hierauf vor. Binnen zweier Jahrzehnte – von etwa 1855 bis 1875 – bildete sich eine ökonomisch starke und liberal gesinnte mittlere und gehobene jüdische Bürgerschicht heraus, deren faktische Bedeutung weit höher lag als ihr geringer Bevölkerungsanteil. Diese Dominanz war aber gleichzeitig eine der Hauptursachen für Neid und Ablehnung der übrigen Bewohner, die – neben der sprachlichen – auch zu einer gravierenden sozialen, psychologischen und topographischen Isolation führten. Da zudem nach der rechtlichen Gleichstellung die angestrebte Assimilation nicht unmittelbar gelang, forcierte sich der Wunsch der Juden nach einer geistigen und künstlerischen Elitebildung, die den Stolz und das Selbstwertgefühl stabilisierte.

Prag wurde in jenen Jahren – neben Wien – das lokale Ziel vieler aufstrebender Familien, aber auch des Industrieproletariats, das sich in den Randgebieten der Städte niederlassen mußte. Prag war nach der Zusammenlegung der einstmals selbständigen Ortschaften Altstadt, Neustadt, Kleinseite und Hradschin im Jahre 1784 zu der deutschen Provinzstadt im Schatten Wiens emporgestiegen, geriet aber nach den Freiheitskriegen und der 1848er Revolution in den Sog nationaler Interessenkonflikte. In einer von Anfang an antisemitisch geführten Bewegung opponierte das tschechischsprachige Kleinbürgertum der Stadt mit deutlicher Wirksamkeit gegen die Majorität der Prager Deutschen, die im dritten Jahrhundertviertel im wesentlichen nur noch eine Verwaltungsdominanz innehatten. Die jüdische Bevölkerung Prags hatte sich nach der Entghettoisierung von 1848 und 1851, die bezeichnenderweise von Wien aus gegen den massiven Widerstand der Tschechen durchgesetzt werden mußte, dem Deutschtum kulturell und sprachlich angenähert, so daß die Agitation der Tschechen gegen beide Volksgruppen zugleich gerichtet war. Es mag paradox anmuten, daß das Erstarken der nationaltschechischen Bewegung innerhalb der zweiten Jahrhunderthälfte – um 1850 betrug der Anteil der Deutschen zwei Drittel der Stadtbevölkerung, 1900 nur noch weniger als ein Zehntel – indirekt durch die angefeindeten Deutschen und Juden erst ermöglicht wurde. Sie waren es nämlich, die den Großraum Prag als Industriestandort so attraktiv gemacht und damit einen enormen Zuzug tschechischer Arbeiter- und Handwerkerfamilien in Gang gesetzt hatten, die sich ringförmig um den vor allem von Deutschen bewohnten Stadtkern ansiedelten.

Eine Annäherung und Vermischung der hinzugekommenen Tschechen und Deutschen, die aber nur von einigen angestrebt wurde, scheiterte vor allem auch an der Einsprachigkeit der eingewanderten Landbevölkerung. Hindernisse ergaben sich zudem aus der sozialen Struktur des Deutschtums, das hauptsächlich die obere Mittel- und die Großbürgerschicht bildete. Beide Aspekte – der gesellschaftliche wie sprachliche – spielten bei der Integration der aus der Provinz nach Prag gekommenen Juden keine große Rolle; selbst religiöse Überzeugungen stellten dem kaum etwas entgegen. Ende der siebziger Jahre sahen sich die Deutschen und Juden in Prag sozial, politisch und vor allem räumlich sehr in die Enge getrieben, so daß bei der starken Tschechisierung, die in gleichem Maße einen Machtverlust nach sich zog, ein verstärkter Kontakt in Vereinen und Gesellschaften gepflegt wurde. Die deutschen bürgerlichen Vereine, die auf allen gesellschaftlichen Ebenen die verschiedensten Interessen koordinierten und das kommunikative Netz der wie in einer Enklave lebenden Minderheit darstellten, wurden für die tschechische nationale Strömung zum Sinnbild der Feindlichkeit, die sich immer mehr steigerte. 1880 wurde die sogenannte Umgangssprachenstatistik eingeführt, die es den Nationalisten ermöglichte, die Gesinnung des einzelnen festzustellen. Ein Jahr später kam es dann zu massiven Handgreiflichkeiten zwischen deutschen Studenten und tschechischen Demonstranten im Vorort Kuchelbad.

Die Verschärfung der nationalen Konflikte setzte sich im gesamten Böhmen fort. Der Zeitraum nach 1880 bis zur Gründung des tschechischen Nationalstaats nach dem Ersten Weltkrieg, in dem ja auch die meisten Schriftsteller unseres Bandes geboren wurden, stand dabei für die Deutschen unter keinem guten Stern. Die insgesamt heterogen wirkende Bewegung des politischen Liberalismus hatte noch in den sechziger Jahren erhebliche Erfolge erzielt, mußte aber 1873 durch den Börsenkrach erheblichen Schaden hinnehmen und scheiterte endgültig durch die bereits erwähnten österreichischen Verordnungen von 1880. Als die Deutschen mit ihrem Antrag auf Teilung der Landesverwaltung nicht durchdrangen, gingen sie in Nachahmung der Tschechen zur Obstruktion (1886) über. Die radikale Partei der Jungtschechen lehnte 1890 einen bereits vereinbarten Ausgleich ab.

Das gestärkte Selbstbewußtsein der Tschechen war nicht nur auf politische Erfolge zurückzuführen. Innerhalb weniger Jahrzehnte gelang es ihnen, das Schulwesen zu reformieren und auszubauen. In Böhmen gab es noch vor der Jahrhundertwende mit 32 Gymnasien und einem Dutzend Realschulen bereits von der Anzahl her mehr qualifizierende tschechische als deutsche Bildungseinrichtungen. Schon 1882 war die Prager Universität in zwei nach den beiden Sprachen getrennte Sektionen aufgeteilt worden, nun, 1897, stürzte eine Sprachenverordnung Prag und ganz Böhmen in schwere Unruhen. Die vom neuen Ministerpräsidenten Kasimir Badeni verfügte Zweisprachigkeit der Beamtenschaft in Böhmen benachteiligte vor allem die des Tschechischen nicht mächtigen deutschen Amtsleute, die sich in einer bisher nicht gekannten Weise solidarisierten und zur Wehr setzten. Deshalb kam es zur baldigen Rücknahme des Edikts, was nun wiederum zum Proteststurm der Tschechen Anlaß gab.

Die Badeni-Krise, die schließlich zum Sturz des Ministerpräsidenten führte, war nicht nur eine regional-böhmische Angelegenheit, sondern auch signifikanter Ausdruck einer Krise der Monarchie überhaupt. In Prag gab es schwere antideutsche und antijüdische Demonstrationen und gewalttätige Übergriffe, die eine Lösung der Problematik in weite Ferne rückten. Die Einführung des allgemeinen Wahlrechts (1907), welches das bisher bestehende Privilegienwahlrecht ablöste, ergab ein weiteres Vorrücken der Tschechen, die inzwischen auch eine gleichwertige Wirtschafts- und Sozialstruktur entwickelt hatten. Der nationale Konflikt legte in der Folge fast alle politischen Aktivitäten lahm. 1913 entließ die Regierung den arbeitsunfähigen Landtag und setzte eine Landesverwaltungskommission ein.

Im Laufe des Ersten Weltkriegs zeigte sich, daß die Selbständigkeitsbestrebungen der Tschechen stärker waren als ihre staatsbürgerliche Loyalität. Als 1918 in Prag eine autonome Tschechoslowakei proklamiert wurde, ging Böhmen in diesen Staat über, in den auch die Deutschen gegen ihren Willen gezwungen wurden.

Die Stellung der Juden in Böhmen und Prag um die Jahrhundertwende war bedrückend. Zwar gab es auch zahlreiche tschechischsprachige Juden, in Prag sogar mehr als deutschsprachige, doch wurden sie dem deutschen Kulturbereich zugeordnet, nicht zuletzt, weil nur ein verschwindend geringer Teil der Kinder auf tschechische Schulen geschickt wurde. Dies hatte zur Folge, daß zu den ohnehin schon massiven antisemitischen Agitationen eine Deutschfeindlichkeit kam, die – indifferent verschmolzen – zu den bis dahin schwersten Angriffen auf die Judengemeinde führte und in der Hilsner-Affäre kulminierte.

Am 1. April 1899 wurde am Wegrand kurz vor dem Dorf Klein-Wieznitz ein neunzehnjähriges Mädchen mit einer Schnittwunde am Hals tot aufgefunden. Des Mordes beschuldigt wurde der jüdische Schustergeselle Leopold Hilsner, wobei die Anklage von der antisemitischen und nationaltschechischen Presse formuliert und zur Hetze gegen das Judentum ausgenutzt wurde. Der Prozeß verlief nur äußerlich in rechtsstaatlichem Rahmen; die antisemitische Presse hatte schon längst die These vom jüdischen Ritualmord virulent gemacht, und unter dem öffentlichen Druck wurde der Angeklagte zum Tode verurteilt, vom Kaiser später zu lebenslanger Haft begnadigt. Die als »Paradefall massenpsychologischer Agitation« bezeichnete Affäre Hilsner, die nur ein Ritualmordprozeß von zwölfen zwischen 1867 und 1914 gewesen ist, löste eine ganze Welle judenfeindlicher Propaganda und antijüdischer Gewalttaten aus.

Auf diese Bedrohung reagierten nur wenige, vor allem

Prager Juden, mit dem Anschluß an die zionistische Bewegung. Ein weit größerer Teil blieb politisch indifferent oder zog sich ganz ins Private zurück. Bisher konnte der Staat die Juden immer noch vor allen Bedrohungen schützen, so daß sie sich ideologisch und politisch nicht von ihm trennten. Ein kleiner Teil näherte sich trotz Zugehörigkeit zu einer anderen Schicht den Sozialdemokraten an.

Das Prag Kafkas, Brods und Werfels war in den zwei Jahrzehnten vor der Jahrhundertwende und bis zum Ausbruch des Kriegs Brennpunkt all dieser Probleme und Konflikte, die letztlich zur Unterdrückung des Deutschtums führten und in der Hauptstadt Böhmens zum – wenn auch nur statistisch vermerkten – Überlaufen vieler Juden zum Tschechentum beitrugen. 1891 wurden per Verordnung alle deutschsprachigen Straßenschilder in Prag entfernt. Das Aufbegehren und alle Proteste dagegen waren vergebens. Zur Verhängung des Ausnahmezustands kam es in Prag nach dem Hochverratsprozeß um die Omladina-Verschwörer, eine Gruppe jugendlich-tschechischer Radikaler wider die österreichische Obrigkeit. Weitere schwere Krawalle und Gewalttätigkeiten gegen deutsche Verwaltungsgebäude und Geschäfte gab es dann 1897 beim sogenannten Dezembersturm, der mit Plünderungen auch der Prager Juden endete. Immer wieder war das »Deutsche Casino« als wichtigster Treffpunkt der Deutschen Zielpunkt tschechisch-nationaler Angriffe, so auch 1904 und 1905, als es wochenlang studentische Unruhen gab und man für allgemeines und gleiches Wahlrecht demonstrierte. 1908 wurde dann ein letztes Mal vor Kriegsausbruch über Prag der Ausnahmezustand verhängt, weil es erneut zu längerwährenden Zusammenstößen zwischen deutschen Studenten und tschechischen Demonstranten gekommen war.

Trotz – oder vielleicht gerade wegen – all dieser Umstände entwickelte sich die tschechische Kultur breit und auf hohem Niveau, die deutsche und jüdische Literatur und Kunst aber brachten es zu einer ungeahnten Blüte. Dies macht sich nicht erst und ausschließlich an den Werken und Künstlern fest, von denen einige zu internationalem Ansehen, ja Weltruhm kamen, sondern zu einem nicht geringen Anteil auch am öffentlich-kulturellen Leben überhaupt: Literarische Zirkel, feuilletonistische Journalistik, Theater, Salons, Ausstellungen und nicht zuletzt die Universität als Zentrum der akademischen Intelligenz sorgten für vielfältigen geistigen und künstlerischen Austausch, der allerdings fast ausschließlich innerhalb der beiden Sprachgemeinden stattfand und kaum einmal – und wenn, dann nur durch Aktionen einzelner Vermittler – deren jeweilige Grenzen überwinden konnte.

So trennte der Graben zwischen der tschechischen und der deutschen Bevölkerung Prags auch das Kaffeehauspublikum. Egon Erwin Kisch hat in seinem Artikel *Deutsche und Tschechen* ausführlich darüber berichtet, wie verpönt es war, sich in das Domizil der anderen zu begeben. Selbst das Anzünden der Zigarre geschah nur mit eigenen, nie mit fremden Streichhölzern. Zur Rolle der Presse in dieser Angelegenheit bemerkte Kisch: »Daß diese Barriere zwischen den beiden nationalen Ghettos nimmermehr überschritten werde, darüber wachte auf deutscher Seite die ›Bohemia‹ mit flammendem Schwert. Der Versuch einiger deutscher und tschechischer Schauspieler, sich an einem Stammtisch zusammenzufinden, wurde von ihr als nationaler Verrat gegeißelt, und in diese Geißelung fiel auch die tschechische Presse ein.«

Nichtsdestoweniger standen auf beiden Seiten Literatenlokale und Lesecafés als Kristallisationspunkte kultureller Kommunikation in hoher Blüte. Als neutraler Ort für Gespräche erfüllten sie das Bedürfnis nach geistigem Austausch ebenso wie nach gesellschaftlichem Klatsch von ungezählten wirklichen und Möchtegernkünstlern. Lokale und Salons entstanden in der Nähe von Theatern, Verlagen und Zeitungen bereits vor 1850 und hielten sich trotz mancher Stimme, die ihren baldigen Tod voraussagte, hartnäckig und mit immer neuen Höhepunkten. Wie sehr sie mit dem Lebensstil der Bohemiens – der Begriff entstammt etymologisch dem Wort »Böhmen« – verquickt, ja in Extremfällen fast identisch waren, zeigt die Treue, mit der die Besucher ihrem Kaffeehausbesitzer folgten, wenn dieser häufiger sein Lokal wechselte. Neben dem Wunsch, Gleichgesinnte zu treffen, Verbindungen zu knüpfen oder nur um des Sehens und Gesehenwerdens da zu sein, wurden auch wichtige berufliche Dinge besprochen, Manuskripte zwischen Schriftstellern, Journalisten und Verlegern getauscht und junge Künstler in einflußreiche Kreise eingeführt. Viele Veröffentlichungen kamen durch Empfehlungen arrivierter Literaten-Stammgäste zustande, und es ist zu vermuten, daß manche Schriftsteller ohne solche Kontakte nie an eine breitere Öffentlichkeit getreten wären und vielleicht keine Künstlerkarriere angestrebt hätten.

Max Brod hat nicht umsonst durch die Wahl seines Buchtitels *Der Prager Kreis* auf die enorme Bedeutung künstlerischer Zirkel in Prag hingewiesen. Da viele der Schriftsteller vor allem deutschjüdischer Herkunft ihr Brot als Journalisten verdienten, entwickelte sich in der deutschsprachigen Presse nicht nur ein hochstehendes Feuilleton, sondern es gingen auch die Ideen, Auffassungen und kritischen Stellungnahmen aus den Kaffeehäusern in die Publizistik ein und wurden breiten Bevölkerungsschichten bekannt. Aus ebendemselben Grund blieben neue Namen und Werke keine Geheimtips der Entdecker, sondern gelangten über die lokalen Zeitungen umgehend zur Kenntnis von jedermann. Und dies galt auch für Dichter des Auslands oder neue literarische Stile und Formen anderer kultureller Zentren. Denn viele der Kaffeehäuser legten die wichtigsten deutsch- und fremdsprachigen Journale, Avantgarde-Zeitschriften und Kunstblätter aus, wo die meist täglich einkehrenden Literaturschaffenden und -interessierten über neueste Trends andernorts informiert wurden.

Die beiden wichtigsten deutschsprachigen Zeitungen vor

1914 waren in Prag die *Bohemia* und das neuere *Prager Tagblatt.* Eine 1827 gegründete belletristische Wochenschrift war unmittelbare Vorgängerin der *Bohemia,* die nach 1848 als politische Tageszeitung erschien und einer Prager Patrizierfamilie mit eigener Papierfabrikation und Druckerei gehörte. In der politischen Ausprägung stand die Zeitung der großbürgerlich-liberalen *Neuen Freien Presse* in Wien nahe, besaß aber eigene Korrespondenten in den europäischen Metropolen und New York. Ein wesentlicher Bestandteil der *Bohemia* war das Feuilleton. Redakteure wie Fritz Mauthner, Emil Faktor, Paul Wiegler u. a. machten die Zeitung zu einem auf hohem Niveau stehenden Forum zeitgenössischer Kultur, in dem auch Werfel, Kafka und Urzidil publizierten und neue französische und russische Literatur vorgestellt wurde.

Das 1876 gegründete *Prager Tagblatt* befriedigte zunächst vor allem das Bedürfnis der gewerbetreibenden Leser nach wirtschaftlicher Information. Mit Heinrich Teweles war bis 1910 ein Mann als politischer Redakteur mit der Leitung der Zeitung betraut, der selbst als Feuilletonist und Nachdichter hervorgetreten war und im Vorstand der Schriftstellervereinigung »Concordia« saß, so daß auch der Kulturteil nicht zu kurz kam und ausgiebig rezipiert wurde. Seine linksliberale Grundtendenz gab das *Prager Tagblatt* zugunsten einer republikfreundlichen Einstellung nach 1918 auf.

Mit dem wöchentlich erscheinenden *Montagsblatt aus Böhmen* bzw. *Prager Montagsblatt* und der bedeutenderen, stark subventionierten *Prager Presse,* die ab 1921 erschien und für die Kafka, Musil, Baum und viele andere bedeutende Autoren der Zeit schrieben, gab es zwei weitere wichtige Publikationsorgane der deutschsprachigen Minderheit in Prag.

Auf hohem Niveau präsentierte sich im Prag der Jahrhundertwende auch das moderne Tanz-, Sprech- und Singtheater. Während Rezitationen zumeist in den literarischen Salons und Cafés – auch oft spontan – stattfanden, standen für

Ensembleaufführungen drei deutschsprachige Bühnen zur Verfügung. In dem kleinen, ohne besondere technische Möglichkeiten ausgestatteten Deutschen Theater fand einstmals die Uraufführung von Mozarts *Don Giovanni* statt. Nach einer Zeit tschechischer und deutscher Inszenierungen, vor allem aber nach der Errichtung des Neuen Deutschen Theaters (1886/87) verlor das intime Schauspielhaus in der Altstadt an Bedeutung und wurde hernach für leichtergewichtige Singstücke und Dramen genutzt.

Mit großem Aufwand und nach neuesten theatertechnischen Erkenntnissen wurde die erwähnte neue Bühne vor allem durch Spenden des deutschen und jüdischen Großbürgertums erbaut. Sie verschaffte unter der Intendanz des Wagner-Freundes Angelo Neumann Prag den Ruf einer internationalen Theaterstadt. Dazu trugen die Maifestspiele bei, wo renommierte Wagner-Sänger aus ganz Europa auftraten. Zahlreiche Gastinszenierungen fast aller namhaften Regisseure sorgten für neue Impulse und machten das Publikum mit Werken der großen skandinavischen und russischen Dramatiker der Zeit bekannt, und während der Expressionismus heraufzog, gaben die integrierten Kammerspiele dem jungen Genius ein Forum.

Experimentelles avantgardistisches Theater wurde bis 1909 fast ausschließlich im Deutschen Sommertheater geboten. Viele Stücke der internationalen Moderne, von Maeterlinck, Halbe oder Wedekind, wurden hier zuerst aufgeführt, und auch der »Erfinder« des deutschen Kabaretts, Ernst von Wolzogen, kam mit seinem »Überbrettl« aus Berlin herangereist.

Da fast alle Prager Schriftsteller einen akademischen Bildungsgang einschlugen, da aber auch viele Dozenten über den Bereich der Hochschule hinaus publizistisch tätig und in der Öffentlichkeit durch Vorträge oder als Diskussionsteilnehmer präsent waren, ist die Bedeutung der Universität für das Prager Geistesleben kaum zu überschätzen. Zwar war die deutschsprachige Sektion der Hochschule seit der Teilung gegenüber der tschechischsprachigen die deutlich kleinere, doch lehrten dort besonders im Bereich der Rechtswissenschaften und Medizin bedeutende Köpfe. In der Physik waren kurze Zeit Ernst Mach und Albert Einstein tätig. Bemerkenswert unter der Perspektive literarischer Öffentlichkeit erscheinen die Aktivitäten des Germanisten August Sauer, der als einer der geistigen Führer im deutschen Prag durch die Gründung der Zeitschrift *Deutsche Arbeit* eine Integration wesentlicher gesellschaftsrelevanter und künstlerischer Ambitionen und Elemente versuchte, mit seinem Projekt letztlich aber am politisch-ideologischen Widerstand scheiterte.

Das studentische geistige Leben außerhalb der Hörsäle fand hauptsächlich in nationalgesinnten Burschenschaften und der antisemitischen »Germania«-Gruppierung statt. Für liberale deutsche Kommilitonen standen Lese- und Redehallen als Diskussions- oder Vortragsorte zur Verfügung. Da einzelne studentische Sektionen – z. B. die unter Mitwirkung von Brod und Kafka aktive literarische – mit erheblichen Mitteln ausgestattet waren, konnten niveauvolle Vortragszyklen organisiert werden.

Trotz der großen politischen Zäsur, die der Erste Weltkrieg für ganz Europa bedeutete, trotz der weitreichenden und tiefgreifenden Veränderungen, die er für Böhmen und Prag mit sich brachte, und trotz der Determinierung des Deutsch- und Judentums durch die Gründung der Tschechoslowakei knüpfte die Kaffeehaus-Tradition beinahe unmittelbar nach Friedensschluß dort an, wo sie 1914 aufzuhören gezwungen war. Besonders die tschechischsprachigen Treffpunkte erlebten einen Höhepunkt in den zwanziger und dreißiger Jahren, aber auch die Deutschen und Juden kehrten schnell in bekannte Salons – die z. T. auch während des Krieges frequentiert wurden – zurück oder eröffneten neue. Viele der ehedem als Journalisten, Redakteure oder Verleger tätigen Autoren setzten ihre Arbeit fort oder wurden durch hoffnungsvollen Nachwuchs ersetzt.

Zugleich aber waren es vor allem wirtschaftliche und politische Gründe, die dazu führten, daß viele der deutschen und jüdischen Intellektuellen Prag in den ersten Nachkriegsjahren verließen. Die Pariser Verträge von 1919/20 schrieben der Tschechoslowakei zwar ausdrücklich den Schutz der nationalen Minderheiten, der deutschen ebenso wie der ungarischen, vor, doch wurden diese immer wieder zurückgesetzt. In dem neugeschaffenen Vielvölkerstaat bildete sich entsprechend den nationalen Gesinnungen eine Vielzahl von Splitterparteien, so daß das angestrebte Ziel, der staatsrechtlichen auch die wirtschaftliche und soziale Emanzipation von Österreich folgen zu lassen und die eigene Souveränität international unter Beweis zu stellen, sehr schwer zu realisieren war. Der Versuch vor allem der starken sudetendeutschen Gruppe, Einfluß auf die Politik zu nehmen, scheiterte in den frühen zwanziger Jahren. Erst 1926 zogen Deutsche in das Parlament ein.

Die Kluft zwischen der deutschjüdisch geprägten kulturtragenden Schicht Prags und den in der Provinz lebenden, nationalreaktionär gesinnten Sudetendeutschen war schon längst unüberbrückbar geworden, und außer der gemeinsamen Sprache gab es keine Übereinstimmung mehr. Dies wurde nirgendwo deutlicher als am Unterschied der sudetendeutschen Blut-und-Boden-Heimatliteratur und der zu Weltruhm gelangten deutschen Sprachkunst aus Prag.

Wachsende Arbeitslosigkeit seit 1930 besonders in den sudetendeutschen Industriegebieten verschärfte die Gegensätze im Staat erheblich. Die Übernahme der Regierungsgewalt durch die Nationalsozialisten löste massives Vorgehen der Prager Regierung gegen die Deutsche Nationalpartei im Lande aus. Unter dem Eindruck der wachsenden Macht Hitlers und nach dem Anschluß Österreichs an das Deutsche Reich schlugen die sudetendeutschen Bestrebungen in ein Autonomiebegehren mit Anschlußbewegung um. Gleichzeitig wurde Prag das Auffangbecken vieler aus dem Reich flüchtender Juden. Nach dem gescheiterten britischen

Vermittlungsversuch führte Hitler den Anschluß des sudetendeutschen Gebiets im Oktober 1938 durch. Eine Welle der Emigration ins westliche Ausland setzte ein, während die Tschechoslowakei am 23. November 1938 föderalisiert wurde. Einen Tag nach der slowakischen Unabhängigkeitserklärung marschierte Hitler am 15. März 1939 in die Tschechoslowakei ein und gliederte Böhmen und Mähren als Protektorat dem Deutschen Reich an.

Mit dem Erstarken des Nationalsozialismus wurden erste fruchtbringende Ansätze einer deutsch-tschechischen Annäherung in Böhmen und Mähren gegen Ende der zwanziger Jahre im Keime erstickt. Sichtbares Zeichen dieser Versuche war u. a. die Verleihung des Tschechoslowakischen Staatspreises an Max Brod 1930. Neun Jahre später war es die Flucht ebenjenes Max Brod am letzten Tag vor dem Einmarsch der Truppen in Prag, die finales Signum einer unwiederbringlichen kulturellen Tradition wurde.

III

Die Entstehung einer spezifischen Prager deutschen Literatur gegen Ende des 19. Jahrhunderts, die sich nicht mehr widerspruchsfrei der österreichischen Literaturgeschichte subsumieren läßt, ist aufs engste mit den politischen und sozialen Umwälzungen in Prag und Böhmen verknüpft. Während sich Moritz Hartmann oder Alfred Meißner und die anderen politisch motivierten Autoren des Vormärz, die sich um die 1837 von Rudolf Glaser in Prag gegründete konnationale Zeitschrift *Ost und West* gruppierten, noch wie selbstverständlich als Erben einer gesamtböhmischen Tradition begriffen und – wie vor ihnen schon Carl Herloßsohn – bevorzugt Themen der tschechischen Geschichte und Mythologie behandelten, hatte sich die Situation nach dem Scheitern der bürgerlichen Revolution grundlegend verändert. Die nachfolgende Autorengeneration, als deren bedeutendster Wortführer der Naturalist und Sprachphilosoph

Fritz Mauthner gelten muß, sah sich nicht nur mit einer unüberbrückbar gewordenen Kluft zwischen großdeutschen und nationaltschechischen Strebungen konfrontiert; im Zuge der Industrialisierung, die zahllose tschechische Arbeiter in die Peripherie Prags zog, blickte sie auch einem rapiden Schwund des bürgerlich-liberalen Deutschtums entgegen, das so bald zu einer politisch, sprachlich und sozial isolierten Enklave wurde. Auf den drohenden Untergang, der schon den Radikalismus der Vormärz-Dichter zum Konservativen hin gebrochen hatte, reagierte Mauthner einerseits mit einem übersteigerten Deutschnationalismus, zu dem auch die Negation seiner jüdischen Herkunft gehörte, andererseits wurden seine frühen Erfahrungen im ideologisch und sprachlich gespaltenen Prag zu den Wurzeln seiner Zeit- und Gesellschaftskritik und besonders seines tiefgehenden Sprachskeptizismus, der ihn zu einem wesentlichen Wegbereiter der Moderne werden ließ.

Wenn die Literaturszene des offiziellen deutschen Prag dennoch bis zur Jahrhundertwende in einem selbstgefälligen Epigonentum verharrte, so lag dies neben dem Abwandern kritischer Geister wie Mauthner, der seine eigentliche Karriere erst 1876 in Berlin begann, vor allem an der herrschenden konservativen Kulturpolitik. Mittelpunkt des bürgerlich-saturierten, stark journalistisch durchmischten Prager Literaturbetriebs war seit 1871 die unter der Patronage des einflußreichen Zentralvereins »Deutsches Casino« stehende Künstlervereinigung »Concordia«, in der sich überwiegend die provinziell arrivierten, zumeist chauvinistisch gesinnten Epigonen eines abgestandenen Klassizismus zusammenfanden. Neben dem bis 1899 wirkenden (dann von Friedrich Adler und Hugo Salus abgelösten) Organisator Alfred Klaar, einem Theaterkritiker und Literaturwissenschaftler, der sich mit Erfolg als reaktionärer Geschmackspapst der deutschbürgerlichen Elite gerierte, gaben hier mediokre Erscheinungen wie Josef Willomitzer oder Heinrich Teweles den Ton an; Teweles, Direktor des Prager Deutschen Theaters und zwischen 1900 und 1910 Chefredakteur des *Prager Tagblatt*, setzte dem problematischen Schaffen dieser epigonalen Übergangsgeneration 1894 ein Denkmal mit seinem *Prager Dichterbuch*. In dieser literarhistorisch immerhin beachtenswerten Anthologie spiegelt sich auch das besondere Ansehen, das gerade die feindlichen Dioskuren Friedrich Adler und Hugo Salus genossen. Aber während die neoklassizistische Lyrik Adlers schon damals antiquiert wirkte und seine Meriten sich im wesentlichen auf Übersetzungen (u. a. des tschechischen Lyrikers Jaroslav Vrchlický) beschränken, verdient das vielseitige Werk von Hugo Salus eine differenziertere Betrachtung und ist in seinem Einfluß auf die Weiterentwicklung der Prager Literatur, etwa auf Max Brod, bisher noch unterschätzt. Auch Salus blieb konservativen Ideen verhaftet, zugleich aber bekannte er sich in ambivalenter Weise zur modernen Kunst und zur sozialen Bewegung; in seiner neuromantischen, bisweilen allzu sentimentalen Lyrik finden sich Gedichte von sublimer Schönheit, und in manchen seiner Novellen überrascht ein ungeahnt modern wirkender, ironischer bis zynischer Ton. Nicht unerwähnt bleiben darf im übrigen, daß auch der junge René Rilke in seinen Prager Anfängen der »Concordia« nahestand und hier durch Friedrich Adler und Hugo Salus erste Anerkennung erfuhr.

Paradoxerweise waren es gerade der bornierte Nationalismus und der autoritär vertretene reaktionäre Ästhetizismus der »Concordia«, die der Prager Moderne zum – wenn auch verspäteten – Durchbruch verhalfen. In bewußter Opposition zu den etablierten Traditionalisten und mit dem Vorbild Rainer Maria Rilkes vor Augen, dessen filigrane Lyrik bald nach seinem Weggang aus Prag (1896) im Ausland reüssierte, fand sich unter der Führung Oskar Wieners in den Jahren vor der Jahrhundertwende ein Kreis junger neuromantischer Avantgardisten zusammen, der sich mit dem Prager Provinzialismus nicht mehr arrangieren wollte. Die Gruppe, die sich locker dem beständigeren, bereits 1885 gegründeten

»Verein deutscher bildender Künstler in Böhmen« anschloß, firmierte 1898 zunächst unter dem provokanten Signet »Jung-Prag« und ging nach der gescheiterten Gründung einer »Freien deutschen Künstlervereinigung« zwei Jahre später dann in der ebenfalls nur kurzlebigen »Frühlings-Generation« auf. Neben dem etwas älteren Oskar Wiener wurde bald der betont dekadente Bohemiendichter Paul Leppin zur führenden, beinahe charismatischen Gestalt; Leppin war es auch, der seinen gleichgestimmten Freunden mit den zwischen März 1900 und April 1901 erschienenen lyrischen Flugblättern *Frühling* ein Forum gab, während Wiener 1919 eine verspätete, und daher zum Teil bereits wieder nostalgisch anmutende Anthologie *Deutsche Dichter aus Prag* herausgab. Außer Wiener und Leppin profilierten sich junge Autoren wie Ottokar Winicky, Leo Heller, Victor Hadwiger oder Camill Hoffmann und junge Künstler wie Hugo Steiner oder Richard Teschner in der neuromantischen Avantgarde, Rainer Maria Rilke und Außenseiter wie Gustav Meyrink oder Alfred Kubin standen ihr nahe.

Gemeinsam war den »Jung-Pragern« der unbedingte Wille zum Aufbruch und zum Affront gegen das deutschbürgerliche System, der sich in der demonstrativen Hinwendung zu tschechischen Kreisen ebenso artikulierte wie in einer bisweilen manieriert wirkenden Vorliebe für tabuisierte Themen der Sexualität und des Grauens, die oft selbst für die aufgeklärten Zeitgenossen nur durch die neuromantische Poetisierung erträglich wurde. Was diese Dichter und Maler gleichwohl mit Vorläufern wie Hugo Salus verband, war ihre gestörte Liebe zum alten Prag der Türme, Brücken und Paläste, das sie vor ihren Augen zerfallen und einer zunehmend tschechisierten Großstadt weichen sahen. So lange als möglich versuchten sie, die hektisch-nüchterne Alltagswirklichkeit zu ignorieren, und übersteigerten statt dessen den morbiden Glanz ihrer Kindheitskulisse im Gefühl unklarer Bedrohung zu einer Atmosphäre des Unheimlichen, Mystischen und Grotesken, die bis heute untrennbar mit der Vorstellung von Prag verbunden ist. Signifikant für dieses literarisch-irrationale Prag-Bild, in dem sich das epochale Gefühl eines ausweglosen Untergangs spiegelt, sind die Novellen und Romane von Paul Leppin (*Severins Gang in die Finsternis*, 1914) oder Oskar Wiener (*Im Prager Dunstkreis*, 1919), am erfolgreichsten aber wurde Gustav Meyrinks okkultistischer Gespensterroman *Der Golem* (1915), in dem die wesentlichen Erzählelemente fast ausschließlich aus dem Bereich des Abseitigen und Anomalen stammen. Stilistisch korrespondierte mit dem Interesse für bizarre und krasse Inhalte bei vielen der »Jung-Prager« eine exaltiert-pathetische Sprache voller überzogener Metaphern und barocker Adjektive, doch gab es neben diesen Sprachorgien, die mühsam die eigentliche Wortarmut des Prager Deutsch überspielten, auch volksliedhafte Klänge (bei Rilke oder Hoffmann) und sogar frühexpressionistische Töne (bei Hadwiger).

Wie die Kurzlebigkeit ihrer gemeinsamen Unternehmungen zeigt, kamen die Prager Neuromantiker gegen die Honoratiorenliteratur und den gesellschaftlichen Nepotismus letztlich nicht an; von Anfang an litt die Gruppe unter einer ständigen Fluktuation durch neue Abwanderungen in die Kulturzentren Wien oder Berlin. Der letzte Selbstbehauptungsversuch wurde die von Paul Leppin und Richard Teschner 1906 gegründete Zeitschrift *Wir*; ihr gegen die Prager Saturiertheit gerichtetes Programm wirkte auf das Establishment so provozierend, daß nur zwei Nummern erscheinen konnten. Danach fielen die wenigen in Prag verbliebenen Autoren, wie Paul Leppin oder Oskar Wiener, in die Vereinzelung zurück oder gerieten ganz ins Vergessen, wie Ottokar Winicky. Wenn sie im Bewußtsein blieben, wie vor allem Paul Leppin, dann als Chronisten einer verlorenen Welt, in die kein Weg mehr zurückführte.

Rainer Maria Rilke, der seine Heimatstadt als einer der ersten verlassen hatte, war mit dem Freundeskreis um Wiener und Leppin nur locker assoziiert und hatte bald weltläufigere Perspektiven entwickelt; gleichwohl läßt sich auch an seiner frühen Lyrik (*Larenopfer*, 1896) und Prosa (*Zwei Prager Geschichten*, 1899) ablesen, wie nachhaltig die Prager Atmosphäre auf ihn wirkte, und selbst er scheute bisweilen nicht vor kruden Inhalten zurück, wie die wenig bekannte Erzählung *Frau Blaha's Magd* (1899, erst postum veröffentlicht) zeigt. Nur generationsmäßig zu den Prager Neuromantikern gehörten hingegen Grete Meisel-Heß und Paul Adler: Meisel-Heß war mit ihren soziologischen und sexualwissenschaftlichen Arbeiten weitaus erfolgreicher als mit ihrer oft konstruiert wirkenden Erzählprosa, und die mythisch-religiösen Phantasien Adlers entzogen sich von vornherein einer allgemeineren Rezeption; beide gingen nach Deutschland und fanden hier Zugang zum *Aktions*-Kreis Franz Pfemferts.

In der Zeitschrift *Wir* erschienen neben Beiträgen von Hadwiger, Hoffmann, Rilke, Leppin und Wiener auch bereits Gedichte von Max Brod; seine überhaupt erste Veröffentlichung (*Spargel*, 1903) hatte er Gustav Meyrink zu verdanken: Das Ende der Prager neuromantischen Dekadenz fiel zusammen mit der Geburt einer neuen literarischen Ära, die von ihren Protagonisten selbst als »Prager Kreis« bezeichnet wurde und die bei allen sinnfälligen Erklärungsversuchen im letzten doch ein beinahe einzigartiges Phänomen der neueren Literaturgeschichte darstellt. Auch wenn man die aus der böhmischen oder mährischen Provinz stammenden Autoren ausklammert, bleibt es erstaunlich, welch eine überproportional große Zahl bedeutender, zum Teil sogar weltbekannter Schriftsteller innerhalb nur einer Generation aus der deutschsprachigen Minorität in Prag hervorging, die schon zur Jahrhundertwende keine acht Prozent der Gesamtbevölkerung mehr ausmachte (laut einer Volkszählung im Jahr 1900 standen den 414 899 tschechischen Einwohnern nur 33 776 Deutsche gegenüber) und die auch weiterhin in einem absoluten Rückgang begriffen war; bedenkt man, daß die Autoren des »Prager Kreises« mit wenigen Ausnahmen jüdischer Herkunft waren, erscheint die Konstellation noch frappierender, denn 1900 bekannten sich von 25 491 Juden lediglich 11 346 auch zur deutschen Umgangssprache. Überwiegend kamen sie aus der Prager Innenstadt, aus dem Milieu des Altstädter Rings, des assanierten Ghettos und des Nobelviertels um den Stadtpark, oder aber von der aristokratischen Kleinseite mit dem Hradschin, aus den Bezirken also, in denen sich der deutsche Mittel- und Wohlstand seit längerem verschanzte.

Die Ursachen für dieses literarhistorische Phänomen sind heftig und von beteiligter Seite oft sogar polemisch diskutiert worden; aus heutiger Distanz ist es sinnvoll, vom Zusammenwirken mehrerer Faktoren auszugehen. Die vor allem von Paul Eisner vertretene These, die spezifischen Charakterzüge der Prager Vorkriegsliteratur – wie der auffällige Mangel an Natur, lokaler Konkretion und perspektivischer Weite – erklärten sich aus der insularen Existenz der deutschjüdischen Autoren in Prag, läßt sich soziologisch stützen, denn tatsächlich waren sie in einem dreifachen Ghetto, einem deutschen, einem jüdischen und einem bürgerlichen, aufgewachsen und hatten hier ihre entscheidenden Prägungen erfahren. Das Gegenargument Max Brods, gerade die Dichter des »Prager Kreises« hätten den Austausch mit der tschechischen Kultur gesucht, benennt ein wichtiges intellektuelles Merkmal der expressionistischen Generation, kann die Ghettotheorie aber nicht widerlegen, da solche Grenzüberschreitungen – die indirekt das Vorhandensein einer »Chinesischen Mauer« voraussetzen und bestätigen – im wesentlichen nur in Übersetzungen bestanden und nicht zu einer echten Symbiose führten. Damit wird auch die häufig (u. a. von Brod) kolportierte Vorstellung, die Prager moderne Literatur verdanke sich dem Zusammentreffen dreier Kultursphären – der deutschen, der tschechischen und der jüdischen –, zumindest fragwürdig und läßt sich überhaupt nur dann aufrechterhalten, wenn man – wie Margarita Pazi – qualitativ differenziert. Zweifellos wirkten auf die deutschen Dichter in tschechischer Umgebung starke slawische Einflüsse ein und in manchen deutschen Romanen begegnen auch tschechische Helden; von wenigen Ausnahmen (z. B. Kisch) abgesehen, blieb aber eine unübersteigbare emotionale Grenze, ein irrationales Gefühl der Fremdheit bestehen; die deutsche Kultur hingegen wurde selbst von solchen Autoren als selbstverständliches Erbe empfunden, die sich politisch oder sozial auf tschechischer Seite engagierten, und die ethnische Zugehörigkeit vieler Prager Schriftsteller zum Judentum wirkte sich intellektuell, emotional und atmosphärisch allemal als Gemeinsamkeit auf ihr Werk aus, ob sie sich äußerlich nun assimilierten oder sich im Gegenteil zum Zionismus bekannten.

Ein wesentliches Defizit der hier skizzierten, einander komplementär ergänzenden Erklärungsmodelle liegt darin, daß sie auf Verhältnisse rekurrieren, die im Prinzip schon vor dem ersten Auftreten Rilkes in Prag bestanden; sie können formalsprachliche, thematische und andere Eigentümlichkeiten der Prager Literatur erklären, nicht aber die entscheidende Frage beantworten, weshalb ausgerechnet in den Vorkriegsjahren aus einer bisher eher provinziellen, an Wiener Vorbildern orientierten Kulturszene eine Literatur von Weltgeltung entstand. Die maßgebliche historische Ursache hat Eduard Goldstücker formuliert: Danach erklärt sich die auffällige geistige Intensivierung auf der Prager deutschen Insel durch den zeitgleichen Übergang von der liberalistischen in eine imperialistische Ära. Nirgendwo sonst im auseinanderbrechenden österreichisch-ungarischen Vielvölkerstaat war ja der Untergang des deutschbürgerlichen Liberalismus so früh erfahrbar wie im national gespaltenen Prag, nirgendwo sonst aber zeigte sich die bürgerliche Intelligenz auch so entschlossen, das humanistische Gedankengut in eine zweifelhafte Zukunft hinüberzuretten, sei es im Rückgriff auf ältere Positionen der Aufklärung und der deutschen Klassik oder auf den neuen Wegen des Sozialismus und des Zionismus; besonders jüdische Autoren sahen sich in dieser Situation zur Opposition herausgefordert, denn der Niedergang des Liberalismus, dem sie ihre Emanzipation zu verdanken hatten, bedrohte sie auch unmittelbar. Vor diesem Hintergrund wird nicht nur das Aufblühen der bürgerlich-humanistischen Prager Literatur begreiflich, sondern auch ihre außerordentliche und andauernde Resonanz: Indem die Prager deutschen Dichter den Verfall ihrer bürgerlichen Welt, den drohenden Werteverlust und die Krise ihrer eigenen Identität künstlerisch gestalteten, antizipierten sie ein Lebensgefühl, das spätestens durch den Ersten Weltkrieg zu einer allgemeinen Erfahrung in der westlichen Moderne wurde.

Bei all diesen Überlegungen darf nicht übersehen werden, daß die Prager Literatur sich vielleicht doch weniger spektakulär entwickelt hätte, wenn sie nicht in dem hochgebildeten und vielseitigen Max Brod ihren unermüdlichen Mentor gefunden hätte. Selber ein überregional anerkannter, wenn auch nur mittelmäßiger Schriftsteller, war Brod nicht nur an den literarischen Debüts seiner Freunde Oskar Baum, Franz Kafka und Franz Werfel unmittelbar beteiligt, als Integrationsfigur gelang es ihm auch, divergierende Kräfte innerhalb des »Prager Kreises« zu versöhnen, den Prager Autoren Auftritts- und Publikationsmöglichkeiten zu schaffen, sie erfolgreich im Ausland (besonders in Berlin) zu propagieren und sie nachdrücklich in den europäischen Diskurs einzuführen. Daß er aus persönlicher Antipathie oder aus späteren Vorbehalten gegenüber dem Expressionismus, den er selbst mit seinem Roman *Schloß Nornepygge* (1908) vorbereitet hatte, auch einzelnen Schriftstellern (u. a. Hermann Ungar und Paul Kornfeld) zu schaden wußte, schmälert seine Verdienste kaum und unterstreicht jedenfalls seine Autorität.

Mit Recht relativiert Max Brod in seinem Erinnerungsbuch über den »Prager Kreis« (1966) diesen eingebürgerten Begriff und akzentuiert ihn als Gegenbezeichnung zur »Prager Schule« (seine Unterscheidung zwischen einem »engeren« und einem »weiteren« Kreis freilich ist subjektiv und irrelevant), denn von einer literarischen Gruppenbildung mit Programm, wie noch bei den Neoromantikern, kann nicht die Rede sein, und auch die Zeit enger gemeinsamer Freundschaft währte in den wesentlichen Beziehungen nur bis zum Weltkrieg (von der durchaus problematischen Freundschaft zwischen Brod und Kafka abgesehen). Selbst das Zusammengehörigkeitsgefühl dieser später heroisierten »Arco«-Jahre erscheint angesichts der verschiedenen Gruppierungen fragwürdig.

Seit etwa 1908 trafen sich die jungen Dichter des »Prager Kreises« im »Café Arco« an der Ecke Pflaster- und Hybernergasse, lasen dort begierig die neuesten internationalen Literaturrevuen, debattierten heftig über ihre literarischen und gesellschaftlichen Ziele oder rezitierten feurig aus ihren jüngsten Werken. Unbestrittener Mittelpunkt war der als Genie geltende Franz Werfel (dessen erste Veröffentlichung 1908 auf Empfehlung Max Brods noch der mittlerweile zum Redakteur der Wiener *Zeit* avancierte Camill Hoffmann besorgt hatte); zu seinem Freundeskreis gehörten Willy Haas, Paul Kornfeld, die Brüder Hans und Franz Janowitz, Norbert Eisler, Rudolf Fuchs, Otto Pick und nicht zuletzt Ernst Polak, ein charismatischer »Dichter ohne Werk«, der nach Werfels Weggang 1912 zur neuen Zentralgestalt des literarischen Kaffeehauses wurde. Weitere, eher sporadische Gäste waren Oskar Baum, Max Brod und Franz Kafka, später kamen u. a. Ernst Feigl und Nachwuchstalente wie Karl Brand, Hans Gerke oder Johannes Urzidil hinzu. Weit über Prag hinaus bekannt wurden die »Arconauten« im Winter 1911/12 durch den geradezu sensationellen Erfolg von Werfels erstem Gedichtband *Der Weltfreund*; der pathetische Appell zur Menschheitsverbrüderung, den Werfel in den Sammlungen *Wir sind* (1913; der Titel antwortet auf Hadwigers Diktum *Ich bin* von 1903) und *Einander* (1915) wiederholte und der als Reflex auf die nationalen Konflikte in Prag und Böhmen verstanden werden muß, wurde zum Fanal der expressionistischen Bewegung auch in Deutschland und erhob Werfel zeitweilig zum Wortführer einer ganzen Generation. Aus dem kulturell bisher im Schatten Wiens liegenden Prag war beinahe über Nacht ein Hauptort moderner deutscher Dichtung geworden, für Verleger, Redakteure und Leser im gesamten deutschsprachigen Raum gleichermaßen interessant.

Was Franz Werfel mit seinem berühmten Wunsch »Dir, oh Mensch, verwandt zu sein« poetisch einforderte, die Verbrüderung zwischen Juden und Christen, zwischen Deutschen und Tschechen, versuchten befreundete Übersetzer wie Rudolf Fuchs und Otto Pick unmittelbar in die Tat umzusetzen, indem sie als Vermittler und Förderer tschechischer Literatur auftraten und dabei ihr eigenes, durchaus bedeutendes Werk vernachlässigten; Fuchs, der sich später wie Egon Erwin Kisch und F. C. Weiskopf zum Kommunismus bekannte, wurde vor allem berühmt durch seine Übersetzungen der sozialrevolutionären Gedichte von Petr Bezruč, Otto Pick, der nach dem Krieg als Redakteur der *Prager Presse* die Prager Kulturkritik ähnlich dominierte wie Ludwig Winder (*Deutsche Zeitung Bohemia*) und Max Brod (*Prager Tagblatt*), machte das deutsche Publikum u. a. mit Otokar Březina, František Langer, Fráňa Šrámek und Karel Čapek bekannt. Pick war es auch, der in Oskar Wieners Sammelbuch *Deutsche Dichter aus Prag* (1919) jüngere Autoren wie Karl Brand, Ernst Feigl, Paul Kornfeld, Johannes Urzidil oder Ludwig Winder einbrachte, und der selbst bald darauf die anspruchsvolle Sammlung Prager Prosa, *Deutsche Erzähler aus der Tschechoslowakei* (1922), herausgab, in der auch Außenseiter des »Prager Kreises« wie Leo Perutz, Hermann Ungar, Ernst Weiß oder der zeitweilige Dadaist Melchior Vischer vertreten sind.

Die Vermittlung tschechischer Literatur gehörte auch zu den Zielen der *Herder-Blätter*, die Willy Haas, Norbert Eisler und Otto Pick zwischen April 1911 und Oktober 1912 im Auftrag der »J. G. Herder-Vereinigung«, der Jugendabteilung der Israelitischen Humanitätsvereine »Bohemia« und

»Praga«, herausgaben. Obwohl die *Herder-Blätter* es, ähnlich früheren Unternehmungen, nur auf fünf Nummern brachten, waren sie von historischer Bedeutung, denn in ihnen traten die jungen Prager Dichter um Brod und Werfel erstmals gemeinsam vor die Öffentlichkeit und stellten sich zugleich in den Zusammenhang mit der Wiener und Berliner Avantgarde. Größere Resonanz fand im Frühjahr 1913 das von Max Brod betreute Jahrbuch *Arkadia*, das bereits im Leipziger Kurt Wolff Verlag erschien, der sich seit der Lektoratsübernahme durch Werfel im Oktober 1912 besonders für die Prager Autoren engagierte und viele von ihnen dann auch in der für den Expressionismus epochalen Buchreihe *Der jüngste Tag* veröffentlichte, ebenso wie tschechische Dichter in den Übersetzungen von Fuchs und Pick; anders als die *Herder-Blätter* verzichtete *Arkadia* auf ein Programm und essayistische Arbeiten, so daß sich der Beiträgerkreis erweiterte, den Kern bildeten gleichwohl wieder Franz Werfel, Franz Kafka (dessen Erzählung *Das Urteil* hier erstveröffentlicht wurde), Oskar Baum, Max Brod, Hans und Franz Janowitz sowie Otto Pick. In ihrer Art ebenfalls bemerkenswerte Zeugnisse Prager Geisteslebens sind die Sammelbände *Vom Judentum* (1913) und *Das jüdische Prag* (1917), in denen sich der vor allem durch Martin Buber angeregte Zionismus vieler Prager Dichter spiegelt.

So euphorisch die »Arco«-Zeit auch begonnen hatte, mit dem Weggang Franz Werfels 1912 setzte doch ein unaufhaltsamer Prozeß der Differenzierung und Abwanderung ein, in dessen Verlauf u. a. Willy Haas, Franz Janowitz, Paul Kornfeld und Egon Erwin Kisch (der nicht eigentlich zum »Prager Kreis« gehörte) Prag verließen, und der Ausbruch des Weltkriegs reduzierte die Dichtergruppe zeitweilig beinahe auf die Freundesgruppe um Brod und Kafka, zu der noch der blinde Dichter Oskar Baum und der Philosoph Felix Weltsch gehörten. Die meisten Prager Autoren standen an der Front, und einige der hoffnungsvollsten Begabungen (Franz Janowitz, dessen lyrisches Genie von Karl Kraus gefördert wurde, oder der von Kafka beeinflußte Karl Brand) überlebten den Krieg nicht. Immerhin erschienen aber gerade zwischen 1914 und 1918 einige der eindrucksvollsten und einflußreichsten Prag-Romane, so Leppins *Severins Gang in die Finsternis*, Kischs *Der Mädchenhirt* (beide 1914), Meyrinks *Der Golem* (1915) und *Walpurgisnacht* (1917), Brods *Tycho Brahes Weg zu Gott* (1915) und Ernst Weiß' *Der Kampf* (1916, später umbenannt in *Franziska*). Es waren Nachrufe auf eine vergangene Epoche, denn sofern die Prager Dichter nach dem Weltkrieg überhaupt in ihre Heimat zurückkehrten, sahen sie sich mit einer radikal veränderten Wirklichkeit konfrontiert, die neue Entscheidungen von ihnen verlangte.

Der Untergang Österreich-Ungarns und die Gründung der Tschechoslowakischen Republik hatten die Ghettogrenzen des deutschen Prag enger gezogen, und seine Dichter spürten den politischen Umbruch besonders intensiv, denn sie verloren das Privileg, in der Landessprache zu schreiben. Dennoch konnte in den nationalen Wirren der Nachkriegszeit, wie sie F. C. Weiskopf in seinem Roman *Das Slawenlied* (1931) beschreibt, zunächst der Eindruck entstehen, die frühere Gemeinsamkeit sei wiederherzustellen: Schriftsteller wie Fuchs, Haas, Kisch oder Pick kehrten aus dem Militärdienst nach Prag zurück, jüngere Autoren wie Urzidil, Ungar, Vischer oder Weiskopf traten erstmals vor die Öffentlichkeit, und die Erfahrungen des Krieges und der Revolution hinterließen nicht nur tiefe Spuren in den neu entstehenden Werken – die Erzählungen von Weiß, Perutz oder Baum im vorliegenden Band sind dafür eindringliche Beispiele –, sondern schienen auch ein allgemeines politisches und soziales Engagement zu fördern. Die tatsächlichen gesellschaftlichen Aktivitäten offenbarten dann freilich schnell, wie sehr sich die Prager Dichter weltanschaulich voneinander entfernt hatten: Während Kisch, Fuchs und Weiskopf die nationalen Konflikte dem Klassenkampf unterordneten und sich zur Internationale bekannten, distanzierten sich Brod und Werfel vom expressionistischen Ideal des »Neuen Menschen« und suchten religiöse Antworten im Judentum oder Christentum; und während für viele der Zusammenbruch des Habsburgerreiches einem schmerzlichen Verlust ihrer Heimat gleichkam, engagierten sich Autoren wie Hoffmann, Ungar, Gerke, Pick oder Urzidil unter dem Eindruck des philosophierenden Staatsmannes Tomáš G. Masaryk für den Aufbau der tschechoslowakischen Demokratie. Als hätten diese ideologischen Differenzen noch nicht ausgereicht, eine neue poetische Gesellschaft zu verhindern, kam es im Gefolge der Prager November-Unruhen von 1920, bei denen sich die ursprünglich antideutschen Ressentiments eines tschechischen Pöbels schnell in antisemitische Krawalle verwandelt hatten, zu einer erneuten Abwanderungswelle, die durch die Auswirkungen der Inflation dann noch beschleunigt wurde und in der u. a. Willy Haas, Egon Erwin Kisch, Hermann Ungar, Ernst Weiß und zuletzt sogar Franz Kafka Prag hinter sich ließen, um sich in Berlin niederzulassen und die dort inzwischen entstandene Prager Kolonie zu vergrößern. Abgesehen von den Autoren der älteren Generation (Paul Leppin, Oskar Wiener und Ottokar Winicky) blieben nur wenige markante Dichter während der ersten tschechoslowakischen Republik in Prag, nämlich Oskar Baum, Max Brod, Ernst Feigl, Rudolf Fuchs, Otto Pick, Johannes Urzidil und Ludwig Winder: Gewiß kein Zufall, arbeiteten sie alle als Redakteure der deutschsprachigen Zeitungen, des *Prager Tagblatt*, der *Deutschen Zeitung Bohemia* oder der *Prager Presse*, und viele der nachrückenden Generation, wie die Musikkritiker Hermann Grab oder Walter Seidl, folgten ihrem Beispiel. In den Blättern für die deutsche Minderheit hatten sie eine kulturelle Nische gefunden, die sie nicht nur in Prag überleben ließ, sondern ihnen auch die Möglichkeit zum ständigen Kontakt mit anderen geistigen Zentren, vor allem mit Berlin, bot.

Der politische Umbruch in Böhmen bedeutete für die Prager deutsche Literatur einen tiefen und schmerzlichen

Einschnitt, aber keineswegs ihr Ende. Vorbei war die Zeit der Gemeinschaft, und viele Dichter schrieben nun in der Fremde, doch entstanden gerade in der Vereinzelung der zwanziger und frühen dreißiger Jahre einige der bedeutendsten Lebenswerke, und zwar besonders von bisherigen Außenseitern des »Prager Kreises«. Was sie mit Franz Kafka verband, dessen Genie schon die Freunde erkannt hatten, dessen Weltruhm aber erst nach seinem Tod 1924 mit Brods Nachlaßeditionen der Romane begann (*Der Prozeß*, 1925; *Das Schloß*, 1926; *Amerika*, 1927), war die existentielle Erfahrung der Entfremdung, der sie in einer zunehmend versachlichten, bisweilen sogar lakonischen Diktion und oft abseits vordergründig aktueller Bezüge überindividuellen Ausdruck verliehen. Die besten dieser Autoren vermochten sich ebensowenig wie Kafka mit den Scheinlösungen politischer oder religiöser Ideologien zu trösten und standen schutzlos einer überwältigenden Wirklichkeit gegenüber, die sie nur beschreibend zu bannen wußten. Inzwischen traditionelle Themen und Topoi der Prager Literatur, wie die Furcht vor dem Unwägbaren und den Schrecken des Alltags oder die Neigung, das Menschliche in Extremsituationen von Eros und Thanatos aufzuzeigen, kehren bei ihnen wieder, aber sie werden nicht mehr durch eine neuromantische oder expressionistische Stilisierung ästhetisiert und berühren, ja verletzen den Leser unmittelbar.

Mit besonderem Nachdruck machten während der bewegten Zwischenkriegszeit einige mährische Schriftsteller auf sich aufmerksam, allen voran Ernst Weiß, Hermann Ungar und Ludwig Winder. Ihre Herkunft aus tschechischländlichem Milieu, wo die Verhältnisse bei manchen graduellen Unterschieden doch der Prager Ghettosituation vergleichbar blieben, brachte sie dem »Prager Kreis« ideell nahe, und zumindest bei Weiß und Winder führte dies auch zu persönlichen Konsequenzen: Weiß war eine Zeitlang in einer konfliktreichen Freundschaft mit Kafka verbunden, und Winder nahm nach Kafkas Tod gar dessen Platz in der

Freundesgruppe von Brod, Weltsch und Baum ein. Selbst Ungar, der vielleicht eigenwilligste der mährischen Autoren, hatte freundschaftliche Beziehungen etwa zu Urzidil, Kornfeld oder Gerke, und in Berlin fand er in Camill Hoffmann einen beinahe väterlichen Mentor. In der unreflektierten Tradition des älteren mährischen Realismus von Marie von Ebner-Eschenbach, Ferdinand von Saar oder Jakob Julius David stehend, brachten sie in die Prager Literatur gleichwohl einen unverwechselbar eigenen Ton ein, den schon Otto Pick – in seinem Aufsatz *Deutsche Dichter in Brünn und im mährischen Gebiet* (1927) – in einer tieferen Schwermut, in der »Neigung zum Exakten, zur Sachlichkeit, zur prägnanten Objektivität« und im »klaren Zurückschauen auf leidvolle Kindheitserlebnisse« erkannte; daneben ist in ihren Werken die oft zwingende Kausalität der Ereignisse auffällig, die unter dem Einfluß Sigmund Freuds Schicksale nicht mehr vorrangig durch soziale Faktoren, sondern durch psychische Versehrungen erklärt. Die radikalsten Beispiele für diesen psychologischen Verismus bieten die drei Prosabücher des früh verstorbenen Hermann Ungar, *Knaben und Mörder* (1920), *Die Verstümmelten* (1922) und *Die Klasse* (1927), in denen sich aufgrund körperlicher, geistiger und seelischer Deformationen ein wahres Pandämonium der Triebe und Zwänge entfaltet, deren scheinbar abseitige Katastrophen aber doch zugleich auch als Parabeln über die entfremdete Existenz des modernen Zivilisationsmenschen schlechthin verstanden werden wollen. Ähnliches gilt auch für Ernst Weiß (*Tiere in Ketten*, 1918) und Ludwig Winder (*Die jüdische Orgel*, 1922), hier freilich besonders für ihre expressionistisch beeinflußten Frühphasen; Weiß variierte später in neusachlichen Entwicklungsromanen den expressionistischen Vater-Sohn-Topos, und Winder, der als Journalist in den aktuellen Meinungsstreit verwickelt blieb, integrierte seine psychologischen Fabeln als einer der wenigen Prager Nachkriegsautoren auch in die Tagespolitik und schuf dabei beklemmende Zeitbilder.

Die durch Dostojewskij inspirierte Idee, die generell empfundene zivilisatorische Entfremdung am Beispiel menschlicher Grenzfälle aufzuzeigen, führte Weiß und Ungar beinahe zwangsläufig dazu, auch Kriminalreportagen zu schreiben, und die Theoreme der Neuen Sachlichkeit bestätigten sie darin. (Für den Prager Ernst Feigl wurde der psychologische Gerichtsbericht überhaupt zu seiner literarischen Domäne.) Das Thema des Verbrechens, der Topos von Schuld und Sühne faszinierte auch den Brünner Schriftsteller Oskar Jellinek, der in seinen formstrengen, an Kleist erinnernden Novellen immer wieder Kriminalfälle schildert und zu menschlichen Exempeln erhebt; diese Nähe zu Weiß und Ungar unterstreicht die Eigenart der mährischen Literatur, denn zu Prag hatte Jellinek kaum Verbindung, und statt auf die Postulate der Moderne berief er sich auf die sichere Tradition der mährischen Dorfgeschichte, der er auch topographisch treu blieb.

Allenfalls Außenseiter der Prager Literatur waren auch Ernst Sommer, Leo Perutz, Hans Natonek und Elisabeth Janstein. Ernst Sommer, heute vor allem durch seine zeithistorischen Romane bekannt, war schon durch seine Identität als sudetendeutscher Jude isoliert und gelangte erst im Exil in die Prager Einflußsphäre; vom Zionismus enttäuscht, versuchte der Sozialdemokrat die Vereinzelung im politischen Engagement für eine deutsch-tschechische Einigung zu überwinden, doch zeigen seine herausragenden, für das Gesamtwerk atypischen Grotesken *Der Aufruhr* (1920) und *Der Fall des Bezirksrichters Fröhlich* (1922), wie wenig es ihm gelang, tatsächlich seelische und ideologische Festigkeit zu gewinnen. Anders als Sommer (der sich 1924, wenn auch vergeblich, bemühte, mit der Karlsbader Literaturzeitschrift *Die Provinz* eine kulturelle Brücke zwischen Prag und seiner sudetendeutschen Heimat zu schaffen) distanzierte sich der seit Jugendjahren in Wien lebende Erfolgsautor Leo Perutz, dessen kalkuliert doppelbödige Phantastik inzwischen ein neues Publikum gewonnen hat, zeitlebens von seiner Zuordnung zur Prager Literatur, weil er mit ihr einseitig den Obskurantismus eines Gustav Meyrink assoziierte; wie sehr freilich auch er der magischen Atmosphäre seiner Geburtsstadt erlag, läßt sich in seinem späten Meisterwerk *Nachts unter der steinernen Brücke* (1953) nachlesen, in dem das geheimnisvolle Rudolfinische Prag lebendig wird. In Wien lebte und wirkte auch die spätexpressionistische Lyrikerin Elisabeth Janstein, die außer zwei Gedichtbänden lediglich ein Buch mit Selbstbeobachtungen, *Die Kurve* (1920), veröffentlichte; in den Kontext Prager Dichtung gehört sie nur durch ihre mährische Herkunft. Wenn sie dennoch – wie auch Grete Meisel-Heß – in die vorliegende Anthologie aufgenommen wurde, so deshalb, weil die Prager deutsche Literatur – aus welchen Gründen immer – kaum Autorinnen von wirklichem Rang hervorgebracht hat und die weibliche Perspektive hier doch nicht ganz fehlen sollte. Hans Natonek schließlich avancierte während der zwanziger Jahre in Leipzig zu einem der führenden Journalisten der Weimarer Republik; in seinen zeitkritischen Gesellschaftsromanen (*Kinder einer Stadt*, 1932) griff er nur selten auf seine Prager Jugend zurück, die ihm »seltsam verschüttet« erschien. In seinem weiteren Schicksal aber, dem Zusammenbruch seiner persönlichen und beruflichen Existenz nach dem Hitler-Umsturz und der Flucht ins Exil, wie es der autobiographische Bekenntnisroman *Die Straße des Verrats* (postum 1982) schildert, spiegelt sich das Erlebnis nahezu aller deutschjüdischen Dichter seiner Generation, die vor der Enge und dem Chaos Prags nach Deutschland geflohen waren: Ihre erste Zuflucht fanden sie an der Moldau.

Wenn es trotz der Vereinzelung und Verstreuung ihrer Autoren auch nach 1920 eine Kontinuität Prager deutscher Literatur gab, die als solche in der Öffentlichkeit präsent war und in der selbst der weltreisende Reporter Kisch integriert blieb, so lag dies neben dem Organisationstalent Max Brods vor allem am Solidaritätsgefühl der böhmisch-jüdischen Schriftsteller, das grenzüberschreitende kulturelle

Strukturen hervorbrachte: Wie selbstverständlich wurden die neuesten Arbeiten der Prag-Renegaten in den Prager deutschsprachigen Blättern an hervorragender Stelle besprochen, ihre Dramen am Neuen Deutschen Theater aufgeführt oder Gastvorlesungen veranstaltet; umgekehrt favorisierten diejenigen Prager, die etwa in Berlin an kulturelle Schaltstellen gelangt waren – genannt seien nur Emil Faktor als Chefredakteur des *Berliner Börsen-Courier* und Willy Haas als Herausgeber der *Literarischen Welt* –, ebenso selbstverständlich die Werke ihrer in der Tschechoslowakei gebliebenen Landsleute. Nicht wenige der Prager Autoren interpretierten solche Wechselbeziehungen zwischen den europäischen Literaturzentren als Erfolge eines humanistischen Kosmopolitismus, und diese Illusion ließ sie lange die tatsächliche nationalistische Eskalation in Deutschland und den Sudetengebieten übersehen. In den Werken dieser Jahre – in Max Brods psychologisch-philosophischen Gesellschaftsromanen oder in Oskar Baums aufsehenerregenden Blindenromanen – ist das ethische Problem von Gut und Böse ein ständiges Thema, die aktuelle Bedrohung aber wird kaum wahrgenommen, und das Böse erhält erst 1933 auch einen konkreten Namen. Lediglich die politisch profilierten Autoren wie Fuchs oder Weiskopf, die sich schon nach dem Weltkrieg leichter in die tschechoslowakische Wirklichkeit gefunden hatten, zeigten sich weniger realitätsfremd. Das irrationale Vertrauen auf die humanistischen Postulate der deutschen Kulturtradition, der sich die bürgerlichen Prager Dichter selber verpflichtet fühlten, trug ebenfalls dazu bei, daß sie das tatsächliche Ausmaß der Gefahr durch den aufkommenden Nationalsozialismus anfangs unterschätzten.

Für viele unerwartet, wurde Prag nach 1933 noch einmal für kurze Zeit ein europäisches Literaturzentrum, diesmal freilich als trauriger Mittelpunkt der antifaschistischen deutschen literarischen Emigration. Nahezu alle verfolgten Schriftsteller der Weimarer Republik, u. a. Bertolt Brecht,

Ödön von Horváth und Heinrich Mann, begannen ihren Weg ins Exil über die demokratische Tschechoslowakei, einige wenige wie Wieland Herzfelde oder Oskar Maria Graf blieben auch länger und versuchten von dort aus, den Faschismus zu bekämpfen, indem sie etwa Emigrantenzeitschriften (*Der Simplicius*, *Neue Deutsche Blätter*) und Verlage (Malik-Verlag) aufbauten; ein Höhe- und zugleich Endpunkt wurde der XVI. Internationale PEN-Kongreß, der vom 26. bis 30. Juni 1938 in Prag stattfand. Unterstützung fanden die verfolgten und exilierten Schriftsteller, zu denen natürlich auch die ehemaligen Prag-Flüchtlinge wie Weiß, Kornfeld, Haas oder Natonek gehörten, bei ihren als Journalisten arbeitenden Kollegen Brod, Winder oder Pick, die nicht nur immer wieder auf ihre Probleme aufmerksam machten, sondern ihnen auch Publikations- und Vortragsmöglichkeiten schufen oder ihnen materiell weiterhalfen. Unter dem Druck der Verhältnisse kam es zum ersten Male auch zu einer wirklichen Zusammenarbeit deutscher und tschechischer Künstler, zu gemeinsamen Publikationen, Lesungen, Aufrufen und Versammlungen; für eine dauernde Symbiose aber war es jetzt zu spät.

Die Annexion der Sudetengebiete im Herbst 1938 zerstörte alle Illusionen auch der Prager Schriftsteller, und die deutsche Okkupation der Tschechoslowakei am 15. März 1939 kam für viele einem Todesurteil gleich. Bis zum Herbst 1939 hatten fast alle Prag verlassen und waren in ein neues Exil, nach Paris, London, New York oder Palästina, geflohen; Max Brod, der Mentor und Nestor des »Prager Kreises«, verließ seine Heimatstadt am Tag vor der Okkupation, in seinem Koffer die Manuskripte Franz Kafkas, in denen die Katastrophe vorweggenommen scheint. Einige wenige, ungläubig oder resigniert, blieben zurück: Paul Leppin, als Nichtjude scheinbar ungefährdet, wurde durch Gestapo-Verhöre physisch und psychisch zerstört; Ernst Feigl überlebte dank seiner nichtjüdischen Frau im Versteck, konnte das mörderische Schicksal seiner Freunde und Verwandten aber nie verwinden; Oskar Baum blieb die Deportation nur durch eine tödliche Operation erspart. Fast alle anderen, darunter Camill Hoffmann, Oskar Wiener, Paul Kornfeld, Georg Mannheimer und Emil Faktor, wurden in Konzentrationslagern grausam ermordet; für die meisten von ihnen führte der Weg in den Tod über Theresienstadt. Zu den Verfolgten gehörten auch ganz junge, noch kaum hervorgetretene Talente wie Peter Kien, Hans Kolben oder Georg Kafka, von denen nur wenige Werkfragmente aus der Hölle gerettet wurden: Die seit langem insuläre Prager deutsche Literatur fand ihre letzte Enklave im Ghetto von Theresienstadt, und ihre letzte Generation starb in Auschwitz. Die Vertreibung der Deutschen aus der Tschechoslowakei nach dem Krieg verhinderte dann auch jeden Neubeginn, besiegelte endgültig eine Epoche, die ihren Glanz schon lange verloren hatte.

Nur wenige der rechtzeitig geflüchteten Prager Schriftsteller kehrten nach 1945 wie Egon Erwin Kisch an die Moldau zurück, und auch diesen gelang es nicht, in der neuen, bald kommunistischen Tschechoslowakei ihre erträumte Heimat wiederzufinden. Ihr eigentliches Prag hatten die Emigranten mit ins Exil genommen, wo sie es als unverlierbaren seelischen Besitz hüteten; in ihren späten Werken, in Erinnerungsbüchern, Romanen und Erzählungen, nahmen sie immer wieder erneut Abschied von der Vergangenheit, bis zuletzt blieben sie – wie Johannes Urzidil, der seine wichtigsten Prosaarbeiten erst im Exil schrieb – auf der Suche nach der »verlorenen Geliebten«.

Michael M. Schardt
Dieter Sudhoff

RONALD CROSS

Die Dichterguillotine

Groteske

Tschimbo, ein nicht ungebildeter Neger aus Afrika, war auf einige Monate in seine Heimat zurückgekehrt. Er wurde von seinem Stamm und von Papa Tschambo mit allen Ehren empfangen. Papa Tschambo war nämlich ein mächtiger Häuptling in Zentralafrika, hatte prima Muskeln, einen süß und mitunter auch einen grausam fletschenden Mund mit starken Odol-Zähnen. Dennoch wußte er, was er der afrikanischen Zivilisation, die noch frisch, fromm, fröhlich, frei, in den ersten Kinderschuhen herumwatete, schuldig sei. Also trug er Jägerhemden, zierte sein mächtiges Wasserkopfhaupt mit einem teutonischen Helm, trug als Schamtuch eine seidene Nizza-Badehose und an seinen nackten Füßen nicht zu kleine Galoschen. Einige Minuten, ehe Tschimbo bei seinem Stamm eintraf, stellten sich die Ältesten mit einigen jungen Afrikanerinnen gemischt, vor dem Dorfe, das als Stammhaupt- und Residenzstadt fungierte, auf, und sangen teils schön, teils falsch: »Was kommt dort von der Höh'?« Es war unser Tschimbo. Er trug einen Smoking, auf den die afrikanische Sonne mit einem erstaunten Sudan-Grinsen herabglühte. Tschimbo stellte sich drei Schritte vor seinem Vater Tschambo auf und rief in allen Weltsprachen: »Hurra!« Dann lagen sich beide, Tschimbo, der Junge, und Tschambo, der Alte, in den Armen und weinten dicke, afrikanische Freudentränen. Dann trank man Whisky und aß dazu gebackenes Menschenblut. Tschimbo gab dann einige lateinische Sprichwörter zum Besten, sprach von Rabindranath Tagore, sprach von Mensuren auf der Berliner Universität, sprach von Hitler, sprach von Prozenten und Valuta, sprach vom Orden der Templer des Groß-Hakenkreuzes und sprach zuletzt von seiner großartigen Erfindung, mittels der er Europa vom Untergang errettet hätte. Man war gespannt. Vater Tschambo zog sogar in der Erregung seine Galoschen aus.

Und der junge, gebildete Prinz Tschimbo erzählte: »Ich habe Europa gerettet. Ich habe das Übel Europas entdeckt. So lief ich hin zum Völkerbundspräsidenten, schüttelte ihn heftig an der Schulter, gab ihm ein Hörrohr in die Hand und schrie wie ein Phatéfon: ›Ich habe eine völkerversöhnende Erfindung gemacht! Ich weiß, was Europa stört und nie zur Ruhe bringt: Es sind die Dichter. Sie schreiben zu viel. Sie streiten sich. Sie erzeugen Nervosität um sich. Aus dieser Nervosität entstehen Kriege. Nichts Einfacheres als das: Da die Dichter nicht freiwillig aus dem Leben scheiden, so müssen sie umgebracht werden. Einziges Mittel dazu die Guillotine!‹ Der Präsident des Völkerbundes war einverstanden mit meiner Methode ›Europa zu retten‹; die Vorarbeiten wurden begonnen und bald konnte zur Hauptarbeit geschritten werden.

Die Guillotine wurde im Herzen Europas, in Prag aufgestellt. Dieses wohltuende, herzerfrischende Instrument war meine Erfindung und eigens für den Literatentod eingerichtet. Denn Literaten sterben bekanntlich anders, schwerer und sind auch noch im Tode beleidigt. Um das ungehörige Lärmen bei den letzten Todeszuckungen den armen Zuschauern zu ersparen, habe ich eine eigene Erfindung gemacht. Meine Guillotine war mit einer großen Glasglocke versehen, die hermetisch über dem Haupt schloß und so alle hysterischen Todesgeräusche unhörbar machte. Da die Hinrichtung in Prag stattfand, so ist es vielleicht besonders interessant, die letzten Worte, Gesten und Taten der allzuvielen Prager den übrigen Pragern (die nicht so zahlreich sind wie die Literaten) zu überliefern. Ich habe nämlich an verschiedenen europäischen Universitäten das Schreiben und Abschreiben gelernt und mir bei meinem charitativen Rettungswerk einige Aufzeichnungen gemacht.

Ich beginne: Die Guillotine war aufgestellt, die Literaten versammelt und schön nach dem Alphabet geordnet begann das nicht alltägliche Schauspiel.

Zuerst wurde Paul Adler aufgerufen und vorgeführt. Er kam zögernd näher, bestieg zögernd und vorsichtig die Guillotine. Ich mußte ihm ehrenwörtlich versichern, daß das Beil peinlich desinfiziert sei. Sonst hätte sich Adler gesträubt zu sterben. Endlich lag sein Haupt in Erwartung auf dem Block. Noch ehe das Letzte vollzogen war, hörte ich aus Adlers Munde einen beginnenden Exkurs über die Minderwertigkeit Platos.

Einige Schwierigkeiten hatte es mit Max Brod. Denn dieser hatte ein Handtelephon in seiner Faust, und telephonierte erpicht und unermüdlich mit einem seiner Kritiker, um ihm Satz für Satz seiner Werke zu erklären: ›Begreifen Sie doch ...‹ Da das stundenlang hätte dauern können, packte ich brüsk zu und trennte Haupt und Telephon voneinander.

Sodann erschien das Brüderpaar Čapek. Josef sagte: ›Bitte, nach dir!‹ Karel flehte: ›Bitte nach dir!‹ Und so gelangte man zu keinem Resultat; man mußte sie am Leben lassen und falls sie keines natürlichen Todes gestorben sind, so dichten sie heute noch. Sie gemeinsam hinrichten, wie es die Kritik gelegentlich versucht hatte, erwies sich leider als technisch unmöglich und als kollektivistische Utopie.

Franz Kafka kam ruhig näher, er lächelte leise, lächelte sanft, lächelte milde. Dann sagte er gelassen: ›Man hat mich zeitlebens in meinem näheren Umkreis bestohlen. Stehlt mich nun ganz!‹ Als sein Haupt fiel, weinten einige unter den Zuschauern.

Egon Erwin Kisch musterte die versammelten Zuschauer, zückte sein Notizbuch und notierte alle Anwesenden. Dann hielt er eine gerührte Ansprache, die mit den Worten schloß: ›Wenn ich schon sterben muß, dann nur auf dem Galgen (,jen na šibenici‘). Vorher aber bin ich bereit, jedes Exemplar meines Meisterwerkes ,Soldat im Prager

Korps' – erhältlich beim Herrn Scharfrichter – mit meinem Autogramm zu versehen. Leb wohl, du schöne, schnöde Welt, deren Cafétisch-Mittelpunkt ich nicht mehr sein werde ...‹

Paul Leppin redete nichts. In seinem Gesicht war einige Verachtung zu lesen. Ihm schien meine Glasglocke nicht zu gefallen.

Otto Pick war lange nicht aufzufinden. Er mußte aus dem Dunkel irgend eines Theaters geholt werden, wo er darüber nachgedacht hatte, ob er in seinem nächsten Artikel das Wort ›springjung‹ oder ›springlebendig‹ anwenden solle. Ehe sein Haupt fiel stimmte er noch einen Lobgesang auf Werfel an. (Hier öffnete das bereits abgeschlagene Haupt Brods vorsichtig die Augen. Es wollte sich eben die Ohren zuhalten, als es ihm anschauungs- und begriffsgemäß einfiel, daß ein abgeschlagenes Haupt auf Hände nicht mehr rechnen könnte.)

Mit Hugo Salus hatte es eine kleine Verzögerung. Zwei starke Henkersknechte mußten ihm erst seinen Hut, groß, schwer und breit, abnehmen.

Melchior Vischer wurde von einigen Verlegern verfolgt, denen er rasch noch ein paar Ohrfeigen versetzte. Ehe das Beil niedersauste, schrieb er schnell ein Stück.

Dann kam Franz Werfel. Ihm mußte vorher sein Haupthaar geschnitten werden. Bei dieser Prozedur sang er seine letzten Arien.

Ludwig Winder stockte plötzlich überrascht. Denn aus einer christlichen Kirche drangen plötzlich die Töne einer jüdischen Orgel.

Ernst Weiß, gefolgt von der Tigerin Nahar, protestierte heftig. Zwölf Jahre stände er schon in der deutschen Literatur, und jetzt, in der letzten Minute erdulde er noch diese Zurücksetzung. Sein Name käme im Alphabet vor Winder. Mit seinem Haupt fiel der letzte Prager.

Interessant ist es, von einigen Anderen, nicht in Prag Geborenen, zu berichten. So wurde Franz Blei lange nicht aufgefunden. Er hatte nämlich mit der Reklame der Berliner Aufführung von ›W. U. R.‹ zuviel zu tun.

Gerhart Hauptmann sagte schlicht: ›Noch vor meinem siebzigsten Geburtstag ...?‹

Carl Sternheim rief vom Schafott seinem bürgerlichen Sohn Schmonzes die letzten Grüße zu. Bei ihm mußte das Fallbeil mehrmals in ›Aktion‹ treten. Die verschluckten Artikel nämlich waren im Halse stecken geblieben und hatten sich verhärtet. Und machten den Hals fast steinig.

Hans Watzlik stimmte einen hamurigen Böhmerwaldgesang nach der Melodie ›O Böhmen!‹ an.

Und dann kamen noch viele, viele.«

Tschimbo hielt inne. Tschambo weinte ergriffen und zog sich seine Galoschen wieder an. »Aber ich hatte mit meiner liebevollen Tat wenig Dank«, fuhr Tschimbo fort. Nachdem alle Dichter und Literaten ausgerottet waren, war plötzlich eine große Stille in Europa. Man hörte geradezu das Gras wachsen. Da hielten es die Europäer nicht mehr länger aus. Sie schrien auf mich ein, verfolgten mich und riefen: ›Gebt uns unser Lachkabinett wieder! Wir wollen wieder Geschrei und Gekreisch und unnötigen Lärm! Wir wollen unsere Literaten wieder!!!‹ Da wurde es mir zu gefährlich. Ich floh aus Europa. Ach, Afrika ist so schön! Es hat keine Literaten!«

»Und keine Prager!« meinte Häuptling Tschambo sachlich.

FRITZ MAUTHNER

Ein Abend im Irrenhause

Mit Doktor Hafkings spreche ich in diesem Leben kein Wort mehr.

Drüben?

Machen Sie sich nicht auch noch über mich lustig. Doktor Hafkings hat mich so hineingelegt, daß ich mich eigentlich schämen müßte, es zu erzählen. Und dabei hat er mich ausgelacht mit dem ganzen Zynismus eines Privatdozenten für Gehirnphysiologie. Hören Sie nur.

Es war Mitte Januar und ich war für den Abend in keinem einzigen Hause zwischen dem Potsdamer Tor und dem Zoologischen Garten zum Souper geladen. Merkwürdig! Was? Wozu ist man denn einer der besten Klavier- und Taschenspieler von Berlin, wenn man nicht jeden Abend zwischen drei Einladungen zu wählen haben soll. Ja, da traf ich gegen Mittag unsern gemeinsamen Freund Gresse bei Josty, im Café. Sie wissen doch: Gresse! Der unser aller Freund ist und dessen einzige Beschäftigung zu sein scheint, daß er uns in Familien einführt, bei denen man noch nicht verkehrt. Gresse hört, daß ich frei bin und verpflichtet mich sofort, eine große Gesellschaft bei Fleischers mitzumachen. Da fangen Sie schon zu lachen an! Sie wissen also, wen ich meine. Man habe mich schon lange bei Fleischers gewünscht. Der dicke reiche Fleischer mache nicht mehr im Getreide, sondern habe jetzt den besten Koch und die beste Musik, da drüben in dem neuen Stadtteil hinter dem Tiergarten. Wir wissen ja, daß Gresse überall das Recht hat, bei seinen Freunden seine Freunde einzuführen. Vielleicht bekommt er sogar so und soviel pro Stück. Ich sage nein. Den dicken Fleischer habe ich noch mit keinem Auge gesehen, von der dicken Frau Fleischer habe ich zuviel gehört. Für seinen Koch bin ich noch nicht reif. Mir schmecken Frauen und

Hühner noch ungetrüffelt. – Gresse zieht ein Gesicht, wie wenn er einen vergebens anzupumpen versucht hat und sagt: »Schade, es ist da eine Dame, die in Sie verliebt ist.« »So?« – »Die Dame liebt die Offenheit, sie liebt soviel. Sie hat mir sehr deutlich zu verstehen gegeben, daß sie Sie gern auszeichnen möchte.«

Man ist bekanntlich kein Unmensch, und da die Person auch sehr hübsch sein soll, sage ich endlich zu.

Ich soll ohne Förmlichkeit kurz nach neun Uhr erscheinen. Gresse wird die Vorstellung übernehmen. Wie die verliebte Dame heißt? – »Sie werden Sie zu Tisch führen.«

Es war kurz vor neun, ich steckte schon im Frack und philosophierte darüber nach, ob ich nicht eigentlich mehr Lust hätte, zu schlafen als Eroberungen zu machen. Da klingelt's und Doktor Hafkings kommt herein. Auch er im Frack. Im Sommer habe er mir einmal versprochen, mich zu einem Galasouper in seiner Anstalt mitzunehmen. Sie wissen, er ist Assistenzarzt in so einem eleganten Privatirrenhause. Jetzt komme er sein Wort einlösen.

»Nee, lieber Freund«, sage ich, »das war damals eine Kateridee von mir. Herzlichen Dank für das gute Gedächtnis und den guten Willen. Heute habe ich besseres vor.« Und ich erzähle ihm meine Verhandlung mit Gresse. Doktor Hafkings kriegt sein hübsches infames Lächeln und sagt:

»Du machst dir ein ganz falsches Bild von unserer Anstalt. Die Pension ist so teuer, daß alle unsere Patienten, Männlein und Weiblein, nur den obern Zehntausend angehören. Komfort wie in einem Hotel ersten Ranges und namentlich bei solchen Festen läßt der Direktor sich nicht lumpen. Es ist seine Reklame.«

»Du begreifst aber .....«

»Du machst dir ein falsches Bild! Namentlich die hysterischen Damen hätten dich interessiert. Da ist eine Kranke, mehr als hübsch ... und du hättest sie zu Tische führen können.«

»Aber verrückt!«

»Na ja, sie hat eine wunde Stelle. Aber wer ist denn geistig gesund in der Großstadt? Psychologisch ist so eine Dame ....«

Kurz, ich lasse mich wieder überreden, verzichte auf die unbekannten Genüsse und die Tischdame bei Fleischers und nehme die Einladung von Hafkings an.

Sein Wagen wartete vor der Tür. Er sagte dem Kutscher etwas und wir fuhren über den harten Schnee nach dem Tiergarten.

Als mir neue Bedenken kamen, lachte Doktor Hafkings wieder mit seinem hübschen infamen Lachen. Von Gefahr könne keine Rede sein. Nicht einmal unheimlich sei die Geschichte, nicht unheimlicher als in anderer guter Gesellschaft. Ich würde keinen Unterschied wahrnehmen. Sicherlich würden sogar Skatspieler da sein.

Wir waren angelangt und Doktor Hafkings führte mich eilig durch einen kleinen Vorgarten in ein hell erleuchtetes Haus. Es sah gar nicht bedenklich aus. Fleischer oder Sie hätten ebenso wohnen können. »Hier sind die Festräume«, rief Hafkings, »gewissermaßen die Schaufenster der Anstalt. Das eigentliche Irrenhaus ist dort.« Dazu machte er eine vage Handbewegung, die ebenso das Hintergebäude und das Nachbarhaus wie halb Berlin bezeichnen konnte. Über weiche Teppiche kamen wir in das erste Stockwerk und wurden da von zwei Dienern in Livree empfangen.

»Richtige Diener?« fragte ich.

»Nein, Dummköpfe und Diebe, welche ihrem Charakter folgen und die Rolle von Bedienten übernommen haben. Sie sind musterhaft vor den Gästen. Aber du solltest sie unter vier Augen sehen! Bestien!«

»Brechen sie niemals aus?«

»Selten. In großem Stil ist so etwas seit etwa hundert Jahren nicht mehr passiert.«

Während wir die Pelze ablegten, sagte Doktor Hafkings leise: »Apropos, du wirst gar nichts vermissen. Wir haben hier einen Zwillingsbruder des dicken Fleischer. Er hält sich für seinen reichen Bruder und seine Verrücktheit besteht darin, daß er glaubt, er sei der geachtete Wirt der versammelten Gesellschaft. Soweit verlangt er respektiert zu werden. Ich werde dich ihm vorstellen, um ihn nicht zu reizen.«

»Und die schöne Dame, die du mir versprochen hast?«

»Sie wird dich selbst ansprechen. Das ist so ihre Art. Sie liebt die Offenheit.«

Wir traten ein und mein bängliches Gefühl verlor sich nach wenigen Minuten. Es schien zuzugehen, wie in jedem andern Salon. Nur eine gewisse Gemeinheit und krankhafte Gespanntheit glaubte ich auf allen Gesichtern zu sehen. Sonst aber: Toilette und Benehmen wie anderswo, wo man seine Abende zubringt.

Ein dicker Herr trat auf uns zu; er sah aus wie ein Pferdehändler, dem ein Oberkellner Anstandsunterricht gegeben hat. Ich wurde vorgestellt. Der falsche Fleischer verriet seinen Zustand nur dadurch, daß er einen Augenblick auch den Doktor Hafkings wie einen Fremden anstarrte. Dann sagte er unter Händedrücken, was man so zu sagen pflegt. Freude .... bescheidenes Heim .... Hafkings wird frech und meint: »Sie wissen doch, lieber Fleischer, wen ich Ihnen da zuführe?« Fleischer drückt mir noch wärmer die Hand, murmelt etwas von großer Ehre und läßt uns stehen.

»Ich werde dich zweien oder dreien von den Herrschaften vorstellen, dann wirst du dich gefälligst selbst bedienen.«

»Du mußt mir aber doch vorher ein wenig erzählen, wer die Leute sind.«

»Mit Vergnügen, ich bin ja Psychiater. Von unserm Wirt, dem falschen Fleischer, wirst du ja gehört haben. Er hat einige Male mit dem Ärmel das Zuchthaus gestreift und säße vielleicht darin, wenn er nicht hier in einem Irrenhause lebte, ... wie wir alle.«

»Du, Hafkings«, sagte ich dämlicherweise, »so etwas habe ich über den richtigen Fleischer auch schon gehört.«

»Ach, das tut nichts, bei dem sind das nur die Vermutungen seiner Freunde ... Siehst du drüben die geschminkte Dame mit der Wespentaille? Ihr Vater war Kommerzienrat, ihr Mann ist Titularprofessor. Ihre fixe Idee ist, daß alle Welt von ihrer Schönheit spreche. Vor fünfundzwanzig Jahren soll das nämlich wirklich so gewesen sein.«

»Und wegen so einer Kleinigkeit ist die hier?«

»Du mußt nämlich wissen, daß die Leute trotz der großen Mitgift nur noch knapp zehntausend Mark Einkommen haben und daß sie glaubt, davon sechstausend für Toiletten, Schminke einbegriffen, ausgeben zu müssen. Sie geben offene Gesellschaften und hungern heimlich. Der lange blonde Herr, der mit ihr spricht, ist ein gewisser Doktor Hartwig, Arzt, erst vor einem Jahre von seinen Examinatoren auf die Menschheit losgelassen. Er weiß, daß er nichts weiß und ist insofern ein Philosoph. Aber er hat die fixe Idee, der gesuchteste Arzt von Berlin zu werden und verfolgt dieses Ziel mit der ganzen Schlauheit eines Wahnsinnigen. Der Fall ist für unsereinen sehr kompliziert. Seine Geldgier wäre natürlich kein Symptom von Geisteskrankheit. Alle wissenschaftlichen Morde, die er auf dem Gewissen hat, werden durch seine Eitelkeit und seine Unwissenheit entschuldigt; aber schließlich kann der Staat doch nicht dulden, daß so ein Mann jährlich ein Dutzend Menschen umbringt.«

»Er ist also hier unschädlich gemacht?«

»Den vernünftigen Menschen kann er nicht mehr schaden. Aber hier in dem großen Irrenhause – und Hafkings machte wieder seine vage Handbewegung – treibt er sein Unwesen. Die beiden Herren, die mit ihm sprechen, sind der Prinz X. und der junge Teltower. Prinz X. war in seinen Kreisen schon lange unmöglich; in Bürgerkreisen macht man ihm Hofknickse, trotzdem er jeder Dame, der ältesten wie der jüngsten, nach zwei Minuten den Vorschlag macht, ihn in seiner Junggesellenwohnung zu besuchen. Der junge Teltower ist harmloser. Er möchte gern mit dem Prinzen X. verwechselt werden und spricht darum nur von Tänzerinnen und Pferden. Sein Körper hat Schaden gelitten, besonders sein niedliches Gehirn. Er läßt sich von Doktor Hartwig unter die Erde bringen.«

»Teltower? Du, von dem habe ich schon gehört. Alle Leute nannten ihn blödsinnig. Aber ich dachte, er ginge frei herum.«

»Was man so frei nennt! Aber da kommt ja Frau Urban schon auf dich zu. Sie wird sich dir gründlich vorstellen. Mein Gott, wir sind eben in einem Irrenhause. Ich drücke mich.«

Ich war etwas verlegen. Ich stellte mir eben einen Augenblick vor, ich wäre bei dem richtigen Fleischer, weil mir dort doch auch eine verliebte und offenherzige Frau versprochen worden war. Frau Urban war eine hübsche kleine Person, die mir in anderer Gesellschaft kaum aufgefallen wäre. Hier bemerkte ich sofort dunkle Ränder um ihre schönen, flakkernden Augen und gemeine Falten um den hübschen Mund. Sie sah so .... ich möchte sagen, zerdrückt aus.

Sie trat unbefangen an mich heran, nannte mich beim Namen und freute sich, meine Bekanntschaft zu machen. Nach einigen Redensarten über mein letztes Konzert und den neuesten Theaterklatsch bat ich um die Erlaubnis, sie zu Tische führen zu dürfen.

»Ach was«, rief sie, »das habe ich schon veranlaßt. Wir sitzen nebeneinander und wenn Sie nett sind, werde ich nach dem Braten unwohl, muß fort und Sie begleiten mich nach Hause. Sie sind doch nicht zu schüchtern?«

Das war ein starker Tobak. In wirklich guter Gesellschaft hatte sich so etwas höchstens zweimal in meinem Leben ereignet. Freilich schien Frau Urban auch hier die einzige Kranke dieser Art zu sein. Sie wurde von einigen Pensionärinnen der Heilanstalt geschnitten, und die jüngeren Herren lächelten eigentümlich, wenn sie an Frau Urban vorüberkamen.

Ein stattlicher Mann trat auf uns zu und stellte sich mir als der Dichter Felix Raguhn vor. Da ich den Namen niemals gehört hatte, mußte ich glauben, es wäre eben der Dichter, der in keinem Irrenhause fehlt. Raguhn war offenbar eifersüchtig. Er erklärte sich für einen Musikfreund und führte mit Frau Urban ein ganz gebildetes literarisches Gespräch. Wir sprachen von Ibsen, wie man überall von Ibsen spricht. Raguhn schimpfte und Frau Urban verteidigte. Sie verbarg ihre Krankheit meisterlich und wäre so, wie sie jetzt unter sechs Augen war, eine Zierde jedes ästhetischen Tees gewesen. Nur daß leider schon zu viele Herren davon wußten, wie sich ihre Krankheit unter vier Augen äußerte. Das war mir unangenehm und ich faßte den Entschluß, etwas zurückhaltend zu sein und Frau Urban wie die übrige Gesellschaft nur psychologisch zu studieren.

Inzwischen waren noch mehr Herren gekommen. Alle mit dem gleichen jugendlichen und doch müden Lächeln. Ich beobachtete, daß gerade die ältesten Herren die Müdigkeit zu verbergen und die Jugendlichkeit zu übertreiben suchten, daß die jüngsten es umgekehrt machten. Diese Freude an der Lüge schien mir bezeichnend für das Milieu, in dem ich mich befand. Mehr als einmal sah ich, wie ein Herr mit einer Dame am Arm eintrat, beide Gesichter wie zerzankt, aber mit einem frisch aufgesetzten Lächeln über den verwüsteten Zügen.

Doktor Hafkings rief mich heran, er wolle mich an der Unterhaltung einer schwedischen Sängerin teilnehmen lassen, die auch nach kurzer Vorstellung in ihrer Auseinandersetzung fortfuhr: daß sie sich selbst für eine maskuline, den Doktor Hafkings jedoch für eine feminine Natur halte. Ein wild aussehender Herr reichte ihr den Arm und führte sie fort.

»Der Maler!« sagte Hafkings zu mir. »Er malt das Laub blau und behauptet, es so zu sehen.«

Ich fragte, warum denn all diese Leute, die doch in der Anstalt wohnen, so vermummt die große Treppe heraufkämen.

»Du weißt gar nichts«, sagte Hafkings und sein infames Lächeln war nicht mehr hübsch. »Es ist doch bekannt, daß die Insassen von Irrenhäusern nicht eingestehen wollen, wo sie sind. Wahnsinn ist die Krankheit, die man nicht eingesteht. Alle diese Herrschaften behaupten, irgendwo in Berlin W zu wohnen. Dadurch besonders unterscheiden sich solche Häuser von den Gefängnissen, daß die Verbrecher dort nicht leugnen, eingesperrt zu sein. Hier zeigt niemand gern sein trübes oder sein wildes Herz, er hätte denn zu enge Stiefel oder zu weite Magenwände. Übrigens wollen wir uns doch hier nicht bloß miteinander unterhalten. Ich mache meine Studien, mache du die deinen.«

Unmittelbar darauf sprach mich ein Herr an, der aussah wie ein Pastor oder ein Schauspieler. Er sei Komponist und über Wagner hinausgekommen. Er erkläre nicht nur die Melodie für veraltert, sondern auch die Harmonie. Der Individualismus, der in der Politik als Anarchismus die Welt friedlich umformen werde, sei sein musikalisches Prinzip. Ich müsse seine Kompositionen öffentlich spielen. Sie seien sehr leicht zu lernen, weil man sie unter Umständen auch anders spielen könne. Die Kosten des Konzerts werde er gern tragen und wenn er mir sonst gefällig sein dürfe ..

Der Mann sprach so vernünftig, daß ich beinahe vergaß, wo ich mich befand. Und dieser Zustand blieb, als ich wieder eine Weile allein war und neugierig Beobachtungen anstellte. Jedermann hatte sich offenbar in seinem Wahnsinn eine Rolle zurecht gelegt, die Herrschaften duldeten einander, um gemeinsam Gesellschaft spielen zu können. Die Sache fing an, mich zu fesseln. Ich legte mich auf die Lauer, wahrhaftig, weil ich an Sie dachte und Ihnen den Stoff für ein sensationelles Feuilleton erzählen wollte. Ein Abend im Irrenhause! Das würde Ihnen doch mit Kußhand abgedruckt. Der Gesamteindruck war mir schon klar. Was sonst nur ausnahmsweise in unserer Welt sichtbar wird oder was nur pessimistische Menschen zu sehen glauben, die Leere, die Unwahrheit, die verbrecherische Gemeinheit, das war hier der normale Zustand. Ich lernte noch zwei oder drei Mediziner kennen, sie glichen ganz den anderen Patienten.

Und einer von ihnen half mir – allerdings sah er mich dabei verwundert an, als ob er auch mich für einen Wahnsinnigen hielte – die Erscheinungen in drei Klassen ordnen. –

Zunächst waren alle Wahnsinnigen ohne Ausnahme größenwahnsinnig. Geradezu grotesk wirkte es, wie der eine immer dem Größenwahnsinn des andern schmeichelte, um vom andern selbst wieder anerkannt zu werden. Es war so, als ob jeder zu jedem gesagt hätte: »Gut ich gebe zu, daß Sie der Kaiser von Brasilien sind; dann aber müssen Sie zugeben, daß ich der Kaiser von China bin.« So klassische Fälle erlebte ich nun gerade nicht, aber hundertmal intimere Beispiele eines gegenseitig unterstützten Größenwahnsinns. Ich, Ich, Ich, tönte es von allen Seiten. Ich spiele die Don-Juan-Phantasie besser als Liszt selbst; sonst hätte Liszt auch nicht solche Bosheiten über mich verbreitet. – Was wäre Virchow ohne meine Entdeckungen. Ich bin darum auch nicht Professor geworden. Die Kerls halten zusammen wie die Kletten. – Mein Umsatz in amerikanischen Eisenbahnpapieren ist größer als der von Bleichröder. – Ich bin ein lebendiges Konversationslexikon. – Ich hatte immer die schlechteste Zensur der ganzen Klasse. –

Ich bin der beste Schwimmer in Berlin. – Ich der beste Radler. – Ich, Ich, Ich! – Ich hab die schärfsten Augen. – So kurzsichtig wie ich ist kein anderer. – Ich habe das meiste Geld. – Ich habe die meisten Schulden. – Ich, Ich, Ich!

Und daneben der stille Tauschhandel des Größenwahnsinns: Das ist mir sehr interessant, was Sie mir da erzählen, Herr Professor. Ich will gern glauben, daß Sie verdienten, an Mommsens Stelle zu stehen. Aber solche Zigarren, wie ich sie direkt aus Havanna beziehe, haben Sie noch nie geraucht. – Das will ich gern glauben, aber im Unterrichtsministerium ...

Unaufhörlich werden solche Reden und Gegenreden gewechselt. Aber ein gräßliches Gegenbild fanden sie in dem, was hinter dem Rücken geflüstert wurde. Da zeigte sich eine wirklich wahnsinnige Bosheit. Keiner, der nicht in geflüsterten Worten zum Schuft gemacht oder für geisteskrank erklärt wurde. Der betrügt seine Frau, die betrügt ihren Mann. Der hat seine Gläubiger bestohlen, die bezieht ihr Wirtschaftsgeld vom Liebhaber, der hat ein Testament unterschlagen, die hat ihren Mann ins Irrenhaus gebracht. Der duldet seinen Chef als Hausfreund. Überall dasselbe. »Ich, Ich, Ich« im lauten Gespräch; »der, der, die, die« leise in den Ecken.

Sodann schien auch der erotische Wahnsinn stark verbreitet. Man konnte das weniger aus den behorchten Gesprächen schließen als aus anderen Zeichen. Schon die Soupertoiletten der Damen bewiesen hier erotischen Wahnsinn. Ich hätte mir sagen sollen, daß man in guter Gesellschaft außerhalb des Irrenhauses ebenso gekleidet ging, wie ich mir auch hätte sagen können, daß die lauten Gespräche und das Flüstern anderswo ähnlich war wie hier. Mir aber schienen diese ausgeschnittenen Taillen und das übrige einen Stich ins Geisteskranke zu haben. Es war nicht anders: Die Formen des weiblichen Körpers, die dem Manne zumeist gefährlich werden können, waren unterstrichen, ich kann es nicht anders ausdrücken. Mit dem Unterstreichen der Augen fing es ja buchstäblich an. In der Freude an der Fälschung mochte wohl das Krankhafte bestehen. Falsch die Üppigkeit der Haare, falsch die Büste, die Hüften und manches andere. Was kann so eine Frau damit beabsichtigen? Ihren Mann kann sie nicht täuschen wollen, nicht einmal ihren Geliebten. Sie muß also die Absicht haben, die Augen jedes Fremden anzuziehen. Das ist doch erotischer Wahnsinn? Wenn ein Hahn sich falsche Schwanzfedern aufbinden und seinen Kamm rot färben wollte, so dürften wir doch sagen, daß der Hahn verrückt ist!

Der erotische Wahnsinn äußerte sich auch bei den Herren. Aber deutlicher zu erkennen war er an der Haltung der Damen. Mit grauenhaft automatischer Regelmäßigkeit wiederholten sie alle irgendeine Lockbewegung. Die eine streckte immer wieder ihr Füßchen unter dem Saume des

Kleides vor, die andere hatte eine bestimmte Art, ihre kurzen Ärmel fliegen zu lassen und den Ellbogen zu heben; die dritte schüttelte alle paar Minuten einmal den kleinen Kopf mit dem gebrannten Haar; die vierte sprach unaufhörlich und zeigte dabei in regelmäßiger Bewegung die schönen Zähne, so daß es aussah wie das bewegliche Gebiß im Schaufenster eines Zahnarztes; die fünfte konnte die Nüstern bewegen und tat es wie ein Rennpferd am Sattelplatze; die sechste hatte Atropin gebraucht und machte jetzt unaufhörlich große zornige Augen. Auch wenn sie nur guten Abend sagte! Wahrhaftig, die so ausgeprägt kranke Frau Urban war eigentlich noch eine der ruhigen Kranken.

Die dritte Form des Wahnsinns, auf die mich Doktor Hafkings selbst aufmerksam machte, war anfangs nicht so leicht zu beobachten: der Hungerwahnsinn. Bevor man nämlich zu Tische ging, war es nur so eine Art theoretischer Hunger, eine Gier nach Wagen und Pferden, nach Badereisen und Toiletten, nach Theater und Bällen; oder eigentlich nur Hunger nach dem Gelde, womit das alles zu erkaufen ist. Selten äußerte sich dieser Wahnsinn ehrlich. Es war ein Nebenton, für den das Gehör erst geschärft werden mußte. Dann aber wuchs dieser Nebenton zu einem lauten Brausen an und überschrie die andern Gespräche. Ich muß verhungern! Ich habe nicht genug! Nicht genug! Nicht genug! Es war eine höllische Symphonie. Ich hätte sie auf der Stelle komponieren können. Die Geigen fistelten ohne Ende: Ich, Ich, Ich, der, die, die; die Bässe brummten dazu wortlos die Gedanken des erotischen Wahnsinns. Aber die leisen Nebentöne des Hungerwahnsinns schwollen mächtiger an, bis sie die Melodie wurden und wie Posaunen alles andere übertönten zu dem Texte: »Millionen! Millionen! Nicht genug! Nicht genug!«

Als es aber beinahe elf Uhr geworden war und man immer noch nicht zu Tische ging, da kam über die ganze unglückliche Gesellschaft erst der brutale bestialische Hungerwahnsinn, wie man ihn an Fasttagen im Zoologischen Garten studieren kann, wenn der Tiger in seinem Käfig hin und her rennt, wenn selbst der stolze Löwe vor Wut mit der Tatze nach der Löwin schlägt und sie anblickt, als wollte er seine Zähne in ihren Hals schlagen. Die Damen wurden nun stiller. Aber die Herren! Langsam ließen sie die Maske der Wohlerzogenheit fallen. Wie hungernde Affen grinsten sie in jedes Gespräch hinein. Wie ein Geruch von Hunger stieg es zu den elektrischen Lichtern empor. Ich wurde mir plötzlich meiner schrecklichen Lage bewußt. Und das Entsetzlichste war, ich begann selbst etwas wie den Hungerwahnsinn zu spüren. Ich mußte an mich halten, um dem falschen Fleischer nicht Grobheiten zu sagen.

Da trat ruhig Frau Urban an mich heran, ließ mich meinen Arm in den ihren legen und kniff mich dabei lächelnd in den kleinen Finger. Wir gingen zu Tische.

Rechts von mir saß also Frau Urban, links eine Frau von Kochansky. Auf der anderen Seite von Frau Urban saß der Dichter. Uns gegenüber, zu beiden Seiten einer Brillantenausstellung, die um eine dicke Frau gehäuft war, der Maler und der blödsinnige junge Teltower. Anfangs suchte jeder nur seinen Hungerwahnsinn zu stillen. Freilich wurde dazu überall gesprochen; aber es war nirgends eine zusammenhängende Unterhaltung. Man schluckte die Austern, man schluckte die Suppe. Als ich dazu alles Weißbrot gegessen und zwei Glas von einem schweren süßen Wein getrunken hatte, wurde ich ruhiger und konnte wieder beobachten. Frau von Kochansky war ganz merkwürdig. Sie hatte sich vorher in ihrer Zelle wohl bis aufs äußerste schnüren lassen. Sie konnte jetzt kaum einen Bissen hinunterbringen. Man sah es ihr an, daß sie Schmerzen aushielt. Doch sie verlor keinen Augenblick ein stilles wahnsinniges Lächeln von ihren Lippen und wiederholte mechanisch Zeitungsurteile über Theater und Musik. Dabei stellte sie den Puder auf Gesicht, Hals und Armen aus. Sie sprach kein selbständiges Wort, aber sie gab mich nicht frei. Frau Urban wurde ungnädig, flüsterte mir etwas Beleidigendes zu und unterhielt sich von da ab nur noch mit dem Dichter. Es war mir eine Erleichterung, denn jetzt fiel mir ein, daß der Vorschlag, sie nach Hause zu begleiten, doch unausführbar war, da sie ja hier im Hause wohnen mußte. Entsetzlich, in einer Zelle! Als ich nach einer halben Stunde wieder das Wort an sie richtete, sprach sie mit mir nur noch von Herrn Fleischers Küchenchef.

Eben war ein Braten herumgereicht worden. Sie aß davon, dann lehnte sie sich zurück und erbleichte. Sie erbleichte wirklich. Ihr sei nicht wohl, sie müsse nach Hause gehen. Der Dichter sprang auf und bot ihr den Arm. Der falsche Fleischer kam herbei gelaufen und bedauerte unendlich. Der Maler und der junge Teltower lächelten.

Es wurde weiter getafelt ohne Frau Urban und ohne den Dichter. Frau von Kochansky sprach unaufhörlich, ich brauchte nicht mehr zuzuhören. Ich horchte nach den übrigen Tischgesprächen und erschrak. Etwas wie der kulinarische Kaiserwahnsinn, der aus dem alten Rom berichtet wird, schien sich dunstig über die Gehirne gelegt zu haben. Wir saßen über vierzig Personen an der Tafel und alle unterhielten sich von den Speisen. In unserer Tischgegend führte der blödsinnige Teltower das große Wort.

Er sprach über die Sauce, die eben gereicht wurde. Bei 18 Grad müsse das Öl hineingetropft werden, nicht bei 15 Grad. Die Herrschaften hatten keine naturwissenschaftlichen Kenntnisse; aber über die Sauce unterhielten sie sich jetzt fast gelehrt. Dabei hantierten sie musterhaft mit Messer und Gabel, führten kleine Bissen zum Munde, lächelten und kauten und dankten zierlich den Dienern in Livree, welche die Schüsseln wieder anboten. Und die verkleideten Aufwärter schwitzten und prusteten den Gästen den heißen Atem hinter die Ohren. Sie verwandten kein Auge von den Schüsseln und ich hatte Angst, plötzlich würden die Diener und Gäste wie Tiere zu knurren anfangen, die Speisen und die Teller auf die Erde schmeißen und sich dort um Fisch und Geflügel balgen.

Der junge Teltower hatte das Gespräch an sich gerissen. Andächtig wie eine Eidformel sagte er das Rezept zu einer Fischsauce auf. Frau von Kochansky nickte ihm zu und schraubte mit leisen Bewegungen ihre Schultern aus den Achselbändern heraus und nahm kleine Schlückchen von einem Wein, dessen Namen der Aufwärter uns wie eine reizende Unanständigkeit ins Ohr flüsterte. Auch die Herren nickten und keiner lachte, als der junge Teltower seine kulinarischen Reiseerlebnisse erzählte. Aus Rom und Paris und Petersburg: Kochrezepte. Er erzählte den uralten Witz, er hätte seine rassenreine Ulmer Dogge erschießen müssen, weil der Hund noch im April junge Gänseknochen fraß, der Proletarierhund, der keine Erziehung annahm, der Hund! Und der junge Teltower gab weiter zum besten, wie er gestern mit Herrn Fleischer das heutige Menü Probe gegessen hätte, um noch die letzte Feile anlegen zu können. Ich wurde das Bild nicht los: am Küchenherde des Irrenhauses, unmittelbar am Herde, er und Herr Fleischer und der französische Küchenchef.

Ich konnte nicht mehr denken. Ich sah um mich und erblickte den künstlerisch geschmückten Raum, den prächtigen Tafelschmuck, die Handmalereien auf den Tellern und die wertvollen Bilder an den Wänden, kein Mäcen hätte sich des Raumes schämen müssen, und in einem solchen Raume diese Unterhaltung, nicht nur über das, was man aß, sondern noch gar über das, was ein gebildeter Mann zu der und der Jahreszeit essen dürfe. Dürfe! Aber doch nicht vom Essen allein! Wie ein glühender Dampf schien es zur kassettierten Decke empor zu steigen. Essen und Kunst. Ich vernahm Namen: Goethe, Zola, Wagner. Spargelspitzen in Öl und Kunst. Kunst in jeder Aussprache. Kunst, Khunst, Kuhnst, Konst! Und Spargelspitzen!

Der falsche Fleischer schlug ans Glas und sprach einen sogenannten Toast. Ich hätte in einem bürgerlichen Kreise nicht hingehört; hier aber war es doch ein Krankheitssymptom. Daß jedes Wort gelogen war, war nicht auffallend;

nicht daß er die hungrigen Tiere seine werten Gäste nannte, daß er von Bürgersinn und Bürgertugend sprach, von Freude und Jugend und Freundschaft und Treue, und daß die Zuhörer darunter doch nur Trüffeln und Heidsieck und Havannazigarren verstanden. Es läßt sich das schwer beweisen, aber unter Treue verstanden sie ganz gewiß Zigarren. Dann antwortete irgend jemand, der zu den Namen der Anwesenden Reimworte gefunden hatte. Es war peinigend und witzlos. Aber der Redner lachte und die werten Gäste lachten, während bei den gesunden Menschen das Lachen doch ein Zeichen von Behagen ist. Dann klopfte wieder ein anderer ans Glas. Man nannte mir den Namen eines Abgeordneten, von dem ich noch gar nicht erfahren hatte, daß er wahnsinnig geworden sei. Er fügte wieder sinnlos Worte an Worte und hatte zuviel getrunken.

Eben bemerkte ich noch, daß der junge Teltower mit dem Ausdrucke eines Priesters im Beichtstuhl, eine neue Weinsorte prüfte, da war es mir, als ob sich mir jemand von rückwärts näherte. Der Aufenthalt in solchen Räumen mußte doch gefährlich sein; denn ich schrak zusammen wie ein Kranker, als sich mir eine Hand auf die Schulter legte. Gresse stand hinter mir und sagte: »Sie entschuldigen, daß ich so spät komme. Aber Sie sind ja gut aufgehoben. 'n Abend, Frau von Kochansky! 'n Abend Teltower! 'n Abend Fleischer!«

Ich habe in diesem Augenblick wahrscheinlich einen bedauernswerten Eindruck gemacht. War denn Gresse freiwillig hier im Irrenhause? Ein Gast wie ich? Oder war er unfreiwillig hier? Er wollte doch zu dem richtigen Fleischer gehen? Dort erwartete er mich ja! Und wunderte sich gar nicht, mich hier zu finden!

»Wo ist denn Frau Urban?« fragte Gresse. »Das ist nämlich die Dame, die Ihre Bekanntschaft machen wollte.«

Der junge Teltower lachte.

»Sie ist nach dem Braten unwohl geworden. Der Dichter hat sie nach Hause begleitet. Hier die beiden leeren Plätze.«

Ich war im Begriff, mich unmöglich zu machen. Ich wollte Gresse fragen, ob wir uns in dem Salon des noch unverhafteten richtigen Fleischer befänden oder mit dem falschen Fleischer im Irrenhause. Da trafen mich die Augen des Doktor Hafkings. Hm, sein infames Lächeln genügte mir. Da hatte ich drei Stunden in der allerbesten Gesellschaft verbracht und so etwas von ihr geglaubt. Ich blieb schließlich sitzen, was hätte ich auch anders tun können. Aber ich nahm mir vor, ich schwor es mir sogar zu, dieses Haus nie wieder zu betreten. Die Geschichte ist jetzt drei Jahre her. Na, zweimal in jedem Winter habe ich beim dicken Fleischer soupiert. Aber mit Doktor Hafkings spreche ich in diesem Leben kein Wort mehr.

HUGO SALUS

Phantasie der Tastempfindung

I

Als sich der Doktor der Philosophie Hans Schüler einige Zeit mit rein theoretischen Fragen herumgeschlagen hatte, sah er ein, daß es heutzutage unmöglich sei, etwas Erkenntniswissenschaftliches beweisbar hinzustellen, wenn man ihm nicht eine feste naturwissenschaftliche Grundmauer geben kann; und so hatte er mit heißem Bemühen und inniger Freude am Lernen auf seinen philosophischen Doktorhut noch den medizinischen aufgestülpt, hatte sich einige Zeit sehr mit diesem zwiefachen Kopfschmuck gefreut, um ihn dann für einige Wochen mit einer sehr bequemen Reisemütze zu vertauschen und sein Hirn den wissenschaftlichen Qualm ein wenig ausdünsten zu lassen.

Unterwegs noch waren ihm dann, da er einige schöne und sehr zweckbewußte Frauenzimmer gesehen hatte, die mit Verstand gekleidet waren und mit Überlegenheit die Schönheiten ihrer Körper unterstrichen hatten, Gedanken rein wissenschaftlicher Natur über die Ursachen der Empfindungen aufgestiegen, die den Mann veranlassen, solch ein weibliches Wesen begehrenswert zu finden, und diese Gedanken hatten ihn nicht mehr freigelassen, so daß er beschlossen hatte, sich gründlich mit ihnen auseinanderzusetzen.

An der Mittagstafel des vornehmen Gasthofes, in dem er seit einer Woche weilte, saß ihm gegenüber eine sehr einladende Blondine; sie war einfach ausgezeichnet gewachsen, hatte ein sehr hübsches Gesicht mit sanften und doch versprechenden Augen und einen wunderschönen Hals und Busenansatz, den sie ganz freigebig den Blicken darbot, gewiß nur aus dem Gefühl heraus, daß Geiz ein Laster ist. Sie schien sehr munter zu sein, aber sie blieb nicht gern lang bei der Tafel sitzen, als wüßte sie, daß sie erst gehend und stehend die wahre Königin war, die alle Männerblicke auf sich versammelte, als wäre es schade um die Zeit, in der sie sitzend ihr Pfund ungenützt ließ. Denn sie verstand wirklich künstlerisch ihre kleinen, spitzen Schuhe zu setzen, die Seidenröckchen zu heben und den Körper zu drehen, wobei der weiße Nacken, wie bei einem Schwane sich leicht wölbend, ihren helleuchtenden Kopf um so stolzer trug; die straff anliegenden Kleider besorgten dann das übrige. Es war auffällig, wie sofort alle Männeraugen diesem Wunder an Biegsamkeit, Schmiegsamkeit, Fügsamkeit nachstarrten und allzu deutliche Träume von der Eroberung und dem Besitze dieses Leibes verrieten.

Als sich der Doktor der Philosophie Schüler auch bei diesem Traume ertappte, da begann er sofort Ordnung in sein Inneres zu bringen und den ganzen Nachmittag die Frage zu betrachten: Warum ist dieses Weib verlockend für Männeraugen, was ist der Grund der Erregungen und Wünsche, die sich an ihren Körper heften? Oberflächlich denkende Menschen werden dieses Gefühl Liebe nennen! Vielleicht ist dies auch das mir bisher unbekannt gebliebene Gefühl der Liebe? Wer weiß denn! Indessen habe ich nur den einen Wunsch, dieses schlanke, glatte, feingelenkige und warme Geschöpf an mich zu ziehen, meine Hände sehnen sich danach, von allen Provinzen dieses Königreiches Besitz zu ergreifen. Aber – und hier leuchtete ungesehen der Doktorhut der Philosophie auf dem Haupte Hansens auf – gibt es nicht junge Männer, die ebenso schlank und biegsam sind, wie diese Frau, die ebenso bewußt die Muskeln des Körpers bewegen oder in ihrer Bewegung hemmen? Was macht die Haut dieser Frau so begehrenswert, rein anatomisch genommen, was mag in der Zusammensetzung der Haut dieser Frau anders sein als in der Haut eines Mannes? Kurzum, was ist der physiologische Grund des Umarmungsbedürfnisses, da die stets vorgeschobene Ursache – die Notwendigkeit der Vermehrung des Menschengeschlechtes – gewiß damit nichts zu tun hat!

Er schloß die Lider, er saß auf einer Bank im Walde in der Nähe des Hotels und dachte diesen schwierigen Fragen nach, wobei die angenehme gemäßigte Sommerschwüle ihn wohlig umschmeichelte, bis er richtig in den behaglichsten Traum gesunken war. Und es war natürlich, daß in diesem Traume die zierliche Seidenrockheberin vor seinen sehnsüchtigen Augen erschien, daß er sofort die Arme nach ihr ausstreckte und in den Fingerspitzen jenes unsäglich wonnevolle Bedürfnis empfand, das warme und sanfte, blühende und reife Fleisch zu streicheln, das in einem so unergründlichen Weiß über dem prachtvoll gefüllten Mieder aus dem Halsausschnitt hervorschimmerte und durch die durchbrochenen Seidenstrümpfe lockte. Dabei erwachte er aber, wohl durch die ungestüme Bewegung seiner Arme geweckt, er machte einen Augenblick lang ein Gesicht, das gar nicht von zwei Doktorhüten beschattet war; dann aber sammelte er diese Eindrücke seines Traumes und prägte daraus, – er wußte nicht, ob es sein eigener Gedanke oder ein Echo war – den Satz: Die Liebe, oder besser die Wollust, ist die Phantasie der Tastempfindung.

Er klatschte vor Vergnügen über diesen glitzernden Satz in die Hände, er zog sofort sein Notizbuch aus der Tasche und schrieb ihn nieder, damit er ihn ja nicht vergesse, so tiefgründig schien er ihm und so sicherstellig. »Wollust – ich will doch nur Wollust schreiben – Wollust ist die Phantasie der Tastempfindung! Damit ist alles gesagt und erklärt!«

Er erhob sich dankbar von seinem Sitze und schritt dem Hotel zu, um bei der Abendtafel, als die Göttin erschien, vor sich hinzulächeln, sie zustimmend anzuschauen und vor sich hinzumurmeln: »So ist es ganz richtig! Die Phantasie der Tastempfindung!«

II

Am nächsten Morgen rieb sich der Doktor der Medizin Hans Schüler den Schlaf aus den Augen und nahm sein Notizbuch zur Hand, um nachzulesen, was der Doktor der Philosophie Hans Schüler gestern für eine Weisheit verzeichnet hatte. Und er mußte sehr über die sorglose Zufriedenheit des Philosophen Hans lächeln, der gestern einen hübsch klingenden Satz als etwas Begründetes hingeschrieben hatte, als eine Schlußfolgerung, deren Prämissen er gar nicht durchdacht oder gar bewiesen hatte. Gründlich und ordentlich, wie er war, begann er sogleich im klaren Morgenlichte zu überlegen, wie sich etwa die vorgefaßte Idee beweisen ließe, und er sagte sich:

»Die Idee ist gar nicht so übel! Da der Mann ein so starkes Bedürfnis empfindet, das Weib an sich zu ziehen und ihre Haut zu streicheln, so ist mit Gewißheit anzunehmen, daß es in der Haut von Mann und Weib verschiedene Elemente geben muß in dem Sinne, daß entweder die Tastempfindung, also die Nerven und Nervenendigungen, welche die Tastempfindung vermitteln, bei beiden Geschlechtern verschieden ist, oder aber in dem Sinne, daß bei Gleichheit des anatomischen Nervenapparates die Haut von Mann und Weib verschieden ist, so daß vielleicht dem etwas derberen Zellgefüge der männlichen die weibliche Haut weicher und schmiegsamer gegenübersteht. Das muß anatomisch-histologisch untersucht werden! Da gibt es Arbeit für Jahre hinaus, Arbeit, die noch nicht getan ist, weil noch kein Forscher auf den Gedanken verfiel, der mir gestern rein philosophierend so plötzlich aufgeblitzt ist. Das will ich untersuchen!« – Er packte seinen Koffer, er zahlte seine Rechnung und fuhr noch am gleichen Nachmittag – nachdem er von seinem Sitze aus die gepflegten Hände der Göttin hochachtungsvoll geprüft hatte – heimwärts, um gleich im anatomischen Institute einen Arbeitsplatz zu belegen und morgen schon seine Untersuchungen zu beginnen.

Sein Plan stand ganz deutlich vor ihm: ich muß erst systematisch – schon dieses Wort systematisch wirkte beruhigend und erfreulich auf seine Seele – die Haut von Männern und Frauen untersuchen, vom Kinde angefangen bis ins Greisenalter, wo die Empfindungen schwächer und bei beiden Geschlechtern vielleicht sogar gleichartig werden, was übrigens auch für meine Annahme spricht, muß nachschauen, ob und welche Unterschiede in der Anordnung der Zellen und Zellbestände sich vorfinden, und muß gleichzeitig auf die Hautnerven bei beiden Geschlechtern achten, histologisch genaue Untersuchungen an der frisch entnommenen Haut vornehmen, verschiedene Färbungen versuchen und ebenso die Haut von Leichen beiderlei Geschlechtes genau durchforschen, um hinter das Geheimnis zu kommen. Und später muß ich physiologische Untersuchungen folgen lassen über die Leitungswiderstände der Haut gegen elektrische Reizungen nach allen möglichen alten und neuen Methoden, deren Ergebnis gewiß irgendeinen Unterschied zwischen weiblicher und männlicher Haut aufdecken wird.

Er verriet dem Anatomen, bei dem er arbeiten wollte, natürlich nicht den Zweck seiner Forschungen, so dumm wollte er nicht sein, seine Ideen preiszugeben, er erklärte ihm nur, daß er sich für die Histologie der Haut im allgemeinen interessiere, und fand bei dem ernsten Gelehrten alle Förderung, die er sich wünschte; der Anatom stellte ihm gern das Leichenmaterial zur Verfügung und stand ihm hilfreich bei, als Doktor Schüler daranging, die Stückchen Haut, die er untersuchen wollte, zu härten und zu färben, um dann im Mikroskop nach Unterschieden in der Zusammensetzung der Hautelemente bei beiden Geschlechtern zu forschen. Er fing bei den Embryonen an und untersuchte dann die Haut von Knaben und Mädchen, Jünglingen und Jungfrauen, Männern und Frauen, und wenn er also zwischen den Leichen, die langgestreckt auf den Marmortischen lagen, in seinem schwarzen Sezierkittel einherging, Messer und Pinzette zwischen den Fingern, um sich geeignete Stückchen Haut auszuwählen, dann dachte der beflissene Doktor der Philosophie und Medizin wahrhaftig auch nicht mit einem Gedanken mehr an die lebensprühende, leuchtende, lockende Frau, die ihm damals vor vielen Monaten so begehrenswert erschienen war, er dachte überhaupt nicht mehr an das warme, blühende, wunscherfüllte Leben, das irgendwo in der Ferne Menschen zueinander treibt oder voneinander reißt, das Liebe und Haß, Anziehung und Abstoßung bedeutet, er saß bei seinem Mikroskop und schaute mit kalten Forscheraugen durch die scharfen Linsen, um dem Tode das Rätsel des Lebens abzugewinnen. Er war sehr fleißig, der Anatom war durch seine Erfolge ganz gewonnen und drängte ihn, die bisher gefundenen Forschungsergebnisse zu veröffentlichen, wenn sie auch nur Bestätigungen schon bekannter Tatsachen seien, denn das sei eben auch ein Teil der Wissenschaft; er werde seine Dozentur gewiß befürworten, denn Doktor Schüler habe die echte Forscherbegeisterung, er beherrsche die Methoden und werde gewiß auch ein guter Lehrer werden.

So hatte der junge Gelehrte denn auch schon einige Arbeiten über die Anatomie und Histologie der Haut drucken lassen, embryologische Forschungen und Mitteilungen über die Rückbildung gewisser Fasern in der Greisenhaut, und die jungen Ärzte, die gleich ihm anatomische Studien trieben, fingen an, ihn für ein besonders gelehrtes Haus zu halten und ihm eine sichere Gelehrtenzukunft zu weissagen. Dann lächelte Doktor Schüler ein wenig trübselig vor sich hin, seine Bemühungen, Unterschiede zwischen der männlichen und weiblichen Haut aufzuzeigen, waren bisher ganz vergeblich gewesen, und als er einmal abends sein Notizbuch aus jener Zeit der leichtsinnigen Sommerferien in die Hand bekam und sein Aperçu – Wollust ist die Phantasie der Tastempfindung – las, da mußte er es zweimal lesen, er verstand es nicht gleich und wunderte sich, wie er damals solch eine leichtfertige Torheit, solch einen philosophierenden Unsinn hatte aufschreiben können, und er riß das Blatt, das ihn förmlich anklagte, aus dem Hefte. Morgen aber wollte er ein sehr interessantes Präparat untersuchen, die Haut eines zweigeschlechtlichen Kindes, dessen Leiche heute in den Seziersaal gebracht worden war.

III

Als Doktor Hans Schüler am nächsten Tage den Mikroskopiersaal betrat, nachdem er das der Kinderleiche entnommene Stückchen Haut in die Fixierflüssigkeit gelegt hatte, da fand er den Arbeitsplatz neben dem seinen belegt: eine Ärztin, eine Ausländerin, wie sie manchmal zu Studienzwecken an die deutschen Hochschulen kommen, war neben seinen Tisch gesetzt worden, denn sie trieb gleich ihm Studien über die Haut. Sie grüßte ihn durch ein leichtes Neigen ihres Kopfes und er machte sich mit ihr bekannt. Sie tat ihm den Gefallen, ihn aus seinen Arbeiten zu kennen, und sprach sehr vernünftig über den Stoff. Dabei sah sie in ihrem Arbeitskittel ganz vertrauenerweckend aus und hatte über dem gesunden Gesichte einer Tennisspielerin so hellblonde Haare, daß sie dem Doktor Schüler eigentlich – er wußte selbst nicht, warum – gar nicht recht in diese ernsten Räume der Anatomie zu passen schienen; diese Haare, so blitzte es durch sein Hirn, müßten zwischen den Stämmen eines sonnendurchfluteten Waldes prachtvoll aufschimmern. Auch den Umstand bemerkte der Philosoph mit Behagen, daß der Mantel der jungen Forscherin recht deutlich den Linien einer sehr schlanken Gestalt folgte und daß diese Gestalt ganz gewiß die eines Mädchens war.

So sprachen sie – indem sie einander nicht ohne Gefallen musterten, das fühlten beide – über die ernstesten Dinge der Welt und hatten dabei ihre Mikroskope in Ordnung gebracht und ihre Präparate aufgelegt, der Professor war inzwischen für einen Augenblick erschienen, um zu fragen, ob sie sich schon miteinander bekannt gemacht hätten, und dann arbeiteten sie schweigend an ihren Tischen. Doktor

Schüler mußte bald in den Seziersaal, um der Sektion des Kindes beizuwohnen, und so verging der Arbeitsmorgen; und ähnlich vergingen die nächsten Tage und Wochen; nur daß sich jetzt Doktor Hans ganz merkwürdig auf die Vormittage im Institute freute, daß er es kaum erwarten konnte, wieder an sein Mikroskop zu kommen und seltsamerweise gar nicht wegen seines Mikroskopes, sondern, so sehr er sich auch dagegen wehrte, wegen des Mikroskopes seiner Nachbarin, das ihm jetzt so unbeschreiblich anziehend erschien. Und doch waren ihre Präparate für seine Forschungen ganz nebensächlich, Anfängeruntersuchungen gegen seine ernsten Arbeiten. Aber es tat ihm wohl, neben seinem Kopfe, wenn er in ihr Mikroskop schaute, ihr erleuchtetes, weiches Haar zu wissen, ihr in die lieben Augen zu schauen, ihre holde Stimme zu hören und mit begierigen Nüstern den Duft einzusaugen, der fremdartig ihre ganze Gestalt umgab. O, dieser Duft! Es geschah ihm jetzt, daß er wieder an die Göttin aus dem Sommerhotel vor zwei Jahren denken mußte und sich dieses Gedankens doch gleich schämte, so verschieden, so ehrlich, so gediegen schien ihm das Mädchen Doktorin mit jener oberflächlichen, tändelnden Modepuppe verglichen, daß er seine Zuvorkommenheit gegen die Forscherin verdoppelte, um ihr den Vergleich mit jener Circe abzubitten.

Und es gab jetzt Nächte, in denen der zwiefache Doktor wieder von Träumen heimgesucht wurde und sich dieser Heimsuchungen sogar freute, denn im Mittelpunkte dieser Träume stand in hellem Lichte – das von ihrem blonden Haupte auszustrahlen schien – die holde Gestalt seiner Kollegin, sie sprach mit ihrer vertraulichen Stimme zu ihm, ganz ungelehrt sprach sie und doch schien ihm jedes Wort von ihren roten Lippen wichtiger als alle Forschungsergebnisse der Welt und, als sie ihm gar »Hänschen, mein Hänschen« – im Traume natürlich! – zurief, da schien ihm das physiologische Phänomen zu geschehen, daß er lachend weinen und weinend lachen mußte.

Heute aber saß er nach solch einem kindischen Traume aufrecht in seinem Bette, er sprach ernst auf sich ein und sagte sich:

»Das ist ein Zustand, der so nicht fortbestehen darf! Das ist eines Forschers unwürdig! Es ist ganz klar, daß ich mich nach ihr sehne. Was ist also für meine Forschungen das einzig Richtige?« Und mit dem Ernste eines Gelehrten, der logisch und bewußt sein Ziel im Auge hat, wußte er: ich muß meine Haut und die Haut dieses Mädchens untersuchen, da müssen sich Unterschiede oder besondere Eigentümlichkeiten finden! Ganz bestimmt!

Er nickte vor sich hin. Aber gleichzeitig fühlte er ein fremdes, beschämendes Gefühl ihm die Kehle beengen, das Gefühl des Mitleids, daß er diesem lieben, guten Geschöpf Schmerzen bereiten wollte, wenn er ihr, ein anderer Shylock, mit dem Messer nahen würde. »Das kann ich doch nicht tun! Wie könnte ich ihr Schmerzen bereiten!«

Und auf einmal sagte er ganz laut in den hellen Morgen hinein: »O, ich unglaublicher Esel! Wie kann man nur so unerlaubt dumm sein! Will ich sie denn wirklich nur tasten? Will ich sie nicht sehen, hören, riechen, will ich nicht ihr Herz für mich schlagen wissen, ihren Verstand für mich erobern, ihr ganzes Wesen dem meinen verbünden. Will ich denn nicht, daß sie mich lieb habe? Und habe denn ich sie nicht lieb?«

Er sprang aus dem Bette, er lief im Zimmer herum und sagte einmal übers andere Mal: »Ich habe sie lieb, ich habe sie lieb, ich habe sie einfach fürchterlich lieb!«

Er wusch sich und zog sich an, er lief durch die Seziersäle in den Mikroskopiersaal und war ein wenig betroffen, daß sie, die jetzt unbedingt hierher gehörte, noch fehlte. Aber es war noch zu früh, er mußte sich gedulden und so nahm er denn sein Mikroskop vor und putzte es und tat desgleichen mit ihrem Mikroskop, er legte dann das saubere Gläschen mit dem Präparate, das sie eben untersuchen wollte, auf das Tischchen ihres Mikroskopes und wartete.

Was dann weiter geschah, war ihm später nie ganz klar: er wußte nur, daß er die fremdländische Doktorin fest an sich gepreßt hielt, daß ihr Mikroskop umfiel und das so wichtige Präparat in tausend Splitter barst. Und daß sie ihm trotzdem nicht böse war. Und er wußte auch, daß der Doktor der Philosophie sich ein letztes Mal in ihm zum Worte meldete und daß er der Horchenden die Worte ins Ohr flüsterte:

»Liebe ist die Symphonie aller Empfindungen!«

»Das ist ein Gemeinplatz!« antwortete sie ganz ehrlich.

»Ich will ja auch gar nichts Gescheites sagen!« meinte er, »ich will nur eine frühere Dummheit durch eine neue verdrängen. Das ist der tiefste Sinn der Philosophie! Und doch bin ich heute tausendmal klüger als je zuvor!«

– –

Jetzt aber steckt der Professor der Anatomie Schüler so fest in systematischen Arbeiten über die Anatomie der Verdauungsorgane, daß seine Frau, die der Kinder wegen längst das Forschen aufgegeben hat, seinen Eifer und sein völliges Versinken in seinen gelehrten Forderungen fast bedauert; und sie spricht seufzend zu ihm:

»Weißt du, Johannes, damals, als du dich so intensiv mit der Haut beschäftigtest, damals war es vielleicht doch schöner ...«

GUSTAV MEYRINK

Chimäre

Reifes Sonnenlicht liegt auf den grauen Steinen, – der alte Platz verträumt den stillen Sonntagnachmittag. –

Aneinandergelehnt schlummern die müden Häuser mit den verfallenen Holztreppen und heimlichen Winkeln, – mit den treuen Mahagonimöbeln in den kleinen altmodischen Stuben.

Und warme Sommerluft atmet durch wachsame offene Fensterchen.

Ein Einsamer geht langsam über den Platz zur Kirche des heiligen Thomas, die fromm herabsieht auf das ruhige Bild. Er tritt ein. –

Seufzend fällt die schwere Türe zurück an das Lederpolster.

Verschlungen ist der laute Schein der Welt – grünrosa fließen die Sonnenstrahlen durch schmale Kirchenfenster auf die heiligen Steinquadern. – Hier unten ruhen die Frommen aus vom wechselnden Sein.

Der Einsame atmet die tote Luft. – Gestorben sind die Klänge, andächtig liegt der Dom im Schatten der Töne. – Das Herz wird ruhig und trinkt den dunkeln Weihrauchduft. –

Der Fremde blickt auf die Schar der Kirchenbänke, die, weihevoll zum Altar hingebeugt, wie auf ein kommendes Wunder warten.

Er ist einer jener Lebendigen, die das Leid überwunden und mit anderen Augen tief hineinsehen in eine andere Welt. Er fühlt den geheimnisvollen Atem der Dinge: Das verborgene lautlose Leben der Dämmerung.

Die verleugneten, heimlichen Gedanken, die hier geboren wurden, ziehen unstet – suchend – durch den Raum. – Wesen ohne Blut, ohne Freude und Weh – wachsbleich, wie die kranken Gewächse der Dunkelheit.

Verschwiegen schwingen die roten Ampeln – feierlich – an langen geduldigen Stricken; – der Luftzug bewegt sie – von den Flügeln der goldenen Erzengel.

– Da. – – Ein leises Scharren unter den Bänken. – Es huscht zum Betstuhl und versteckt sich. –

Jetzt kommt es um die Säule geschlichen:

Eine bläuliche Menschenhand!

Auf flinken Fingern läuft sie am Boden hin: eine gespenstische Spinne! – horcht. – Klettert eine Eisenstange empor und verschwindet im Opferstock. – –

Die silbernen Münzen darin klirren leise. –

Träumend ist ihr der Einsame mit dem Auge gefolgt, und seine Blicke fallen auf einen alten Mann, der im Schatten eines alten Pfeilers steht. – Die Beiden sehen sich ernst an.

»Es gibt viel gierige Hände hier«, flüstert der Alte.

Der Einsame nickt.

Aus dem nächtigen Hintergrunde ziehen trübe Gestalten heran. Langsam – sie bewegen sich kaum.

Betschnecken! –

Menschenbüsten – Frauenköpfe mit schleiernden Umrissen auf kalten, schlüpfrigen Schneckenleibern – mit Kopftüchern und schwarzen katholischen Augen – saugen sie sich lautlos über die kalten Fliesen.

»Sie leben von den leeren Gebeten«, sagt der Alte. »Jeder sieht sie, und doch kennt sie keiner, – wenn sie tagüber bei den Kirchentüren hocken.« –

Wenn der Priester die Messe liest, schlafen sie in den Flüsterecken.

»Hat Sie mein Hiersein im Beten gestört?« fragt der Einsame. –

Der Alte tritt an seine linke Seite: »Wessen Füße im lebendigen Wasser stehen, der ist selber das Gebet! Wußte ich doch, daß heute einer kommen würde, der sehen und hören kann!« –

Gelbe Lichtreflexe hüpfen über die Steine, wie Irrlichter.

»Sehen Sie die Goldadern, die sich hier unter den Quadern hinziehen?« und sein Gesicht flackert.

Der Einsame schüttelt den Kopf: »Mein Blick dringt nicht so tief. – Oder meinen Sie es anders?«

Der Alte nimmt ihn an der Hand und führt ihn zum Altar. – Das Bild des Gekreuzigten liegt stumm.

Schatten bewegen sich leise in den dunkeln Seitenlogen hinter gebauchten kunstvollen Gittern: – Schemen alter Stiftfräulein aus vergessenen Zeiten, die nie mehr wiederkehren – fremdartig – entsagungsvoll wie Weihrauchduft.

Es rauschen ihre schwarzen seidenen Kleider.

Der Greis deutet zu Boden: »Hier tritt es fast zutage, einen Fuß tief unter den Fliesen, – lauteres Gold, ein breiter leuchtender Streifen. Die Adern ziehen sich über den alten Platz bis weit unter die Häuser. – Wunderbar, daß die Menschen nicht längst schon darauf gestoßen sind, als sie das Pflaster gelegt haben. – Ich allein weiß es seit vielen Jahren und habe es niemandem gesagt. – Bis heute. – Keiner hatte ein reines Herz« –

Ein Geräusch! –

In dem gläsernen Reliquienschrein ist das silberne Herz herabgefallen, das in der Knochenhand des heiligen Thomas lag. Der Alte hört es nicht. Er ist entrückt. Seine Augen schauen ekstatisch ins Weite mit starrem, geradem Blick: »Die jetzt kommen, sollen nicht mehr betteln gehen. Es soll ein Tempel sein aus schimmerndem Gold. – Der Fährmann holt über – zum letzten Mal.«

Der Fremde lauscht den prophetischen Worten, die flüsternd in seine Seele dringen, wie feiner, erstickender Staub aus dem heiligen Moder versunkener Jahrtausende.

Hier unter seinen Füßen! Ein blinkendes Szepter gefesselter, schlafender Macht. Es steigt ihm brennend in die Augen: Muß denn auf dem Golde der Fluch sein, läßt er sich nicht bannen durch Menschenliebe und Mitleid? – Wieviel Tausende verhungern! – –

Vom Glockenturme tönt die siebente Stunde. Die Luft vibriert.

Die Gedanken des Einsamen fliegen mit dem Schall hinaus in eine Welt voll üppiger Kunst, voll Pracht und Herrlichkeit.

Ihn schaudert. Er sieht den Alten an. – Wie verändert sind die Räume. – Es hallt der Schritt. Die Ecken der Betstühle sind abgestoßen, abgeschürft der Fuß der steinernen Pfeiler. Die weißgestrichenen Statuen der Päpste bedeckt mit Staub.

»Haben Sie das ... das Metall mit körperlichen Augen gesehen – in den Händen gehalten?«

Der Alte nickt: »Im Klostergarten draußen, beim Muttergottesbild unter blühenden Lilien kann man es greifen.« – – – Er zieht eine blaue Kapsel hervor: »Hier.« Und gibt dem Einsamen ein zackiges Ding.

Die beiden Männer schweigen. – –

– – – In die Kirche dringt weit her der Lärm des Lebens: das Volk kehrt heim von den lustigen Wiesen – morgen ist Arbeitstag. –

Die Frauen tragen müde Kinder auf dem Arm.

Der Einsame hat den Gegenstand genommen und schüttelt dem Alten die Hand. – Dann wirft er einen Blick zurück zum Altar. Nochmals umwogt ihn der geheimnisvolle Hauch friedvoller Erkenntnis:

»Vom Herzen gehen die Dinge aus – sind herzgeboren und herzgefügt.«

Er schlägt das Kreuz und geht.

Am offenen Türspalt lehnt der müde Tag.

Frischer Abendwind weht ihm entgegen. –

Über den Markt rasselt ein Leiterwagen, mit Laub bekränzt, voll lachender, fröhlicher Menschen, und in die Bogengänge der alten Häuser fallen die roten Strahlen der sinkenden Sonne.

Der Fremde lehnt an dem steinernen Denkmal inmitten des Platzes und sinnt: Er ruft im Geiste den Vorübergehenden zu, was er soeben erfahren. Er hört, wie das Lachen verstummt. – – – Die Bauten zerstauben, die Kirche stürzt. – – – Ausgerissen, im Staube, die weinenden Lilien des Klostergartens. –

Es wankt die Erde; die Dämonen des Hasses brüllen zum Himmel!

Ein Pochwerk hämmert und dröhnt und stampft den Platz, die Stadt und blutende Menschenherzen zu goldenem Staub. – –

Der Träumer schüttelt den Kopf und sinnt und lauscht der klingenden Stimme des verborgenen Meisters im Herzen:

»Wer eine schlimme Tat nicht scheut und die nicht liebt, die Glück verleiht –

Der ist entsagend, einsichtsvoll, entschlossen, voll von Wesenheit.«

– –

Wie ist doch der zackige Brocken so leicht für hartes Gold? – – Der Einsame sieht ihn an:

Ein menschlicher Wirbelknochen!

OSKAR WIENER

Die goldene Venus

Der Mann mit dem Kukuruz ist ein Lump. Er sitzt irgendwo in einem Amte, widerwillig und mit einem Haß im Herzen gegen die gleichmütige Arbeit. Sein geringes Gehalt pflegt er in zwei, drei Nächten durchzubringen, überhaupt Geld hält nie in seinen Händen. Er streut es lachend aus, mit der Gebärde eines Grand-Seigneurs und läßt verächtlich die Mundwinkel hängen, wenn er vom Materiellen spricht. Er ist nämlich ein Phantast, der im großen Stile leben möchte. So kommt es, daß er in den Vorstadtschenken fremde Menschen an seinen Tisch lädt und sie nötigt, zu trinken, zu essen nach Herzenslust. »Bitte meine Herrschaften, greifen Sie zu, machen Sie sich's bequem an meiner Seite, wollen Sie nicht noch ein Pilsner trinken?« pflegt er zu sagen. Und wenn sich einer wehrt, was aber selten vorkommt, dann wird der Mann mit dem Kukuruz wild. Spielverderber kann er nicht leiden, er will frohe Gesichter um sich sehen, Gesichter, die gerötet sind vom Alkohol und von leidenschaftlichen Gesprächen. Die Nacht ist seine Freundin und das künstliche Licht der Gaslampen und Laternen, das dem menschlichen Antlitz neue Farben und neue Formen schenkt, ist die Sonne seiner Seele. Das Tageslicht aber haßt er. – Der Mann mit dem Kukuruz wohnt weit draußen vor dem Stadttore. An der Landstraße kauern ein paar Häuser, kleine, niedrige Gebäude, mit eingedrückten Ziegeldächern und verwaschenen Fassaden. Dort hat er bei der Witwe eines Briefträgers Quartier gefunden. Die Frau ist rundlich, und nicht ohne Empfindung für das Männliche. Sie hat ihre schwarzen, noch immer jugendlichen Augen auf ihren Mietsherrn geheftet und redet eindringlich zu ihm, von den Annehmlichkeiten eines geordneten Haushaltes, von der Wohltat zärtlicher Fürsorge, die das Weib, natürlich ein

Weib wie sie, zu bieten vermag. Sie stemmt ihre abgearbeiteten und vom Seifenwasser rauhgewordenen Hände in die Hüften, stellt ihren Busen zur Schau und sagt: »So gut wie ich, versteht niemand zu kochen.« Aber der Mann mit dem Kukuruz hat keine Zeit für die Schönheiten dieser Witwe, er ist überhaupt kein Verehrer weiblicher Reize. Seine Träume haben sich nie zu zarten Zielen verdichtet, und die Beredsamkeit der stattlichen Dame läßt ihn kalt. –

Der Mann mit dem Kukuruz ist ein Lump. Er hat sich seinen Namen auf ganz eigene Art verdient. Durch kluge Erwägungen ist er zu diesem Titel gekommen. Man muß nämlich sparen, wenn man ein kleines Gehalt hat und der Kukuruz ist eine sehr nahrhafte Bodenfrucht. Kaum hat der Schützling der Witwe Blümchen am Ersten eines jeden Monates in der Landeshauptkasse seinen kümmerlichen Sold gefaßt, eilt er zum Produktenhändler auf dem Kleinseitner Ring, um dort einen frischen Sack Kukuruz zu bestellen, und dann erwirbt er beim Kaufmann Klebsch eine mächtige Flasche Spiritus. Hat er sich in den Besitz dieser nützlichen Dinge gesetzt, atmet er erleichtert auf, denn nun kann ihm nichts mehr geschehen. Gegen alle Tücken des Lebens ist er geschützt, scheint ihm und er weiß: Ich werde in zwei oder drei Nächten meinen Gehalt verjubelt haben, ich werde Kalbsrippchen mit Karfiol essen und guten Melniker dazu trinken, ich werde meine siebzig Gulden österreichischer Währung in Schenken und Tavernen anbauen und dann, nachdem die lustigen Tage vorbei sind und die bunten Nächte, werde ich nach Hause gehen. Ich werde die Hände in die leeren Taschen stecken und lachen, denn mir kann nichts geschehen, der Kukuruz ist eine sehr nahrhafte Bodenfrucht und man kann ein treffliches Gericht davon bereiten, eine Polenta, die vorzüglich mundet und die mich vor dem Hunger bewahrt, wenn es kein Geld mehr gibt in meinen Taschen. – – Und so lebte der Mann mit dem Kukuruz in den ersten Tagen des Monates wie ein Herzog, der über Tausende verfügt, und dann kochte er sich in seiner kahlen Stube auf dem Spiritusöfchen eine fade Polenta und war guter Dinge dabei.

Frau Blümchen wetterte gegen dies unkluge System, sie nannte ihren Mieter einen leichtsinnigen Schlingel, der nie etwas haben werde, weil er in den Tag lebt wie ein grüner Junge. Da war ihr gottseliger Briefträger doch ein anderer Mann. Der brachte seinen Wochenlohn hübsch Sonnabends heim, und sie verstand es, klug einzuteilen und hauszuhalten mit dem Wenigen. Es war ein Segen gewesen und eine Musterwirtschaft sondergleichen, und Herr Blümchen hatte mit leuchtenden Augen von den Tugenden seiner Hausehre gesprochen und war gestorben als ein glücklicher und zufriedener Mensch. Aber der Mann mit dem Kukuruz lachte zu diesen Predigten und wenn ihn die Witwe, von Mitleid überwältigt und von zarten Gefühlen, zu Tisch lud – »essen Sie doch dieses Schnitzelchen, es ist köstlich geraten!« – dann dankte er mit einer königlichen Geste und blieb seiner Polenta treu. Noch etwas wußte die Witwe an ihrem Mieter zu bemängeln. Er brachte oft irgendein weißblütiges Scheusal mit heim, das sein Entzücken geweckt hatte und ersann für diese Frösche und Salamander zärtliche Kosenamen. Auf den Wänden in selbst gezimmerten Regalen, in gläsernen Käfigen verwahrte er sie, studierte ihre Gewohnheiten und war sehr eingenommen von der Art ihrer Bewegungen und Sitten. Von nichts anderem redete er dann im Amte, und auch Frau Blümchen mußte lange, naturwissenschaftliche Erörterungen über sich ergehen lassen, Vorträge, die sie langweilten und die gerechte Entrüstung der Biederen auslösten. So trieb es der Mann mit dem Kukuruz oft wochenlang, er brachte dann in einer Papierdüte Mehlwürmer heim oder Ameiseneier und sein Eifer war ehrlich und andauernd. Plötzlich aber, ganz unvermittelt, vergaß er seine fischblütigen Lieblinge und ließ sie, abgelenkt vom wüsten Tavernentaumel und Nachtgeschwärme, in ihren gläsernen Behältern hilflos krepieren.

Frau Blümchen mußte dann die Leichen der verhungerten Frösche und Kröten, die ihr gräßlichen Ekel erweckten, aus der Stube schaffen. Sie kam mit der Feuerzange ins Zimmer, wimmerte, schrie Zeter und trug unter komischen Sprüngen und wortreichen Verwünschungen die Hingerichteten zu Grabe. »Warum kaufen Sie solch gräßliches Zeug, junger Herr«, murrte sie, »warum geben Sie soviel Geld für Dummheiten aus und lassen dann das Viehzeug jämmerlich eingehen? Eine Frau sollten Sie haben, Sie Bruder Leichtsinn, eine Frau, die es mit Ihnen gut meint und Ihnen auf die Finger klopft, wenn's nottut. Heiraten sollen Sie, das ist's!« Doch der Mann mit dem Kukuruz dachte nicht daran, sein Herz an ein Weib zu hängen und das Wort von der Erziehung zur Ehe war ihm ein Greul. – – – –

Eines Abends saßen ein paar tatenlustige Junggesellen bei den »Drei Amseln« und keiner von ihnen wollte heim; es war für ihre Gewohnheit noch viel zu früh, an den Schlaf zu denken. Auch der Mann mit dem Kukuruz, der mitten unter seinen Kumpanen wie ein Herrscher thronte, dachte nicht ans Heimgehen. Er hielt lange Reden und begleitete sie mit aufgeregten Handbewegungen. Den Kopf hatte er in den Nacken geworfen, starrte in die Petroleumlampe, blies aus einer dicken Britanica Rauch gegen die Decke und war aufgeräumt und guter Dinge. »Man muß etwas unternehmen«, war der Schlußsatz seiner langatmigen Reden.

»Gehen wir zum blauen Löwen«, schlug ein Wüstling vor.

Der Mann mit dem Kukuruz schüttelte sich vor Entrüstung.

»Dorthin kannst Du gehen«, blies er den Unternehmungslustigen an, »ich besuche keine Lusthäuser.«

»Dann gehen wir zur Großmutter, dort gibt's ein vorzügliches Bier«, warf einer ins Gespräch.

»Das wollen wir erforschen«, meinte ein rauhborstiger Student und dröhnte:

»Das schwarzbraune Bier
Das trink ich so gern!«

Der Mann mit dem Kukuruz wollte aber etwas Besonderes heute, es sollte nicht sein, wie sonst, man sollte atemlos werden dabei und den Jammer ringsum vergessen. Einen heißen Kopf müßte man bekommen und krebsrote Ohren. Und die Augen müßten aus dem Schädel springen wie Glaskugeln. Da sprach plötzlich einer, der bisher geschwiegen, von der »goldenen Venus«. Seine Stimme war sanft dabei und zärtlich wie himmelblaue Seide und hinter den Worten zitterte eine scheue Inbrunst und die Andacht eines Beters. Und er redete eindringlich, fand Beifall bei seinen Genossen, wurde umarmt und beglückwünscht, und alle standen auf, um hinzupilgern in den Tempel der Schönheit, in das Gotteshaus der goldenen Venus, das draußen beim Stadtpark steht und ein Theater-Varieté ist. Alle standen auf und griffen eilig nach ihren Hüten, nur der Mann mit dem Kukuruz blieb trotzig sitzen und mußte fast gewaltsam mitgeschleppt werden. Noch auf der Gasse protestierte er: »Was soll mir das? Es wird ein Weibstück sein wie all' die anderen, ein Glas Melniker rot ist mir lieber.« Aber sie hatten sich an seine Arme gehängt, zogen und zerrten ihn durch die dunklen Gassen und ließen nicht eher locker, bis er mit ihnen den bunten Vorraum des Tingeltangels betrat. Dort lösten sie für ihn eine Karte und schoben den Grollenden durch die schäbigen Samtvorhänge ins Parterre.

Der Mann mit dem Kukuruz gähnte gelangweilt. Diese süßliche Musik, die unablässig ihre faden Tanzweisen in den Saal streute, war ihm peinlich, und er sah kaum nach der Bühne, wo drei Akrobaten ihre Körper verrenkten. Dann kam ein Weib, die schenkte mit geschminkten Lippen dem Publikum ein paar schwachsinnige Zoten und alles wieherte vor Entzücken. Ein alter Mann löste sie ab, er rückte den Seidenhut keck aufs Ohr und krächzte irgend etwas, das lustig sein sollte und vielen auch lustig schien. Sein verwittertes Gesicht, das tausend Sorgen spiegelte, mühte sich vergnügt dreinzusehen, doch seine übernächtigen Augen straften es Lüge. Dann hüpfte eine Tänzerin an die Rampe, knickste, wirbelte wie ein Kreisel über die Bühne und war sehr niedlich. Den Mann mit dem Kukuruz aber langweilte sie dennoch. Er sagte dies unverblümt seinen Freunden, trank sein Bier aus und brummte wie ein gereizter Bär. Bei jeder Nummer, die der bunte Spielplan bot, wollte er aus dem Saale flüchten, immer wieder schob er unwillig den Sessel zurück und strebte fort. Die anderen hatten wirklich Mühe, ihn festzuhalten. »Jetzt kommt die goldene Venus, das muß man gesehen haben«, trompeteten sie. »Es ist wie ein Märchen aus Tausendundeiner Nacht, man wird ganz geblendet davon.«

Der rauhborstige Student sagte: »Das hat mit dem Orient gar nichts zu tun, die arabischen Märchen sind matt dagegen, klassisch ist es, klassisch und der alten Griechen würdig. Jeder antike Meister hätte seine Freude daran. Es ist ein Carmen auf die Schönheiten des weiblichen Körpers.« Und er erging sich in gelehrten Phrasen und blendete die anderen mit seiner Kenntnis der antiken Welt.

Nur den Mann mit dem Kukuruz vermochte er nicht zu verblüffen. »Unsinn«, knurrte der, »ich kenne mein Hellas besser, als irgendeiner. Dort war die Liebe zur Schönheit ein natürliches Gebot, eine unbewußte Apotheose der all'einigen Schöpfung, eine Andacht, die geadelt war durch den Glauben an die Menschheit und ihr Ziel, schön zu sein. – Was man uns hier bieten wird, kann das Auge eines anständigen Menschen nur verletzen. Es wird eine Karikatur sein, ein Zerrbild edler Gebärden und eine gemeine Theaterfaxe.« Und der Mann mit dem Kukuruz spuckte verächtlich aus.

Jetzt bliesen die Musikanten einen betäubenden Tusch, der Raum wurde verdunkelt, die Leute reckten aufgeregt die Hälse, eine heiße Stille trat ein: das Glanzstück des Abends – im Programm mit drei Sternchen bezeichnet – Fräulein Valesca Belloni, die goldene Venus, wurde zur Schau gestellt.

Es war ein Park, den man zu sehen bekam, ein Lorbeerwald, magisch verklärt und sacht umflossen von den Strahlen elektrischer Monde. Unter den zartlinigen Bäumen standen Marmorbänke, wie sie einst in den olympischen Tagen die heiligen Haine geschmückt, doch eine Statue von großer Anmut, das Abbild eines nackten Weibes, gab diesem antiken Garten erst seine Bedeutung.

Die ruhige Schönheit, die klassische Würde der Parklandschaft spiegelt sich in den zarten Bronzegliedern des Standbildes und vereinigt alles zu einer harmonischen Gesamtwirkung. Es war Mitze Knullecke, genannt Valesca Belloni, die sich auf dem Sockel dort allabendlich auf ein Viertelstündchen allen Augen darbot, und sie wechselte ihre Posen just so, wie es ihr Brotgeber anordnete. Wie aus Erz gegossen steht sie da, reglos, und die Goldfarbe, mit der ihr entblößter Körper überstrichen ist, gleißt und schimmert. Eben stellt sie eine Aphrodite vor, eine jener berückenden Statuen der Schaumgeborenen, wie sie Praxiteles mit leidenschaftlicher Inbrunst aus dem Marmor gezaubert. Ins blaue Meer hinaus leuchteten einst die weißen Mauern ihrer Tempel, und das vollendete Abbild ihrer Göttlichkeit stand zu Knidos, umspielt von den sacht klingenden Wogen der See an der kleinasiatischen Küste. –

So wechselten die Bilder auf der Bühne, und das berükkende Spiel ließ die Menschen dort unten atemlos staunen. Aber allen war es nur ein gemeiner Sinnenkitzel, frei von der Weihe einer künstlerischen Offenbarung. Sie suchten das nackte Weib und ihre Sinne entflammten sich an dem entblößten Körper, der hier zur Schau gestellt war. Nur einer saß mitten unter dem Pöbel, der empfing dieses Schauspiel wie ein heiliges Wunder, und es ward ihm zu einer Brücke, die aus den nüchternen Bezirken unseres Lebens in die arkadische Welt von Hellas führt. –

Der Mann mit dem Kukuruz hatte in seinen Jünglingsjahren einen ernsten Traum gehegt, einen Wunsch, der ihn später alle Entsagungen noch bitterer empfinden ließ. Ein Gelehrter oder Künstler wollte er werden, ein Mensch, der der Welt neue Werte schenkte; einer, der freudig das Evangelium der Schönheit verkündet. Und was war aus ihm geworden? Eine erbärmliche Schreiberseele, der Letzten Letzter – ein Nichts. Er hat es immer bitter empfunden, enterbt zu sein von den Schätzen der verfeinerten Kultur und er hatte seine Sehnsucht im Alkohol ertränkt, aber nun, da er sich dieser nackten Frau nahe fühlte, empfing er die Hoheit ihrer Erscheinung wie ein Mirakel. – Keinen Blick wandte er von der Bühne, steil aufgerichtet saß er da, und wenn der Vorhang auf ein Weilchen fiel, weil Fräulein Valesca Belloni eine neue Pose annahm, schloß der erregte Mann die Augen, um das köstliche Bild länger zu besitzen.

Der lebenden Statuen waren viele. Ein Bronzewerk von Polyklet, das die Gestalt einer sterbenden Amazone festhält in den prächtigen Formen, die jener Künstler liebte. Streitmüde hebt das reisige Weib und klagend den Arm über das Haupt, um dann jählings zu verschwinden und einer gefangenen Barbarin auf dem Sockel Platz zu machen. Aus den ernsten Zügen dieser germanischen Fürstin spricht tiefe Trauer über die Schmach, die ihr widerfahren, und Scham und Zorn steht auf ihrer Stirn. Aber ihr ganzes Wesen ist erfüllt von einem natürlichen Stolz, der sie ihr Unglück mit Würde tragen läßt. – – Ein Mädchen vor dem Bade, dessen Urbild in irgendeiner römischen Antikensammlung zu finden ist, die Artemis aus dem Louvre zu Paris, die Venus aus Capua und manch andere Plastik von unsterblicher Größe feiern hier flüchtig ihre Wiedergeburt.

Der Mann mit dem Kukuruz aber steht im Banne dieser antiken Pracht und Schauer des Entzückens und eine tiefe Gemütsbewegung machen ihn erbeben. Und als dann plötzlich der Saal erfüllt wird von einem Beifallssturm sondergleichen, als die Menschen rings um ihn mit den Füßen stampfen vor Verzückung und wie Tiere brüllen, treibt es ihn fort aus diesem heißen Saale, fort von den Freunden, die gleich den anderen außer sich sind, und nur ein Gedanke ist in ihm, ein einziger: Er muß allein sein nun, mit sich und seinem Gewissen allein. Gericht will er halten über sich und das erbärmliche Leben, das er jetzt geführt, er will – ja, was will er nun eigentlich? Er will die Andacht festhalten, die in ihm ist. Mit glühenden Händen will er sie festhalten für seine künftigen Tage, und seine Seele will er baden in dieser urquellreinen Empfindung. – – – –

Draußen vor dem Theater schlug ihm der Wind in das erhitzte Gesicht. Er bahnte sich einen Weg durch die Wagenburg, die das Gebäude umlagerte, und lief gehetzt in die Nacht hinaus. Seine lange, hagere Gestalt schwankte, die Hände hob er zum Himmel und redete in heißen, abgerissenen Sätzen von den Erlebnissen dieses Abends mit den Worten eines Tribunen, der vor dem Volke Rechenschaft gibt. Und die Leute, die dem Erregten begegneten, sahen ihm erstaunt nach, blieben kopfschüttelnd stehen und dachten: ein Betrunkener.

Nun, er war berauscht, bewegt und begeistert, und die Glut, die ihm die Sinne peitschte, riß seinen dürftigen Körper mit fort durch die schweigenden Straßen, über entvölkerte Plätze hinaus vor die Stadt ins Freie.

Es war eine Nacht, die der Stimmung des einsamen Wanderers gerecht blieb. Eine wilde und stürmische Nacht. Und er lief und lief, nur begleitet von seinem Schatten und dem heulenden Wind und verfolgt von den zerrissenen Wolken über seinem Haupte. Und die Kornfelder rings, wie ein geheimnisvoller See bewegt, rauschten gespenstisch. So lief der Mann mit dem Kukuruz bis in den Morgen.

Erst früh, als die Dämmerung um ihn wuchs, und die ersten Lerchen sacht erklangen, wandte er sich langsam, beinahe zögernd, der Stadt zu. Bei der Heinrichskirche, wo ein paar Bänke stehen hinter grünen Büschen, landete er müde und der Schlaf kam über ihn. – Der Lärm des jungen Tages riß den Schlummernden bald aus allen Träumen und ließ ihn erstaunt wahrnehmen, daß seine Amtszeit bereits begonnen hatte. So schritt er mit einem dumpfen Gefühl der Befangenheit behaftet, aber nicht unfroh, seinem Berufe nach. Die Akten, die ihm auf den Tisch gelegt wurden, durchblätterte er mechanisch, glättete sie, aber sie abzuschreiben, dazu fehlte ihm die Kraft. Er nahm einen leeren Bogen Papier und schrieb seinen Namen darauf. Immer wieder den gleichen Namen, bald groß, bald klein, in allen möglichen Schriftarten, und dann begann er Worte aneinander zu reihen, unbeholfene, ungefüge Worte, die sich langsam zu Zeilen formten. Als er innehielt mit dieser versonnenen Spielerei, stand ein Gedicht auf dem Papier. Der Mann mit dem Kukuruz, der nie vorher einen Vers geschrieben, hatte dies Poem wie im Traum zuwege gebracht. Es war ein Gedicht von einer rührenden Hilflosigkeit, aber es erschien ihm herrlich in seiner andächtigen Tiefe. Er malte mit großen kalligraphischen Lettern unter allerhand Geschnörkel sein Werk auf einen Bogen Ministerpapier, liebäugelte damit, las es immer und immer wieder und trug es, nachdem er seine ganze Amtszeit mit diesem Opus vertrödelt hatte, zur Post.

Eine große Ruhe kam über ihn. Friedlich schritt er den langen Weg seiner Behausung zu. Die endlosen und nüchternen Straßen nahmen ihm nichts von seiner Laune und selbst Frau Blümchen, die ihn mit Vorwürfen empfing und zornig wie ein Dampfroß schnob, selbst Frau Blümchen gönnte er ein vergnügtes Lächeln. Und dann saß er in der weißgetünchten Stube, kochte seine Polenta und dachte dabei: Es war ein Erlebnis, aber man darf darin nicht untersinken. Die magische Gewalt dieses Weibes darf mich nicht zu Boden drücken – und er kämpfte gegen die mysteriöse Macht der goldenen Venus und suchte sich frei zu klügeln von ihrem Einfluß. Den ernsten Vorsatz faßte er, dem Varieté fernzubleiben. Eine schöne Erinnerung wollte er behalten, wie ein Licht sollte das Geschehnis seine dunklen Tage verklären. Aber er wollte fest bleiben gegen die Anfechtungen jener nackten Frau.

Und er hielt sein Wort. Allerdings nicht lange, denn er hatte nie gelernt, seine Sehnsüchte zu zügeln. Immer war er unterlegen, wenn es galt, Kämpfe zu führen mit seinen Instinkten. So kam es, daß er abends wieder einmal an einem der runden Tische saß, die im Parterre des Varietés aufgestellt sind und mit Ungeduld der goldenen Erscheinung harrte. Trotz seiner guten Vorsätze krankhaft erregt und beglückt durch eine Überraschung, die ihm gleich bei seinem Eintritt in diesen heiteren Tempel geworden. Er hatte es fast nicht glauben wollen, als er das roh gedruckte Programm in die Hand nahm, aber es stand da ganz groß und deutlich und war wie ein freundlicher Gruß. »Arkadische Strophen« stand dort, und es war sein Gedicht wortgetreu abgedruckt und darunter: Ein heimlicher Bewunderer.

Und wieder schüttelten ihn Schauer des Entzückens, als endlich der Lorbeerhain auf der Bühne sichtbar wurde. Wieder gerieten alle, die um ihn saßen, außer Fassung, und ihre Schreie flossen über in den Lärm der Musikanten, die einen Tusch bliesen. Aber dem Mann mit dem Kukuruz war es, als ob das wunderbare Schauspiel nur ihm gelte und als ob das Weib auf dem Marmorpiedestal dort oben einzig nur seinethalben stünde. Und er war glücklich. Zufrieden ging er heim.

In die Welt dieser sonderbaren Frau wollte er sich versenken, ihrer edlen Art würdig werden, aufgehen, eins werden mit dem Lande, das ihre Heimat war und das versunken schien für immer. Die Gaben dieses göttlichen Leibes, die Linien dieser adeligen Erscheinung waren für ihn die Verkörperung altgriechischer Kultur und er schämte sich, daß er bisher die freien Stunden in Schenken und Tavernen verbracht, daß er unflätige Worte im Munde geführt und mit rohen Gesellen Bruderschaft getrunken. Er wurde rot bei dem Gedanken, an Frösche und Salamander sein Herz gehängt zu haben, und die verliebten Augen der fetten Frau Blümchen waren ihm nun doppelt widerlich in der Erinnerung. Und er faßte diesen Beschluß: »Ich werde mir Bücher kaufen, die von Hellas wissen, kluge und gelehrte Bücher mit vielen Bildern darin, daß ich Kenntnis erlange von Dingen, die waren und mein versumpftes Wissen erneue.«

Seitdem saß der Mann mit dem Kukuruz hinter einem Wall von Büchern und las und lernte und hätte am liebsten das Faltengewand der Antike angelegt und wäre damit ins Amt gekommen, wenn er sich nicht geschämt hätte. Allabendlich suchte er das Theater-Varieté auf, aber nur immer um die Zeit, da die goldene Venus sich zur Schau stellte. Dann schritt er rasch aus den überhitzten Räumen und blätterte bis tief in die Nacht noch in den Büchern und Mappen, um die Posen der Valesca Belloni mit den Bildwerken aus klassischer Zeit zu vergleichen. Manche Unebenheit fand er dabei, nicht alles stimmte, oft war der Faltenwurf an der lebenden Statue anders geformt, als ihn der Bildhauer einst empfunden, oft wieder hatte die Vase, die sein Abgott in Händen hielt, eine viel zu moderne Form und war dem Vorbild fremd. Erstaunt merkte er diese Unterschiede, und nach einigen Kämpfen entschloß er sich, Wandlung zu schaffen. Er hielt es für seine Pflicht einfach. War ihm doch jede Scheu fremd geworden vor der goldenen Venus.

So kam es, daß diese Dame eines Morgens, da sie gähnend ihre Schokolade genoß, von einem Briefe überrascht wurde. Sie lachte und warf den Bogen einem glatzköpfigen Menschen in den Schoß, der nahe ihr, auf einem Schaukelstuhle lümmelte. »Guck mal Teddy«, sagte sie und blinzelte nach ihm und Teddy tat so. Thaddeus war gewohnt, die Geschäfte seines Weibes zu besorgen. Sie hätte auch nicht gewagt, ohne den Willen dieses grobknochigen Menschen etwas zu beginnen, selbst ihre Gedanken hatte er in Besitz genommen, ihren schönen Körper aber hatte er in den Dienst seiner Ziele gesetzt und es waren Ziele, die weit ab lagen von schwärmerischen Absichten. Geld wollte er verdienen, viel Geld und Mitze Knullecke, genannt Valesca Belloni, mußte dazu den gut gebauten Leib hergeben und für die Groschen eines schaulustigen Pöbels Akt stehen.

Teddy wollte einst Maler werden, doch seine Begabung hatte bald andere Reiche erobern gelernt. Die Gestalten, burleske Gebilde, wie man sie in den Witzblättern findet, hatten ihn dereinst gereizt und er wollte sie festhalten. Doch die Hand versagte, und was er vergebens mit dem Stift oder in bunten Farben einzufangen versucht, lernte er mit Glück vor dem Spiegel am eigenen Leib zu formen. Sein bartloses rot gedunsenes Gesicht nahm die verzerrten Linien jener Fratzen an, die er in seinen Träumen erdacht, und so geriet Teddy von der Akademie aufs Varieté, von den Sälen der Kunstschule ins Tingeltangel.

In die fremde Umgebung hatte er sich ein Geschöpf mit herübergenommen, ein gutmütiges aber höchst gewöhnliches Mädchen, das er auf dem Modellmarkt der Akademie kennen gelernt und das ihm gehorsam wie ein Hündchen nachgefolgt war in den neuen Bezirk seiner Tätigkeit. Er war es nämlich bald müde, sein eigen Gesicht zu Markte zu tragen, immer und immer wieder die gleichen Possen bierseligen Gesellen zu schenken, verdroß ihn, und so kam Teddy auf den glücklichen Einfall, diese Mitze Knullecke für seine Zwecke auszunützen, sie abzurichten, wie man einen Pudel abrichtet, der Männchen macht auf Befehl. Und Mitze, das Aktmodell, erhielt den stolzen Namen Valesca Belloni und war über Nacht zu einem Schaustück der Biedermänner geworden, zu einer Sensation, die im Programm drei Sternchen trägt, zu einer beifallumrauschten Erscheinung – zur goldenen Venus. Es war eine Erhöhung, die sie nie geahnt vordem, gestoßen und verachtet, um einen elenden Bettel hatte sie früher der Kunst gedient und war oft geschlagen worden von Malern, die schlecht gelaunt sind, weil sie Armut leiden. Nun aber fühlte sie sich selbst wie ein Kunstwerk und freute sich, wenn sie in die Badewanne stieg, die mit flüssiger Bronze gefüllt war. Das Jauchzen des Publikums empfing sie wie einen selbstverständlichen Tribut und dankte ihrem Meister Teddy mit schwärmerischer Anhänglichkeit dafür. Und er ließ sie dankbar sein, freute sich ihres Besitzes, weil sie eine goldene Quelle für ihn war und nahm die Geschenke reicher Herren gutgelaunt aus den Händen dieser Frau entgegen. So fand Teddy den ernsten Brief, den ihm Fräulein Mitze über den Frühstückstisch herüberreichte, reizend, er brummte zufrieden und sagte: »Der hat's mal mit der Bildung, man muß ihn einladen«, und beide lachten erwartungsvoll – – – –

Es war ein bedeutungsvoller Augenblick für den Mann mit dem Kukuruz, als er im »blauen Stern« nach Fräulein Valesca Belloni fragte. Die Kammerzofe, ein wenig zurückhaltend, aber nicht ohne Hohn, führte den Bangen in den Salon der Dame. Der Mann mit dem Kukuruz beugte sich tief. Glutrot im Antlitz, fühlte er vor Aufregung Tränen in seinen Augen und als er das Haupt hob, begegneten ihm sehr erstaunte und fast unwillige Blicke. Die goldene Venus und Teddy der Maler waren peinlich berührt von der dürftigen Erscheinung ihres Gastes. Sie hatten einen Lebemann mit glattrasierten Wangen und einer Orchidee im Knopfloch erwartet, einen Herrn, der auf der blendenden Hemdbrust einen Diamanten von Haselnußgröße trug und berauschend nach Ylang Ylang duftete. Nun stand ein verlegener Mensch vor ihnen in einem schäbigen Röckchen und mit den eckigen Gebärden eines Hauslehrers, der für seinen Freitisch danken geht. Und sie lachten, ehe er noch ein Wort gesprochen. Und als der Mann mit dem Kukuruz gar zu reden begann, stotternd, mit einer Stimme, die um Entschuldigung bat für ihre kühne Lautheit, als er von den Zielen altgriechischer Kultur sprach und sich mit Andacht über die Schätze antiker Plastik äußerte, da wußten sich die beiden nicht mehr zu zähmen. In ein wieherndes Gelächter brachen sie aus und die Schreie ihrer uferlosen Heiterkeit waren wie Peitschenhiebe für den Bestürzten. – Da ging der Mann mit dem Kukuruz still aus dem Zimmer.

RAINER MARIA RILKE

Frau Blaha's Magd

In jedem Sommer fuhr Frau Blaha, welche an den kleinen Beamten der Turnauer Bahn, Wenzel Blaha, verheiratet war, für einige Wochen in ihren Heimatort. Dieser Ort ist im flachen und sumpfigen Böhmen in der Gegend von Nimburg gelegen und recht arm und unbedeutend. Als Frau Blaha, die sich doch schon gewissermaßen Städterin fühlte, all die kleinen elenden Häuser wiedersah, glaubte sie sich imstande, eine Wohltat zu versuchen. Sie trat bei einer bekannten Bäuerin ein, von der sie wußte, daß sie eine Tochter besäße, und schlug ihr vor, diese Tochter zu sich in die Stadt in Dienst zu nehmen. Sie würde ihr einen kleinen, bescheidenen Lohn zahlen, und überdies hätte das Mädchen den Vorteil, in der Stadt zu sein und da manches zu lernen. (Was sie da lernen sollte, war Frau Blaha selbst nicht klar.) Die Bäuerin besprach die Angelegenheit mit ihrem Mann, der beständig die Augen zusammenkniff und zunächst nur ausspuckte. Nach einer halben Stunde aber kam er wieder in die Stube und fragte: »Na, und weiß die Frau, daß die Anna so so ist?« Dabei schwankte seine braune, faltige Hand wie ein welkes Kastanienblatt vor seiner Stirn hin und her. »Dummkopf« – machte die Bäuerin, – »wir werden doch nicht! ...«

So kam die Anna zu Blahas. Sie war da meistens den ganzen Tag allein. Der Herr, Wenzel Blaha, war in der Kanzlei, die Frau ging in die Häuser nähen, und Kinder gab es keine. Anna saß in der kleinen finstern Küche, welche ein Fenster in den Lichthof hatte, und wartete, bis der Leierkastenmann kam. Das war jeden Tag vor der Dämmerung. Dann lehnte sie in dem kleinen Fenster, weit vorgebeugt, so daß ihr blasses Haar im Winde hing, und tanzte innerlich, bis daß sie schwindlich wurde, und die hohen schmutzigen Mauern unsicher und schwankend sich gegeneinander bewegten. Wenn ihr dann ängstlich wurde, begann sie durch das ganze Haus zu gehen über die finsteren und schmutzigen Treppen bis hinunter in die qualmige Gassenschenke, wo dann und wann irgendeiner sang in der ersten Trunkenheit. Unterwegs geriet sie immer unter die Kinder, die sich, ohne daß eines zuhause vermißt wurde, tagelang im Hofe herumtrieben, und die Kinder wollten seltsamerweise immer, sie solle ihnen Geschichten erzählen. Sie kamen ihr manchmal sogar bis in die Küche nach. Aber dann setzte die Anna sich an den Herd, deckte das leere blasse Gesicht mit den Händen zu und sagte: »Nachdenken.« Und die Kinder geduldeten sich eine Weile. Als aber Annuschka immer noch nachdachte, so daß es ganz still und bange wurde in der finsteren Küche, liefen die Kinder davon und sahen nicht mehr, daß das Mädchen sanft und klagend zu weinen begann und vor lauter Heimweh ganz klein und hilflos war. Wonach sie sich sehnte, ist ungewiß. Nach den Schlägen vielleicht auch ein wenig. Meistens aber nach so etwas Unbestimmtem, das irgendwann einmal war, oder vielleicht hat sie es auch nur geträumt. Bei dem vielen Nachdenken, das die Kinder von ihr verlangten, fiel es ihr langsam ein. Erst rot, rot, und dann viele Leute. Und dann eine Glocke, eine laute Glocke, und dann: ein König – und ein Bauer und ein Turm. Und sie sprechen. »Lieber König«, sagt der Bauer .... »Ja«, sagt der König darauf mit sehr stolzer Stimme: »Ich weiß.« Und, in der Tat, wie sollte ein König nicht alles wissen, was ein Bauer ihm zu sagen hat. –

Kurz darauf nahm die Frau das Mädchen einmal zum Einkaufen mit. Da es um Weihnachten war und Abend, waren die Schaufenster sehr hell und mit vielem Überfluß angefüllt. In einem Spielwarenladen sah Anna plötzlich ihre Erinnerung. Den König, den Bauer, den Turm ... Oh und das Herz schlug ihr lauter, als ihre Schritte waren. Aber sie sah rasch fort, und ohne stehen zu bleiben ging sie neben Frau Blaha her. Sie hatte das Gefühl, als ob sie nichts verraten dürfte. Und das Puppentheater blieb also, gleichsam un-

beachtet, hinter ihnen zurück; Frau Blaha, die keine Kinder hatte, hatte es gar nicht bemerkt. – Kurz darauf hatte Anna ihren Ausgehsonntag. Sie kam nicht am Abend zurück. Ein Mann, den sie schon unten in der Schenke gesehen hatte, schloß sich ihr an, und sie konnte sich nicht genau erinnern, wohin er sie geführt hatte. Ihr war, als wäre sie ein Jahr fortgewesen. Als sie müde, Montag früh, in die Küche kam, war alles noch kälter und grauer als sonst. Sie zerschlug an diesem Tag eine Suppenterrine und wurde deshalb arg gescholten. Daß sie die Nacht ausgeblieben war, hatte die Frau gar nicht bemerkt. Später, bis gegen Neujahr, blieb sie noch drei Nächte aus. Dann hörte sie mit einem Male auf, im Hause herumzugehen, verschloß ängstlich die Wohnung und kam, auch wenn der Leiermann spielte, nicht immer ans Fenster.

So verging der Winter, und ein blasses, zaghaftes Frühjahr begann. Das ist eine eigene Jahreszeit in den Hinterhöfen. Die Häuser sind schwarz und feucht, und die Luft ist licht, wie oft gewaschenes Linnen. Die schlechtgeputzten Fenster zucken von Glanz, und verschiedene leichte Abfälle tanzen im Wind an den Stockwerken vorüber. Die Geräusche des ganzen Hauses sind vernehmlicher, und die Schüsseln klirren anders, heller, höher, und die Messer und Löffel haben ein anderes Rasseln.

Zu dieser Zeit bekam Annuschka ein Kind. Es kam ihr vollkommen unerwartet. Nachdem sie sich wochenlang dick und schwer gefühlt hatte, drängte es sich eines Morgens aus ihr heraus und war in der Welt, weiß Gott woher. Es war Sonntag, und man schlief noch im Hause. Sie betrachtete es eine Weile, ohne daß ihr Gesicht sich irgendwie veränderte. Das Kind bewegte sich kaum, aber plötzlich begann eine ganz spitze Stimme in der kleinen Brust, und zugleich rief Frau Blaha, und ein Bett krachte in der Stube drin. Da packte Annuschka ihre blaue Schürze, welche nah am Bette hing, zog die Gürtelbänder derselben über dem kleinen Halse zusammen und legte das ganze blaue Bündel zu unterst in ihren Koffer. Dann ging sie in die Stuben, zog die Vorhänge auf und begann den Kaffee zu kochen. An einem der nächsten Tage zählte Annuschka ihren bisher erhaltenen Lohn. Es waren fünfzehn Gulden. Dann versperrte sie die Tür, machte den Koffer auf und legte die blaue Schürze, die schwer und reglos war, auf den Küchentisch. Sie band sie langsam auf, besah das Kind und maß mit einem Zentimeterstreifen seine Länge, vom Kopf bis zu den Füßen. Dann brachte sie alles in die frühere Ordnung und ging aus dem Haus. Aber, schade, der König, der Bauer und der Turm waren um vieles kleiner. Sie brachte sie dennoch mit und noch andere Puppen dazu. Nämlich: eine Prinzessin mit roten runden Punkten auf den Wangen, einen alten Mann, einen anderen alten Mann, der ein Kreuz auf der Brust hatte und schon wegen seines großen Bartes wie der heilige Nikolaus aussah, und noch zwei oder drei, die nicht so schön und bedeutend waren. Dazu ein Theater, dessen Vorhang auf und nieder ging, wobei der Garten dahinter abwechselnd auftauchte und wieder verschwand.

Jetzt hatte Annuschka etwas für das Alleinsein. Wo war das Heimweh hin? Sie baute das große schöne Theater auf (es hatte zwölf Gulden gekostet) und stellte sich, wie es sich gehört, dahinter auf. Aber manchmal, wenn der Vorhang gerade aufgerollt war, lief sie rasch nach vorn, und nun schaute sie in Gärten hinein, und die ganze graue Küche war verschwunden hinter den hohen, prächtigen Bäumen. Dann trat sie wieder zurück und holte zwei oder drei Figuren hervor und ließ sie reden nach ihrer Meinung. Es wurde nie ein eigentliches Stück daraus; aber es gab Rede und Gegenrede, auch geschah es, daß sich zwei Puppen plötzlich, wie erschrocken, vor einander verneigten. Oder auch es verneigten sich beide vor dem alten Mann, der das nicht konnte, weil er ganz von Holz war. Deshalb fiel er jedesmal aus Dankbarkeit um.

Unter den Kindern ging das Gerücht von diesen Spielen Annuschkas. Und seither fanden sich, erst mißtrauisch, dann immer argloser, die Kinder der Nachbarschaft in der

Küche bei Blahas ein und standen, wenn es dämmerte in den Ecken und ließen die schönen Puppen, die immer dasselbe sprachen, nicht aus den Augen. Einmal hatte Annuschka ganz heiße Wangen und sagte: »Ich habe noch eine ganz große Puppe.« Die Kinder zitterten vor Ungeduld. Aber Annuschka schien es wieder vergessen zu haben. Sie stellte alle Personen in ihren Garten hinein, und diejenigen, die nicht aufrecht bleiben mochten, lehnte sie an die seitlichen Kulissen. Dabei kam auch eine Art Harlekin mit großem, rundem Gesicht zum Vorschein, dessen sich die Kinder gar nicht erinnern konnten. Aber durch alle Pracht immer noch mehr gereizt, baten die Kinder um die »ganz große«. Nur einmal, die »ganz große«. Nur einen Augenblick: die »ganz große«.

Annuschka ging nach hinten zu ihrem Koffer. Es dunkelte schon. Die Kinder und die Puppen standen einander gegenüber, ganz still und ähnlich. Aber aus den weitaufgerissenen Augen des Harlekin, welche waren, als ob sie etwas Entsetzliches erwarteten, kam ganz unvermutet eine solche Angst über die Kinder, daß sie mit einem Male aufschreiend davonliefen, ohne Ausnahme.

Mit dem großen Blauen in den Händen kam Annuschka zurück. Aufeinmal zitterten ihre Hände. Die Küche war hinter den Kindern so still geworden und so leer. Annuschka hatte keine Angst. Sie lachte leise und stieß das Theater mit den Füßen um und trat die einzelnen dünnen Brettchen, welche doch den Garten bedeuteten, entzwei. Und dann, als die Küche schon ganz dunkel war, ging sie herum und spaltete allen Puppen die Köpfe, auch der großen blauen.

ALFRED KUBIN

Der Einschleicher

Ein sehr trauriger Vorfall ereignete sich vor 30 Jahren in einem kleinen Städtchen unfern meiner Heimat. Der Kreistierarzt, ein großer, auffallend starker Mann, Tscheche, hatte Glück bei der einzigen Tochter des größten Grundbesitzers der Gegend und führte das zarte, feingliedrige Mädchen als Frau in sein Heim. Die Leute schüttelten wohl den Kopf über die großen menschlichen Gegensätze, die sich da zusammenfanden. Aber anscheinend ging alles gut und glücklich in dem jungen Haushalt, und der Hüne trug dieses blumenhafte Geschöpfchen oft buchstäblich auf den Händen, wie ich, der ich nicht unberührt von den Reizen der Frau Kreistierarzt war, einmal durch das Gartengitter sehen konnte. Ich war, wollen wir aufrichtig sein, über und über verliebt in die dunkelblonde Laura mit den tiefblauen, ängstlich und gedankenvoll blickenden Augen. Heute, da ich bald Fünfzig bin, kann ich ja ruhig zugeben, was der 18jährige einst fühlte. Die Liebe war völlig einseitig und die ganze Lage so hoffnungslos wie nur möglich. Der Bruder der Heißverehrten war mein Schulkamerad, wußte um meine Neigung, und ich bin sicher, daß er seiner Schwester, trotz aller mir gegebenen ehrenwörtlichen Versicherungen, mindestens Andeutungen darüber gemacht hat, wahrscheinlich sogar durch unbedachtes Geschwätz Ärgeres angerichtet haben dürfte. Ich galt in dieser jugendlichen Periode für einen ausgemachten Zyniker; in Wahrheit war ich das gerade Gegenteil und verbarg eine tiefe Scham und keusche Zurückhaltung hinter all dem Spott und den zügellosen Reden, wie man das ja bei Jünglingen oft beobachten kann. Aber ich galt in meinem Heimatsort sowie in dem Städtchen, wo diese Vorgänge sich abspielten und wo ich die Gewerbeschule besuchte, für einen Burschen, dem jedes Mittel recht war, wenn es galt, ein törichtes Gelüste zu befriedigen. Diesen bösen Ruf verdankte ich nur meinem Reden, nicht meinem Tun. Gewiß verschlang ich meine Angebetete mit den sprechendsten Blicken, folgte ihr in angemessener Entfernung, wo es nur anging, und versuchte immer wieder, Begegnungen herbeizuführen. Aber was half das alles, wenn ich bemerken mußte, daß ich Laura völlig gleichgültig war, ja daß ihr meine Huldigungen peinlich wurden und sie mich verabscheute, als ich mich immer häufiger in der Umgebung ihres Hauses blicken ließ. Stolz und trotzig wandte sie das Köpfchen ab und übersah meinen Gruß und beredten Blick. Mir wurden die für ihr sonstiges sanftes Wesen ungemein scharfen Äußerungen bekannt, die sie fallen ließ, als man ihr Geschichten zutrug, wie sie über mich im Umlauf waren. Einer Bekannten meiner Mutter gegenüber erklärte sie, daß sie »diesem widerwärtigen Burschen« – damit meinte sie mich – nicht allein im Dunkeln begegnen möchte.

Der Gatte ahnte von meiner dummen Schwärmerei für seine Frau nicht das Geringste. Seine eheherrliche Stellung konnte kaum sicherer sein. Neben den amtlichen Verrichtungen hatte er noch eine sehr einträgliche, aber anstrengende Privatpraxis zu versehen, welche sich daraus erklärt, daß in unsrer Gegend eine in der ganzen Welt berühmte Großviehrasse gezüchtet wird. Der Tierarzt verbrachte oft die Nächte in den Stallungen der Bauern, um der trächtigen Kuh den schwierigen Geburtsakt zu erleichtern. Hemdärmelig, naß von Schweiß, lag der baumstarke Mann manchmal stundenlang neben der stöhnenden Kuh auf dem Boden, die Hand, ja den ganzen Arm tief im Mutterleibe, das Kälbchen abtastend oder drehend. Diese Berufstätigkeit lohnte sich vorzüglich, war allerdings wohl auch die Ursache der schweren Trunksucht des Tierarztes, in die er damals schon hin und wieder fiel. Es war nämlich alte Sitte bei uns, daß die Stallbesitzer bei solchen Gelegenheiten ein Fläschchen des vortrefflichen, heimischen Gebirgsschnapses spendeten. Im dampfenden, überhitzten Raum überrumpelten die Gei-

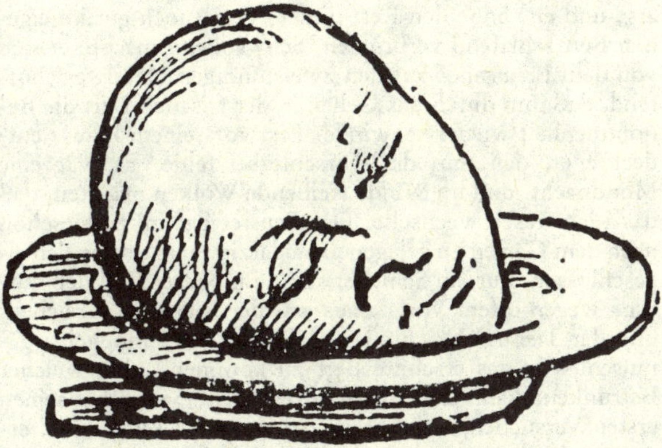

ster des starken Getränkes dann meist den riesigen Geburtshelfer, der oft lieber bis zum Morgen auf dem Stroh liegen blieb, als daß er sich entschlossen hätte, in tiefer Nacht, dazu schwer bezecht, seine junge Frau zu stören oder gar zu erschrecken. Der Überängstlichen und nervös Vergrübelten war das viele Alleinsein bei Nacht gewiß nicht recht, aber es ließ sich da nicht gut eine Änderung schaffen.

Einmal meinte der Doktor nun, sein Zustand sei nicht so arg, und er könne den Rest dieser Nacht noch gut im eigenen Bett schlafend verbringen. Schwankend machte er sich von dem Bauernhof auf den zweistündigen Heimweg, hoffend, daß ihm durch das Gehen in der frischen Luft die Benommenheit wieder schwinde. Erst vor seinem Hause entdeckte er, daß ihm der Torschlüssel fehle. Es war eine Mondnacht, und im Winde treibende Wolken machten, daß das Licht rasch wechselte. Das Fenster des im Erdgeschoß nach dem Garten zu gelegenen Schlafzimmers erwies sich als geschlossen, nur ein Schieber stand im oberen Teil der Lüftung wegen offen. Von da aus war der Riegel zu erreichen, und der Tierarzt beschloß, auf diesem Wege möglichst geräuschlos in das ersehnte Bett zu kommen. Aber welcher Betrunkene kann sich so leicht bewegen? Schon bei seinen ersten Versuchen, sich aufs Fensterbrett zu schwingen, erwachte Frau Laura und glaubte mit wildem Schreck, ein Fremder wolle bei ihr einsteigen. Ja, es war keine Einbildung mehr, was ihr das Herz vor Angst stocken machte: ein menschlicher Schatten wurde sichtbar. Gelähmt in jeder Bewegung hätte sie keinen Ton hervorbringen können, und mit emporgezogenen Knien hockte die Arme regungslos in ihrem Bett. Endlich gelang es dem Berauschten – wie er glaubte – unbemerkt in das Zimmer zu kommen, rutschend näherte er sich dem gemeinsamen Lager. Da ertönte aus demselben ein schauerlicher Schrei, dem völlige Stille folgte. Im wechselnd zwittrigen Mondlicht war nichts deutlich zu erkennen, der plötzlich ernüchterte Kreistierarzt zündete eine Kerze an, rief dem Dienstmädchen und bemühte sich um die Ohnmächtige. Als diese wieder zu sich kam, redete sie irre; wochenlang trat keine Änderung dieses Zustandes ein. Am peinlichsten war ich aber berührt, als ich hören mußte, die Kranke flüstere unter Verwünschungen meinen Namen oder schreie im Zusammenhang damit gellend auf. Ihr Bruder, mein Kamerad, gestand mir, er habe einmal bei seiner Schwester durchblicken lassen, ich trüge mich mit dem Plan, eine nächtliche Zusammenkunft mit ihr zu erzwingen; ein Bubenstück, das meinem ganzen Wesen völlig fern lag. Die arme Frau dachte vielleicht in jener Nacht, ich wolle mein vermeintliches Vorhaben zur Ausführung bringen.

Sie wurde nie mehr gesund und starb in einer Anstalt. Der Kreistierarzt vertrank sich nach und nach vollkommen, wurde aber bei seinem kräftigen Körperbau ziemlich alt; vor kurzem hat auch er die dunkle Schwelle überschritten.

PAUL ADLER

Das Einhorn

Die Mandeln erblühten, die viereckigen gelben Streittürme blendeten nieder auf die grauen Ölbäume, wo der kleine Zug auf seinen drei rotgezäumten Maultieren emporkletterte. Heftigstes Gelb. Nun, als die Tiere vor dem kleinen Schiebefenster des Schloßtores die Ohren spitzten, fragte der schwarze kaiserliche Aar, in dem eine Stimme stak, nach dem Namen ihrer Reiter.

Ein klangvolles gotisches Wort gab ihm eine willkommene Antwort; darauf folgte die vertraulichere Auskunft: »Der Kastrat.«

»Reitet ein, man weiß von Euch«, war die ehrerbietige Gegenrede. Die Maultiere wurden bewirtet, und der große Zisterziensermönch Melanio stieg zusammen mit seinem Beichtiger und mit einem Schreiber hinauf in den hellen Thronsaal, in den die Sonne brannte.

Über des Saales Pforte war der ganz junge Schloßherr selbst abgebildet mit Apfel und Stab in der Hand. Vögel sangen in Ranken zu seinen Füßen und über seine Schultern herüber dem Gast entgegen. »Guardate, welch liebliche Verstellung; Puellis puerisque imperat«, fiel der Beichtiger leise dem Zisterzienser ins Ohr; indessen zunächst der Präfekt Otto, des Kaiserknaben Liebling, die Abordnung empfing. Da trat er auch schon ein, und er trug wahrhaftig einen sikulischen Purpurmantel auf den Schultern. Seine Stirne starrte in einem goldenen Reif, und auf dem entgegengereckten Finger seiner zum Gruß erhobenen Rechten trug er die blaue Gemme von Lazulsteine, das berühmte Siegel seines anrüchigen Geschlechts. Sein Knabenbau schon tat kund, von welch gewaltigen Rittern er abkünftig war; eine kleine leichte Röte auf seinen Wangen verriet das Mahl, bei dem er sich kindlich noch eben erhitzt hatte.

»Deine Burg beherbergt so viel Frauen«, sagte der Kastrat, leichthin höfisch, »darf ich denn hoffen, daß du einem Manne, und gar einem halben, dein Auge günstig zuwendest? Auch bringe ich dir keinen Besiegten, um mit ihm deinen Purpur weiter aufzufärben. Nur dein eigener Nutzen, den du trotz deiner Jugend schon klar begreifst, gebietet dir, diesmal einen so unangenehmen Mann zu empfangen.«

Des Kaisers noch bartloser Mund verzog sich zum kurzen Stoß eines männlichen Lachens, dann erwiderte er:

»Rede, doch fasse dich kurz!« – »Ich will vor dir reden«, begann Melanio, »aber wenn ich dich mit Augustus anredete, beginge ich ein Unrecht, da du ja noch nicht gekrönt bist. In unsern Augen bist du nur ein roher Heerführer trotz deinem schwarzen Vater, solange du nicht aus Petri Händen dein Schwert erhalten hast. Das nackte Schwert aber, das du ziehst, ist vom Teufel; es reitet auf der Unschuld Nacken. Du hoffst von Blut zu erwachsen wie eine Zypresse vom Quell. Wenn ich dich Nero hieße, so würde mich auf meinem Lager dieser verdammte Schatten beunruhigen, bis ich die Schmach solcher Nachkommenschaft von ihm genommen hätte! Denn deiner Knospe Sünde übertrifft weitaus seine stinkende Blüte. Du bist schlimmer als Guido, du bist schlimmer, als alle deine Vorfahren waren, die die heilige Mutter betrübten. Du steckst in deinem verhärteten Kot; und ich nenne dich darum am besten nach deiner Abkunft: Saligo.«

»Soll ich den trocknen Rest zerschneiden lassen?« fragte der blonde Knabe, mit halbem Antlitz zu seinem Freunde gewendet. Zwei seiner Finger spielten mit dem antiken Knopf an seinem Wehrgehenk. »Er belustigt mich, solch verschrumpfter Hund.«

»Versuche du mit dem grauen Orden anzubinden!« war die Antwort von den fest geschlossenen Lippen. »Der heilige Bär ist stärker als der Leopard mit deiner falschen Wölfin zusammen. Er vermöchte auch einem mehr herangewachsenen Aar den Kopf abzubeißen. Was heute der graue Tatzenträger dir anbietet, ist nicht seine Umarmung, für die du wahrlich zu unrein bist; es ist hier dieser Pakt, auf den du deine Gemme drücken sollst. Du entfernst den verbrecherischen Papst von seinem Stuhle, und dafür geleitet dich der Orden sicher an seine Stätte.«

Der Kaiser zog sein Kinn abwärts: »Ihr wollt mich am Aventin vergiften lassen«, stieß er hervor.

»Nicht daß es die Mühe verlohnte bei deinesgleichen«, sagte der Zisterzienser. »Auf Köpfen, wie du einen trägst, sitzt der Kronreif nicht lange. Diese erteilen sich ihren Lohn untereinander. Wir hegen keine Befürchtung, daß das Regiment des Blutes und der Schande, das du dem Heiligen Reiche versprichst, länger dauern werde. Aber wir haben keinen an deiner Statt. Die bessern Männer entziehen sich schon seit langem dem Kaisergeschäft.«

»Aber warum unterstützt ihr mich? He, Otto?« Und der Knabe stieß den Präfekten lachend in die Seite. – »Das will ich dir sagen«, erwiderte der Abgesandte. »Du weißt es, der heilige Bernhard ist niemals unwahr. Du weißt dies, und nur darum läßt du seinen Sohn offen reden. Uns bekümmert allein in unserm Gewissen, daß das Ärgernis aus der heiligen Kirche entfernt werde. Auch unser Amt ist nicht von dieser Welt, die – wir wissen es – ihren blutigen Gang weiter geht. Wir lassen darum, wo es nicht anders sein kann, das Blut seinen altgewohnten Weg fließen vom Throne herab zu den Menschen. Wir dürfen das fremde Schwert sogar im Ausnahmefall und, nachdem wir mit unserm Gewissen schwer gerungen haben, benützen für Gottes Zwecke. Freilich, wer seinen Kopf immer wieder in den Rachen steckt, wie ich es tue, der weiß, wer ihn am Ende verschlingen kann. Ich rede aber bereits von Dingen, die dir nicht länger verständlich sind. Herr, Rosseknecht halte dich an deiner gewappneten Rosse Nutzen!«

Der Kaiser zeigte ein Gesicht, noch rot vom Wein oder vielleicht schon von seinem Unmut. Noch war der violette Stein, der ihn krönte, Herr über seinen Hohn:

»Mein Capellan, wenn ich ihn nur anhören wollte, erzählt mir ganz anderes von euren Pfaffenpflichten. Er unterrichtet mich von einem sogenannten Gott, der sich aus Liebe zu mir von einem Vogt meines Vorfahren ans Kreuz nageln ließ. Und solches bestritten mir nur in Salern die gelehrten Beschnittenen. Mein Großvater, der Recke Heinrich, hat aber solche Götter massenhaft auf seinem Zuge bei euch hinterlassen. – Ich möchte, daß du für mich am Kreuze stirbst, Enthodeter!«

Der Präfekt Otto lachte herzlich. Der Beleidigte hob den Kopf erst wieder nach einigem Schweigen gegen den Kaiserknaben: »Crux sua est«, sagte er. »Mag er zwischen deinem Großvater und uns entscheiden. Soll Gott beurteilen, ob dein Ministerial mehr als ich der unnütze Knecht ist. Auf deinem Sterbebette wirst du, junger Verworfener, einen grauen Bruder zu dir rufen. Dann wird für dich die Stunde gekommen sein, über solche Dinge ehrbar zu reden. Ich selbst, so fürchte ich, würde dieser Freisprecher nicht sein können. Wäre ich dazu imstande, dann käme mir die Krone der Seligen gewiß so nah, wie sie mir jetzt, trotz schwerem Ausharren immer wieder ausweicht. Du hast recht, Ritter: ich bin ein sehr schlechter Mönch. Glaube du darum nicht, daß du ungestraft um so schlechter sein darfst.«

Der Kaiser hob sich in seinem Stuhle. Am ehernen Leuchter, der, von gehämmertem Tiervolk bekrochen, von den Balken tief herabhing, zerquetschte er eine heiter lebendige Fliege. Um ein weniges erleichterte sich davon sein Herz. Des Abgesandten Herz tobte, nach des Psalmisten Wort, wie eine Harfe. Die Sonne rückte von einer Säule im Zimmer, dem bisherigen Ort ihrer Spiele. Dann fragte des Knaben Mollstimme: »Verschnittener, sprich, weißt du auch gewiß, was das heißt lustig sein?« – »Ohne Griechenwein und ohne Sklavinnen«, so fuhr die Lautenstimme fort, »vermag ich (dies sei mit Achtung vor deiner Verschnittenheit gesagt) nicht der Schwermut und dem Selbstmord zu entgehn. Ein

Rat ohne reichlicher Weinkannen Guß ist, hier nach meines lieben Otto Zeugnis, ein berstender Unrat. Melanio hör, ich will euch nach Rom einen solchen jungen Reiteroberst schicken, daß ihn der Papst nicht zuschanden reiten soll. Du aber sei heute trunken mit mir!«

»Hier hinter meinem Stuhl«, wies er dem Abgesandten, »sieh hier, was die Sonne in dem Gewebe schafft! Das haben lüsterne Nonnen bestickt zum Teppich für meine Lustwohnung. Schau das runde Elfenbeinbrüstchen darauf über dem Elch! Schau neben der Magd den schönen lockigen Jäger! Trinke fröhlich, Kastrat, und vergiß an der Tafel, was nicht gut gemacht werden kann!«

»Du irrst«, sagte der Redner, ohne den Teppich anzusehen. »Du unterschätzest uns. Wir verlangen einen beschwornen Vertrag mit Geiseln nach unserm Haus am Aventin. Den Schwur mit Eideshelfern auf den Schrein von Sankt Adalbert in Pavia. Mit dir werde ich schon deshalb nicht trinken, weil nach eurem Getränk den Gästen übel zu werden pflegt. Wen willst du über die Reiter setzen?« – »Einen trefflichen Oberst, Kastrat. Du darfst erraten, ob er nicht jedem Helden zu schaffen macht. Er soll im Vatikan rechts neben dem Esel des Predigers Bernhard einziehn. Es ist Mathildis, die Bäurin von Gernroda.«

»Wagst du es nochmals, den Namen einer deiner Buhldirnen neben den unsres großen Vaters zu setzen, so wisse, daß ich alle Unterhandlungen mit einem abbreche und dich auf deinem übel befestigten Stuhl allein belasse. Reiße zuerst deinen Purpur von dir, eh du dich bespeist!«

»Ich beurteile es selbst, wann ich mich bespeien will«, sagte der Knabe. »Nur mir allein, und nicht dir, kommt es zu, den Purpur zu tragen. Ihr sollt eintausend Reiter haben, aber ich werde mich selbst in Rom zum heiligen Vater wählen lassen. Nach der dreifachen Krone hat bisher noch kein Kaiser seine Hand ausgestreckt.«

Melanio sah ihn kurz an. Sein Geist entfernte sich im Schauen.

»Du wirst diese Krone nicht tragen«, sagte er. »Du wirst vielmehr den Einsiedler Joachim, den Propheten, einsetzen, den wir dir bezeichnen werden. Danach wirst du in deinem zwanzigsten Jahre von den Normannen ums Leben gebracht werden. Dein Sohn, das heißt der Sohn der Gräfin Pavia aus erster Ehe, wird dann dein Reich zur Hälfte einbüßen. Der Guelfe erkennt ihn immer an. Die Lombardei wird deine Konsuln verjagen. Seh er zu, wie er wieder über die Berge heimkommt, nachdem er zu Neapel deinen verlassenen Sarg mitgenommen hat. Doch auch er wird nicht belehrt werden. Auch sein Blut wird der Hund lecken, das Blut des Aars mit den kurzgeschnittenen Fängen.«

* * *

»Hol deinen Schreiber hervor, daß er sich fertig mache zum Schreiben!« sagte der Knabe. »So gefällst du mir besser. Ich will ums Leben gebracht werden. Ich will nach meinem Ende in eure Hölle kommen. Ich hoffe dir dort zu begegnen, und dem ganzen Rabenschwarm um die vielen Gehenkten, die wir Ritter hier gemacht haben. Ich bin weit über meine Jahre erwachsen, wisse; ich bin verständiger als du weißt. Siehe, mit zehn Jahren habe ich meinen Vater erdolcht über dem Schrein zu Pavia gesehn! Ich will um das Leben, das ich neben so viel vorgespiegelten Dingen einzig besitze, mich nicht betrügen lassen. Ich will prassen, huren und keinem Feind verzeihen. Geschehe dann mit mir, was wolle. Ich sehe keinen Gott, dort wo er sich nicht sehen läßt, dort wo gewiß nichts ist. Ich sehe, daß bei Wild und bei Gewürm und bei den edlern Vögeln alles Streit ist, so wie bei euch Welschen, und daß alles gleich gut ist: gut und böse, gerecht sowie das, was mir einzelnem Mann ungerecht scheinen will. Und ich selbst bin wohl nicht gelehrt; doch dieser Otto, mein Gefährte, hat in Salerno den Averroes erklären gehört, euern Besieger. Und ich tue, was ich will; und was bedeutete es sonst, daß ich es will? So wie mir vom Bayernherzog kein Erbarmen gegeben wird, so will auch ich kein Erbarmen verschenken. Wenn ich nicht heute an dir mein Gefallen fände: an deinem Trotz, an deiner Frechheit selbst gegen mich, an deiner Häßlichkeit, sogar daran, daß sie dich verschnitten haben, dann kämest du wahrhaftig nicht lebend und ungestraft aus dieser Burg, wo wir die Geschorenen ebensogut wie die Langobarden zu köpfen verstehen.«

»Die Kirche braucht Verschnittene«, sagte Melanio, »solche, die sich selbst verstümmeln sowohl wie solche, die diese Gnade wider ihren Willen erhalten haben. Die erstern, unter denen sogar der heilige Kirchenvater Origenes ist, sind gegen uns noch im Nachteil, da die Gewalt gegen den eigenen Körper zweifellos eine schwere Sünde ist.«

»Als ich um meinen Trieb gebracht wurde«, fuhr Melanio lehrend fort, »da glaubte ich, vor Scham noch mehr als vor Schmerzen nicht mehr leben zu können. Du weißt, daß mir so wegen meiner Verführung der Gudberta geschah, die jetzt Äbtissin in Francien ist. Damals waren mir alle kraftvollen Wünsche der Welt weder unbekannt noch gar verächtlich. Meine Gedanken waren jenen des Averroes in der von dir vorgebrachten, verstümmelten Form recht ähnlich. Zweifellos dachte ich überhaupt zuviel Nichtiges in meinem Leben und dafür zu wenig Verinnerlichtes. Ich betreibe auch jetzt noch zu viele weltliche Geschäfte ohne die rechte, ganz wohlgefällige Gesinnung. Was du soeben berührt hast, ist die Frage nach dem Ursprung des Schlechten in dieser Welt: die Frage, warum Gott das Böse zuläßt und dann, was überhaupt in der Welt böse ist; und die weitere Frage nach der Erbsünde, die widerspenstigste theologische und wissenschaftliche Untersuchung überhaupt. Sie zerfällt in die zwei

Hauptfragen: warum Gott an Adam eine Freiheit von solcher Art gab, daß Adam diese Freiheit zu seinem Verderben, und nicht nur zu seinem Verderben allein, benutzen konnte; und zweitens: welcher entsetzliche Unfall der von Gott rein geschaffenen Seele auf dem Wege zu ihrer Geburt zustößt, derart, daß sie danach, ohne selbst jemals die volle Freiheit ihres ersten Ahnen zu erlangen, dennoch seine ganze Schuld auf sich nimmt? Diese schwierigen Vorstellungen haben bis jetzt die Väter und die Kirchenversammlungen noch nicht ganz zu entwickeln vermocht. Wir müssen uns dafür an jene einfachen Tatsachen halten, daß der Mensch bei all seinen Irrtümern im einzelnen dennoch ein bestimmtes Bewußtsein seiner Wahlfreiheit hat – worüber uns die Philosophie belehrt – und zum zweiten an die geoffenbarte Tatsache, daß Gott in seiner Güte diese vom Geist Adams begangene Schuld wie eine eigene auf sich genommen und dadurch mit einer unendlichen Wirkung wieder gutgemacht hat! Du tust darum auch Unrecht, dich von allem Anfang an und schon wegen deiner dem Gebot widersprechenden Neigungen als verloren zu bezeichnen, da dich ja Gott mit allen anderen Gebornen zur Wiedergeburt aufrief. Auch ist die Sündhaftigkeit, der Trieb zu dem Verkehrttun, nicht ohne weiteres der Verlorenheit gleichzusetzen. In diesen Dingen bist du vielmehr – was du als Ritter ohne weiteres begreifen wirst – auf den notwendigen Kampf mit dem Bösen hingewiesen; das ist darauf, daß du dich deines geistlichen Lebens keinesfalls unheftiger alswie des körperlichen zu wehren hast. Die wirkliche Auserwähltheit ist ja, im tiefen Ernst gesprochen, für keinen Menschen und niemals ganz sicher; und es ist möglich, daß du, der du das Kind ganz großer Sünder bist und bis jetzt auch für dich selbst immer nur ein Bösewicht warst, gleichwohl vor deinem Ende bekehrst und die Gnade erwirbst. Ja, ich muß bekennen, daß du weit über die Unfähigkeit dieses Herzens hinaus, das so sehr verhärtet ist, ein Kind Gottes werden kannst. Und wenn auch die guten Werke für sich allein keinesfalls zur Erlösung hinreichen, weil selbst, wer Recht tut, gegenüber dem Rechten immer unendlich zurückbleiben muß, so mag doch irgendein gutes Werk, gleichsam als ein Zeichen, daß der Mensch sich in seinem Herzen so wie im Frühling eine Blume erneuert, von dem Schöpfer des Frühlings und auch der Seele mit großer Freude aufgenommen werden.« – Der Kastrat erwartete die Sonne in grauen Augen, die er in den Mai aufriß. Die Stirnung in dem Gesicht des Kaisers entging diesen Augen nicht. – »Wenn du also beispielsweise die heutige Gelegenheit ergreifst, um als ein Cäsar die Kirche von ihrem lasterhaften Oberhaupte zu befreien, so wird diese Handlung, vorausgesetzt nur, daß sich damit eine wahrhafte Reue über dein früheres Tun verbindet, ganz gewiß zu deinem Seelenheil beitragen.«

Der Kastrat seufzte. Der Kaiserknabe wandte sich an seinen Gefährten mit den Worten: »Was sagest nun du dazu, Lieber?« Der Präfekt erklärte rauh: »Ich halte in der Offenbarung nur dieses einzige Wort für wahr: Alles ist eitel ...«

* * *

Der Kastrat warf sich auf seine Knie und betete; wie er taten seine zwei Begleiter. Aus dem Nebenraum schlug Lärm gegen die Türe, die Kammer wurde sichtbar, in grellem Spalt, und der Beter erschaute unter geröteter trunkener Kehle die Brüste der jungen Bäurin von Gernroda. Der Präfekt verzerrte seinen Mund scherzhaft. Die Tür schloß sich wieder geräuschvoll. Des Kaisers Auge spielte an der Wand mit dem Sonnenstrahl. Aus dem Hof drang verdächtiges Geräusch wie von bewegten Ketten und wie ein Ächzen. Doch schienen es nur die Maultiere mit den Knappen des Cäsars. Plötzlich vernahm man ganz helle Waffen und einen Fall. Ein Eimer klatschte in einen Brunnen. Eine ungefüge Truhe schien irgendwo unterhalb fortgerückt zu werden.

Ein Roß schrie und stampfte; ein widerwärtiger Bock mekkerte höhnisch, noch vor seinem Ende für die Tafel der gotischen Knechte.

Überraschend brach hinter der Tür neues Gelächter aus. – Der Kastrat und sein Beichtiger sowie der Schreiber erhoben sich vom Boden, und der Kastrat bat den Kaiser in vornehmen, nahezu freundlichen Worten um Urlaub für die Nacht, und daß der Cäsar sich bis zum Morgen über die Frage entschieden habe ...

Der Kaiserknabe war während des Gebets unruhig seitwärts auf eine Platte im Boden getreten. Er schritt einigemal leise über ihren Marmor, bedauernd, daß er diese Freude sich selbst und dem Grafen Otto nicht mehr gewähren sollte. Unter seinem Fuße dort in der Tiefe standen auf einer kleinen Treppe, lichtlos aneinander gedrängt, der Henker des Schlosses und vier gleich dem Henker ganz lautlose Folterer. Aber die Höhlung in dem Boden des Kaisers blieb fortan ungesättigt, sein Thron hob sich auf dem Grund seines neuen Paktes. Nun warf der Schreitende seine Blicke um sich und antwortete auf die vorgebrachte Bitte:

»Kastrate, wir können uns gegen den Papst Coelestin, unsern Bundesgenossen, nicht so schnell entscheiden. Wir bitten aber deinen Orden, für uns zu beten zu dem Gott, der, wenn er wirklich ist, seinen Freunden mehr als uns, seinem Feind, geneigt sein muß. Dich selbst aber, Kastrat, ersuchen wir, als unser Geschenk hier diesen gestickten Teppich anzunehmen und für dich zu behalten; außer diesem enthält diese kleine Burg nichts Wertvolles. Nimm ihn und bete auch du gelegentlich für mich! Ich habe gesehn, daß der junge Augustus nicht von lauter Habgierigen und Mördern umgeben ist.« »Kommet, Präfekt!« sprach der Kaiser noch.

* * *

Der große Kastrat hatte sich auf eine Truhe niedergelassen. Er versprach dem Abgehenden keine Messe, weil er als Verstümmelter nicht die Priesterwürde hatte erlangen können. Aus dem kühlen Saal verschwand der Rest der Sonne; die schnelle südliche Nachtfarbe brach herein. Der Zisterzienser blickte zerstreut nach dem erhaltenen Geschenk. Es war ein Teppich, den Jungfraun eines entlegenen Klosters am stürmischen Nordmeer gefertigt hatten: das Wappen der einst geliebten Nonne Gudberta war in einer Ecke des Werkes kaum sichtbar von Ranken eingekreist. Das Werk stellte Geburt und Fang des märchenhaften Einhorns dar. – Das Einhorn ist wegen der wunderbaren Fähigkeiten seines Horns, das, zerstoßen, Wunden heilt, von allen Jägern überaus aufgesucht, wegen seiner Stoßkraft aber noch mehr gefürchtet, so daß es nur durch eine List, von einer Jungfrau, gefangen werden kann. –

Melanio betrachtete lange die haarfeine Seide der Gestalten; er bemerkte nicht das befreundete Wappen. Danach winkte er seinem Schreiber, und er sprach vor diesem, nachdem er noch seinen Beichtiger für eine Weile um Entschuldigung gebeten hatte, die hier übertragenen lateinischen Verse. Es war ein Caput für das von Melanio damals gerade verfaßte Bestiar, ein Teil seiner schwerfälligen gelehrten Naturbeschreibung. Der Schreiber neigte also sein Ohr und schrieb diese Meinung nieder:

»Licornus – das Einhorn

Das Einhorn entspringt im Walde, aus einer gefleckten Stute / Abhold dem Hengstvolk, doch bräutlich dem wildern Blute / Es entspringt als ein Todschrei den zornigen Lenden / Eines Elches, umstellt von bewaffneten Wenden / Der, Schaum am Munde, sich stürzt, auf den hallenden Laut / Ach, das Wunder, nun wird ihm die Jägrin zur Braut!

Die Jäger schreien und schwingen Spieße, sie verjagen zur Wüste / Das verräterische Roß mit dem Hirschkalb seiner

Brüste / Verschmachtet dort, reckt sich sein Ohr nach der Wolke / Tönender Botschaft: Dein Sohn wird zu Ismaels Volke!

Mit Bitternis nährt sich das Roß, eine dumpfe Herzeloide / Ihm entsaugt bittre Milch sein gezeichneter Elaphide / Er wölbt die Hufe, ihm legt sich die Mähne auf den Rücken / Er wächst zum Fohlen. Doch wächst ihm ein Horn zwischen seinen Blicken.

Ängstlich beim Tritt des Manns und flüchtig vor seinem Speere / Stockt sein Atem erschreckt bei dem Wiehern der sanften Mähre / Ihn quält die Mutter, er haßt ihren beizenden Dampf / Ihn quält die Stirne, ihn ruft nachts das Horn in den Kampf / Bedrängt von der Qual seines Hauptes, beschämt von dem grasigen Stall / Wählt das Einhorn den Jüngling-Vater. Es fällt die Mutter wie Parzival.

Das Einhorn jagt nun in Wäldern. Doch auf Fahrten in eichener Wildnis / Setzt es Huf sacht an Huf, nach der Mutter, des Rosses, Bildnis / Und stärker wächst nun sein Horn, es versehrt jeden Baum / Am Kreuzweg an wilder Stätte. Es durchbohrt des Märchens Traum / Das Horn erfüllt allen Schlaf, das Horn treibt wie ein Fliederspróß / Das Horn sammelt den wuchtigen Leib zu einem gewaltigen Stoß / Der Stoß ist nicht von Elches Art, er trägt keiner Schaufel Gestalt / Das Horn, des Einhorns Waffe, bricht eine Gasse durch dicken Wald ..!«

Der Sprecher bedachte sich. Dann, streifend die zweite ungelenke Gestalt, die Jungfrau, gebot er weiter zu schreiben:

»Virgo – die Mutter

Horch, ein Horn hallt in der Wildnis, es dringt durch Verhaue und Dorn / Es ist stärker als das Einhorn, es ist das Dreieinige Horn / Es ist der göttliche Jäger, er breitet die Arme und lockt / Es ist der göttliche Orpheus; er spielt und frohlockt:

›Kommt zu mir, sanfte Tiere, Hirsch, Rebhuhn und Maus / Ihr meine Wunder vor andern, kommt, füllet mein Haus / Elch, verwirf deine Schaufel, Hahn verstoße deinen Sporn / Vor allen mein liebes Einhorn, es verwerfe sein Horn!

Flieg, Fasan, in meine Herrschaft, ummauert und stark / Von meinen Körnern des milden Winters, und von dem Heger in meinem Park / Schaut umfriedet den Garten, das Wild an des Wolfes Orte / Schaut doch, schaut meine liebe Mutter, die weiße, die schmale Pforte ..!‹

Das Einhorn erbebt im Innern, ihm schwindelt in seinem Traum / Als trüge sein Horn eine Gablung, als zög ein Hornruf durch blauen Raum / Eine Straße, die die Völker des Waldes nicht versehrt / Ein Strahl, der vom Himmel verderblich nur in die Spitze des Einhorns fährt.

Das Tier erglänzt ganz vom Monde, nun blickt es, es reckt das Ohr / Ja, dort wohl steht seine Mutter! Oh, das weiße, das elfene Tor! / Das Wesen erhebt sich im Schlafe, blind vom Glanz, der es erschreckte / Es taumelt, wie dort das Roß Pauls (einst vor Damaskus, als der Blitz seinen Reiter bedeckte) / Es verwirrt seine Fährte, getroffen reißt es sich los / Gradaus in seines Jägers Pfeile. Gradhin, verblutend, in einer unbefleckten Jungfrau Schoß ..!«

* * *

Hinter der Tür verstummte das Nebengemach verlassen. War der Kaiser drin ohne Wein in die Schwermut verfallen? Nun, nachdem er das Caput zu Ende gesprochen hatte, erhob sich der Kastrat und redete zu seinem Beichtigermönch: »Auf, mein Vater! Der Schändlichkeit dieses Coelestin haben wir ein Ende gesetzt. Vielleicht, daß Gott auch den gekrönten Knaben und selbst unser Gemüt noch zum Guten wendet. – Mein David, wie sangest du doch? ›Unser Herz tobt wie eine Harfe.‹ Und Ruhe findest du nur bei der Mutter ...

Einrollet mir, Schreiber, nun den Teppich vom Einhorn!«

CAMILL HOFFMANN

Die drei faulen Bauern

In den Ländern der heiligen Wenzelskrone kennt jedes Kind die Geschichte von den drei faulen Bauern. Es ist eine ziemlich lehrreiche Geschichte, ganz abgesehen von der, übrigens nicht unbestrittenen, Moral, mit der sie endigt, und ich glaube, daß sie darum wert sei, auch weiter bekannt zu werden. Sie zeigt einmal deutlich, welchen Grad menschliche Faulheit erreichen kann und was für verruchte Einfälle ein müßiger Geist auszuspinnen im Stande ist. Wenn darin mit einer gewissen Ausdrücklichkeit von drei böhmischen Bauern erzählt wird, so wäre es ungerecht oder gar boshaft, anzunehmen, daß die Faulheit eine nationale Eigenschaft der böhmischen Bauern sei. Ich kenne diesen arbeitsamen und ernsten Menschenschlag, der einst mit Morgensternen und Dreschflegeln für den Kelch gekämpft hat, und erlaube mir die Meinung auszusprechen, daß eine so abschreckende und unlustige Geschichte gerade nur unter Menschen ersonnen werden konnte – wenn sie sich nicht wirklich begeben hat, wie vielfach versichert wird –, die in der Faulheit das verpönteste Laster und den ärgsten Schimpf zu erblicken gewöhnt sind.

Die Geschichte erzählt also von drei faulen Bauern. Die lebten vor nunmehr mehrmals zehn Jahren in einem böhmischen Dorfe, das dem Grafen von Schlechta robottpflichtig war. Man weiß, daß in der guten alten Zeit der Robott die adeligen Schloßherren, die selbst sich danach verzehrten, die Langeweile des Müßiggangs auf eine angenehme, wenn auch nicht immer nächstenfreundliche Weise zu unterbrechen und neben den anmutigsten die abscheulichsten Mittel dazu erdachten, für alles eher Verständnis und Geduld bewiesen, als für das Behagen und die Muße ihrer Bauern. Am wenigsten tat dies der Graf von Schlechta, dessen ganzer Stammbaum, so alt und weitverzweigt er sein mag, keinen Namen kennt, bei dessen Klang die Erinnerung an rühmliche, Gott und den Menschen gefällige Werke auftauchen würde. Es muß dies nicht so verstanden werden, als wäre der Graf bei aller ausschweifenden Grausamkeit nicht ein oft erkenntnisvoller und ein reichbegabter Mann gewesen. Nur war sein Wille ein Spiel der Laune, seine Klugheit Verschlagenheit, und die vielseitigen Fähigkeiten seines Geistes nützten niemand sondern verwilderten unter der Unbeständigkeit seines Gemüts. Er gehörte zu jenen Menschen, die Gutes und Böses üben, nicht um jemand zu nützen oder zu schaden; sie üben es vielmehr nur, um sich an der Wirkung ihres Handelns zu ergötzen, um ihre Launen in ihren Taten zu spiegeln, um sich selbst ein Schauspiel zu bereiten. Manchmal trifft die beabsichtigte oder gewünschte Wirkung gar nicht ein, und sie werden von einem maßlosen Zorn ergriffen und handeln, um ihren Zweck doch erfüllt zu sehen, im Gegensatz zu ihrem ersten Beginnen. Manchmal schafft ihr Mutwille ihnen außerordentliche und mißliche Lagen, aber selbst dann sind sie in erster Reihe darauf bedacht, die Veränderungen in der eigenen Seele wahrzunehmen.

Der Schloßverwalter, ein blonder Hüne, ein jähzorniger, aber kein schlimmer Mann sonst, hatte dem Grafen von Schlechta zum wiederholtenmal von der tiefen Unlust der drei Bauern an jeglicher, wie immer gearteten Arbeit vermeldet und seiner Meinung Ausdruck gegeben, daß exemplarische Bestrafung in diesem Falle angezeigt sei. Die drei Bauern waren erbeingesessene Besitzer von Haus und Feldern, die genug Ertrag abwarfen, um eine vielköpfige Familie nicht verkommen zu lassen, ohne daß sie einen Finger hätten zu rühren gebraucht. In einer andern Zeit hätten denn auch die Bauern die Sorge um die Wirtschaft Weib und Kindern überlassen und auf ihrer trägen Haut verfaulen können, aber die Vorsehung des Robott duldete nicht, was sonst unter andern Umständen die Verhältnisse gestattet hätten. Der Schloßverwalter kam mit rauhen Worten, die Bauern auf

die Äcker seines Herrn zu treiben, und es war gut, seine Hand zu küssen, eh sie sich zur Faust ballte. Saat und Ernte mußten dem Grafen durch alle Bewohner in gleicher Weise bestellt werden; mit der Schloßverwaltung steckten Pfaffe und Behörde unter einer Decke und litten keine Widerspenstigkeit. Wenn die drei Bauern auch ihre Knechte für den Grafen aufboten, so galt dies noch für gar nichts, denn, da die Faulheit des wackern Kleeblatts schon zum Gespött des Dorfes diente, war der Schloßverwalter mit verärgertem Eifer und wohl auch geheimer Schadenfreude scharf dahinter her. Brachten sie die gewöhnliche Ausrede vor, daß einzig von Belang sei, wenn die Arbeit überhaupt getan werde, doch wer sie tue, sei völlig nebensächlich, so donnerte der Schloßverwalter dazwischen, daß keineswegs eine Arbeitskraft der andern gleichkomme, die Knechte werde er aus dem Dorfe jagen, damit die sämtliche Arbeit, eigene und gräfliche, von den Bauern allein verrichtet werden müsse. Er bestand hartnäckig darauf, daß die Bauern selbst die Hände rührten, und traf er sie noch verschlafen in den dunstigen Federbetten, mußten sie möglichst rasch in die Lederhosen schlüpfen, oder lümmelten sie mit breit von sich gestreckten Beinen hinter dem Zinnkrug, mußten sie flugs hervor, um nicht den Inhalt des Kruges ins strüppige Gesicht geschüttet zu bekommen. Doch gleichfalls wußten sie trotz aller Stumpfheit oft von Feld und Wiese spurlos zu verduften, und erschien dann der Verwalter mit inspizierender Miene und erhob ein Halloh über die Drei, so konnte man sie gewiß hinter einem Heuhaufen oder in einem grasweichen Straßengraben schnarchen finden.

An einem der letzten Erntetage hatten die drei Bauern des Schloßverwalters Langmut besonders versucht. Während auf allen Feldern lautes Leben war, die goldstrotzenden Garbenwagen in die Scheunen schwankten, die Luft erfüllt war von Sonnenglut und Sensenklang, von Peitschenknallen und fröhlichen Rufen, die Gesichter der Feldarbeiter im Schweiße glänzten, verschwanden, einer nach dem andern, die Drei aus den Reihen der Arbeitenden und trafen wie auf Verabredung im Dorfwirtshaus zusammen. Das war um diese Stunde wie ausgestorben und zu einem stillen Zechgelage sehr geeignet. Die drei Bauern hätten sich dessen sattsam freuen können, wenn ihnen der späte Nachmittag nicht einen Streich gespielt hätte. Der hohe stahlblaue Himmel begann sich plötzlich zu verfinstern. Ein unerwartetes Donnerrollen, ganz nahe schon, erschreckte die Arbeiter auf dem Felde. Und sofort bemächtigte sich aller jene Anspannung der Kräfte, wie sie nur die heißen Erntetage kennen; eine fiebernde Hast, eine selige Atemlosigkeit befällt alle, denn es gilt, den Saatensegen unter Dach zu bringen, bevor die ersten Tropfen niederprasseln. In einem solchen Augenblick wurden die drei Bauern vermißt. Wutentbrannt machte sich der Verwalter schnurstracks zum Wirtshaus auf, wo sich die Drei indessen so vollgezecht hatten, daß keiner fähig war, die Glieder zu bewegen. Der Verwalter rüttelte sie in ohnmächtigem Zorn, beschimpfte sie wie Gottes elendste Kreaturen, versetzte ihnen Püffe von rechts und links, daß ihnen die Rippen knackten, aber mußte unverrichteter Dinge und mit Rachegedanken für den nächsten Tag, wenn sich die Bauern nüchtern geschlafen hätten, abziehen. Am Abend bestand er vor dem Grafen von Schlechta auf der unverschiebbaren Züchtigung der drei Bauern, die dem ganzen Dorfe ein übles Beispiel gäben und deren sündhafte Aufführung ein Hohn auf die gräfliche Gewalt wäre. Der hörte ihn ernst an, doch als der Verwalter seiner Befehle harrte, sah er ihn kurz an, schlug dem erstaunten Beamten, der so gemütliche Behandlung nicht gewohnt war, lachend auf die Schulter und rief aus: »Erinnere Er mich morgen an die verdammten Faulpelze, wir wollen schauen, was wir mit ihnen machen!«

Wer den Schloßverwalter aus dem Wirtshaus von den besoffenen Bauern hatte treten sehen, konnte nicht in ihrer Haut stecken wollen. Wie sehr unwillig man von den berüchtigten drei Faulen dachte – offenbar nicht zumindest aus

Neid, weil man selbst jederzeit hart zugreifen mußte –, so besorgt war man diesmal um ihr Heil, denn alle hatten die Empfindung, daß jetzt das Maß voll sei, die Geduld zu Ende und die verdiente Strafe auf dem Wege. Umso größer war natürlich die Verwunderung im Dorfe, als man erfuhr, welchen sonderbaren, ganz unbegreiflichen und rätselhaften Entschluß der Graf gefaßt hatte. Am nächsten Morgen ließ nämlich der Graf von Schlechta seinen Verwalter zu sich kommen und befahl ihm, das zum Schloß gehörige Haus am Dorfteich räumen zu lassen, wo fortan die drei Bauern wohnen sollten. Sie waren von jeder Robottpflicht entbunden und sollten vom Schlosse aus verköstigt und unterhalten werden. Küche und Keller des Grafen standen zu ihrer Verfügung, niemand durfte ihr Tun und Lassen irgendwie stören. In das große Zimmer zu ebener Erde des Hauses am Teich wurden drei breite Eichenbetten gebracht, an die vierte Wand ein Tisch gerückt mit drei Stühlen herum. Die allgemeine Verblüffung war grenzenlos, so daß man nicht einmal auf die Mutmaßungen über Grund und Zweck dieser Anordnungen des Grafen verfiel; sie wurde wahrscheinlich auch von den drei Betroffenen selbst geteilt, die sich aber mit einem gedankenlosen, trägen Behagen in die Schicksalswendung paßten. Am Tage, an dem sie ihren Einzug in das neue Heim hielten, bot das Dorf ein fast aufrührerisches Bild dar, nur daß viele lachten und spotteten, während die Weiber und Kinder der glücklichen Bauern ohne Rat und Fassung zeterten und sich von dem Ausgang dieses höchst seltsamen und ungewissen Erlebnisses nichts Gutes versprachen.

Tage lang war darauf das Haus der drei Bauern von Neugierigen belagert, die durch die Fenster glotzten, wie es sich die Glücksbolde darin heimisch gemacht hatten und auf Kosten des Grafen immerzu schmausten und soffen, bis der Graf von Schlechta, als ihm darüber Bericht erstattet wurde, den Befehl erteilte, die Ansammlungen auseinanderzutreiben. Gleichzeitig verlautbarte er, daß die drei Bauern jetzt unter seinem persönlichen Schutze stünden und er jede ihnen zugefügte Unbill und Beleidigung als Herausforderung seiner selbst ansehen und strafen werde. Es war dies darum nötig, weil der Unwillen gegen die drei faulen Bauern unter den Dorfbewohnern anwuchs, die nicht begreifen konnten oder wollten, daß sie robotten, sich mühen und plagen müßten, damit just diejenigen von ihnen, die dessen am wenigsten würdig erschienen, sich in einem sorgenlosen Leben Dickhälse und feiste Wänste anmästen könnten. Es war ein ganz empörendes und unerhört aufreizendes Schauspiel, wie sich die drei Schlaraffen in ihrer wunderlichen Rolle zurechtfanden und ohne Unterbrechung schlemmten und zechten und die gräflichen Diener, die mehrmals täglich nach ihren Wünschen zu fragen kamen, angrinsten und angrölten. Anfangs vereinigten sie sich noch um den Tisch, um die märchenhaft duftenden Kapaune, Milchferkel und Hammelkeulen aus der gräflichen Küche zu verzehren, oder zu einem Kartenspiel, und das Poltern und Aufschlagen ihrer Fäuste drang dann aus dem Hause hinaus, die Ausrufe ihrer weinschweren Zungen und, wenn der Tag sich neigte, ein wüstes, die Ohren zerreißendes, rauhes, entmenschtes Gesinge, das im Dorfe großen Ärger verursachte. Freilich dauerte das wilde Lärmen nicht allzu lange, da die Bauern des ewigen Kartenspiels ebenso wie der Hammelkeulen satt wurden und der Nebel des Rausches, der sie umfing, sich nur noch selten lichtete, so daß sie kaum aus den Betten krochen und immer mehr tranken, als aßen. Es war ein Jammer und Hohn zugleich, sie in einem fortwährenden Halbschlaf sich wälzen zu sehen, aus dem sie die Diener hie und da rüttelten, um sie unter spottvollen Reden zu neuen Schmausereien aufzufordern.

Hätte man nur ahnen können, was für eine Absicht der Graf hinter dieser tollen und trübseligen Komödie verbarg! Aber der Graf von Schlechta war nicht der Mann, der für seine Pläne und Launen Mitwisser brauchte. Er erkundigte sich von Zeit zu Zeit nach seinen drei Schützlingen und soll, so wird erzählt, mit einer infernalischen Genugtuung gelächelt haben, als man ihm von deren viehischer Aufführung berichtete. Sonst scherte er sich wenig um die Bauern, und die übrigen Leute mußten wirklich glauben, er wollte ihnen für die Dauer des Lebens das üppige Ausgedinge bereiten. Darum ballten sie auch die Faust gegen den Grafen, allein nur in der Tasche, während der Zorn gegen die glücklichen Faulenzer einen umso schärferen Stachel empfing. Nur ein paar besonnene und erfahrene Männer warnten vor den unberechenbaren Launen des Grafen von Schlechta und sahen den Tag voraus, an dem er seinen Schützlingen übel mitspielen würde. Mit Bauern, sagten sie, kann er's nicht gut meinen, nicht einmal mit arbeitsamen, gutwilligen und getreuen Bauern, und nun gar erst mit den drei Galgenstricken! Da jedoch Woche um Woche verstrich, ohne daß eine Veränderung eintrat, erregte die Geduld des Grafen immer erhöhteres Staunen und die Gemüter wurden verwirrter. Allerdings gewöhnte man sich auch an das Haus am Dorfteich und redete weniger davon und grollte nur noch im stillen. Der Sommer ging zu Ende und mit dem vielfarbigen Herbstlaub kam die Jagdzeit. Im Schloß gab es jetzt öfter Feste, denn der Graf von Schlechta war kein Knauser und liebte die Lustigkeit, und vornehme Gäste kamen und fuhren ab. Heitere Jagdgesellschaften verließen jeden Morgen das Schloß und die Wälder widerhallten von Hörnersignalen.

Eines Nachmittags fiel es dem Grafen bei der Heimkehr von einem Jagdausflug, als die Kavalkade um den Dorfteich zum Schlosse bog, ein, mit einigen Kavalieren den drei faulen Bauern einen Besuch abzustatten. Die Herren stiegen von ihren Pferden und traten in das Haus, aber es dauerte nicht lange, daß sie wieder draußen erschienen, vor Lachen nach Luft schnappend und ihre Nasen noch mit Taschentüchern zuhaltend. Sie hatten die Bauern in ihren Betten gefunden, die diese nicht mehr zu verlassen schienen, mit glotzenden, erloschenen Augen, trunkenen Blödsinn lallend, bewußtlos. »Ich glaube, die Kerle würden platzen, wollte ich sie noch weiter mästen wie ein Menschenfresser, der sich einen fetten Braten bereiten will«, sagte belustigt der Graf von Schlechta. »Sie gehen schon in die Breite wie alter Käse und stinken auch ebenso. Ich muß ihnen nun wieder schnelle Beine machen!« Darauf befahl er den Schloßverwalter zu sich und mußte ihm einen unangenehmen Auftrag erteilt haben, denn mit einem ungewöhnlich verdrießlichen Gesicht entfernte sich der sonst bedenkenlos gehorsame Mann. Im Dorfe aber verbreitete sich im Nu das Gerücht, daß sich das Schicksal der drei Bauern gewendet habe. Niemand wußte, was geschehen sollte, und man riß bereits Witze darüber, wie hart es den Faulenzern werden würde, sich wieder in das frühere Leben zu schicken. Doch war dieses Gespött, wie sich später herausstellte, ziemlich überflüssig.

Am Abend desselben Tages wurden alle Bewohner des Dorfes durch schrillen Feuerlärm aufgeschreckt. Wer niemals auf dem Lande eine Feuersbrunst erlebt hat, kann nicht ermessen, welch ein lähmendes und zugleich aufjagendes, besinnungsraubendes Entsetzen die ersten Feuerrufe in der Dunkelheit wachrufen. Es ist die furchtbare Angst vor dem zügellosen Element, das wie ein sich vervielfältigendes Ungeheuer Besitz und Reichtum verschlingt, wie ein stürmisches Meer Haus und Hof mit brüllender, schäumender Wut überflutet, wie eine grauenvolle Macht die Güter der verhaßten Menschen verheert. Als die ersten Lärmrufe ertönten und die Dorfglocke anhob, Sturm zu läuten, da wußten diesmal, gleichsam aus einer bestimmten Ahnung heraus, alle, daß es das für die drei Bauern ausgeräumte Haus am Teiche war, das brannte. Und als die Nachbarn herbeigelaufen kamen, um zu retten und zu helfen, schlugen die Flammen schon durch das strohbedeckte Schindeldach hervor, und zwar lichterloh und an vier Ecken zu gleicher Zeit, gerade so wie wenn der Brand gelegt worden wäre. Mit den zu Hilfe Eilenden traf zur allgemeinen Verwunderung der Graf von Schlechta in eigener Person auf der Brandstätte ein und, in der Hand eine Pistole von sich streckend, rief er laut aus:

»Wer mir das Haus nur mit dem Finger anrührt, den knalle ich nieder wie einen Hund!« Zwar warfen sich einige wenige Männer dazwischen und redeten ihm ergebenst zu, er wolle doch nicht die drei Bauern, die ja erbärmliche Sünder seien, gottlos verbrennen lassen, denn daß diese sich selbst retten könnten, sei nicht anzunehmen, da sie offenbar in schwerem Dusel daliegen und nicht im Stande seien, sich zu bewegen. Aber darauf hatte der Graf die Antwort: »Den Rausch werden wir ihnen aus den dicken Schädeln ausräuchern wie Füchse aus ihren Höhlen! Die Hitze wird ihnen schon schnelle Beine machen!« Inzwischen waren gleichfalls die Weiber und Kinder der Bedrohten herbeigekommen und fielen vor dem Grafen nieder und flehten ihn an, um des Himmels willen die bedauernswerten Bauern retten zu lassen. Sie versuchten selbst, in das brennende Gebäude einzudringen, und mußten mit Gewalt zurückgehalten werden, denn schon war das Haus eine einzige ungeheure Feuergarbe, die in der Finsternis der Nacht waberte und ein dichtes Funkengestöber ausspie. Prasselnd schossen flammende Büschel empor, die Balken stöhnten, sich biegend und berstend, in der Glut und stürzten zu Hauf.

»Wer will mir verwehren, daß ich mein Haus bis auf den Grund niederbrennen lasse!« schrie der Graf und schürte absichtlich die zitternde Wut der sich angesammelten Menge. Nur in jener Zeit war es möglich, daß das zu solchem Haß gereizte Volk den Grafen nicht ergriff und in den Brand schleuderte zu seinen Opfern. Die Furcht und die Ergebenheit vor dem allmächtigen und strengen Herrn des Dorfes waren so blind und so groß, daß Bauern und Knechte den Grafen nur wie ein Unfaßbares, Beispielloses anstierten und die Fäuste ohnmächtig hängen ließen. Die Flammen zischten, knisterten, rauschten, die Dachsparren krachten und die kohlschwarzen Augen des Grafen, funkelnd von irrer Lust, waren auf die Fenster des brennenden Hauses gerichtet, wo sie jeden Augenblick die Gestalten der besoffenen, schlaftrunkenen Bauern auftauchen zu sehen erwarteten.

Der hagere, erregt und barsch sich drehende Graf von Schlechta, um dessen kärglichen Schnurrbart ein seltsam erstarrtes, grausames Lächeln huschte, glühte vor leidenschaftlicher Begierde nach dem Ausgang dieses von ihm beschworenen Abenteuers.

In dem Zimmer, wo die drei Bauern in ihren Betten lagen, spielte sich ein nicht weniger merkwürdiger Vorgang ab als draußen. Hell wie am lichten Mittag war das Zimmer vom roten Feuerschein. Die Decke erdröhnte von den zusammenstürzenden Balken und Latten, von den Wänden sprang der Kalkbewurf und sie knackten wie von Riesenhand gebogen. Die Luft bebte von immer steigender Glut. Schon züngelten Flammen durch Fenster und Tür herein, schon schien sich die Decke mit einem Schuß zu spalten, da hob einer der drei Bauern seinen zerrauften Kopf aus den schmutzigen Kissen, sah sich mit blödem Blick um, horchte, als dämmerte ihm ein Gedanke auf, in die Runde und grölte endlich: »Nachbar! Nachbar!« Die Nachbarn rührten sich denn wirklich, infolge der herrschenden Hitze unruhig werdend, und der erste Bauer fuhr wieder mit schwerer, rauher Stimme fort: »Nachbar, mir scheint, es brennt!« Eine Pause trat ein, als überlegten alle drei diese Worte. Nach einer geraumen Weile brummte der zweite Bauer: »Sie werden uns schon hinaustragen!« Und wie beschwichtigt ließ sich schließlich auch der dritte Bauer hören, indem er unwillig lallte: »Daß ihr euch die Mäuler nicht umsonst zerreißt!« In diesem Augenblick aber öffnete sich donnernd die Decke und die Flammenglut ergoß sich nieder.

Eine grobe Verwünschung brach aus dem Munde des Grafen, als er das Zimmer der drei Bauern von der lohenden Glut umflossen sah, ohne daß sich am Fenster eine menschliche Gestalt zeigte. »Rettet sie jetzt!« brüllte er die Umstehenden, Gaffenden, Betenden und Aufheulenden an und stampfte zähneknirschend mit dem Fuße auf. Man stürzte auf das brennende Gebäude zu und suchte in das qualm-, flammen- und schutterfüllte Zimmer durchzubrechen. Offenbar war es zu spät und jede Hoffnung, die drei Bauern lebend aus dem Feuer zu reißen, nichtig. Der Graf von Schlechta stampfte nochmals heftig auf, fluchte, lachte kurz in die Höhe und wandte sodann mit scheinbar gleichgiltiger, kalter Miene der Brandstätte den Rücken. Die Leute wichen ihm scheu und ehrfurchtvoll aus.

Wer heute sagen will, was den Grafen von Schlechta zu seiner grauenhaften Missetat, die er selbstverständlich straflos beging, antrieb, muß sich auf Vermutungen beschränken. Manche behaupten, er habe dem Dorfe nur ein abschreckendes Beispiel geben wollen, wie Faulheit bestraft zu werden verdient. Andere, die ihn besser durchschaut zu haben glauben, verharren dabei, daß der Graf für die ihm untergebenen Menschen niemals so viel Teilnahme bewiesen habe, um überhaupt auf den Gedanken zu kommen, ihnen eine Lehre zu erteilen. Weil aber das Volk einerseits nicht einmal von einem solchen Unhold, als den wir den Grafen von Schlechta kennen lernten, anzunehmen geneigt ist, daß er seine Verbrechen ohne tieferen Beweggrund aussinnt, andererseits aber aus allen Erfahrungen des Lebens eine Moral zu ziehen sucht, so schließt es sich gern der Behauptung der Ersteren an. Ich selbst teile die Meinung des Volkes nicht, weshalb ich gleich anfangs bemerkt habe, daß diese Geschichte mit einer nicht unbestrittenen Moral endigt, – aber ich führe auch keine Gründe für das sonderbare Verhalten des Grafen von Schlechta an, weil ich die Vorgänge einer so grausamen, verlogenen und von Sehnsucht nach allem Unbekannten verzehrten Seele nicht zu erforschen wage.

PAUL LEPPIN

Das Gespenst der Judenstadt

In der Mitte von Prag, wo sich jetzt hohe und luftige Zinshäuser zu breiten Straßen aneinanderschließen, stand noch vor zehn Jahren das Judenviertel. Ein schiefes, düsteres Gewinkel, aus dem kein Wetter den Geruch nach Moder und feuchtem Gemäuer wegzublasen vermochte und wo im Sommer den geöffneten Türen ein giftiger Atem entströmte. Der Schmutz und die Armut stanken hier um die Wette, und aus den Augen der Kinder, die hier aufwuchsen, blinzelte eine stumpfe, grausame Verderbtheit. Der Weg ging da manchmal in niedrigen, gewölbten Viadukten durch den Bauch eines Hauses hindurch oder er krümmte sich plötzlich zur Seite und fand vor einer blinden Mauer jählings ein Ende. Die Händler, die ihre Trödlerware vor den Geschäften auf dem unebenen Steinpflaster aufstapelten, riefen mit listigen Gesichtern die Vorübergehenden an. In den Haustoren lehnten die Frauenzimmer mit geschminkten Lippen, lachten gemein, zischelten den Männern in die Ohren und hoben die Röcke, um ihre gelben und zeisiggrünen Strümpfe zu zeigen. Greise Kupplerinnen mit weißen Haarsträhnen und lockeren Kiefern grüßten aus den Fenstern, klopften, winkten, gurgelten vor Eifer und Befriedigung, wenn einer ins Netz ging und näher kam.

Hier war die Unzucht zu Hause und lockte am Abend mit roten Laternen zum Besuch. Es gab da Gassen, wo ein jedes Haus eine Schandherberge war, Spelunken, wo das Laster mit dem Hunger in einem Bette schlief, wo schwindsüchtige Weiber mit verwelkten Reizen eine kümmerliche Industrie betrieben, geheime Verliese, wo das Verbrechen flüsternd und augenzwinkernd schulpflichtige Mädchen schändete und ihre hilflos verwunderte Unschuld für schauerlichen Lohn verschacherte. Es gab vornehme und luxuriös möblierte Kneipen, wo der Fuß auf Teppiche trat und wo die satten, üppigen Dirnen in seidenen Schleppkleidern stolzierten.

Unweit der Synagoge neben den verwahrlosten Hütten des Zigeunergäßchens befand sich in einem zweistöckigen Gebäude der Salon Aaron. In der dürftigen Umgebung machte das Haus beinahe einen wohlgepflegten Eindruck, trotzdem der Mörtelbewurf der Mauer zum Teile losgebrökkelt war und der Staub und der Regen auf die Scheiben der vermummten Fenster bunte Streifen schmierte. Bei Tag war es hier still; nur selten schlich ein Gast über die ausgetretenen Stufen in den dunklen Hausflur und kam mit aufgeschlagenem Rockkragen hastig und verlegen nach einer Stunde wieder ans Licht. Aber in der Nacht stieg hier aus verborgenen Brunnen ein lautes, helles, zitterndes Leben auf. Die Fenster glühten, und das Gelächter flatterte drinnen wie ein gefangener Vogel im Käfig.

Auch das Lachen Johannas war mit dabei. Das war ein heißes, schmiegsames und brünstiges Gurren, das man deutlich neben den Stimmen der andern unterscheiden konnte und das manchmal schon in der Schweigsamkeit des Vormittags zu klingen begann wie eine frohe, verliebte Lerche. Johanna war fröhlich, weil die Männer zu ihr gingen. Sie war begehrter als ihre Gefährtinnen, weil sie einem jeden von der bangen, quälerischen, unruhevollen Süßigkeit gab, die sie erfüllte und die in den trägen Leibern der andern nicht wohnte. Sie war oft selbst verwundert darüber. Das Gewerbe, das den Frauen, mit denen sie beisammen war, als eine langweilige, verdrießliche Pflicht erschien, brachte eine verzückte Liebessehnsucht über sie, einen Stachel, den sie in ihrem Fleische spürte und der in ihren Augen einen mädchenhaften Schimmer entzündete. Mit Lippen, die von Küssen wund und zersprungen waren, trank sie sich an dem Munde der Männer fest, immer wieder von der bräutlichen Wollust durchflutet, die ihre erste Umarmung begleitet hatte. In den Pausen, die ihr das Sündenhandwerk ließ und die ihr uner-

träglich lang und einsam dünkten, lauschte sie auf die Schritte der Passanten draußen vor dem Haus, und wenn die Türglocke ging, flog eine Flamme über ihr Gesicht und sie seufzte. Es gab oft Tage, an denen sie die Liebe bis zur Übersättigung genoß; aber wenn sie mit dumpfem Kopfe und schmerzenden Gliedern im Bette lag, ging ihre Erinnerung von einem zum andern, kostete und schwelgte, und sie lächelte in die Dunkelheit. Manchmal, besonders im Sommer, wenn sie in den letzten Stunden vor dem Morgen endlich ihr Lager aufsuchte, steigerte sich ihre Unruhe bis zur Pein. Dann kam sie im Hemd zum offenen Fenster und sah in das Ghetto hinunter. Sie streckte die nackten Arme hinaus und fühlte den warmen Regen wie Blutstropfen auf ihrer Haut. Das war ihre Heimat da unten. Die Stadt, in der die verschlafenen Lichter der Freudenhäuser blinkerten, wo in den verrufenen Gassen klobige Schatten kauerten und in der Ferne noch eine winselnde Geige oder das harte Geklimper der Spielkasten zur Lustbarkeit lud. Eine schwärmerische Melancholie badete ihr Antlitz in Tränen. Der Nachtwind griff zärtlich nach ihren Brüsten, sie legte den Kopf in den Nacken und ihre Lippen verzogen sich zum Kuß.

Am Abend, wenn der Salon festlich erleuchtet war, wenn die Weingläser auf den Marmortischen klirrten, tanzte sie zur Musik. Die Sinnlichkeit, unter der sie litt, machte ihre Glieder weich und lässig und trieb mit fliegenden Röcken in eine verlangende Wildheit hinein, die ihr starres Gesicht wundersam verschönte, die aufreizender und werbender wirkte, als die Künste der andern. Sie tanzte allein oder mit den Gästen. Ihr schlanker Körper bog sich unter den Händen der Tänzer, schmiegte und drängte sich, zitterte und fror; und wenn einer mit der blonden Johanna getanzt hatte, dann ging er auch gewiß mit ihr in ihre Kammer. Ihr Mund war gierig und fieberisch. Je mehr Männer den Weg zu ihr fanden, desto ungebärdiger fiel ihre Liebe sie an; ihre Lust erschütterte und betäubte; ihre Inbrunst war willfährig und entfachte sich zur Glückseligkeit.

Dann kam der Tag, wo die Krankheit ihren Körper zur Buße nötigte. Aus den morschen Mauern der Judenstadt, aus den unzüchtigen Gassen kam sie herauf und vergiftete ihre Küsse. Sie verbrannte ihr Blut und machte ihre Adern trocken und rissig; sie erwürgte das Gelächter und das verliebte Stammeln in ihrem Halse; sie beschmutzte ihren Leib mit roten Flecken und schleifte sie durch den Schimpf der unflätigen Huren hindurch in die schlotternde Angst des Lazaretts. Hier lag sie in dem heißen Bette, und von der Zimmerdecke fielen die Gedanken wie schwere Tropfen auf ihre Stirn. Sie dachte an die Frauen, die jetzt im Salon Aaron saßen und den gelben Wein aus dünnen Gläsern tranken. Sie dachte an die Musik und an das scharlachfarbene Hemd, das sie beim Tanze getragen hatte. Sie beugte die Arme und warf den Kopf in die Kissen zurück; aber es war niemand da, der sie küßte. Eine schmachtende Traurigkeit weckte das Schluchzen in ihrer Kehle auf und ließ sie verzweifeln.

Heuchlerisch und zögernd, in einem feigen, boshaften Tempo vergingen die Wochen. Unerwartet heftig war die Krankheit Johannas zum Ausbruche gekommen. Das Gegengift, mit dem sie die Ärzte quälten, war machtlos gegen sie. Sie nistete in den Geweben, sie flackerte unter ihrer Haut, sie kratzte in den Winkeln und Gruben ihres Fleisches eitrige Wunden auf und wollte nicht weichen. Sie machte ihre Gedanken lahm und verunreinigte ihren Schlaf mit geilen Träumen, aus denen sie stöhnend in die Höhe fuhr und mit Haß und Grauen die Wirklichkeit erkannte. Johanna entbehrte die Männer. Ihr nervöser Leib bäumte sich unter der Folter der Entsagung. Jeder Tag, den sie glühend verbrachte, jede Stunde vermehrte ihre Not. Bis sie es nicht mehr ertragen konnte. In der Nacht entwich sie aus dem Krankenhause. Durch das Fenster sprang sie in den Garten und stieg bloßfüßig, nur mit dem Mantel über dem Hemd, über die Mauer auf die Gasse.

Brennend, in einer überirdischen, schwülen Erwartung, lief sie durch die Stadt. Die aufgelösten Haare flatterten um ihr Gesicht, und ihre Augen glänzten. Ein heller, wunderbarer Gedanke trieb sie weiter und erfüllte sie mit Glück. Sie wollte zu den Männern! Ihre Füße flogen über die Steine und ihre Muskeln spannten sich. Die Schatten verspäteter Nachtschwärmer schwankten über den Weg, und das grelle Licht plötzlicher Laternen erschreckte sie; eine köstliche, schwere, verführerische Süßigkeit machte sie betrunken. Die Türme der Teinkirche tauchten vor ihr auf und standen bleich zwischen den Sternen. Da war sie ja schon am Ziel! Da war schon die Gasse, wo die Musik hinter verhängten Türen lärmte und wo das Lachen der Frauen mit den Flügeln an die roten Fensterscheiben schlug – – –

Sie blieb stehen und sah geblendet in den Mond, der schielend am Himmel klebte und geborstene Balken und Geröll beschien. Der Salon Aaron war verschwunden. Die Hacke und der Spaten hatten Stück um Stück von dem alten Hause abgegraben und neben der Synagoge lagerten die Steine. Eine einzige Mauer stand noch mit zackigem Kamme aufrecht zwischen den Trümmern, und Johanna erkannte die Wand ihres Zimmers. Ihre Augen gingen entsetzt und gelähmt weiter in die Gasse. Die bunten Lichter der Freudenhäuser waren verlöscht, und der Staub stieg wie ein Rauch aus den zerbrochenen Dächern. Überall krochen Ruinen aus der Nacht. Während sie im Krankenhause in dem feuchten Bette mit der Seuche kämpfte, hatte man ihre Heimat zerstört – – –

Ein Schrei löste sich aus ihrer Kehle und zitterte gräßlich durch das vereinsamte Viertel. Ihre Haare flossen über ihren Mantel, die Nachtluft öffnete ihn und tastete lüstern unter das Hemd. Ein Trupp bezechter Soldaten kam vorüber. Haltlos verwirrte Liebesworte ächzend fiel sie vor ihnen auf die Knie. Und zwischen den Trümmern des eingerissenen Bordells gab sie sich den Männern hin, die der Zufall auf ihre Fährte geführt hatte. Sie gab sich einem nach dem andern, und ihr armer, von der Krankheit verwüsteter Leib wurde nicht müde und grub sich zuckend im Liebestaumel immer tiefer in den Schutt.

Von einem Sommer zum andern wurde das Ghetto niedergerissen. Neue Häuser erdrückten die finstern, ungesunden Schlupfwinkel, wo das Elend und das Laster jahrhundertelang gespenstert hatten. Die Unzucht flüchtete mit hohen Stöckelschuhen klappernd bis an den äußersten Rand der Vorstädte. Auf den alten Plätzen wuchs eine Stadt für die Reichen und Vornehmen empor. Aber niemals war in Prag die Lustseuche so furchtbar und verheerend gewesen wie in diesem Jahre. Sie brach in die Familie ein und lehrte die jungen Mütter das Grausen. Sie hing sich an das Lächeln der Liebe und machte ein bleiernes Grinsen daraus. Knaben gaben sich den Tod und Greise verfluchten das Leben.

VICTOR HADWIGER

Der Sarg des Riesen

Der Berg blühte, die Schlucht atmete Blüten, und irgendwo rief ein Dorf mit seiner Glocke in den Abend hinaus.

Der Berg war voll von Herrlichkeiten, auf seinen Schultern trug er einen Wald, und an seinem Fuße wuchsen die Märchen.

Da stand ich oft und starrte hinunter in die Feier der Landschaft. Ich sah das graue Haus mit dem leuchtenden Kranz seiner Fenster in Nebel sinken, und es lud mich zu Gaste, meine Augen und mein Herz lud das Haus des Riesen zu Gaste.

So war er, ein Riese, thronend auf den Schalen menschlicher Träume, in eine Welt hinaufragend, ein Atlasnacken des Geistes. Über seinen halbgeschlossenen Lidern lasteten die Stunden einer langen Sorge, und ein Haß brannte in ihm, der besser war als alle Liebe des Weltalls. Alles ahnte ihn, Mensch und Tier. Tausend klebrige Hände streckten sich nach seiner Weisheit, und doch glitt sein Stift leicht und ungehindert.

Und er schrieb sein Werk als ein Evangelium der Kraft – sein Werk über das Insekt – das böse Prinzip in der Natur, das Insekt, das ewig feige, das fäulnistrunkene, übelriechende Insekt. –

Weiße Rosen grüßten in seine Einsamkeit und warfen ihre Räusche in seine Gemächer. Und doch verzehrte sein Griffel den Frieden der Mondnacht, die Schritte seines Lebens dröhnten durch den Dom Gottes wie Glockenrufe der Vergeltung. –

Da stach ihn eine Fliege in den Scheitel – eine Schmeißfliege. Die Pest der Verwesung rann in sein Blut und staute seine Pulse. Er starb infolge des Stiches einer Schmeißfliege. –

Was irgend ein Zwerg war, nahm seinen Pilgerstab und wanderte nach dem Haus in der Haide, den toten Riesen zu sehen. Aus allen Höhlen kroch und krabbelte es; gewaffnet mit ihrer kleinen höhnischen Freude kamen sie in breiten Scharen, denn es ist das Recht der Zwerge, dem Riesen in sein Grab zu speien. Ringsum roch es nach Feiertagskleidern, und man sah nichts als gesenkte Koboldköpfe. –

Die Sonne stieg in den Tag hinauf und füllte ihn bis zum Rande mit Glanz und Glück. Über den Sand der Haide hatte sie Gold gegossen, und die Kronen der weißen Rosen senkten sich hinab, beschwert von der weichen Wärme. Aus allen Spalten der Erde rief sie das Geschöpf zur Feier. Auf allen Blättern saß das Getier, einzeln und in Gruppen saßen sie da, geschwätzig und übelriechend. Keiner glaubte hoch genug zu sitzen für ein Insekt. So warteten sie auf den Trauerzug und scharrten und schnarrten und putzten aus ihren Freßzangen die Überbleibsel der letzten Beute. Eine Wanderheuschrecke wollte eine Rede halten, sie rieb ihr gezähntes Bein an den Flügeldecken, um sich Gehör zu verschaffen. Sie sprach von Idealismus und vegetarischer Kost. Aber niemand wollte sie hören, alles putzte an seinen Freßzangen. Ein dicker Scarabäus schwirrte vorbei, rollte fröhlich durch die Luft, stolz auf sein Mistkäfertalent. Sein blauer Bauch schlug an eine weiße Rose, und jauchzend spreizte er die Beine, versuchte sich festzuhalten. Sanft gewölbte, lichte Kelche schlossen sich und empfingen ihn. – »Pfui, er hat Läuse an den Beinen«, bemerkte eine alte, erfahrene Rose, die alles beobachtet hatte. –

So saßen sie da, Insekt an Insekt, lachend oder streitend, und es war ein Wiegen und Schmiegen in den Zweigen, als käme der Kaiser von Rußland, um eine Allianz mit dem Scarabäus zu schließen.

»Ungeziefer!« schrie der Grasfloh einer Baumwanze zu, die ihn aus Versehen angetastet hatte.

»Entschuldigen Sie, mein Herr«, entgegnete die Wanze. Und eine grüne Träne stand ihr gut an. Kurz, man wartete und sehnte sich, man drängte sich und begann das Gleichgewicht der Insekten zu verlieren. – Da, endlich – – –

»Sie kommen, sie kommen!« Der Scarabäus guckte über den Kelchrand der weißen Rose und spähte mit müden, verträumten Augen die Waldlichtung entlang. Die Cikaden stellten sich in Positur. Einige schlugen einen Walzer vor, viele einigten sich auf eine Symphonie, schließlich wurde »Das deutsche Lied« angenommen. Und wirklich, sie kamen. Eine Schar dickbäuchiger Gnomen trug den Sarg. Sie wären schon längst gekommen, aber der Metallsarg! – »Einen Sarg, einen Sarg, ein Königreich für einen Sarg!« hatte der Shakespeareforscher, ein ganz kleiner, häßlicher Zwerg, gerufen, und die Bakteriologen mußten stundenlang über die Unzuträglichkeit einer unzureichenden Bestattung sich unterhalten. Aber doch blieb der größte Sarg des Landes zu klein für den toten Riesen, er ließ den Kopf unbedeckt.

»Nur fort, nur fort mit dem Aas, ganz egal wie«, blieb schließlich die Parole. Die ästhetischen Zwerge hatten sie durchgedrückt.

»Sie kommen, sie kommen!« Und es rauschte in den Blättern von Jubelrufen. Da waren sie auch schon. Man sah die verdrossenen Sargträger, Koboldköpfe, Palmwedel, Fackeln und man sah den Spalt, aus dem der Kopf des Riesen starrte, die weit aufgerissenen Augen und das wirre Haar, man sah den Zug der Tanten und Gelehrten, wie bei einem anständigen Begräbnis, man sah den Senat der Zwerge.

Leichenstille, Begräbnistrott, streng gemessene Takte der Heuchelei, schwüles Gemurmel der Beter und Beschwörer.

»Er gehört uns! Er gehört uns!« schrie etwas mitten in die Andacht hinein. Hoch oben vibrierte ein Ton, es klang wie ein Barrikadenruf in der Insektengruppe. »Er gehört uns!« Wieder ein Winken und Wogen in den Zweigen und Krabbeln und Schaukeln, und weit in den Glanz empor schillerte ein Flügelpaar.

»Die Schmeißfliege – Schmei – Schmeißfliege.« – Der Mistkäfer hob noch einmal seine übernächtigen Augen, einen Augenblick war es ihm, als hätte er sein Krönlein verloren. Aber bald tröstete er sich in seiner Eifersucht auf die Schmeißfliege. »Sie klebt nur an der Oberfläche, ich aber dringe tief hinein«, flüsterte er trunken und sank in seinen weißen Kelch zurück. Der Scarabäus hat eine Weltanschauung.

Die Cikaden hatten den Aufruf der Schmeißfliege vernommen und intonierten. Die Asseln rasselten mit ihren Panzern, die Schildläuse bildeten Spalier.

»Er gehört uns!« quoll es noch einmal aus Millionen Insektenkehlen, und das Heer der reisigen Kerbtiere flatterte auf gegen das Geschlecht der Zwerge.

»Sein oder Nichtsein!« röchelte der Shakespeareforscher, und ein letztes Lüftchen Pathos kräuselte sich über seine Lippen. Da stach ihn eine Schnake in die linke Backe, und er jagte davon. So wurde er der Anführer eines flüchtenden Heeres, das über den Waldweg stampfte. Ein Summen und Schnarren erfüllte die Luft, und ein ängstliches Näseln antwortete auf dem Grunde des Waldes.

»Hurrah, hurrah, er gehört uns, der Riese gehört uns! Es lebe die Anarchie und der absolute Fraß!« – »Beinfraß!« ergänzte eine junge Knochenmade und platschte fett und wollüstig auf den Sargdeckel.

Die acht gebeugten Koboldköpfe hatten am längsten Stand gehalten. »Wir sind ja garnicht Eure Feinde«, jammerten sie, »wir lieben ja die Insekten«; aber es nützte nichts, auch sie wurden in die Flucht gestochen. Am Rande einer Schlucht glitt der Sarg von ihren Schultern und fiel auf blaugrüne Moospolster.

»Die schönste Stelle für einen Leichnam«, dachte der Scarabäus, als er den dumpfen Ton des fallenden Sarges vernahm.

»Bon soir, monsieur! Die Glückseligkeit ist eine breite Straße. Ich bin sehr glücklich.« – – –

Die weißen Rosen hatten böse Träume in dieser Nacht, mit leuchtenden Stirnen lagen sie nebeneinander, und zu

Zeiten ging ein Zittern durch ihre Blumenseelen, die Jüngste aber sprach etwas in die Nacht hinaus, etwas von einem Reich, in dem weiße Blätter zur Erde fallen, wie Schnee. Ängstlich flackerte der Atem aus ihren Kelchen und schlug einen duftenden Tau an die Blätter. Ein leises Weinen schwebte über der Schlucht.

So träumten die Rosen und begannen zu welken, die Insekten aber feierten ein Bacchanal der Weisheit und Fortpflanzung. Alles fühlte sich befriedigt und satt.

Nur die Schmeißfliege schwirrte durch das Revier und deklamierte eine Ballade vom ungetreuen Untertan.

Aber die Tage glitten ins Meer, lautlos und welk: »Die Pest – die Pest geht!« –

Grüne Verwesung kroch wie ein Reptil über den Leib des Riesen. Leichengift quoll aus dem klaffenden Spalt des Sarges. »Er stinkt, er stinkt schon!« riefen die Blattläuse. »Wie kann ein Riese so stinken?« schnarrten die Asseln, »es ist nicht mehr schön, pfui, in anständiger Gesellschaft so zu stinken! Es ist ja geradezu sanitätswidrig!« – Eine ganz alte Assel trat hervor: »Meine Damen, es muß etwas geschehen, der Riese hier stinkt. Denken Sie an den Bund für Insektenrechte. Wie beseitigen wir den Riesen?«

»Fressen, fressen, nur immer weiter fressen«, rief es in der Runde: »es lebe der große Fraß und die Verdauung!«

»Also wir konstituieren uns von neuem«, setzte die alte Assel pathetisch fort. »Ich bestätige hiermit den Bund der Insektenrechte und beantrage als erste Vereinstat die vollständige Aufzehrung dieses Riesenleichnams, zunächst die Beseitigung des Kopfes als des gefährlichsten Teiles. Im Interesse des allgemeinen Wohles ersuche ich, den Rumpf und die Glieder vorläufig zu ignorieren. Sie sehen diesen gewaltigen Kopf, Sie sehen die starre Schale, unter der einst das Gift einer egoistischen Denkungsart hervorquoll, gerade wie itzt das Gift der Verwesung. Hinweg mit diesem Scheitel, auf daß der Nacken in den Sarg sinke und dieser sich schließe – auf ewig!« Die alte Assel hob ihren siebenten Fuß zum Zeichen der Bekräftigung des Gesagten. Andächtige Stille erfaßte die Gemüter der Insekten. Nur wenige wagten sich näher und schüttelten der alten Assel den siebenten Fuß.

»Ich danke Ihnen«, nickte ein schwarzgesprenkelter Totengräber. »Ich danke Ihnen – wir werden fressen.«

Die nächsten Tage brachten eine große Organisation. Die Schnarrheuschrecken wurden als Herolde gewonnen. Die Cikaden versahen eine Art Fest- und Kriegskapelle; dem Scarabäus wurde eine gelbe Binde um den Leib geschlungen, die zu dem Titel »Fahnenjunker« berechtigte. Die Schmeißfliege erhielt ein Kommando über die Chasseure, die Bombardierkäfer durften sich Artillerie nennen. Als Zentrum empfanden sich die Blattläuse und Asseln. Grau und grün wuchs das Heer der Pestilenzamazonen in das beleuchtete Land hinaus, und man durfte den Nachtrab der Fresser als geradezu unermeßlich bezeichnen.

»Es lebe der große, festliche, allesvertilgende, allbildende, gottselig ewige Fraß!« Über die Böschung taumelte trunken das Heer der Billionen. Im Schatten der Halme krochen sie, und die Sonne segnete lächelnd, was sie nicht bescheinen wollte. Endlich standen sie vor seinem Schädel, ein Gebet flackerte ihre Gier in den Himmel hinauf. Ein Schnaufen und Schnappen, ein Schmatzen und Schnabulieren, es war wie an der Tafel des Bischofs an einem fetten Dezembertage. Vier Tage lang währte das Fest. In fahlen Fetzen hing das Gehirn über die kupfernen Wände. Bis an den Atlas war alles überwunden. Immer schmaler wurde der Spalt im Sarge, langsam sank der Deckel. Schon sägte das Insekt an dem Wirbel.

»Den Kopf ab, den Kopf ab«, rief es. – Da, ein lauter Krach – ein Schmettern wie tönendes Erz, und der Sarg des Riesen schließt sich. – – –

Und während sie so dasitzen, die Reste des Unrats noch zwischen den Kiefern, schleicht sich eine Feier in die Gemüter der Insekten. Der Scarabäus zupft an seiner Binde, die Blattläuse präsentieren, die Bombardierkäfer schießen einen

Salut. Da, horch, horch, ein Schwirren in der Luft, ein Vibrieren von Flügeln. – »Laßt die Toten schlafen! Gott mit uns! – Wer hat den Riesen gestochen? – Ein Königreich müssen wir haben, wir müssen ein Königreich werden! Aus unserem Bund der Insektenrechte erhebe sich ein Schmarotzerkönigreich!«

Die Schmeißfliege hatte diese Worte gerufen. Schon waren auch Minister da, die sich verneigten, die alte Assel hielt eine Rede und pries das geordnete Staatswesen, der Scarabäus schlug sich an den blauen Bauch und entschuldigte sich als schlechter Redner. So wurde die Schmeißfliege König, und noch einmal trat jene alte Assel hervor und lächelte mild wie eine Ministersgattin. »Ich verleihe Dir denn das Großkreuz des Kloakenordens erster Klasse am grauen Bande«, antwortete die Schmeißfliege noch immer schwebend. – »Ich danke«, entgegnete die Bandassel und verneigte sich noch tiefer. »Vive la reine!« flüsterte sie, denn sie sprach das Französische geläufig und liebte es in Erinnerung an ihre Mädchenzeit.

GRETE MEISEL-HESS

Die Verratene

Die schöne, junge Adda North schleicht vorsichtig aus dem Hause, hinaus in den naßkalten Frühlingstag. Eigentlich ist's schon Abend, der Himmel erbleicht, die Schatten kommen und verhüllen ihn dichter und dichter. Die Auerlichter auf der Straße sind schon angezündet und Adda vermeidet vorsichtig den hellen Kreis jeder Laterne. Nahe der Häuserwand huscht sie vorwärts auf dem nassen, glitschigen Trottoir. In der einen Hand hält sie den Rock hoch hinaufgerafft, in der anderen trägt sie den aufgespannten Schirm. Nun ist sie an der Ecke, bleibt stehen und zieht den dichten Brüsseler Schleier herab, der lose auf ihrem Haupte saß, als sie das Haus verließ. – Verschleiert muß sie nun weitertappen, und da sieht sie so schlecht. Und es ist noch so weit, oder es scheint ihr so. Wenn doch ein Wagen käme, denn in die Tramway steigt sie so nicht, nein, so nicht.

Wie ist das doch alles voll Pein – und das andere auch – und wenn sie es nicht täte, wäre alles noch grauer, noch trostloser.

Und diese komischen Leute, die sie beneiden und den Kopf über sie schütteln, weil sie immer so trüb und niedergedrückt ist! – Die »Trauerweide« nennen sie sie, das hat sie erfahren ... ha, wie böse das ist, wie höhnisch – die Trauerweide!

Ach, das Wetter! Wie der Wind bläst und ihren Hut hebt! Hätte sie das gewußt – nein, das war gräßlich .. Jetzt muß sie weiter, natürlich, denn sie hat's versprochen. Sie hat zugesagt für heute abend – um sieben Uhr.

Sie ist ohnedies immer unpünktlich. Das ist komisch, denn sie hat gar nichts zu tun. Den ganzen Tag geht sie in ihren Zimmern herum mit nichts, nichts. Ungeduldig wartet sie, daß die Zeit verrinnt – und starrt vor sich hin. Dann schaut sie auf die Uhr und richtig, da ist's zu spät. So geht's ihr immer. Ob sie ihren Mann vom Bureau abholt oder ins Theater geht oder – dorthin. Immer dasselbe.

Wie dumm, wie lächerlich, in diesem Wetter hinzugehen. Soll sie nicht umkehren? Umkehren – nach Hause? Wieder in diese Zimmer, wo die Tapeten Gesichter schneiden, trotzdem sie sie in einem Jahr schon dreimal wechseln ließ. Und die Blumenmuster am Sofa so glotzen, wie riesige, blöde Augen ... und die Kasten unaufhörlich knacken und flüstern ...

Nicht zurück, nein, nein, nein. Genug, wenn sie um zehn Uhr wieder dort ist, – eine Stunde, bevor ihr Mann aus dem Klub kommt. – – – –

Sie hat das Haus erreicht. Scheu blickt sie noch einmal um sich. Da ist niemand, der sie kennt. Eilig schlüpft sie an der Wohnung des Hausmeisters vorbei.

Vier Stock, wie peinlich das ist. Sie ist immer ganz außer Atem, wenn sie oben ankommt und er schon wartend bei der Tür steht und sie küssen will, noch bevor sie den Schleier abnimmt. Ganz allein sind sie immer da oben, seinen Burschen schickt er weg, noch bevor sie kommt. Er richtet auch immer alles selbst her und das ist dann immer sehr nett, wenn der blonde, lange Offizier Tee kocht und so viel zu tun hat, um sie zu bedienen ... Sie freut sich auf den Tee, heute besonders, wo es so kalt ist.

Ein leises, kleines Läuten, auf das hin er immer selbst zur Tür stürzt: Kling – ling – ling ... wie drei kleine, feine Stiche.

– –

Niemand kommt.

Wie?

Die Buchstaben seiner Visitenkarte tanzen ein bißchen ..

Noch einmal: Kling – ling – ling ...

Aber es rührt sich nichts.

Vor ihren Augen ist alles voll roter Wolken, die sich langsam hin und her bewegen ... Aber auf einmal blitzt in dem Nebelgewoge etwas auf: sie erinnert sich!

Heut' ist ja Dienstag, der Tag, wo ihr Mann länger im Klub bleibt! Und um acht Uhr hat sie versprochen zu kommen, – nicht um sieben Uhr.

Was ist da zu tun? Es ist halb acht. Sie muß warten, hier auf dem Korridor ...

Er wird ja bald hier sein, er ist immer schon früher zu Hause, wenn er sie erwartet.

Eine peinliche, schreckliche Sache. Das ist noch nie passiert. Sie ist zornig, empört. Kann er nicht eine Stunde früher zu Hause sein! Sie in eine solche Situation zu bringen!

Unten geht das Haustor auf und der Straßenlärm dringt einen Augenblick in das stille, vornehme Haus, bis hinauf in den vierten Stock. Sie stürzt zum Geländer hin, beugt sich über die Brüstung und blickt – tief, tief, tief – die vier Treppen hinunter. Aber das ist er nicht, das ist ein Zivilist. Der Hofrat, der im ersten Stock wohnt. – – – –

Wie kolossale Riesenspiralen schlängeln sich die vier Stockwerke in die Höhe empor. Eine schöne, glatte, riesige Windung und dazwischen – rund und gähnend und tief – Luft und Leere. Und unten auf der Erde ein schöner, symmetrischer Kreis mit harten, roten Marmorfliesen ..

Ein leichter Schwindel faßt sie, wie sie da hinunterblickt ...

So dazustehen und auf ihn zu warten, sie – Adda North! Warum tut sie das? – Liebt sie ihn denn, diesen blonden, langen, säbelklirrenden Gecken? Ist ihr Mann nicht mehr Mann als dieser da? Ha, wenn der das wüßte!

Sie spielt mit dem Gedanken – das wäre mal was!

Das wäre sehr interessant: er würde sie schön langsam fassen mit seinen großen, kräftigen Händen und langsam – langsam zu Tode quetschen ... So in der Hand. Wie man eine Fliege zerdrückt. Er, der Gute, der immer so zärtlich besorgt ist um sie ... um ihre Gesundheit.

Besorgt .... Sie fühlt einen bösen Stich. Was fürchtet er denn?

Ja, sie weiß, was er fürchtet, seit damals, wo sie ihre Hoffnung verlor ...

»Mein – kleines – Kind – hab' – ich – verloren ...« summt sie vor sich hin und lächelt dabei und blickt starr hinunter auf den runden Marmor – tief, tief da drunten ...

Und es hatte doch schon Füßchen – und Händchen – wie die Flossen – und einen großen, entsetzlichen Kopf. – – Und sie wird nie mehr – – Seit damals, sagen sie, habe sich ihr »Gemüt verdüstert« ... Was meinen sie damit? Sie glauben wohl, die Narren – daß sie langsam – wahnsinnig wird? – – – – –

Aber der da, ihr Geliebter, der glaubt gar nichts, der freut sich an ihr, denn sie ist schön – sehr schön. Aber der ist fort. Ja – warum – ist er fort – warum – wenn sie sich nur erinnern könnte ... e r - i n - n e r n ... Und ganz allein ist sie irgendwo hoch oben .... irgendwo –

Aber tief unten, da ist die Erde. Die liebe Erde. Dort, wo der steinerne Kreis flimmert ... Warum sich die Menschen, die lächerlichen, so weit von der Erde entfernen, von diesem schönen, flimmernden Kreis?

Hier oben ist ja alles so einsam und die Luft so dünn und kalt und – entsetzlich – ha – die Schlange! Die vierfach gewundene riesige Schlange, durch die sie hindurch blickt – tief hinunter auf den roten Kreis – die bewegt sich! – – Sie windet sich herauf – sie ringelt auf sie zu – sie will sie fassen und zerdrücken – – – nein – nein – – nein – – – – – – –

Hinunter zur Heimat, zur guten, guten Erde, die rund und rot heraufflimmert aus der Tiefe! – – – – –

Sie braucht ja nur einen einzigen, kleinen Schwung.

– –

*

»Den Geliebten zu erwarten,
Tirillili, Tirallala ...
Schlich Philinchen in den Garten,
Tirillili, Tirallala ...«

Der Freiherr Alex von Dovsky trällert das Lied vor sich hin. In der stillen, vornehmen Gasse darf er das ungeniert tun. So schön einsam ist diese Gegend. Darum wohnt er auch so gern da.

Er geht langsam. Er wird ohnedies noch warten. Sie ist ja immer so unpünktlich. Er wird alles schön herrichten – – die Süßigkeiten, – die er da eingepackt in der Hand trägt, kandierte Früchte, die sie so gern nascht, und andere Schleckereien. Das ist so komisch, so herzig, wenn sie mit ihrem Weltschmerz dasitzt und die Schlagsahne löffelt aus den Baisers, die auch da drin sind im Packl ...

Nein, das ist die sonderbarste Geliebte, die er jemals gehabt hat. Daß er die einmal »haben« wird, hätte er nicht gedacht, so eine anständige Frau.

Zwar er hat schon viele anständige Frauen gehabt.

Aber so verliebt war er noch in keine. Gerade ihr Weltschmerz – der ist so pikant.

In Paris ist er einmal auf dem Mont Martre in einem Lokal gewesen – da waren statt der Betten Särge aufgestellt. Und die Mädchen als Nonnen gekleidet. Das war großartig – famos. Und das ist so ähnlich.

Übrigens ist sie ein prachtvolles Weib. Diese kleinen, festen Brüste – halt eine gute Rass'! Und der kohlschwarze, glänzende Scheitel – Cleo de Marode, hat er einmal im Spaß gesagt, aber da ist sie bös geworden.

Ihren Mann kennt er kaum, nur flüchtig vorgestellt, zum Glück, denn das ist halt doch immer ein bißl peinlich, sich so die Hand drücken lassen – vom Mann. – –

Aber sie! – Er lächelt. So recht stillvergnügt ...

Und jetzt ist sie schon acht Tage nicht dagewesen ... acht Tage – – –

Er geht schneller. Der Säbel schlägt bei jedem Schritt auf das Pflaster.

Herrgott – er stellt sich sie vor, wie sie dastehen wird – ganz weiß – – – mit dem traurigen Goscherl –

Er biegt um die Ecke.

*

Warum sind denn so viele Leute vor seinem Haus? Und der Wagen da – von der Rettungsgesellschaft. Da scheint etwas passiert zu sein. Wie peinlich, wenn sie g'rad' in den Trubel hinein kommt.

Er öffnet das Haustor. – – – – – – – – –

Ist er wahnsinnig – – oder was – – er lehnt an der Wand und stiert und stiert und seine Augen sind wie verglast und sein Gesicht aschfahl.

– –

Plötzlich kommt der Hausmeister auf ihn zu.

»Herr Baron – was sagen S' – – dös Unglück – und so a Schererei – – eine fremde Person – und g'rad' in unserm Haus! – – – Wenn man nur wisset, wer s' is – und wohin man s' schaffen soll? – – – Aber, was hat der Herr Baron? Wie schau'n S' denn aus, Euer Gnaden? – Jessas! – Is dös am End' die Dame, die was immer zum Herrn Baron kommt?!« – – –

Er will etwas sagen. Er kann nicht. Aber er muß sprechen. Er muß doch den Leuten sagen, wohin man sie bringen soll.

Die Ärzte haben sie auf eine Bahre gelegt. In die Rettungsgesellschaft wird sie nicht gebracht – denn sie ist tot. Also wohin?

Auf einmal durchzuckt's ihn: Herrgott, wenn das bekannt wird! – – – Wenn sie so nach Hause gebracht wird – von ihm aus – – man wird erfahren – man wird glauben – – – der Mann – der Skandal – die Karriere. – – – – –

Der Hausmeister fragt noch einmal – untertänigst – ob das die Dame sei.

Da tönt eine Stimme an das Ohr des Freiherrn Alex v. Dovsky, die ihm später, in der Erinnerung, noch nach vielen, vielen Jahren, so grauenhaft fremd erschien, daß er es niemals fassen konnte, daß es seine eigene war, die da sprach:

»Aber was fällt Ihnen denn ein – – – –«

Und der Säbel klirrt auf den rötlichen Marmorfliesen, als er der Stiege zuschreitet, die sich in vierfachem Ringe emporwindet wie eine riesige Schlange. – – – – –

*

Die Leiche wird in die Totenkammer gebracht – unter die Namenlosen – zur Agnoszierung.

psychologischer Realismus

ERNST WEISS

Franta Zlin

1

Franta Zlin, ein dreißigjähriger verheirateter Mann, Goldarbeiter von Beruf, hatte als Offiziersdiener eines österreichischen Generals im Herbst 1914 die erste Schlacht bei Rawaruska mitgemacht.

Der General fiel. Er hatte die letzten Reserven seiner Division nachmittags halb drei auf freiem Felde aus dem Eisenbahnzug auswaggoniert. Abends sah er von seinen Truppen alles verloren. Pferd und Mann versanken im Sumpf (selbst Pferde hatten einen menschlichen Schrei, vor dem alles erdröhnte), Kolonnen flohen über den Eisenbahndamm, das einzig Feste im morastigen, modrigen Gelände. Regen und Finsternis überall. Nirgends der Feind zu sehen. Nur seine schweren Granaten schlugen immer wieder mitten hinein in den Sumpf, wo sich die Massen vorwärts drängten.

Der General hatte abends gegen halb neun den Diener Franta Zlin und seinen Stabschef holen lassen. Während er noch mit dem Offizier sprach und sonderbare Blicke nach dem Diener warf, zog er seinen Revolver und, mit den Fingern an den Rillen des Griffes spielend, schoß er sich mitten im Gespräch aus unmittelbarer Nähe in den Kopf, so daß Stücke der Ladung – Steinchen oder heißes Wasser, wie es Franta schien –, auf den Diener und den Adjutanten spritzten. Franta stampfte schreiend davon, lief laufenden Soldaten nach, sah zurückgewandten Blicks (er hatte »seinen« General sehr liebgewonnen) auch den Stabschef zusammenkrachen und etwas Blinkendes auch dessen Hand entsinken.

Franta war nicht darauf bedacht, aus seinem noch im Eisenbahnwagen liegenden Tornister Eßwaren und seine Decke zu holen, sondern rannte ohne Rast die ganze Nacht

Warum gibt es die albtraumhaften Kriegsschilderungen?

hindurch. Er schabte an seinem Gewand, wollte schnell die Gehirnreste beseitigen. Es regnete in Strömen, schwerste Feuchtigkeit behinderte ihn. Je weiter er kam, desto schrecklicher die Verwirrung, man war mitten unter den Russen. Von beiden Seiten, selbst von der Erde empor, vom Himmel herab regnete es Feuer und dröhnten Geschosse. Nirgends ein bekanntes Gesicht, nirgends Ruhe. Die Straßen waren vollgestopft mit endlosen Kolonnen, Pferde stießen vergebens gegen Wagenwände vor, sanken in die Knie, zusammengepreßt von den Nachdrängenden. Kutscher in ruthenischer Bauernkleidung rannten ihnen wütend an die Kehle, fetzten mit Peitschen ihnen in die großen Augen, schleiften die müden Tiere in Straßengräben, alles in höchster Eile, denn Kutscher, Offiziere, Soldaten, alles wollte den Geschoßwolken und den niedrig, langsam fliegenden, Eierbomben abwerfenden Fliegern entkommen. Aber jeder war durch die Masse gebannt, jeder durch den nächsten furchtbar verkerkert.

Nach zweitägiger Wanderung fühlte Franta sich in einem Zustand solcher Erschöpfung, wie wenn er mit seiner Frau sechsmal zusammengekommen wäre. Er lachte, wachend und bewußtlos, dachte flimmernd wie in hitziger Glut an seine Mascha zurück, legte sich (nun waren alle Sorgen glücklich ausgelöscht) unter einen Wagen, der wie ein Stein in einer Kolonne stand, bemerkte noch eben vor dem Einschlafen, wie ein Reitpferd neben ihm stallte. Doch dachte er nicht mehr daran, dem schweren, fast weißen Urinstrahl auszuweichen. – Völlig hin fiel er in Schlaf. Ein furchtbarer Schmerz erweckte ihn: das Rad des Wagens, endlich sich weiterbewegend, riß an den Enden seines Mantels und fing schon an, das Fleisch seiner linken Lende mit einzurollen. Ein mit aller Kraft geführter Riß machte ihn frei. Später erst bemerkte er Blut und böse Schmerzen bei jedem Schritt. Doch überwand er alles und verließ diese Kolonne nicht mehr.

Am 13. November war er in Krakau.

1933
AH 33

2

Die Stadt war überfüllt und befand sich in fürchterlichem Wirrsal, denn sie sollte vor dem immer mehr sich nähernden Feind evakuiert werden. Franta hatte Landsleute vom Gefechtstrain des 33. Infanterieregiments getroffen und schloß sich beim Abmarsch aus der aufgegebenen Stadt ihnen an, die auf eigene Faust in der Richtung auf Ustulka zogen. Sie kamen spät abends im Regen in ein Dorf, quartierten sich in einer offenen Scheune ein. Geschützdonner und Maschinengewehrfeuer waren ununterbrochen zu hören, von morgens bis abends. Ein Korporal von der Sanität ging mit Franta in die Felder, um etwas Eßbares zu finden. Er grub mit seinem breiten Pioniersäbel, den er seine Operationshacke nannte, Kartoffeln aus dem Boden, schwere, erdtriefende Knollen, die Franta in seiner Mütze den Kameraden brachte. Sie gingen dann, während die Kartoffeln auf einem Stroh- und Getreidefeuer brieten, noch weiter auf die Jagd nach Nahrung, bis ihnen auf freiem Feld, tief in der Dämmerung, ein geschecktes Rind begegnete. Sofort lief der Korporal über die nassen Schollen dem Tier entgegen, versuchte, ihm mit den Fäusten die Schultern niederzudrücken, was nicht gelang; dann mußte es Franta an den Hörnern zu Boden reißen, und der Soldat hieb mit dem sichelförmigen Griff seines Säbels dem Tier auf den krachenden Schädel, bis es nach rechts zusammensank. Er schlachtete es dann schnell und sägte große Stücke Fleisch aus den Lenden, die sich noch zuckend bewegten.

Franta, der immer ein sanfter Mensch gewesen war, konnte von dem Fleisch nichts essen. Er kehrte zu dem Kadaver zurück, der noch auf dem Felde mitten im Regen lag. Eine junge dicke Judenfrau kniete laut jammernd, Unverständliches singend und kreischend neben dem Tier. Ihr Gesicht, weiß, oval, schwer von lichtem Fleisch, erregte Unheimliches in dem Mann. Er warf sich auf sie, hörte noch, wie der Kopf der Frau auf die knarrend einsinkenden Flanken des

Tieres fiel. Während der flammenden Lust würgte es ihn. Wühlend umwogte seine Hand die gewaltigen Brüste der verstummten, atemtief versteinerten Frau, und unter seinem wütenden Druck fühlte er warme Feuchtigkeit zwischen seinen Fingern rinnen. Im Krampf stemmte sich seine von Süßigkeit umflossene Zunge gegen seine Zähne, und als er nach kurzer Zeit erwachte, sah er sich auf die unter ihm zitternde Frau verströmend Tränen herabweinen, wie er sie früher nie geweint hatte.

Er half der Frau das tote Tier an den Hörnern in ihr Haus hinüberschleifen und vor den Soldaten im Stall unter der noch vom Mist des armen Tieres getränkten Streu verbergen. Dann übernachtete er in dem hochgetürmten Bett ihres heißen Zimmers, während die Frau und ihr ausgemergelter Mann auf der Erde lagen, ein kleines Kind auf Decken zwischen sich.

Am nächsten Morgen wurden die Reste des 33. Infanterie-Regiments gesammelt; nach langen, aber doch erträglichen Wanderungen kamen die Soldaten aus dem Feuer heraus und waren nach zehn Tagen bereits in den Karpathen. Franta blieb beim Train und hatte vom 1. Dezember 1914 an den Dienst, das für das Regiment bestimmte Schlachtvieh der Truppe zuzuführen.

3

Schöne, aber von der langen Eisenbahnfahrt sehr erschöpfte Tiere hatte Franta nun einen drei Stunden weiten Weg vom mobilen Schlachtviehdepot der vierten Armee durch das Latorczatal dem Regimentstrain zuzubringen. Oft hörte er von weitem schon die Tiere aus ihrer Umzäunung vor Hunger und Durst brüllen und sah sie dann in einem Haufen sich ihm entgegendrängen. Doch war es ihm verboten, sie zu füttern, nur tränken durfte er sie.

Der Weg stieg zuerst bergan und war mühsam. Die Tiere, die nicht vorwärts wollten, mußten mit Stöcken angetrieben werden. Aber er lernte es, mit ihnen umzugehen, führte gewöhnlich einen Ochsen an den Hörnern vor, und die andern folgten, von einer rumänischen Mannschaftsperson mit unverständlichem Zuruf und knallend widerhallender Peitsche weitergetrieben.

Am Morgen des 14. Dezember fiel Franta eine Kuh auf, die sich sehr schwer führen ließ. Sie war mit Kot und Mist wie mit einer Eisenrüstung bedeckt, und ihr Leib schleppte Furchen, die im Schnee knisterten. Frantas Hand, die das Tier sanft von rückwärts trieb, berührte das Euter: sie fuhr zurück, denn das Euter war glühend wie ein im Sommerbrand erhitzter Stein, gespannt wie Metall, und ängstlich brüllte das Tier auf.

Es strebte aus der im Wintermorgen schneestrahlenden Straße nebenher unter die Bäume, wohin ihm Franta in seiner Sanftheit folgte, obwohl ihm das Gehen im Schatten, auf den schlüpfrigen Trümmern verfaulender schwarzer Urwaldbäume schwerfiel ... Hell klang das Rufen des Rumänen von der Straße. Oft setzte die Kuh Kot und Wasser ab, blickte mit den großen, dunklen, feuchten Augen unruhig umher, und rührend war es, wie sie von Zeit zu Zeit in spiraliger Wendung den breiten Hals nach rückwärts wandte: lauschend nach dem Hinterleib, der sich gewaltig wölbte.

Plötzlich blieb sie stehen. Mit aller Gewalt konnte Franta sie nicht mehr vorwärts treiben. Er rief den Rumänen und machte ihm Zeichen, er solle warten. Eine Hütte in der Nähe, fast nur ein Dach im hohen Schnee, nahm den Rumänen auf, der sich wärmen wollte. Die anderen Tiere blieben beisammen, umwandelten langsam kreisend Frantas Tier, das nun ein weitgezogenes Brüllen schallte.

Nun stand es da, näherte die vier Gliedmaßen, niedrige Säulen, dem ungeheuer schwellenden Leib. Als ein hohes Gewölbe krümmte sich die Wirbelsäule, das Haupt senkte sich. Ein breitgetürmter Berg von Masse, zitternd in Schmerz, brüllte das Tier, leiser schon, in die Tiefe unter sich hin. Leicht waren die zarten Sprunggelenke gebeugt, das ganze Tier, wie von zwei Händen angepreßt, atmete weiße Nebel wie Elfenbeinhauer aus im schwarzen Wald.

Plötzlich ergriff ein ungeheurer Krampf die Muskeln. Zusammenreißen des Rumpfes in Erzstarre. Erschütternder Schrei des aufgerissenen Maules. Leises Schüttern der tief herabhängenden Zweige ringsum. In den dunklen Augen schmerzliche Wut. Im Schweigen erschlaffte alles. Franta, in Sorge, rief den Rumänen schnell zu Hilfe. Niemand kam. Er fürchtete, sein Tier könnte hier verenden, verdurstet oder vergiftet.

Aber zum zweitenmal, wie eine Faust in der höchsten Wut sich krümmt, krümmte sich das Rückgrat des Tieres, es fiel nieder, und vor seinen Augen sah Franta die Muskeln des Bauches wogen wie ein lebendiges Wasser. Er hörte einen brüllenden Schrei, und schon stürzte aus dem aufgerissenen, rot glosenden Hinterleib eine milchige Woge, rauchend in der Kälte. Weißes Fleisch, rosa hauchende Fetzen erschienen, Stücke von Tier, dunkle Augen, halb geschlossen, magere Vorderpfoten, ineinander verschränkt – und während das Rind, zum Letzten gekrampft, sich ausbrüllte aus seitwärts hinfallendem Schädel, entfaltete sich milchfarben, still, ein ganz kleines Tier, nackt und zitternd in feinem Zucken auf dem Schnee. Das junge Tier drehte den Kopf, die Gliederchen, gebeugt, schienen die Mutter zu suchen.

Noch lag die Kuh mit weit auseinandergebreiteten Gliedern; mit dem Kopfe und der langen, licht rosaroten, nassen Zunge kreisend suchte sie das neugeborene Kalb. Franta sah das junge Tier verbunden mit der Mutter durch eine silbern glitzernde, rot durchwirkte Schnur. Er schnitt sie mit seinem Soldatentaschenmesser durch, riß von dem Bande seiner Unterhose ein Stückchen ab, umwand damit die blutende Stelle und legte das junge Tier dem alten vor das erschöpfte Auge.

Er brach Brot ab und gab es. Beide Tiere bedeckte er gut mit seinem Zeltblatt, häufte noch kräuseliges Moos darunter. Mit der Hand fühlte er nach, und süße Wärme, tropfende Feuchtigkeit umströmte ihn.

Er ging in die Hütte, wo über zehn Personen gedrängt um einen Ofen hockten in fast schwarzer Luft. Der Rumäne schlief, die kalte Pfeife im Munde. Franta führte einen langhaarigen ruthenischen Bauern an der Hand zu dem Tier und übergab es ihm. Erst in der Dunkelheit brach er mit dem Reste der Herde auf.

4

Als Franta die Tiere dem Standort des Regimentes näher führte, sah er weither eine kleine Flamme leuchten. Die Hütten des Dorfes Wologda konnten es nicht sein, da noch drei Kehren der Serpentinen und der Weg über Turka zu gehen waren; brennende Dörfer gab es wohl in der Dämmerung zu sehen, rötlich glitzernd über den hartgezackten Baumwipfeln, aber dieses Licht schwankte in leichtem Bogen ihm entgegen und kam immer näher. Er hörte Pferdegetrappel, dann sah er einen hochbeladenen Wagen. Ein ausgemergelter Jude mit einer buschigen Pelzmütze lenkte zwei noch ausgemergeltere Pferde, deren Schweife dicker schienen als ihre Hinterkeulen. Eine in weißes Tuch gehüllte Frau hockte oben auf dem Wagen zwischen aufgeladenen Tischen und anderem Gerümpel, scheinbar hatte sie ein Bündel mit einem Kinde im Arm, und zwischen Frau und Mann, schwankend auf schwankendem Wagen, blinkte ein winziges Kohlenfeuerchen auf einem Messinggerät, obenher von der Frau gehalten. Ein Füllen, mager und rippenstarrend wie ein Windhund, trabte nebenher und stieß frierend mit dem spitzen Köpfchen zwischen die Schenkel des Handpferdes; hoch wie im Lachen wiehernd, beugte es sich doch kläglich von Zeit zu Zeit nach rückwärts – alles in dem gleichmäßigen Schwung des ermüdeten Trabes. So kam der Wagen an der Herde vorbei, die sich in den Straßengraben und an die Bäume drängte.

Franta, sehr von Kräften und ausgehungert, sah dem Flüchtlingswagen nicht nach. Sein Auge wanderte seinen Füßen voran, um weichere Stellen für die schmerzenden Sohlen zu finden. Im letzten Schimmer des Wagens, der auf der nächsten Serpentine schon sich wandte, sah er auf dem Boden ein schwarzes, offenes Kästchen. Er bückte sich. Es war dünnes Riemenzeug darin, ein Würfel aus Leder, kinderhandgroß, und in diesem fünf Goldmünzen und einige erbsengroße Gebilde, die Franta Zlin sofort als Perlen erkannte. Schwer schritten seine Kühe vorbei, ein Huf verwickelte sich in die Riemen und trat auf den Boden unter die auseinanderrollenden Perlen; Franta sammelte sie und lief dann dem Rind nach, holte ihm aus der Höhlung zwischen dem gespaltenen Huf die letzte Perle hervor. Dann hielt er die Hände vor den Mund und schrie dem Wagen nach, der nun schon, fast unsichtbar in der Nacht, in eng gewundenen Ringeln die tieferen Serpentinen befuhr, von roten Wölkchen im Hauch bestrahlt. Niemand antwortete ihm. Ein Rind begann aus Müdigkeit zu blöken. Franta nahm Perlen und Geld zu sich. Bald sah er die ersten Häuser von Wologda vor sich. Ein Unteroffizier vom Regimentsstab kam ihm wütend entgegen, man hatte den ganzen Tag auf ihn gewartet: die Feldküche sollte wohl Steine und Holz abkochen? Er wurde angeschrien, gestoßen, sofort mit »Spangen und Anbinden, sechs Stunden lang« bedroht. Ein Tier fehlte? Niemand wollte glauben, daß es trächtig gewesen war. Und selbst dann hätte er es lieber notschlachten sollen, statt kaiserlich ärarisches Gut diesem Hundespion von Ruthenen in den Rachen zu werfen. Von Spangen und Anbinden wurde er zwar gnadenweise befreit, aber zur Strafe sofort in den Schützengraben, in die nächste Feuerstellung kommandiert, zwei Stunden weit von Wologda bergauf gejagt. Er ging. Er kam in einem solchen Zustand der Erschöpfung in den Unterstand, daß er nichts mehr von sich wußte.

Am nächsten Tage schickte man ihn als Schleichpatrouille mit zwei Mann und einem Einjährigen vor den Stacheldraht.

Es ging ein starker kalter Wind, es staubte der trockene Boden, alles erschien ihm schauerlich.

Er dachte nach, und der Gedanke verließ ihn nicht, wie er sich doch erretten könnte. Er rollte die Perlen in der Tasche, fühlte den noch von früher her durch Blut versteiften Stoff und spürte plötzlich, wie seine Unterhose, deren Schnüre er gestern zerrissen hatte, raschelnd und feuchtigkeitsschwer an ihm niedersank ... Franta wollte lachen, aber schon lag er am Boden, hörte, wehrlos vor Schrecken, ungeheures Getöse und fürchtete sich vor den Feuerflammen der Schrapnelle in der Luft. Es krachte neben ihm, der Einjährige stampfte auf und war sofort bis an die Augen in Blut gehüllt, aber auch Franta merkte, wie Blut in seine Stiefel rann. Zwischen den zusammengepreßten Beinen jagte der Schmerz zum erstenmal gegen das hoch aufzuckende Herz, und Franta verging, während er, rechtshin den Kopf beugend, ein langes Brüllen ausstieß in das weiße Schweigen der staubigen Ebene.

5

Franta Zlin hatte Fürchterliches zu erleiden. Sein Geschlecht war durch einen Schrapnellzünder ganz zerfetzt und der linke Knochen des Beckens zersplittert. Franta würgte an seinem Schmerz, er konnte sich seine Wut nicht herausstampfen. Selbst zum Schrei fehlte ihm die Kraft.

Die Ärzte waren gut, sie wiesen stets beim Verbinden die Rote-Kreuz-Schwester hinaus, die sich neugierig vorgedrängt hatte. Aber durch diese Schwester wurden die anderen maroden Soldaten aufgehetzt, und den ganzen Tag hindurch unterhielten sich die Verstümmelten damit, ihren verstümmelten Kameraden zu necken. Man bat ihn, tückisch anspielend, um einen winzigen Zigarettenstummel, um ein kleines, abgebranntes Endchen, um »ein klein wenig Nichts«, einen »Tschik«.

»Tschik!« aus der hellen Ecke von dem stets sich erbrechenden Kroaten mit dem Bauchschuß, der lange zwischen Tod und Leben schwankte.

»Tschik!« von dem ungarischen Oberschenkelamputierten, der den widerspenstig gekrampften Rest seiner Gliedmaßen unter scheußlichen Flüchen niederzudrücken suchte.

»Tschik!« von dem italienischen Lungenkranken, der in der dunklen Ecke keuchte und Fliegen haschte, die es jetzt im Januar nicht gab.

Fürchterliches erlebte Franta. Nachts erwachte er noch nach Wochen mit grauenhaften Schmerzen, in schrecklichster Not. Er schämte sich, nun infolge der Verwundung seine Notdurft wie ein Weib verrichten zu müssen – aber war dann alles vorbei, dann hob er das immer schwer lastende Deckbett mit beiden Händen fort vom zertrümmerten Unterleib, und seine Hände, ineinandergefaltet, fühlten Wärme, warm hauchende Feuchtigkeit, das seidige Knistern des weich sich spannenden Verbandes.

In seiner Verzweiflung dachte er nur noch daran, wie er sich doch erretten könne. Seine Kleider hingen an einer Eisenstange, mit Riemchen umschnürt, am Kopfende des Bettes, aber noch durfte er nicht mit den Händen hinlangen, durfte nicht seine letzte Rettung, das gefundene Goldgeld und die Perlen, berühren. Beim Verbinden war er geduldig und bezwang sich sehr; er sollte die Wunde nicht sehen, deshalb hielt ihm der Wärter seine nach Zigarettentabak riechende Hand vor die Augen. Die Nachbarn wechselten, viele starben, fast immer nachts, andere wurden abtransportiert. Der Wärter und die Schwester waren die einzig bekannten Gesichter. Aber auch der Wärter grinste, als »völliger Satan«, nach der ärztlichen Visite und pfiff, an seinen von Zigaretten gebräunten Fingernägeln schnuppernd: »Du, Franta, hast du vielleicht einen Tschik?« Die Schwester voller Hohn zu Franta: »Sie armer Soldat, haben Sie denn schon Ihrer bemitleidenswerten Frau geschrieben?«

Franta, der, sanften Herzens, früher immer gesprächig gewesen war, verstummte ganz. Bloß beim Essen öffnete er den Mund.

Im Frühjahr 1915 wurde er nach Linz zurückgeführt und im Sommer als »zu jedem Landsturmdienst ungeeignet, dauernd invalid« in Wien vollständig aus dem Militärverband entlassen.

Franta hatte Mascha, seine schöne junge Frau, nicht wiedersehen wollen.

Am Vormittag des 11. Juni erwartete sie ihn, durch andere verständigt, vor dem Lazarett »Radetzky-Kaserne« im sechzehnten Bezirk in Wien und nahm ihn in einem einspännigen Wagen mit nach Hause. Es war kein Wort aus ihm herauszubekommen. Die Frau war durch sein strenges Wesen tief erschreckt, etwas war »in ihr gerissen«, als sie ihn so sah, so fürchterlich wiedersah. Sie war so erschüttert, daß sie nicht einmal weinte.

Er ging am nächsten Tag schon in die Arbeit zu seinem früheren Herrn, einem Goldschmied in der Mayerhofergasse im vierten Bezirk. Es gab wenig Arbeit, der Meister nahm ihn nur aus Mitleid. Aber Franta war bald ganz verlassen. Er hatte auf jede Frage wütend die anderen Gesellen angezischt; als man jedoch bemerkte, daß (infolge der fürchterlichen Verwundung) auf seinen Schemelsitz immer Feuchtigkeit aus ihm sickerte, da stichelten alle gegen ihn mit äußerster Bosheit. Franta mußte fort. Er gewann aber durch eine grauenhaft geballte, teuflisch freudige Willensanstrengung die Herrschaft über seinen Körper, und in der neuen Werkstatt merkte man nichts von seinem Leiden. Daheim war er still, lieferte den Lohn ohne Rest ab, war nur unheimlich freundlich, sein Lächeln blinkte wie vergiftet, sein Mund war so in bösem Willen erstarrt, daß die Frau sich oft abends zu ihrer Mutter flüchtete und tränenlos über ihr begrabenes Leben klagte.

Franta sagte von seiner Verstümmelung kein Wort; Perlen und Geld hatte er verborgen, trug sie in ein noch von der

Schlacht bei Rawaruska her blutgetränktes Sacktuch eingehüllt. Die Perlen wurden etwas rötlich; als er sie aber zwischen Zunge und Gaumen rollte (unsagbares Zittern durchrann ihn wie einstige Entzückung), kamen sie weiß, wie neugeboren wieder heraus. Auch von ihnen hatte er seiner Mascha nichts erzählt, eher ließ er die Frau, da die Not sehr drückend wurde, eine Stelle als Bedienerin über Tag annehmen. Die Stelle war im zwanzigsten Bezirk, bei unvermögenden Leuten, die den Monatslohn nie zahlen wollten und »Ratenzahlung in einiger Zeit« vorschlugen. Für den Weg brauchte man eine Stunde hin, eine Stunde zurück. Nachts, so müde die Frau war, ließen Sorgen sie nicht schlafen. Auch der Mann verfiel von Tag zu Tag, und sein Blick, tief gesenkt aus fast schwarzen Höhlen, machte sie den Mund aufreißen vor Schmerz. Sie verkaufte zuerst ihr eigenes Bettgewand, Polster und Decke, um für das Geld Schweineleber und andere billige Speisen für ihn und sich zu kaufen, aber es reichte nur für drei Tage. Im Winter ließ sie sich das schöne Haar schneiden, das der Friseur immer als »wunderbar eleganten Schatz« bewundert hatte, und verkaufte es, aber das Unglück hatte sich ihr aufs Genick gesetzt: das Geld wurde ihr aus der Lade im Küchentisch gestohlen. Tückisch sah ihr Franta zu, wie sie es morgens in äußerster Ungeduld suchte, denn längst sollte sie schon bei ihrer Herrschaft sein. Aber es blieb verloren, da Franta selbst das Geld der wie tot Schlafenden entwendet hatte.

Das Zimmer war kahl, elend, zum Frieren kalt. Bilder und Photographien an der Wand waren nichts wert, von dem »besseren« Kruzifix wollte die Frau nicht lassen. Abends holte Mascha aus der Hängelampe zwei Hände voll Schrot, die in der Aufhängekugel der Lampe lagen, und verkaufte sie. Sie erhielt zwei Kronen achtzig Heller. Aber als sie mit einem Stück Primsenkäse und Brot heimkam, fiel die Lampe, der das Gegengewicht fehlte, rasselnd herab, und das Petroleum verschmierte alles, die Scherben bedeckten den Fußboden, und die Unseligen wußten nicht, wie sie nächtigen sollten. Die Frau sagte, indem sie mit den Händen durch ihre kurzen Haare fuhr: »Ich weiß schon gar nicht mehr.« Sie war sehr still, sehr gut, und selbst das äußerste Elend machte sie nicht böse.

Der Mond schien in das Zimmer. Sie legten sich beide auf den Boden, jedes nur eine dünne Matratze unter sich. Franta spürte nicht die Härte des Lagers, denn er dachte, »er würde sich nun bald erretten können, sich allein«, die Frau wachte lange, sie warf sich hin und her, und mit Freude sah Franta im Mondlicht, wie sich Maschas Kopfhaut an der Wurzel der blonden Haare schwärzlich färbte. Dennoch schlief Mascha ein, getröstet durch den Gedanken, daß ihr Franta bei ihr war, oder bloß dadurch, daß sie doch noch lebte.

Drei Wochen später mußte sie sich täglich vor dem Antritt des Dienstes bei der Herrschaft bei einer »Auskocherei« anstellen, wo sie Pferdegeselchtes und erfrorene süße Kartoffeln auf Anweisung des Wiener Magistrats umsonst bekam. Sie wanderte schon um drei Uhr morgens in die Gasse, andere warteten aber schon seit Mitternacht, saßen auf Stühlchen, hatten sich in haarige Kotzen eingemummt, trugen Muffe aus Zeitungspapier um die Hände gerollt. Mascha nahm ihre Matratze mit und schlief am Donnerstag und Freitag jedesmal zwei Stunden am Boden vor der Auskocherei, am Samstag gab es nichts, sonntags aber wurden ihr bei dem ungeheuren Ansturm fast die Brüste abgestoßen, und ein zwölfjähriger Knabe rannte mit der Matratze davon gegen die Ettenreichgasse, während sie, eingekeilt, nicht aus der Menschenmasse hinaus konnte. Mascha fürchtete sich, jetzt ohne Matratze und ohne Fleisch zu ihrem Mann zu kommen, sie ging in die Kirche, nachmittags in den Prater, in die Auen, kurz vor zehn Uhr kehrte sie zurück. Das Zimmer war wie heilig.

6

Innerlich war Mascha wie ausgestorben, sie konnte sich kaum noch erinnern, daß Franta sie geliebt hatte. Aber sie erinnerte sich doch weißer Blumen, nachts schimmernd auf einer Wiese bei Hütteldorf, und daran, daß Rehe vom Waldrand nahe zu ihnen gekommen waren, eine Woche vor dem Kriege, im schönsten Sommer. Manchmal dachte sie, alles müßte doch noch da sein, nur jetzt in der Kälte eingegraben, sie müsse sich nur noch bis zum Sommer erhalten. Sie kam auf ihren Mann zu, streichelte ihn lange, rief ihn süß an, gab ihm die Hand unter das Kreuz, damit er weicher liege, und dachte so tief an ihn, daß ein Toter hätte erwachen müssen in seiner ersten toten Nacht; jetzt aber war es, als sei ihr armer Franta schon lange weg und dahin, nichts mehr von ihm auf der Welt, und sie weinte lange auf sein unbewegtes Gesicht, das aber nicht schlief. Im Morgengrauen erhob sie sich. Ihre magere Hand war starr und blau, erfroren und verödet und mit einem Wundmal von dem harten Knopf der Matratze verwundet. Sie ging in die Küche und wusch sich das Gesicht unter der Wasserleitung; das Wasser, das durch die kurzen Haare auf die Kopfhaut floß, war ja wie Stein, nicht kalt, sondern siedend heiß, und die Frau weinte lange, da sie nichts zum Abtrocknen hatte außer altem Zeitungspapier, das ihnen beiden nun schon zu allem möglichen diente, als Tischtuch, als Kohle, als Kissen für die Nacht. Die Herrschaft im zwanzigsten Bezirk merkte ihre Verstörtheit, fragte aber nicht, da es schon zum Ende des Monats ging und doch kein Geld für Lohn da war. Die Frau machte ihre Arbeit bis drei Uhr, erhielt auch einen Teller gekochter Rüben, recht heiß, damit es mehr Kraft gäbe.

Am nächsten Tag kam sie nicht in den Dienst. Aber die Herrschaft bemerkte, daß drei Bettüberzüge fehlten. Mascha hatte sie gestohlen und sofort im Versatzamt Dorotheengasse versetzt. Sie glaubte, man würde sie nicht finden.

Sie bekam am gleichen Tag bei einer anderen Herrschaft einen guten Posten, dreißig Kronen Lohn, ganze Verpflegung, sollte aber auch die Nacht dort zubringen. Sie war einverstanden, nur diese eine Nacht noch wollte sie bei Franta bleiben.

Mit dem Geld und den Nahrungsmitteln kam sie nach Hause. Franta traf sie an, wie sie mit einer Brennschere, auf Papier erwärmt, sich die kurzen Haare kräuselte. Sie kam so weich zu ihm, küßte ihn mit solcher Liebe, daß sie schon glaubte, sie hätte ihn wieder aufgeweckt. Er war auch gar nicht böse, hatte ein besseres Gesicht, wie ein Kind, ein kleiner Junge. Er wollte jetzt auch Heimarbeit machen, zeigte einen »spanisch eingelegten Damenrevolver«, an dem die in Stahl eingesprengten Goldfäden ausfallen wollten und den er zu reparieren vorhatte. Sie hörte ihm gar nicht zu und machte alles mit ihm wie mit einem Kind. Sie standen nebeneinander beim Fenster, als sie mit fürchterlichem Erschrecken die frühere Herrschaft mit zwei Polizisten auf das Haus zukommen sah. Sie erkannte sogleich, daß jetzt alles aus war, und ließ von ihm ab. Der bessere Ausdruck in seinem Gesicht war auch schon fort. Der eintretenden Herrschaft, die schreiend schimpfte, küßte sie die Hand und gab sogleich den Versatzschein ab. Trotzdem mußten sie und ihr Mann sofort zum Polizeikommissar, wo alles in ein Protokoll aufgenommen wurde. Während der acht Tage bis zur Verhandlung sprach Franta nicht zu ihr.

Am 6. Januar 1916 war die Verhandlung. Mascha sagte, sie hätte drei Monate Dienst bei der Herrschaft gemacht und ihr treu gedient, obwohl es Juden waren, aber im ganzen nicht mehr als siebzehn Kronen Lohn bekommen.

Der Richter: »Deshalb durften Sie doch nicht stehlen.«

»Ich wollte mich bezahlen. Ich bitte um Verzeihung.«

Der Richter fragte die Herrschaft: »Hat die Marie Zlin nicht mehr als siebzehn Kronen Lohn bekommen?«

Die Herrschaft: »Das müssen wir erst in den Büchern nachsehen.«

Der Richter: »Ach was, das werden Sie schon wissen! Was für Bücher führen Sie denn? Bestehen Sie auf der Verurteilung?«

Die Herrschaft sagte: »Ja, sie muß bestraft werden, und die Bettüberzüge muß sie auch auslösen.«

Der Richter: »Sie, Marie Zlin, können Sie die Bettüberzüge auslösen und der Familie den Schaden ersetzen?«

Mascha schwieg und sah ihren Mann an.

Franta sagte: »Zahlen kann sie nicht.«

Mascha wurde zu sieben Tagen Arrest verurteilt, durfte aber noch nach Hause gehen. Am nächsten Tage verließ auch Franta die Wohnung nicht.

»Warum gehst du nicht in die Arbeit, Franta?«

»Es gibt keine Arbeit, ich habe gekündigt bekommen.« – Nachher sagte er ihr, sie solle sich anziehen, sie würden in ein Volkskaffeehaus gehen und Tee trinken. Sie solle das Brot mitnehmen. Sie ging gleich mit ihm fort, er führte sie aber durch die Stadt über die Linzer Straße nach Hütteldorf in einen Wald bei einer Wiese. Dort blieb er stehen und riß an den Ästen der Bäume herum. Ob das vielleicht einen Menschen trägt? fragte er für sich, und nahm einen Strick aus der Tasche.

»Jesus Maria, was fällt dir ein?« sagte Mascha. Er sagte nichts, sah sie nur so an, daß sie merkte, es war für sie. Sie konnte aber nicht, sie hatte gar keine Kraft. Sie wußte, daß es sein mußte, konnte aber nicht. Sie gingen dann um die Wiese herum und wieder in die Stadt zurück.

7

Am 9. Januar, drei Tage vor dem Strafantrittstag, kam Mascha freudestrahlend zu Franta. Sie hatte von ihrer Mutter trotz der großen Armut vierunddreißig Kronen bekommen; die Mutter hatte ihre schöne »Straußenboa«, die sie noch aus besseren Tagen hatte, sowie einen Korbsessel verkauft, damit die Tochter den Schaden des Diebstahls gutmachen könne und nicht ins Kriminal müsse.

Franta erschrak, als er Mascha so sah. Franta fürchtete sich vor Mascha, da sie mitten in ihrem Elend so schön war. Sie stürzte sich über ihn: »Ich bin so selig, ich bin so glücklich! Da ist das ganze Geld, jetzt werfe ich es ihnen hin. Dann bin ich frei, auch die neue Herrschaft war mit mir so freundlich, ich bekomme den Lohn im voraus, ich soll nur erst einstehen.«

Franta nahm das Geld zur Aufbewahrung. Die Frau lieh sich eine Wetterpelerine von der Nachbarin und ging noch schnell zu der neuen Herrschaft. Abends kam sie zurück. Das Zimmer war ganz verwandelt, ein rosa Seidenpapier um die zerbrochene Lampe gewickelt, auf dem Fensterbrett standen Sardinenbüchsen, ein ganzer Berg Orangen, auch geräucherter Speck, Zuckerzeug, eine Flasche Wein.

»Jesus, das alles!«

»Du hast mir doch das Geld gegeben!«

»Ich muß mich doch bei Gericht auslösen!«

»Ich habe was zum Essen gekauft!«

»Aber Franta, doch nicht für das ganze Geld?«

»Hier ist die Rechnung, ich habe nichts gestohlen.«

»Jetzt bin ich ganz hin.«

Sie ging ganz verstört im Zimmer umher, faßte den Revolver an, der in einer Ecke lag.

»Er ist so schwer«, sagte sie.

»Ich bin kein Dieb«, sagte er.

Sie merkte, daß der Revolver geladen war, und als sie ihn ansah, wußte sie, daß er nur für sie Patronen gekauft und sie schon lange abgeurteilt hatte. Sie war so vernichtet, daß sie nicht mehr reden konnte. Aber sie begann zu essen, da es ihr Geld war, und weil sie erst jetzt so ihren Hunger fühlte. Er sah ihr nur zu und aß nichts. Dann mußte sie beten. Er lehnte da so starr, so böse in seiner Ecke, schief mit gezückten Händen, wie ein Teufel. Sie kniete nieder; sein Gesicht konnte sie nicht sehen.

»Knie nieder!« schrie sie ihn an. »Nieder!« noch einmal, sehr stark.

Er kniete nieder, und sie betete lange ohne Worte und beichtete ohne Priester. Er kniete ihr gegenüber. Nach zwei Stunden stand sie auf, fiel aber gleich aus Schwäche zusammen. Er gab ihr seine Matratze und legte sich auf den bloßen Boden hin. Um Mitternacht erwachte sie, ihr war so leicht, sie glaubte, jetzt könne sie es tun. Er schlief, als sie sich aber den Revolver in die Schläfe geschossen hatte, erwachte er: »Was hast du getan, Mascha?«

»Sei still, es hat niemand gehört.«

Sie hatte keine Schmerzen, wußte nicht, ob der Revolver überhaupt losgegangen war. Nur ›Wasser weinte über sie‹. Von oben rann ihr Wasser in die Augen, warm. Franta rief die Nachbarin, aber so leise, daß niemand kam. Er machte ihr einen kalten Umschlag auf die Stirn. Sie schlief ein.

Als sie erwachte, fühlte sie sich sehr schwach. Er kniete vor ihr und glänzte mit seinen mörderischen Augen. Das Licht brannte mit einer rosa Flamme. Auf ihre Brust hatte er Kruzifix und Heiligenbilder gepackt. Sie konnte kaum atmen, ließ aber die Heiligenbilder liegen. Er wollte aufstehen, sie faßte seine Hand und sagte: »Bleib bei mir, ich muß sterben.« Um acht Uhr morgens war sie tot. Er kniete noch neben ihr, sah auf ihre schönen großen Brüste hinab und glänzte sie an mit seinen mörderischen Augen.

8

Jetzt fühlte Franta sich errettet. Die Nachbarin wachte an der Leiche. Sie hatte Maschas entblößten Oberkörper aus Mitleid mit ihrer Wetterpelerine bedeckt. Franta ging aus zu seiner Arbeit, voll Freude auf die Nacht. Endlich keine Angst mehr um das zerstörte Geschlecht. Keine Scham wegen der Verstümmelung. Das Goldgeld, die dicken Münzen, die herrlichen Perlen, endlich alles ihm allein!

Noch wußte er nicht, was damit beginnen, aber bloß die Perlen ansehen, sie auf der bloßen Hand rollen lassen, wie kleine Schrotkörner so schwer, sie in den Mund nehmen, zum Zittern in seiner Wollust: Wieder waren sie rötlich umhaucht, stärker als früher, und blieben ein wenig gerötet auch nachher. Er verglich sie mit Perlen in den Auslagen der Juweliere und schätzte die größte Perle auf zehntausend, die kleineren auf je drei- bis viertausend.

Zu Hause war die Leiche schon fortgeschafft zum Gericht, und der Wachmann wartete auf ihn. Franta war klug geworden. Er bat, frische Wäsche nehmen zu dürfen, und warf das Taschentuch mit den Perlen zu dem schmutzigen Zeug. Die Wohnung wurde versiegelt, Franta kam ins Gefängnis. Er blieb dort drei Tage allein. Tief schlief er die ganze Zeit, hatte keine Gedanken an das Frühere. Beim Verhör fragte man ihn, wozu er den Revolver gekauft hätte. Er sagte: »Waffen werden jetzt gebraucht.« Man konnte ihm nichts nachweisen. Er sagte: »Meine Frau hat sich zu sehr vor dem Kriminal gefürchtet; sie war auch in großer Not, ich war im Krieg, bin schwer verwundet.« – Er wurde freigesprochen und empfing sogar eine kleine Entschädigung für Arbeitsentgang vom Gericht.

Im Jahre 1916 kam der Frühling sehr spät, Anfang April war noch Eiseskälte überall. Trotzdem wucherte in Franta eine schwüle Glut, oft zitterte er. Der Schlaf war nachts schwer, mit wüsten Träumen. Franta Zlin hämmerte sich in viel Arbeit ein, aber das Sitzen auf dem Arbeitsschemel, gepreßt zu einem Bündel Fleisch, das sich selbst erhitzte und von trockenen Fetzen rings umgeben war, machte ihn wild. Abends ging er in ein Kino, konnte aber nichts deutlich sehen. Die Luft war wie über einem Koksofen, wie sie auf den Straßen stehen, hoch im Sommer, wenn der Asphalt geschmolzen wird, ein Eisenkorb, gefüllt mit farbloser Glut, und die Luft zittert darüber wie kochendes Glas. Er hörte die Musik, es begann ihn zu würgen. Auch die Nachbarn, die vielen Leute im Kino keuchten heiße Seufzer; als er heimging, war er wie berauscht. Am nächsten Tag sagte er die Arbeit beim Goldschmied auf. Es gab fast kein Gold mehr bei den kleinen Juwelieren, da alles von Staats wegen eingeschmolzen wurde. Er fragte nach ungelernter Arbeit. Man sagte: In der Gasanstalt.

Dort arbeiteten viele Russen, aber auch Wiener, junge und ältere. Franta arbeitete bei der dritten Destillation. Neben ihm war ein dicker, großer Russe, Wassily. Bis zum Sommer fühlte Franta sich gut und glücklich. Perlen und Geld behielt er. Er wollte sich ein kleines Haus kaufen, bei Wien oder, wenn der Krieg vorbei war, im Walde bei dem Passe von Turka, zwischen den drei Serpentinen. Daran dachte er oft.

9

Die kriegsgefangenen Russen in der Gasanstalt verstanden es, durch Bestechungen freien Ausgang zu bekommen. Wassily schenkte oft dem Wachkorporal Zigaretten und bares Geld. Er hatte einige Worte Deutsch gelernt, besonders die Worte: »Haben Sie gerne?« In einem Zivilgewand oder in einem österreichischen Militärmantel verließ er abends die Gasanstalt und nahm Franta zum Schnapshändler mit. Bei dem dritten Glas Rum überfiel Franta fürchterliche Glut. Begierde, nicht mehr allein im Leib, auch in den Händen, in den Augen, alles zitterte in unbegreiflichem Wunsch, verlangte in furchtbarem Hunger nach Lust. Wassily schien sogleich zu verstehen, denn er zahlte in Eile, nahm Franta mit, indem er mit schmutzigem Lächeln sein »Haben Sie gerne« wiederholte.

Ältere Mädchen, grell geschminkt, wie lebendige Leichen so starr, mit unheimlich schleppenden Kleidern, wandelten vorbei. Es war elf Uhr nachts, die Stadt immer noch ein Glutofen. Vor den älteren Mädchen fürchtete sich Franta, aber da schlüpfte etwas Zartes, Weißes vor ihnen her, in lichtem Kleid, mit nackten Beinen, in Leinwandschuhen.

Rings war schon freies Feld, der nächtlich leere Exerzierplatz, die Schmelz.

»Suchst du die Vicky?« zwitscherte die Stimme der Weißen. Franta keuchte. Wassily war schon verschwunden in den Schützengräben, die die Soldaten zur Übung ausgehoben hatten am Rande des Platzes.

Das Mädchen nahm Franta an der Hand, führte ihn mit Vorsicht den Häusern am andern Ende der Schmelz entgegen: Franta zog die Hand fort. Lust, Begierde brannte unheimlich, aber nur schrecklich, nur eine Angst, nur ein Wüten.

»Wo ist die Vicky?«

»Da drüben siehst du schon das Hotel«, zwitscherte die Stimme. Schon war Vicky in den rot beleuchteten Eingang des Hotels geschlüpft, hatte eine Zimmertür geöffnet, schon das Hängerkleid heruntergerissen.

»Die Vicky?«

»Ich!«

»Wie alt bist du?« Sie schimmerte so zart, ein wehender weißer Schein im dunklen Zimmer.

»Zwanzig Jahre.«

Er fühlte an ihrem Gesicht entlang. Es schien ihm zwölf Jahre alt zu sein oder sechzehn. Sie lachte. Spitze, weiße Zähne, lang in dem hohen ovalen Mund, wie ein kleines weißes Feuer. Das Zimmer war nicht ganz dunkel, es erhellte sich mit jedem Augenblick mehr, auch Vicky schien ihn jetzt deutlich zu sehen.

»Du herziger Mann!« sagte sie. Er sah ihre schwarzen Haare an: »Schwarz, schwarz, das ist schön.« – Sie flog so leicht an ihm empor, ohne Schuhe flatterte sie auf. Er hob sie, trug sie wie ein Bild auf beiden Händen, daß sie hoch kichernd lachte. Sanft faltete er die Hände auseinander. Wie sie sich schmiegte in die Höhlung seiner geweiteten Arme! Glühend wogte er zwischen ihren Gliedern. Der gespaltene Huf des Tieres, zwischen dessen Höhlung er die Perle gefunden hatte, einst, einst.

Nieder! Unaussprechlich erfüllte ihn Mitleid mit sich selbst.

Unaussprechlich erfüllte ihn glühende Wut, namenlose Gewalt. Was riß an ihm, nahm seine Hände vor? »Schnell, schnell!« schrie er. Er hatte Vickys Körper, so leicht, so schmelzend, schon an den Beinen angefaßt, in betäubenden Hieben schleuderte er den Körper an die Erde, schlug ihn hämmernd nieder, in tierischer Teufelei hämmerte er die Schreiende nieder. »Schrei nicht! Schrei nicht!« heulte er die Schreiende an, in dem Zittern vor der Erfüllung keuchte er sich empor.

Als sie schon still lag, nicht mehr schrie, nicht mehr zu atmen schien, riß er sich selbst die Kleider ab. Sein verstümmelter Leib erstand zum erstenmal vor seinem Blick. Tief beugte er das Haupt zu sich nieder. Tränen. »Da, sieh her, so war ich nie! So war ich nie! Da, sieh her, Vicky! Alles hat es herausgehaut aus mir. Franta! Alles hat es herausgehaut aus dir!« – Langsam, mit zarten Händen legte er die Bewußtlose aufs Bett, kniete noch lange vor ihr. »So hast du deine Frau erschlagen«, sagte er, »so hast du sie langsam zu Tode gewürgt! Franta! Nicht zu retten mehr! Fürchterliche Tränen. Fürchterlicher Tod!« – Pochen an der Tür erweckte ihn. Kaum konnte er sich selbst wie ein Tuch über das liegende Mädchen stürzen, schon stand der Russe gewaltig in der Tür, lächelnd mit bösem Gesicht: »Haben Sie gerne?« Der linke Fuß des Mädchens gleißte im Laternenlicht.

Franta erhob sich: Mörder, der umsonst gemordet hat. Ungesättigt das wütende Geschlecht! Aber er mußte auf und fort, fliehen außer Land. Der Russe griff ihn an der Hand, beide schlichen sich schnell hin, leise die Treppe hinab, rannten dem Bahnhof zu, dessen Uhr in der Nähe durch die leere Straße leuchtete.

Das Mädchen, betäubt von gräßlichen Schlägen, erhob sich bald, sie weinte. Der Mann hatte ihr trotz allem gefallen. Nun war er fort und hatte nichts gegeben, auch kein

Geld fürs Zimmer. Flink zog sie sich an, glitt über die Treppe. Am Ende der langen Straße sah sie Franta mit dem Russen flüchten, sie konnte ihn aber nicht mehr erreichen.

10

Am Fahrkartenschalter zog Franta das noch vom Blute der Schlacht bei Rawaruska blutige Tuch mit dem Goldgeld hervor. »Kaputt?« fragte der Russe mit bösem Lächeln. Franta antwortete nicht, stieß den Russen beiseite, wollte eine Karte lösen und mit Papiergeld bezahlen. Wassily, außerhalb des Eisenbahngeländers, das zum Fahrkartenschalter führte, winkte ihm, machte Zeichen: zwei! zwei!

Franta wußte, daß er mit dem Russen nicht allein bleiben dürfe, sonst würde er von ihm erschlagen.

Sie fuhren dichtgedrängt mit vielen Soldaten und Zivilisten die Nacht hindurch und den nächsten Tag. Abends kam Militärpolizei, um die Reisedokumente zu revidieren. Trotzdem sie den Waggon von beiden Seiten bewachte, floh Franta in den kleinen Abraum. Wassily folgte gleich nach. Grauenhafte Angst erfüllte Franta, als er neben sich die groben, gutmütigen Züge des Russen sah, und unter ihnen den Mörder, sein Ebenbild. Aber er schrie nicht, sondern lachte, wiehernd, dröhnend, bis ihm der Russe den Mund zuhielt. Nun schwieg er, bald war die Gefahr vorüber, denn auf Pochen und Rütteln öffneten sie nicht. An der nächsten Station, Sankt Anton in Vorarlberg, verließen sie den Zug, der hier nicht hielt, sondern nur sehr langsam fuhr. Schwerer Wald war dicht dabei, sie gingen einen schönen Weg entlang unter Tannen. Die Sterne schienen zwischen den Bäumen. Gegen Mitternacht legte sich Franta auf den Boden. Er mußte schlafen. Er wollte vorher noch die Perlen und die fünf großen Goldmünzen dem Russen aus freier Hand ausliefern, um sich zu retten. Aber die letzte Regung des Geizes ließ seine Hand nicht los, die sich in der Tasche um die Kostbarkeiten spannte.

Ein hoher Wagen, schwer bepackt mit umgekehrten Tischen, altem Gerümpel, schwankte ihm entgegen. Ein ausgemergelter Jude lenkte mit knitzender Peitsche zwei noch ausgemergeltere Pferde. Ein kleines Feuerchen glitzerte warm. Ein Fohlen, hellfarbig, klapperte mager nebenher, hoch wiehernd. Kühe mit weich gesenktem Haupt umwandelten ihn, zutraulich kreisend. Die junge dicke Judenfrau, nicht mehr im Wagen, suchte auf dem Boden zwischen den gespaltenen Hufen der wandernden Tiere, griff plötzlich auch Franta – er lag gelähmt in rosarotem Licht – in die Weichen. Ihr Gesicht, oval, weiß, schwer von lichtem Fleisch, näherte sich ihm, und mit einem Male war Franta ganz hoch beseligt, ganz steil getürmtes Geschlecht, ganz kreisend geballter Mann, hineingewühlt in die weiche Fülle des Fleisches, gute Flut wie weiße Elfenbeinhauer ausatmend in wogender Nacht.

Wie ein Tier hatte er sich nur eingeworfen, nicht mehr bewegt. Starr gefesselt, glücklich unbewegt, in Ewigkeit gebadet, war er umgeben rings von der letzten befreienden Erfüllung bis zu tiefst gesättigter Lust. Mit seiner Hand, wie unter das liegende Muttertier einst, fühlte er vor, sein eigenes ausströmendes Blut empfand er als ausblühende Glut, als Befreiung ohne Schrei, und in stärkeren Kreisen löste er sich ganz in der niederfließenden Überwältigung.

Der Russe floh nach dem Morde über die Schweizer Grenze. Franta Zlin wurde am 30. Juli des Jahres 1916, zwei Jahre nach Beginn des Weltkrieges, in Sankt Anton in Vorarlberg als Unbekannter, von Unbekannten ermordet, begraben.

Dienstag, 12. Oktober 1916

Der Reservekorporal Georg Pichler, im Zivilverhältnis zweiter Buchhalter eines Konfektionshauses in der Zelinkagasse, geriet im Oktober 1916 als Feldwachtkommandant verwundet in russische Kriegsgefangenschaft. Er hatte einen Bein- und einen Schulterschuß. Mehrere Monate hindurch lag er in Tiflis in einem kleinen Kriegsspital, das ehemals ein »Han«, ein Einkehrhaus für durchreisende Kaufleute gewesen war.

Es ging ihm nicht schlecht. Nur das Wechseln seines Verbandes verursachte ihm Furcht und Unbehagen. Wenn er dann wieder im Bette lag, verspürte er ein Wohlgefühl bei dem Gedanken, daß er nun wieder zwei Tage Ruhe hatte, 48 Stunden hindurch ungestört blieb. Die Vorstellung, daß, während er sich behaglich unter seiner warmen Decke dehnen durfte, sein ehemaliger Vorgesetzter, der Stabsfeldwebel Votrubec, fröstelnd, ohne Tabak, mit leerem Magen und Aussicht auf einen Bauchschuß in dem regendurchweichten Schützengraben auf und ab marschierte – diese Vorstellung versöhnte ihn vollends mit seinem Schicksal.

Anfangs war er apathisch und ohne Interesse für seine Umgebung. Er freute sich seines wiedergewonnenen Lebens, freute sich, daß er dem Krieg für immer entronnen war. Die Zeit verging aufs beste mit dem Warten auf die Menage. Mittags gab es Krautsuppe oder einen Hirsebrei, »Kascha« genannt, abends Tee. Wenn er Sonntags eine Portion Sülze erhielt, so gab ihm dieses überraschende Ereignis Stoff zum Nachdenken für viele Tage.

Erst zu Beginn der siebenten Woche seines Aufenthaltes im Spital stellte sich die Langeweile ein. Er fing an, die Gesichter seiner Zimmergenossen zu studieren. Sie waren auf ärgerliche Art einander ähnlich. Er bemühte sich – ohne

jeden Erfolg – ein Gespräch mit seinem Krankenwärter, einem mürrischen, alten Tataren, der beim Gehen das rechte Bein nachschleppte, anzuknüpfen. Er unterdrückte den Groll gegen seinen Bettnachbarn, der ihn mit seinem endlosen Husten allnächtlich aus dem Schlaf weckte, verzieh ihm diese und andere Untugenden und versuchte, sich ihm verständlich zu machen. Er sprach zu ihm wie zu einem Kinde: Langsam, mit viel Geduld und in merkwürdig vereinfachten Redewendungen. Der Versuch mißlang. Georg Pichler sprach kein Wort russisch und sein Nachbar zudem vermutlich nur tatarisch.

Allmorgendlich machten die beiden Ärzte die Runde. Der eine von ihnen, der Ältere, verstand französisch. Georg Pichler verwendete einige Nachmittagsstunden dazu, sich Redensarten in französischer Sprache zurechtzulegen. Als er dann am Morgen in der Sprache Racines Bemerkungen über die wahrscheinliche Kriegsdauer und über seine eigene Person machte, nickte der Arzt ihm freundlich zu, klopfte ihm auf die linke, die gesunde Schulter und trat an das nächste Bett. Er hatte kein Wort verstanden.

Schließlich gelang es Georg Pichler dennoch, mit dem Aufgebot einiger lateinischer Verba und Substantiva, die ihm vom Untergymnasium her in Erinnerung geblieben waren, dem Arzt begreiflich zu machen, daß er Lektüre wünsche. Am nächsten Morgen erhielt er: Eine polnische Grammatik, den ersten Band eines zerlesenen ungarischen Romanes und eine albanische Bibel.

Da die Außenwelt ihm versperrt war, zog sich Georg Pichler gänzlich in sich zurück. Er erfand allerlei Methoden, sich die Zeit, die sich zwischen Erwachen und Einschlafen endlos dehnte, zu verkürzen. Er zerlegte das Räderwerk seiner Uhr und setzte es wieder zusammen und dies wiederholte er so lange, bis sie ihm gestohlen wurde. Er studierte seine Zugsliste, legte eine Statistik der Vornamen seiner ehemaligen Untergebenen an und stellte fest, daß der Name Anton siebenmal, der Name Johann fünfmal und die Namen Franz und Heinrich je dreimal in der Zugsliste vorkamen. Er wettete mit sich selbst, aus wieviel Silben und Buchstaben sich die Gedichte zusammensetzten, die er noch von der Schulzeit her auswendig wußte. »Burg Niedek liegt im Elsaß« bestand aus 241 Silben und 1172 Buchstaben. »Gott grüß Euch, Alter, schmeckt das Pfeifchen?« zählte beinahe ebensoviel Buchstaben wie »Placidus, ein edler Feldherr«. Eben als er mit der Zerlegung des »Kaisers Rotbart lobesam« beschäftigt war, trat das unerwartete Ereignis ein, das seinem bisherigen Zeitvertreib ein für allemal ein Ende setzte.

Ein neuer Transport leichtverwundeter Kriegsgefangener traf ein, der noch am selben Tag weiterbefördert wurde. Eine Stunde lang hörte sie Pichler auf den Gängen hin und her gehen. Keinen von ihnen bekam er zu Gesicht. Aber am nächsten Morgen warf der Arzt eine Zeitung auf Pichlers Bett. Es war eine Wiener Zeitung und sie trug das Datum: 12. Oktober 1916.

Dem Korporal Pichler stockte eine Sekunde lang der Atem vor Aufregung und Freude. Er begriff es plötzlich nicht, wie es möglich war, daß er so viele Wochen hindurch das Leben ohne die tägliche Zeitung ertragen hatte. Einen Augenblick lang kämpfte er mit dem Entschluß, ökonomisch vorzugehen, mit der Fülle der Sensationen, die das Blatt enthalten mußte, hauszuhalten, jeden Tag des Morgens nur eine halbe Spalte zu lesen. Jedoch das Fleisch war schwach: Er las die Zeitung in einer halben Stunde, las sie in einem Zug von der ersten Zeile bis zu den Annoncen.

Als er die Lektüre beendet hatte, warf er das Blatt achtlos auf den Erdboden. Es hatte ausgedient, ihm eine halbe Stunde hindurch die Zeit vertrieben, war zu nichts mehr nütze.

Eine Stunde später zwang ihn die Langeweile, das Blatt vom Boden aufzuheben. Er hatte es – sagte er sich – ja nur flüchtig gelesen, vieles überflogen, den Börsenbericht und den volkswirtschaftlichen Teil kaum angesehen. Er las die Zeitung mit Gründlichkeit ein zweites Mal und entdeckte in der Lokalchronik und in der Theaterrubrik Einzelheiten, die ihm entgangen waren.

Am nächsten Morgen erwachte er mit dem bestimmten Vorgefühl, daß der Arzt ihm die nächste Nummer aufs Bett legen werde, die Nummer vom 13. Oktober 1916. Diesmal, nahm er sich vor, werde er den Lesestoff planvoll auf den ganzen Tag verteilen. Vormittags den politischen Teil, nachmittags den Gerichtssaal. –

Der Arzt kam und brachte keine Zeitung. Er klopfte dem Patienten auf die Schulter und trat an das nächste Bett.

Georg Pichler las die Zeitung vom 12. Oktober zum drittenmal. Diesmal las er auch die Annoncen, die Marktberichte und die amtlichen Verlautbarungen.

Als er das Blatt eine Woche später zum siebzehntenmal las, war die ewig wechselnde Physiognomie der Zeit für ihn zu einer unbeweglichen Maske erstarrt. Immer wieder ereignete sich in aller Welt das Gleiche. Abend für Abend wurde in der Oper das Ballett »Harlekin als Elektriker« und in der Burg »Don Carlos« gegeben. Unermüdlich verurteilte der Bezirksrichter Dr. Bendiener den Kaufmann Emanuel Grünberg wegen Preistreiberei zu sechs Wochen Arrest und 600 Kronen Geldstrafe. Restlos geriet die sechzigjährige Private Ludmilla Stangl unter die Schutzvorrichtung der Elektrischen und erlitt täglich neue, schmerzhafte Kontusionen in der Gegend des rechten Hüftgelenks. Ein unerbittliches Gesetz trieb den zwanzigjährigen, beschäftigungslosen Markthelfer Karl Fiala allabendlich in den Trödlerladen des Moritz Wassermann, wo er dem Verkäufer Tag für Tag mit einer Eisenklammer einen wuchtigen Schlag auf den Kopf versetzte. Zum siebzehntenmal wurde der unseligen Frau Melitta Neuhäusel, Fabrikantengattin, Rathausstraße 14, eine Brillantbrosche im Werte von 40 000 Kronen entwendet. Gespenstisch erschien alle Tage um die dritte Stunde der Trauerzug am Tor des Zentralfriedhofes, der die Leiche des nach kurzem Leiden verschiedenen kaiserlichen Rates Emil Kronfeld unaufhörlich zur ewigen Ruhe geleitete. In jeder

Sitzung des Gemeinderates hielt der Stadtrat Dr. Adolf Lichtvoll unverdrossen die gleiche Rede und immer wieder unterbrach ihn sein Kollege, der Gemeinderat Wowerka mit der Bemerkung: »Aber tun S' Ihna nichts an!«

Wenn Georg Pichler die alte, zerlesene Zeitung zur Hand nahm, war er nicht mehr im Kriegsspital in Tiflis, sondern daheim in Wien. Nach der vierzigsten Lektüre des Blattes wußte er den Leitartikel vom ersten bis zum letzten Worte auswendig. Eine »Zuschrift aus Leserkreisen« hatte seine Weltanschauung aufs gründlichste verändert und ihn zu einem begeisterten Vorkämpfer der Feuerbestattung gemacht. Er lechzte danach, endlich einen Versuch mit der Frostsalbe »Agathol« zu machen, war in andauernder Spannung, ob sich nicht endlich ein Lizenznehmer für das österreichische Patent Nr. 96137 »Kugelzapfen für Kupplungsanlagen« finden werde und sann Tag und Nacht darüber nach, wer aus Mutwillen oder Bosheit den Schuß abgefeuert haben mochte, der die große Spiegelscheibe des Café Nizza auf dem Althanplatz zertrümmert hatte.

Er kannte nunmehr die billigsten Bezugsquellen für alle Lebensnotwendigkeiten. Er wußte, wo man Nutz- und Schlachtziegen, einzelne Briefmarken und ganze Sammlungen, Trikotseidenreformhosen, Limonadensaft, Dachpappe, dünne Bleche jeder Art, Prachtfüchse, Freilaufräder, Viehsalz, Messingluster und Isolierflaschen preiswert erwerben konnte. Wenn er die Augen schloß, sah er lange Züge von Menschen, die alle zu M. Goldammer, Kleine Sperlgasse 8, pilgerten, um dort ihre alten Hosen, Wäsche, Schuhe, Chiffons, Uniformen, Pelzwaren und ganze Verlassenschaften »Zu erstaunlich hohen Preisen« zu verkaufen.

Im Frühjahr 1918 wurde Georg Pichler als Austauschinvalider in die Heimat entlassen. Um diese Zeit hatte er das Morgenblatt vom Dienstag, den 12. Oktober 1916, zweihundertsiebzigmal gelesen.

Dieser Tag – der 12. Oktober 1916 – hatte von ihm Besitz ergriffen. Dieser Tag hatte ewiges Leben, hatte alle anderen Tage verschlungen, es gab nur ihn. Was sich an ihm ereignet hatte, war unverwischbar in Georg Pichlers Erinnerungen eingegraben. Die Zeit war stehen geblieben am Dienstag, den 12. Oktober 1916.

Als Georg Pichler aus dem Bahnhof auf die Wiener Straße trat – seine alte Mutter und sein jüngerer Bruder hatten ihn abgeholt – sah er einen großen struppigen Köter, der sich vor der Türe einer Schankwirtschaft herumtrieb. Er erklärte sogleich, das sei kein anderer als Frau Therese Endlichers verlaufener Bully, der auf den Namen Riki höre und 3. Bezirk, Ungargasse 23 gegen hohe Belohnung abzugeben sei. Er versuchte, sich dem Hund mit freundlichen Worten zu nähern. Der Hund knurrte, fletschte die Zähne und fuhr nach Georg Pichlers rechter Wade.

Sie fuhren in der Elektrischen. Der Bruder trug den Rucksack und bot Georg »Ägyptische« an. Die Mutter verlangte, er solle etwas aus Rußland berichten. Georg Pichler sagte, aus Rußland wisse er nichts Erzählenswertes. Sein Blick war im Vorüberfahren auf das Firmenschild einer Rasierstube gefallen.

»Friedrich Huschak, Friseur«, las er: – »Ich möchte wissen, ob dieser Huschak ein Verwandter des Professors Huschak ist, der am 12. Oktober 1916 im großen Saale des anatomischen Instituts den Vortrag über den mikroskopischen Aufbau der menschlichen Lunge gehalten hat.« –

Am Abend fand sich Georg Pichler in »Otto Remisch's Bierhalle«, Mariahilfer Gürtel 18, ein. Er trat auf den Wirt zu und hielt ihm die Hand hin.

»Meine herzlichsten Glückwünsche, wenn auch verspätet.«

Der Wirt sog an dem Stummel seiner Zigarre und machte ein dummes Gesicht.

»Meine herzlichsten Glückwünsche zum fünfundzwanzigjährigen Geschäftsjubiläum«, wiederholte Pichler.

»Ach so«, meinte der Wirt. »Ist schon lang nimmermehr wahr. I' hab eh net wollen, daß 's in die Zeitungen einerkummt. Aber der Herr Doktor, der was alle Abend auf an G'spritzten herkommt – dort sitzt er, die Ehre, Herr Doktor, die Ehre! – hat sich's net nehmen lassen.«

»Und wie ist denn eigentlich der Prozeß der Holzverwertungsgesellschaft ausgegangen?« fragte Pichler.

Der Wirt erklärte, er hätte niemals einen Prozeß geführt.

»Ich meine den interessanten Prozeß, den die Holzverwertungsaktiengesellschaft gegen das Ärar angestrengt hat.«

Der Wirt sagte, von diesem Prozeß wisse er nichts.

In Georg Pichlers Vorstellung waren die Personen, die er aus dem Zeitungsblatt vom 12. Oktober kannte, untrennbar miteinander verknüpft. Jeder wußte von allen anderen. Der Bezirksrichter Dr. Bendiener zitterte mit Frau Therese Endlicher um den Bully »Riki«, der ihr abhanden gekommen war. Tieferschüttert schritt Professor Huschak im Leichenzug des nach kurzen Leiden verblichenen kaiserlichen Rates Kronfeld.

»Der Prozeß«, belehrte Pichler den Wirt, »fand am 12. Oktober 1916, dem Tag Ihres fünfundzwanzigjährigen Geschäftsjubiläums statt. Sie müssen unbedingt davon wissen.«

Der Wirt sah ihn mißtrauisch an, machte dem Oberkellner ein Zeichen, zuckte die Achseln und verschwand hinter dem Schanktisch.

Am nächsten Morgen las Georg Pichler die Zeitung. Die Lektüre langweilte ihn. Er fand in ihr Ereignisse, die ihn verwirrten, und Namen von Menschen, die ihm gar nichts bedeuteten.

»Es ist merkwürdig«, sagte er zu seinem Bruder, »wie wenig Interessantes seit einiger Zeit die Zeitungen bringen. Man liest die Sachen und eine Stunde später weiß man nicht mehr, was man gelesen hat.«

Erinnern & Vergessen: nicht vergessen können (→ Wohin rollst du, Äpfelchen

OSKAR BAUM

Der Geliebte

Der schweigsame kleine Pope schritt mit der Laterne voraus und bezeichnete dem »Herrn Unteroffizier«, der ihm offenbar durch seine Kenntnis des Russischen eine furchtsame, tiefe Ergebenheit abnötigte, die Häuser, deren Bewohner geflüchtet oder die schon von den Russen nach Leinen- und sonstigem Verbandzeug durchsucht waren, aber Richner hatte ihn im Verdacht, daß er so vielleicht nur seine besondern Schützlinge vor ihm bewahren wollte. In den Sälen der Schule und des Gemeindeamts drunten lagen die Blutenden von Stunde zu Stunde immer dichter beieinander auf ihrem Stroh.

In eines dieser Häuser nun, aus dem er Geräusche zu hören glaubte – es war eines der letzten vereinzelten Gehöfte am Waldrand jenseits des Flusses – drang er trotzdem ein, fand jedoch wirklich alle Räume zerstört und verlassen und wollte schon wieder fortgehen, als er am Ende eines Ganges vor einer verschlossenen Tür ein junges Mädchen auf einem Reisekorb sitzen sah, regungslos mit gesenktem Kopf, als ob sie schliefe. Er trat mit dem Licht vor sie hin. Sie hatte offene Augen, blickte sinnend auf ein Stückchen Boden vor sich. Sie merkte immer noch nicht, daß jemand gekommen war, obgleich beide sie anriefen und miteinander laut von ihr sprachen.

Der Pope schien aufrichtig verwundert und geradezu beunruhigt über ihre Anwesenheit, fragte sie, warum sie denn nicht mit den Ihren geflüchtet sei und sich seither hier versteckt halte, daß kein Mensch im Dorf unten eine Ahnung habe, sie sei da? Er redete nachsichtig sanft wie zu einem kranken Kinde, nannte sie bei ihrem Vornamen, warb geduldig auf alle mögliche Weise um ein Lebenszeichen und hob ihr zuletzt das Kinn, als ihr teilnahms-

loses stumm gesenktes Gesicht nicht mehr zu ertragen war.

Sie sah ihn mit großen erstaunten Augen an, als erwache sie und erkannte ihn wohl nicht gleich. Dann glitt ein Zittern über ihr Gesicht, sie lächelte verlegen und fragte in ziemlich natürlichem höflichem Ton, was die Herren hier wünschten?

Richner wollte die Dinge aufzählen, die er brauchte, aber der Pope machte ihm ein Zeichen, daß das hier zwecklos sei, ging gar nicht auf ihre Frage ein, sondern redete ihr zu, doch nicht hier allein zu bleiben, lieber mit ihm zu guten Freunden zu gehen.

Das Mädchen lächelte nur müde und gequält und sah stumm an ihm vorbei auf den Deutschen. Sie hatte ein wenig schrägliegende dunkle Augen unter sehr langen Wimpern. Das abgezehrte, von Leiden vergeistigte Gesicht saß seltsam auf dem bäurisch breiten untersetzten Körper. Die hellen Haarmassen auf dem Kopf schienen noch reicher dadurch, daß sie, nur unordentlich und flüchtig aufgesteckt, über Ohren und Hals hinabfielen.

Mit wachsender rätselhaft angstvoller Spannung durchforschte ihr Blick Richners Mienen. Jetzt trat sie auf ihn zu: »Ein fremder guter Mensch!« sagte sie nachdenklich und schüttelte langsam den Kopf, »ein solches Gesicht kann nicht lügen!«

Der Pope faßte sie bei den Händen und wollte sie mit sanfter Gewalt fortführen. Aber ein Zucken wie Ekel lief ihr durch den Leib und sie schüttelte das Männchen zornig ab. »Wie lange bleiben Sie noch hier?« fragte sie Richner.

»So noch ein bis zwei Wochen vielleicht«, sagte er, verwirrt von der sonderbaren Frage, »bis die Kleinigkeiten da geheilt sind«, er deutete auf die verbundenen Stellen.

»Nun, zwei Wochen sind auch etwas«, sie nickte einigermaßen befriedigt, »nicht wahr, Sie helfen gern, wo es nötig ist? Und wenn's überdies ein unglückliches Mädchen betrifft? Es ist etwas sehr Wichtiges, von dem ich rede.« Sie senkte die Stimme. »Werden Sie kommen, sich danach zu erkundigen? Aber allein!«

Der Pope winkte Richner voll Unruhe, gar nicht zu antworten, machte ihm eifrig Zeichen, zuckte die Achseln und ging zur Ausgangstür voraus.

»Ich bin nicht verrückt«, flüsterte das Mädchen Richner zu, »kommen Sie nur!«

Als sie dann draußen den Weg fortsetzten, erzählte der Pope, daß das Mädchen noch vor gar nicht langer Zeit fröhlich und gesund und viel schöner als jetzt gewesen sei. Ihr Bräutigam war im Frühjahr verschwunden, wahrscheinlich desertiert. Er hatte sich verabschiedet, um zu seinem Regiment abzugehen und seither fehlte von ihm jede Spur. Sie aber wollte es nicht glauben und wartete immerfort auf Nachricht von ihm. Ihre Angst, ihre Sorge und Unruhe saß ihr wie ein immer tiefer eindringender Fremdkörper in Seele und Leib. Die unabsehbare Trennung, die stete Ungewißheit und namenlose Verlassenheit war zu viel für sie und die Natur richtete eine Mauer gegen das Unerträgliche auf: ihr Geist verwirrte sich.

Als Richner am nächsten Morgen, nicht ganz zufällig, an dem Hause vorbeikam, sah er das Mädchen hinten im Garten lässig bei irgendwelchen Erdarbeiten. Er trat an den Zaun und sah ihr zu.

Da hob sie den Kopf und erkannte ihn augenscheinlich, richtete sich auf, stützte sich auf den Spaten und betrachtete ihn. »Herr«, sagte sie, »Sie sehen meinem Bräutigam ähnlich!«

Er fuhr zusammen; ein Schauer überlief ihn bei diesem unsäglich innigen zutraulichen Ton, der von einem schwer zurückgedrängten Schmerz unsicher schwankte.

Der Pope hatte ihm gestern erzählt, daß ihr eine Zeitlang bei jedem eine Ähnlichkeit mit ihrem Bräutigam aufgefallen war. Sie hatte ihn wohl immer vor Augen, sah ihn überall um sich her und sein Bild verdeckte ihr jede Gestalt und jedes Gesicht.

Sie trat zu ihm an den Zaun: »Wollen Sie nicht zu mir hereinkommen?« fragte sie schüchtern, »ich habe es hier so einsam!«

Er blickte unschlüssig, prüfend in ihr ernstes blasses Gesicht, ganz verwirrt von der erwartungsvollen Spannung darin.

»Ach ja, nicht wahr, Sie kommen?« Sie faßte ihn beim Arm und sah ihm, indem sie ein wenig den Kopf neigte, von unten herauf in die Augen, »Sie werden bei mir bleiben, ja? bis – bis – Es ist so unheimlich hier im Hause allein! Gewissermaßen allein oder eigentlich viel schlimmer als das! Und weithin überall nur leere Häuser! Ich war schon so am Rande. Ich wußte nicht, daß ich auf jemanden wartete; erst als ich Sie sah, fiel es mir ein. Und Sie werden auch etwas für mich tun, nicht wahr? Mir helfen, wenn ich Sie sehr bitte. Werden Sie, werden Sie?« Das ängstlich gespannte Kinderflehen in ihren Augen hatte etwas unsäglich Hilfloses, Verzweifeltes.

Die Tränen stiegen ihm auf. »Ja, ja, natürlich!« sagte er eilig, »gern!«

Sie nickte gerührt und streichelte seinen Arm. »Alles?« fragte sie leise und zaghaft, »und wenn es das Schwerste auf der Welt wäre?«

»Alles«, erwiderte er ernst und eine Welle überströmender inniger Hingabe hob ihn hoch, er wäre in dem Augenblick wirklich alles für dies fremde Geschöpf zu tun imstande gewesen.

Sie stand eine Weile und atmete tief. Dann winkte sie ihm entschlossen, ihr zu folgen und ging eilig quer über den Garten dem Hause zu.

Er sah nach der Gartentür aus. Ja, sie war ganz nahe, aber geschlossen. Das Mädchen wandte ungeduldig den Kopf nach ihm. Da kletterte er denn, wiewohl es mit dem wunden Bein einigermaßen beschwerlich war, über den Zaun. Vor dem Hause hielt sie an und wartete auf ihn.

Er stand nun vor ihr.

»Ich weiß ja nicht, ob es nützen wird«, sagte sie mutlos und sann mit halbgeschlossenen Augen vor sich hin, »aber tun muß man es doch! Man muß doch!« Eine Verzweiflung zuckte in ihrem weißen Gesicht, die nicht niederzuzwingen war. Ihr Mund, ihre Nasenflügel, ihre Augenlider zuckten.

»Worin soll ich Ihnen helfen?« fragte er nach einer geraumen Weile, um sie an seine Anwesenheit zu erinnern.

Sie sah auf: »Ich werde es Ihnen zuerst erzählen«, und sie wies auf die Bank neben der Tür, ohne sich selbst zu setzen. »Wissen Sie, ich hätte ja einfach jemanden aus dem Dorf unten rufen können. Der Pope hätte mir's auch getan. Aber ich muß einen Fremden dazu haben. Ich weiß nicht, ob Sie das verstehen werden. Ich würde es nicht ertragen, wenn es ein Freund oder überhaupt ein Bekannter von früher wäre. Nicht, daß ich fürchtete, sie könnten mich steinigen. Oder doch ja, ein wenig fürchte ich mich schon auch!« Sie lauschte nach dem Hause hin. Nichts rührte sich dort. »Er ist nicht fort«, begann sie geheimnisvoll, »nein, er war überhaupt nicht fort. Ach, Sie wissen ja noch gar nicht, daß ich verlobt war; doch? Nun, ich ließ ihn nicht. Der Krieg dauerte damals schon so lange. Er wurde irgendwo in der Ferne ausgekämpft. Niemand dachte, daß er uns hier angehen könnte. Er begann erst für mich, als mein Bräutigam einberufen wurde. Am letzten Abend nun war er bei uns bis spät in der Nacht. Und ich goß wieder und wieder sein Glas voll. Ich hätte es auch ohne Absicht getan. Er war so traurig! Ja, ja, das kann er nicht leugnen. Und ich, ach, was war ich an diesem Abend! Niemand freilich sah mir an, wie wahnsinnig ich war. Alle weinten sie mehr als ich. Nach dem Abschied dann, als er fortging, ging ich mit ihm vor die Tür hinaus, die Treppe hinab, auf die Gasse. Niemand wunderte sich, daß ich mich von ihm nicht trennen konnte. Er aber wußte nicht, wo er ging und fast nicht, wer mit ihm sprach. Er lachte und sang und mein Vorhaben war leichter auszuführen, als ich gedacht hatte. Ich führte ihn hinunter in unsern Kohlenkeller«, sie dämpfte ihre Stimme und faßte heftig seinen Arm. Spitz bohrten sich die umklammernden Finger ein, »nicht in den andern, wo alle unsere Vorräte lagen und jeden Augenblick jemand hineinkam! Das war wohl überlegt. Ich band ihm Hände und Füße, das können Sie mir glauben. Band auch ein dickes Tuch um seinen Mund. Ein unabsichtlicher Schrei oder Ausruf in der Überraschung des Erwachens, dachte ich, wenn gerade zufällig jemand am Keller vorbeikäme. Und die Vorsicht erwies sich weit notwendiger, als ich dachte, aber aus einem Grunde, den ich wahrhaftig nicht hatte voraussehen können. Ich dachte nur, wenn wir es vorher beraten und beschließen würden, würde er es nicht wagen. Deshalb hatte ich ihn dazu zwingen wollen. Doch er war mit dem Mittel zur Rettung unzufrieden, denken Sie nur! Als er am Morgen seinen Rausch ausgeschlafen hatte, begann ein richtiger Kampf zwischen uns. – Ich war früher als alle anderen im Hause aufgestanden. Nicht aus Vorsicht und Ängstlichkeit. Ich hatte die ganze Nacht nicht schlafen können vor Glück, vor Freude über den Einfall und die gelungene Ausführung. Behutsam schlich ich durchs schlafende Haus. Mir war so selig zumute, als schliche ich zu einem verbotenen Stelldichein. Wie dankbar würde er mir sein für diese Eingebung der Liebe, dachte ich. Wie zu unverhofftem neuem Leben erwacht, mußte er sich doch fühlen! Statt in den Krieg zu müssen, im Arm der Geliebten zu bleiben, in ihrem Hause, von ihr gepflegt! Und ich malte mir aus, wie ich ihm das Leben drunten in dem engen dumpfen Raum erleichtern und verschönern wollte, ohne selbst die Eltern einzuweihen, da es ja allzu gefährlich war. Aber er, – als ich ihn zärtlich mit Küssen weckte, als er erfuhr, was ich vorhatte, – er wurde tobsüchtig vor Zorn über meine Zumutung. Sofort solle ich ihn freilassen, damit er noch den Zug erreiche. Ich flehte schmeichelnd und kosend, ohne auf seine Worte zu hören, er möchte, wenn schon nicht anders, so aus Güte und Mitleid für mich dableiben, da es doch ging. Er wäre einfach verschollen. Kein Mensch würde ihn hier suchen. Ich kniete vor ihm und bat ihn weinend mit gerungenen Händen. Er aber stieß mich von sich und herrschte mich wütend an, ich solle mich schämen, in solcher ernsten Sache eine so lächerliche Komödie zu machen. Ich verstünde von diesen Angelegenheiten nichts. Was würden die Leute im Dorf und was seine Kameraden bei der Kompanie von ihm sagen? – An solche Dinge dachte er, wo es sich um sein Leben handelte! Wahrhaftig, die Männer wissen nicht, was das Leben ist! – Und als er nachher, da ich ihn um keinen Preis losbinden wollte, mit aller Kraft um Hilfe zu brüllen begann, da packte mich die Wut über seine Dummheit und die Verzweiflung, daß er nun doch fort sollte und ich stopfte ihm ein Tuch in den Mund und band es fest. Da mochte er beißen und sich werfen, soviel er wollte. Ich werde ihn eben zu seinem Glück zwingen, wenn er so dumm ist, dachte ich. Er wird mir schon einmal Dank wissen. Aber schrecklich war es, wie er so hilflos war und ganz in meiner Gewalt, er, vor dem ich immer demütig gezittert hatte.« Grauen verzerrte ihr Gesicht und verdunkelte ihre Augen voll Tränen, »hatte ich denn nicht recht? Gehörte er nicht auch mir? Durfte er überhaupt noch allein über sich bestimmen? Nun, – Sie verstehen jetzt, warum ich nicht fliehen wollte. Ich war ja glücklich, als sie alle fort waren. Es wurde mir nicht leicht, meinen Gefangenen mit allem Notwendigen zu versehen, ohne daß jemand etwas ahnte. Aber ich war schlau. Es gelang mir sogar, unauffällig, einen Teil der Kohle hinaufzuschaffen. Ich kochte ihm seine Lieblingsspeisen, brachte ihm täglich frische Tannenzweige und Blumen, weil die Luft unten so dick und häßlich war, aber ihn freute nichts von alledem. Eine Zeitlang berührte er die Speisen nicht und wollte verhungern. Zu schreien oder sonstwie aus dem Loch heraus zu wollen, wagte er nicht mehr. Er wollte nicht als Deserteur erschossen werden. Mich haßte er. Ja! Er drehte mir den Rücken, wenn ich eintrat; er stieß nach mir, wenn ich ihm nahe kam. Wenn ich mich schmeichelnd an ihn schmiegte, von süßen Hoffnungen sprach, vom baldigen

Kriegsende und den schönen Tagen unserer Zukunft, da lachte er nur so eigentümlich, daß es einem kalt den Rücken hinablief oder er wurde wild und schlug mich.

Manchmal weinte er, wenn ich kam. ›Ach, wie schön auf Wiesen in freier Luft zu schlafen‹, sagte er, ›zwischen den Kameraden durch Wälder marschieren oder über Felder hinstürmen!‹

Er war nicht krank, gar nicht! Nur ein wenig schwach natürlich. Ewig in dem Loch voll Kohlenstaub zu sein bei dem elenden Licht des Öllämpchens! Wer konnte aber auch wissen, daß der Krieg so lange dauern würde?

Ich sehnte mich nach ihm, so wie er ehedem gewesen, nach einem guten Wort, nach seinem sanften Streicheln. Aber er war stumpf und leblos geworden wie ausgedörrt und wurde immer stumpfer und lebloser.

Das ging so Monate.

Als die deutschen Granaten um uns hier in die Häuser schlugen, kam ich lachend und weinend vor Freude zu ihm hinunter, tanzte und sprang: Jetzt, jetzt war die schreckliche Gefangenschaft für ihn zu Ende, jetzt konnte er heraus und die Rettung war besiegelt. ›Siehst du, siehst du, wo wärst du jetzt, wenn ich dich gelassen hätte?‹ Und ich umschlang ihn jauchzend und wollte mit ihm umhertanzen, soweit es der Raum zuließ. Da aber kam das Entsetzliche!« Ein Zittern lief über ihren Körper und sie neigte sich vor, als sähe sie das, was sie erzählte: »Er schleuderte mich von sich; bis zur Tür flog ich. ›Wie kannst du dich freuen, wenn die Feinde kommen? Du Ehrlose, Hirnlose, du Tier aus dem Stall!‹ Der Schaum stand ihm vor dem Mund. Mit geschwungenen Fäusten stürzte er auf mich los. Ich war zuerst wie gelähmt vor Angst und Schrecken und Verblüffung. Dann floh ich, warf hinter mir die Tür zu und versperrte sie. Ich überlegte nicht warum, aber nicht aus Furcht meinetwegen, wahrhaftig! Droben rast der Kampf, dachte ich, er weiß jetzt nicht, was er tut und rennt in die Kugeln. Mußte ich nicht so denken? Wo, wo ist meine Schuld?« Sie schlug die Hände vors Gesicht, geballte Fäuste bohrte sie in die Wangen. Keuchend, schwer schleppte die Brust ihren Atem. »Vor der geschlossenen Tür«, fuhr sie nach einer langen Pause sehr leise fort, »auf den Stufen kniete ich atemlos, als wenn ich wer weiß wie gelaufen wäre, und lauschte. Ich weiß nicht, ob er mit dem Kopf gegen die Mauer rannte oder ob er in der Raserei so unglücklich zu Boden stürzte. Es war nicht zu unterscheiden! Ich war sogleich drin, als ich ihn hinschlagen hörte. Ich untersuchte ihn und dachte: Gottlob, es ist ihm nichts geschehen. Es floß kein Tropfen Blut, es war keine Wunde.« Sie richtete sich mit matter Willenskraft langsam auf: »Also kommen Sie!« Und sie wandte sich ins Haus.

Er sah sie forschend an: »Wohin denn?«

»Wollen Sie mir nicht helfen?« fragte sie verwundert, »Sie haben mir's doch versprochen!« Und sie ging voraus.

»Was habe ich versprochen?« dachte er beunruhigt.

Sie führte ihn durch einen langen Gang, nahm eine kleine Laterne, die dort in einer Ecke hing und stieg eine schmale gewundene Treppe hinab. Auf den untersten Stufen blieb sie stehen und wandte sich um: »Ich bekomme ihn allein nicht herauf!« flüsterte sie, »er ist schwer!« Sie stellte die Laterne nieder und suchte in der Tasche. Dann steckte sie den Schlüssel ins Schloß, er knackte zweimal. Die niedrige alte Kellertür fiel schwer gegen die Mauer. Ein unerträglicher Geruch, der schon auf der Treppe zu merken gewesen war, schlug ihnen entgegen. Sie hob die Laterne hoch. Der Lichtkreis erreichte eine breite Mannsgestalt, die aufrecht an der Wand lehnte. Es war keine Leiche.

»So ist er seither«, flüsterte sie.

Ein ganz von Bart überwachsenes Gesicht mit gläsernem Tierblick neigte sich vor, schwer gelallte Laute bewegten den Mund und hagere Hände mit sehr langen Fingernägeln griffen nach dem Licht.

»Also warum fassen Sie nicht zu?« flehte sie gequält, »ich werde Ihnen dann schon helfen!«

Richner streckte mechanisch die Hand nach der Schulter des Mannes aus.

Mit einem tiefen grollenden Knurren aus geschlossenem Mund zog der Mann Arme und Beine an sich und preßte den Leib trotzig gegen die Wand.

Mochte es nun der Geruch in dem Raum sein, das langgezogene wie von fernher drohende Hundeknurren oder die Berührung der Fingerspitzen mit dem haarigen Hals, der so kühl und feucht wie die Mauer war, – über Richner schlug ein übermächtiges Grauen zusammen. Er sprang hinaus. Ein gellendes Gelächter folgte ihm die Treppe hinauf.

Er stand auf der Straße. Etwas saß ihm im Rücken und peitschte ihn wie Kinder im Dunkel, hinunter zwischen bewohnte Häuser zu kommen, unter Menschen!

Auf den Wiesen lag die Mittagssonne und sie spiegelte sich im Fluß, als er über die schwankende Brücke floh.

Wie? Hätten nicht vielleicht alle Frauen so gehandelt, wenn sie den Einfall gehabt hätten? – Und er sah alle Männer der Welt in die lichtlosen Kellerkäfige ihrer Häuser ohnmächtig eingesperrt, statt auf der verzweifelten Suche nach dem notwendigen Weg zum Glück (in der Raserei des Zornes über das vergebliche Umirren) miteinander um die Macht und Ehre ihres Volkes zu ringen.

Hinter der Brücke blieb er stehen und sah zurück. Er unterschied noch das helle Holzgitter des vorspringenden Gartenzauns.

Es widerstrebte ihm, damit jetzt zum Popen zu gehen; aber was hätte er anderes tun sollen?

FRANZ KAFKA

Das Urteil

Eine Geschichte

für Fräulein Felice B.

Es war an einem Sonntagvormittag im schönsten Frühjahr. Georg Bendemann, ein junger Kaufmann, saß in seinem Privatzimmer im ersten Stock eines der niedrigen, leichtgebauten Häuser, die entlang des Flusses in einer langen Reihe, fast nur in der Höhe und Färbung unterschieden, sich hinzogen. Er hatte gerade einen Brief an einen sich im Ausland befindenden Jugendfreund beendet, verschloß ihn in spielerischer Langsamkeit und sah dann, den Ellbogen auf den Schreibtisch gestützt, aus dem Fenster auf den Fluß, die Brücke und die Anhöhen am anderen Ufer mit ihrem schwachen Grün.

Er dachte darüber nach, wie dieser Freund, mit seinem Fortkommen zu Hause unzufrieden, vor Jahren schon nach Rußland sich förmlich geflüchtet hatte. Nun betrieb er ein Geschäft in Petersburg, das anfangs sich sehr gut angelassen hatte, seit langem aber schon zu stocken schien, wie der Freund bei seinen immer seltener werdenden Besuchen klagte. So arbeitete er sich in der Fremde nutzlos ab, der fremdartige Vollbart verdeckte nur schlecht das seit den Kinderjahren wohlbekannte Gesicht, dessen gelbe Hautfarbe auf eine sich entwickelnde Krankheit hinzudeuten schien. Wie er erzählte, hatte er keine rechte Verbindung mit der dortigen Kolonie seiner Landsleute, aber auch fast keinen gesellschaftlichen Verkehr mit einheimischen Familien und richtete sich so für ein endgültiges Junggesellentum ein.

Was sollte man einem solchen Manne schreiben, der sich offenbar verrannt hatte, den man bedauern, dem man aber nicht helfen konnte. Sollte man ihm vielleicht raten, wieder nach Hause zu kommen, seine Existenz hierher zu verlegen, alle die alten freundschaftlichen Beziehungen wieder aufzunehmen – wofür ja kein Hindernis bestand – und im übrigen auf die Hilfe der Freunde zu vertrauen? Das bedeutete aber nichts anderes, als daß man ihm gleichzeitig, je schonender, desto kränkender, sagte, daß seine bisherigen Versuche mißlungen seien, daß er endlich von ihnen ablassen solle, daß er zurückkehren und sich als ein für immer Zurückgekehrter von allen mit großen Augen anstaunen lassen müsse, daß nur seine Freunde etwas verstünden und daß er ein altes Kind sei, das den erfolgreichen, zu Hause gebliebenen Freunden einfach zu folgen habe. Und war es dann noch sicher, daß alle die Plage, die man ihm antun müßte, einen Zweck hätte? Vielleicht gelang es nicht einmal, ihn überhaupt nach Hause zu bringen – er sagte ja selbst, daß er die Verhältnisse in der Heimat nicht mehr verstünde – und so bliebe er dann trotz allem in seiner Fremde, verbittert durch die Ratschläge und den Freunden noch ein Stück mehr entfremdet. Folgte er aber wirklich dem Rat und würde hier – natürlich nicht mit Absicht, aber durch die Tatsachen – niedergedrückt, fände sich nicht in seinen Freunden und nicht ohne sie zurecht, litte an Beschämung, hätte jetzt wirklich keine Heimat und keine Freunde mehr, war es da nicht viel besser für ihn, er blieb in der Fremde, so wie er war? Konnte man denn bei solchen Umständen daran denken, daß er es hier tatsächlich vorwärts bringen würde?

Aus diesen Gründen konnte man ihm, wenn man noch überhaupt die briefliche Verbindung aufrecht erhalten wollte, keine eigentlichen Mitteilungen machen, wie man sie ohne Scheu auch den entferntesten Bekannten machen würde. Der Freund war nun schon über drei Jahre nicht in der Heimat gewesen und erklärte dies sehr notdürftig mit der Unsicherheit der politischen Verhältnisse in Rußland, die demnach also auch die kürzeste Abwesenheit eines kleinen Geschäftsmannes nicht zuließen, während hunderttausende Russen ruhig in der Welt herumfuhren. Im Laufe dieser drei

Jahre hatte sich aber gerade für Georg vieles verändert. Von dem Todesfall von Georgs Mutter, der vor etwa zwei Jahren erfolgt war und seit welchem Georg mit seinem alten Vater in gemeinsamer Wirtschaft lebte, hatte der Freund wohl noch erfahren und sein Beileid in einem Brief mit einer Trockenheit ausgedrückt, die ihren Grund nur darin haben konnte, daß die Trauer über ein solches Ereignis in der Fremde ganz unvorstellbar wird. Nun hatte aber Georg seit jener Zeit, so wie alles andere, auch sein Geschäft mit größerer Entschlossenheit angepackt. Vielleicht hatte ihn der Vater bei Lebzeiten der Mutter dadurch, daß er im Geschäft nur seine Ansicht gelten lassen wollte, an einer wirklichen eigenen Tätigkeit gehindert, vielleicht war der Vater seit dem Tode der Mutter, trotzdem er noch immer im Geschäfte arbeitete, zurückhaltender geworden, vielleicht spielten – was sogar sehr wahrscheinlich war – glückliche Zufälle eine weit wichtigere Rolle, jedenfalls aber hatte sich das Geschäft in diesen zwei Jahren ganz unerwartet entwickelt, das Personal hatte man verdoppeln müssen, der Umsatz hatte sich verfünffacht, ein weiterer Fortschritt stand zweifellos bevor.

Der Freund aber hatte keine Ahnung von dieser Veränderung. Früher, zum letztenmal vielleicht in jenem Beileidsbrief, hatte er Georg zur Auswanderung nach Rußland überreden wollen und sich über die Aussichten verbreitet, die gerade für Georgs Geschäftszweig in Petersburg bestanden. Die Ziffern waren verschwindend gegenüber dem Umfang, den Georgs Geschäft jetzt angenommen hatte. Georg aber hatte keine Lust gehabt, dem Freund von seinen geschäftlichen Erfolgen zu schreiben, und hätte er es jetzt nachträglich getan, es hätte wirklich einen merkwürdigen Anschein gehabt.

So beschränkte sich Georg darauf, dem Freund immer nur über bedeutungslose Vorfälle zu schreiben, wie sie sich, wenn man an einem ruhigen Sonntag nachdenkt, in der Erinnerung ungeordnet aufhäufen. Er wollte nichts anderes, als die Vorstellung ungestört lassen, die sich der Freund von der Heimatstadt in der langen Zwischenzeit wohl gemacht und mit welcher er sich abgefunden hatte. So geschah es Georg, daß er dem Freund die Verlobung eines gleichgültigen Menschen mit einem ebenso gleichgültigen Mädchen dreimal in ziemlich weit auseinanderliegenden Briefen anzeigte, bis sich dann allerdings der Freund, ganz gegen Georgs Absicht, für diese Merkwürdigkeit zu interessieren begann.

Georg schrieb ihm aber solche Dinge viel lieber, als daß er zugestanden hätte, daß er selbst vor einem Monat mit einem Fräulein Frieda Brandenfeld, einem Mädchen aus wohlhabender Familie, sich verlobt hatte. Oft sprach er mit seiner Braut über diesen Freund und das besondere Korrespondenzverhältnis, in welchem er zu ihm stand. »Da wird er gar nicht zu unserer Hochzeit kommen«, sagte sie, »und ich habe doch das Recht, alle deine Freunde kennen zu lernen.« »Ich will ihn nicht stören«, antwortete Georg, »verstehe mich recht, er würde wahrscheinlich kommen, wenigstens glaube ich es, aber er würde sich gezwungen und geschädigt fühlen, vielleicht mich beneiden und sicher unzufrieden und unfähig, diese Unzufriedenheit jemals zu beseitigen, allein wieder zurückfahren. Allein – weißt du, was das ist?« »Ja, kann er denn von unserer Heirat nicht auch auf andere Weise erfahren?« »Das kann ich allerdings nicht verhindern, aber es ist bei seiner Lebensweise unwahrscheinlich.« »Wenn du solche Freunde hast, Georg, hättest du dich überhaupt nicht verloben sollen.« »Ja, das ist unser beider Schuld; aber ich wollte es auch jetzt nicht anders haben.« Und wenn sie dann, rasch atmend unter seinen Küssen, noch vorbrachte: »Eigentlich kränkt es mich doch«, hielt er es wirklich für unverfänglich, dem Freund alles zu schreiben. »So bin ich und so hat er mich hinzunehmen«, sagte er sich, »ich kann nicht aus mir einen Menschen herausschneiden, der vielleicht für die Freundschaft mit ihm geeigneter wäre, als ich es bin.«

Und tatsächlich berichtete er seinem Freunde in dem langen Brief, den er an diesem Sonntagvormittag schrieb, die erfolgte Verlobung mit folgenden Worten: »Die beste Neuigkeit habe ich mir bis zum Schluß aufgespart. Ich habe mich mit einem Fräulein Frieda Brandenfeld verlobt, einem Mädchen aus einer wohlhabenden Familie, die sich hier erst lange nach Deiner Abreise angesiedelt hat, die Du also kaum kennen dürftest. Es wird sich noch Gelegenheit finden, Dir Näheres über meine Braut mitzuteilen, heute genüge Dir, daß ich recht glücklich bin und daß sich in unserem gegenseitigen Verhältnis nur insoferne etwas geändert hat, als Du jetzt in mir statt eines ganz gewöhnlichen Freundes einen glücklichen Freund haben wirst. Außerdem bekommst Du in meiner Braut, die Dich herzlich grüßen läßt, und die Dir nächstens selbst schreiben wird, eine aufrichtige Freundin, was für einen Junggesellen nicht ganz ohne Bedeutung ist. Ich weiß, es hält Dich vielerlei von einem Besuche bei uns zurück, wäre aber nicht gerade meine Hochzeit die richtige Gelegenheit, einmal alle Hindernisse über den Haufen zu werfen? Aber wie dies auch sein mag, handle ohne alle Rücksicht und nur nach Deiner Wohlmeinung.«

Mit diesem Brief in der Hand war Georg lange, das Gesicht dem Fenster zugekehrt, an seinem Schreibtisch gesessen. Einem Bekannten, der ihn im Vorübergehen von der Gasse aus gegrüßt hatte, hatte er kaum mit einem abwesenden Lächeln geantwortet.

Endlich steckte er den Brief in die Tasche und ging aus seinem Zimmer quer durch einen kleinen Gang in das Zimmer seines Vaters, in dem er schon seit Monaten nicht gewesen war. Es bestand auch sonst keine Nötigung dazu, denn er verkehrte mit seinem Vater ständig im Geschäft, das Mittagessen nahmen sie gleichzeitig in einem Speisehaus ein, abends versorgte sich zwar jeder nach Belieben, doch saßen sie dann meistens, wenn nicht Georg, wie es am häufigsten geschah, mit Freunden beisammen war oder jetzt seine Braut besuchte, noch ein Weilchen, jeder mit seiner Zeitung, im gemeinsamen Wohnzimmer.

Georg staunte darüber, wie dunkel das Zimmer des Vaters

selbst an diesem sonnigen Vormittag war. Einen solchen Schatten warf also die hohe Mauer, die sich jenseits des schmalen Hofes erhob. Der Vater saß beim Fenster in einer Ecke, die mit verschiedenen Andenken an die selige Mutter ausgeschmückt war, und las die Zeitung, die er seitlich vor die Augen hielt, wodurch er irgendeine Augenschwäche auszugleichen suchte. Auf dem Tisch standen die Reste des Frühstücks, von dem nicht viel verzehrt zu sein schien.

»Ah, Georg!« sagte der Vater und ging ihm gleich entgegen. Sein schwerer Schlafrock öffnete sich im Gehen, die Enden umflatterten ihn – »mein Vater ist noch immer ein Riese«, sagte sich Georg.

»Hier ist es ja unerträglich dunkel«, sagte er dann.

»Ja, dunkel ist es schon«, antwortete der Vater.

»Das Fenster hast du auch geschlossen?«

»Ich habe es lieber so.«

»Es ist ja ganz warm draußen«, sagte Georg, wie im Nachhang zu dem Früheren, und setzte sich.

Der Vater räumte das Frühstücksgeschirr ab und stellte es auf einen Kasten.

»Ich wollte dir eigentlich nur sagen«, fuhr Georg fort, der den Bewegungen des alten Mannes ganz verloren folgte, »daß ich nun doch nach Petersburg meine Verlobung angezeigt habe.« Er zog den Brief ein wenig aus der Tasche und ließ ihn wieder zurückfallen.

»Wieso nach Petersburg?« fragte der Vater.

»Meinem Freunde doch«, sagte Georg und suchte des Vaters Augen. – »Im Geschäft ist er doch ganz anders«, dachte er, »wie er hier breit sitzt und die Arme über der Brust kreuzt.«

»Ja. Deinem Freunde«, sagte der Vater mit Betonung.

»Du weißt doch, Vater, daß ich ihm meine Verlobung zuerst verschweigen wollte. Aus Rücksichtnahme, aus keinem anderen Grunde sonst. Du weißt selbst, er ist ein schwieriger Mensch. Ich sagte mir, von anderer Seite kann er von meiner Verlobung wohl erfahren, wenn das auch bei seiner einsamen Lebensweise kaum wahrscheinlich ist – das kann ich nicht hindern –, aber von mir selbst soll er es nun einmal nicht erfahren.«

»Und jetzt hast du es dir wieder anders überlegt?« fragte der Vater, legte die große Zeitung auf den Fensterbord und auf die Zeitung die Brille, die er mit der Hand bedeckte.

»Ja, jetzt habe ich es mir wieder überlegt. Wenn er mein guter Freund ist, sagte ich mir, dann ist meine glückliche Verlobung auch für ihn ein Glück. Und deshalb habe ich nicht mehr gezögert, es ihm anzuzeigen. Ehe ich jedoch den Brief einwarf, wollte ich es dir sagen.«

»Georg«, sagte der Vater und zog den zahnlosen Mund in die Breite, »hör' einmal! Du bist wegen dieser Sache zu mir gekommen, um dich mit mir zu beraten. Das ehrt dich ohne Zweifel. Aber es ist nichts, es ist ärger als nichts, wenn du mir jetzt nicht die volle Wahrheit sagst. Ich will nicht Dinge aufrühren, die nicht hierher gehören. Seit dem Tode unserer teueren Mutter sind gewisse unschöne Dinge vorgegangen. Vielleicht kommt auch für sie die Zeit und vielleicht kommt sie früher, als wir denken. Im Geschäft entgeht mir manches, es wird mir vielleicht nicht verborgen – ich will jetzt gar nicht die Annahme machen, daß es mir verborgen wird –, ich bin nicht mehr kräftig genug, mein Gedächtnis läßt nach, ich habe nicht mehr den Blick für alle die vielen Sachen. Das ist erstens der Ablauf der Natur, und zweitens hat mich der Tod unseres Mütterchens viel mehr niedergeschlagen als dich. – Aber weil wir gerade bei dieser Sache halten, bei diesem Brief, so bitte ich dich, Georg, täusche mich nicht. Es ist eine Kleinigkeit, es ist nicht des Atems wert, also täusche mich nicht. Hast du wirklich diesen Freund in Petersburg?«

Georg stand verlegen auf. »Lassen wir meine Freunde sein. Tausend Freunde ersetzen mir nicht meinen Vater. Weißt du, was ich glaube? Du schonst dich nicht genug. Aber das Alter verlangt seine Rechte. Du bist mir im Geschäft unentbehrlich, das weißt du ja sehr genau, aber wenn das Geschäft deine Gesundheit bedrohen sollte, sperre ich es noch morgen für immer. Das geht nicht. Wir müssen da eine andere Lebensweise für dich einführen. Aber von Grund aus. Du sitzt hier im Dunkel und im Wohnzimmer hättest du schönes Licht. Du nippst vom Frühstück, statt dich ordentlich zu stärken. Du sitzt bei geschlossenem Fenster und die Luft würde dir so gut tun. Nein, mein Vater! Ich werde den Arzt holen und seinen Vorschriften werden wir folgen. Die Zimmer werden wir wechseln, du wirst ins Vorderzimmer ziehen, ich hierher. Es wird keine Veränderung für dich sein, alles wird mit übertragen werden. Aber das alles hat Zeit, jetzt lege dich noch ein wenig ins Bett, du brauchst unbedingt Ruhe. Komm, ich werde dir beim Ausziehn helfen, du wirst sehn, ich kann es. Oder willst du gleich ins Vorderzimmer gehn, dann legst du dich vorläufig in mein Bett. Das wäre übrigens sehr vernünftig.«

Georg stand knapp neben seinem Vater, der den Kopf mit dem struppigen weißen Haar auf die Brust hatte sinken lassen.

»Georg«, sagte der Vater leise, ohne Bewegung.

Georg kniete sofort neben dem Vater nieder, er sah die Pupillen in dem müden Gesicht des Vaters übergroß in den Winkeln der Augen auf sich gerichtet.

»Du hast keinen Freund in Petersburg. Du bist immer ein Spaßmacher gewesen und hast dich auch mir gegenüber nicht zurückgehalten. Wie solltest du denn gerade dort einen Freund haben! Das kann ich gar nicht glauben.«

»Denk doch noch einmal nach, Vater«, sagte Georg, hob den Vater vom Sessel und zog ihm, wie er nun doch recht schwach dastand, den Schlafrock aus, »jetzt wird es bald drei Jahre her sein, da war ja mein Freund bei uns zu Besuch. Ich erinnere mich noch, daß du ihn nicht besonders gern hattest. Wenigstens zweimal habe ich ihn vor dir verleugnet, trotzdem er gerade bei mir im Zimmer saß. Ich konnte ja deine Abneigung gegen ihn ganz gut verstehn, mein Freund hat seine Eigentümlichkeiten. Aber dann hast du dich doch auch wieder ganz gut mit ihm unterhalten. Ich war damals noch so stolz darauf, daß du ihm zuhörtest, nicktest und fragtest. Wenn du nachdenkst, mußt du dich erinnern. Er erzählte damals unglaubliche Geschichten von der russischen Revolution. Wie er z. B. auf einer Geschäftsreise in Kiew bei einem Tumult einen Geistlichen auf einem Balkon gesehen hatte, der sich ein breites Blutkreuz in die flache Hand schnitt, diese Hand erhob und die Menge anrief. Du hast ja selbst diese Geschichte hie und da wiedererzählt.«

Währenddessen war es Georg gelungen, den Vater wieder niederzusetzen und ihm die Trikothose, die er über den Leinenunterhosen trug, sowie die Socken vorsichtig auszuziehn. Beim Anblick der nicht besonders reinen Wäsche machte er sich Vorwürfe, den Vater vernachlässigt zu haben. Es wäre sicherlich auch seine Pflicht gewesen, über den Wäschewechsel seines Vaters zu wachen. Er hatte mit seiner Braut darüber, wie sie die Zukunft des Vaters einrichten wollten, noch nicht ausdrücklich gesprochen, denn sie hatten stillschweigend vorausgesetzt, daß der Vater allein in der alten Wohnung bleiben würde. Doch jetzt entschloß er sich kurz mit aller Bestimmtheit, den Vater in seinen künftigen Haushalt mitzunehmen. Es schien ja fast, wenn man genauer zusah, daß die Pflege, die dort dem Vater bereitet werden sollte, zu spät kommen könnte.

Auf seinen Armen trug er den Vater ins Bett. Ein schreckliches Gefühl hatte er, als er während der paar Schritte zum Bett hin merkte, daß an seiner Brust der Vater mit seiner Uhrkette spiele. Er konnte ihn nicht gleich ins Bett legen, so fest hielt er sich an dieser Uhrkette.

Kaum war er aber im Bett, schien alles gut. Er deckte sich selbst zu und zog dann die Bettdecke noch besonders weit über die Schulter. Er sah nicht unfreundlich zu Georg hinauf.

»Nicht wahr, du erinnerst dich schon an ihn?« fragte Georg und nickte ihm aufmunternd zu.

»Bin ich jetzt gut zugedeckt?« fragte der Vater, als könne er nicht nachschauen, ob die Füße genug bedeckt seien.

»Es gefällt dir also schon im Bett«, sagte Georg und legte das Deckzeug besser um ihn.

»Bin ich gut zugedeckt?« fragte der Vater noch einmal und schien auf die Antwort besonders aufzupassen.

»Sei nur ruhig, du bist gut zugedeckt.«

»Nein!« rief der Vater, daß die Antwort an die Frage stieß, warf die Decke zurück mit einer Kraft, daß sie einen Augenblick im Fluge sich ganz entfaltete, und stand aufrecht im Bett. Nur eine Hand hielt er leicht an den Plafond. »Du wolltest mich zudecken, das weiß ich, mein Früchtchen, aber zugedeckt bin ich noch nicht. Und ist es auch die letzte Kraft, genug für dich, zuviel für dich. Wohl kenne ich deinen Freund. Er wäre ein Sohn nach meinem Herzen. Darum hast du ihn auch betrogen die ganzen Jahre lang. Warum sonst? Glaubst du, ich habe nicht um ihn geweint? Darum doch sperrst du dich in dein Bureau, niemand soll stören, der Chef ist beschäftigt – nur damit du deine falschen Briefchen nach Rußland schreiben kannst. Aber den Vater muß glücklicherweise niemand lehren, den Sohn zu durchschauen. Wie du jetzt geglaubt hast, du hättest ihn untergekriegt, so untergekriegt, daß du dich mit deinem Hintern auf ihn setzen kannst und er rührt sich nicht, da hat sich mein Herr Sohn zum Heiraten entschlossen!«

Georg sah zum Schreckbild seines Vaters auf. Der Petersburger Freund, den der Vater plötzlich so gut kannte, ergriff ihn, wie noch nie. Verloren im weiten Rußland sah er ihn. An der Türe des leeren, ausgeraubten Geschäftes sah er ihn. Zwischen den Trümmern der Regale, den zerfetzten Waren, den fallenden Gasarmen stand er gerade noch. Warum hatte er so weit wegfahren müssen!

»Aber schau mich an!« rief der Vater, und Georg lief, fast zerstreut, zum Bett, um alles zu fassen, stockte aber in der Mitte des Weges.

»Weil sie die Röcke gehoben hat«, fing der Vater zu flöten

an, »weil sie die Röcke so gehoben hat, die widerliche Gans«, und er hob, um das darzustellen, sein Hemd so hoch, daß man auf seinem Oberschenkel die Narbe aus seinen Kriegsjahren sah, »weil sie die Röcke so und so und so gehoben hat, hast du dich an sie herangemacht, und damit du an ihr ohne Störung dich befriedigen kannst, hast du unserer Mutter Andenken geschändet, den Freund verraten und deinen Vater ins Bett gesteckt, damit er sich nicht rühren kann. Aber kann er sich rühren oder nicht?«

Und er stand vollkommen frei und warf die Beine. Er strahlte vor Einsicht.

Georg stand in einem Winkel, möglichst weit vom Vater. Vor einer langen Weile hatte er sich fest entschlossen, alles vollkommen genau zu beobachten, damit er nicht irgendwie auf Umwegen, von hinten her, von oben herab überrascht werden könne. Jetzt erinnerte er sich wieder an den längst vergessenen Entschluß und vergaß ihn, wie man einen kurzen Faden durch ein Nadelöhr zieht.

»Aber der Freund ist nun doch nicht verraten!« rief der Vater, und sein hin- und herbewegter Zeigefinger bekräftigte es. »Ich war sein Vertreter hier am Ort.«

»Komödiant!« konnte sich Georg zu rufen nicht enthalten, erkannte sofort den Schaden und biß, nur zu spät, – die Augen erstarrt – in seine Zunge, daß er vor Schmerz einknickte.

»Ja, freilich habe ich Komödie gespielt! Komödie! Gutes Wort! Welcher andere Trost blieb dem alten verwitweten Vater? Sag' – und für den Augenblick der Antwort sei du noch mein lebender Sohn –, was blieb mir übrig, in meinem Hinterzimmer, verfolgt vom ungetreuen Personal, alt bis in die Knochen? Und mein Sohn ging im Jubel durch die Welt, schloß Geschäfte ab, die ich vorbereitet hatte, überpurzelte sich vor Vergnügen und ging vor seinem Vater mit dem verschlossenen Gesicht eines Ehrenmannes davon! Glaubst du, ich hätte dich nicht geliebt, ich, von dem du ausgingst?«

»Jetzt wird er sich vorbeugen«, dachte Georg, »wenn er

fiele und zerschmetterte!« Dieses Wort durchzischte seinen Kopf.

Der Vater beugte sich vor, fiel aber nicht. Da Georg sich nicht näherte, wie er erwartet hatte, erhob er sich wieder.

»Bleib', wo du bist, ich brauche dich nicht! Du denkst, du hast noch die Kraft, hierher zu kommen und hältst dich bloß zurück, weil du so willst. Daß du dich nicht irrst! Ich bin noch immer der viel Stärkere. Allein hätte ich vielleicht zurückweichen müssen, aber so hat mir die Mutter ihre Kraft abgegeben, mit deinem Freund habe ich mich herrlich verbunden, deine Kundschaft habe ich hier in der Tasche!«

»Sogar im Hemd hat er Taschen!« sagte sich Georg und glaubte, er könne ihn mit dieser Bemerkung in der ganzen Welt unmöglich machen. Nur einen Augenblick dachte er das, denn immerfort vergaß er alles.

»Häng' dich nur in deine Braut ein und komm' mir entgegen! Ich fege sie dir von der Seite weg, du weißt nicht wie!«

Georg machte Grimassen, als glaube er das nicht. Der Vater nickte bloß, die Wahrheit dessen, was er sagte, beteuernd, in Georgs Ecke hin.

»Wie hast du mich doch heute unterhalten, als du kamst und fragtest, ob du deinem Freund von der Verlobung schreiben sollst. Er weiß doch alles, dummer Junge, er weiß doch alles! Ich schrieb ihm doch, weil du vergessen hast, mir das Schreibzeug wegzunehmen. Darum kommt er schon seit Jahren nicht, er weiß ja alles hundertmal besser als du selbst, deine Briefe zerknüllt er ungelesen in der linken Hand, während er in der Rechten meine Briefe zum Lesen sich vorhält!«

Seinen Arm schwang er vor Begeisterung über dem Kopf. »Er weiß alles tausendmal besser!« rief er.

»Zehntausendmal!« sagte Georg, um den Vater zu verlachen, aber noch in seinem Munde bekam das Wort einen toternsten Klang.

»Seit Jahren passe ich schon auf, daß du mit dieser Frage kämest! Glaubst du, mich kümmert etwas anderes? Glaubst du, ich lese Zeitungen? Da!« und er warf Georg ein Zeitungsblatt, das irgendwie mit ins Bett getragen worden war, zu. Eine alte Zeitung, mit einem Georg schon ganz unbekannten Namen.

»Wie lange hast du gezögert, ehe du reif geworden bist! Die Mutter mußte sterben, sie konnte den Freudentag nicht erleben, der Freund geht zugrunde in seinem Rußland, schon vor drei Jahren war er gelb zum Wegwerfen, und ich, du siehst ja, wie es mit mir steht. Dafür hast du doch Augen!«

»Du hast mir also aufgelauert!« rief Georg.

Mitleidig sagte der Vater nebenbei: »Das wolltest du wahrscheinlich früher sagen. Jetzt paßt es ja gar nicht mehr.«

Und lauter: »Jetzt weißt du also, was es noch außer dir gab, bisher wußtest du nur von dir! Ein unschuldiges Kind warst du ja eigentlich, aber noch eigentlicher warst du ein teuflischer Mensch! – Und darum wisse: Ich verurteile dich jetzt zum Tode des Ertrinkens!«

Georg fühlte sich aus dem Zimmer gejagt, den Schlag, mit dem der Vater hinter ihm aufs Bett stürzte, trug er noch in den Ohren davon. Auf der Treppe, über deren Stufen er wie über eine schiefe Fläche eilte, überrumpelte er seine Bedienerin, die im Begriffe war heraufzugehen, um die Wohnung nach der Nacht aufzuräumen. »Jesus!« rief sie und verdeckte mit der Schürze das Gesicht, aber er war schon davon. Aus dem Tor sprang er, über die Fahrbahn zum Wasser trieb es ihn. Schon hielt er das Geländer fest, wie ein Hungriger die Nahrung. Er schwang sich über, als der ausgezeichnete Turner, der er in seinen Jugendjahren zum Stolz seiner Eltern gewesen war. Noch hielt er sich mit schwächer werdenden Händen fest, erspähte zwischen den Geländerstangen einen Autoomnibus, der mit Leichtigkeit seinen Fall übertönen würde, rief leise: »Liebe Eltern, ich habe euch doch immer geliebt«, und ließ sich hinfallen.

In diesem Augenblick ging über die Brücke ein geradezu unendlicher Verkehr.

MAX BROD

Spargel

Welches der ekelhafteste aller menschlichen Zustände ist?

Ich behaupte – das Warten.

Auch Arwed Krönne war nicht mehr sehr entfernt von dieser Überzeugung. Er stand sogar schon so weit, daß er darüber nachdachte, warum irgend ein phantasiebegabter Forscher dies nicht schon längst als ebenso originelle wie grausame Hinrichtungsmethode bei einem exotischen Volke in Innerafrika entdeckt hatte.

Der Vergleich mit einem heißen Erdstriche lag überdies auch aus andern Gründen nahe. Schwül und unbeweglich lastete die Luft über der mürbe gekochten Erde – nur hie und da von unheimlichen Tönen durchzittert. Trompetenseufzer – Paukenschläge im Takt – ganz afrikanisch! – –

Spezifisch europäisch war nur die unabsehbar heranpilgernde Bürgerherde, die sich das Sonntagsvergnügen nicht versagen konnte, in der beliebten Ausflugsrestauration für ein Glas Bier 18 Kreuzer zu zahlen – natürlich wegen des Militärkonzertes, d. h. man erhielt dafür das Recht, dieses Konzert mit Aufgebot aller Lungenkräfte überschreien zu dürfen, was man denn auch besorgte – prompt und ausgiebig wie Kanarienvögel – obgleich das Programm nach strenger Kunstwartregel »gemütvoll« zusammengestellt war. – –

Arwed hatte sich eine ganze Zeitlang über diese Bemerkung amüsiert. – – Aber schließlich wurde das furchtbar langweilig. – –

Ebenso wie das ewige Selbstvergleichen. – Es ist ja wahr, die Ähnlichkeit der Situation war unverkennbar und drollig genug – nämlich mit der des Violinistenknaben von gestern, der während des Klaviervorspiels nicht gewußt hatte, was er anfangen sollte und den Augenblick nicht erwarten konnte, an dem er einsetzen und brillieren durfte. Aber gestern war ja sie dabei gewesen. –

Sie – im rosa Kleide – auf die er schon so lange gewartet hatte.

Und in das Rendez-vous hatte sie doch gewilligt – freilich erst nach langem Widerstreben – natürlich erst nach langem Widerstreben. – – Sie war ja nicht so eine – – –

Musik (Ton auf der ersten Silbe – entzückend!) liebte sie riesig; besonders die Konservatoriumsprüfungen sind so interessant – hm, Entree frei – aber ein reizendes Ding! – – –

Rosa Kleider kamen in Fülle – ein ganzes Warenhaus. Und jedes zog schon aus der Ferne Arweds Blicke auf sich; – langsam kam es näher, er hörte in solchen Momenten die Weltuhr ticken, und wenn sie es dann doch nicht war und wieder nicht war – na, dann tröstete er sich schnell damit, daß sie doch nicht Sonntags dasselbe Kleid anhaben müsse wie in der Woche – o diese ewigen Selbstbetrügereien! – und die Zornesworte, die er sich jedesmal zu ihrem Empfange vorbereitete, wenn er sie erspäht zu haben glaubte – und der schnelle Abfall zum sanftmütigen Wunsche: »Wenn sie es lieber wenigstens gewesen wäre!« Kein Standpunkt mehr; kein Gleichgewicht; keine Festigkeit. – –

Ja, jetzt wußte er es schon ganz genau: Warten ist der ekelhafteste aller menschlichen Zustände.

Sein einziger Trost bestand darin, daß es anderen nicht besser ging. Hier der Herr in den unmotivierten Gamaschen – und dort die Dame in Schwarz – sehr fesch überdies – scheinen auch nicht der Blümelein wegen schon eine Viertelstunde – – Aber eine ganze volle Stunde, wie er – –

Gegen Schluß dieser Stunde verfing auch dieser Trost nicht mehr. Er war müde – totmüde – seine Füße zitterten vom langen Stehen – und dieser Kopfschmerz! – er mußte sich an den Baum anlehnen – ein Gefühl, wie wenn ihm statt Blut kleine Kieselsteine durch die Adern rollten. – Wenn sie jetzt noch wirklich kommt, könne er kein gescheites Wort mehr herausbringen – oder irgend etwas mit ihr anfangen – –

das heißt – – es wurde schon dunkler – aber die Wahrscheinlichkeit ist ja von Minute zu Minute geringer.

Da plötzlich – – ist sie es wirklich! sie kommt ja geradeaus auf ihn zu – zwar die Bluse ist etwas auffallend, schwarzgelb, dekolletiert – Halbschuhe mit Maschen – hm! – nein, wieder nicht; nur sehr ähnlich in der Gestalt – aber sie geht ja doch direkt gegen ihn – – na, wenn schon die andere nicht – und sie lächelt so reizend: »Willst du mich?«

Er macht ein paar Schritte ihr entgegen. –

Aber was ist denn das, zum Teufel! das Fräulein geht ruhig weiter lächelnd an ihm vorbei – also hinter ihm ist jemand gemeint – just am End dreht er sich nicht um – wütende Blamage jedenfalls – richtig sie hats auch bemerkt – Gekicher hinter seinem Rücken.

Das war zu viel! Mit einem entschiedenen Ruck wandte er sich seitwärts von seinem Standort und stürmte, wie rasend, unter den Klängen des »Siegfriedidylls« in den Restaurationsgarten – zwischen den Tischreihen hindurch. Was waren ihm in diesem Augenblicke Damenschleppen, Schirme, Sesselbeine, Kinderspielzeug, die ganze menschliche Gesellschaft? – Der Beruf eines czechischen Politikers erschien ihm als Ideal. Hrom a peklo! – Warum hatte man ihn auch so tief gekränkt, ihm Unrecht getan – jawohl, davon war er jetzt überzeugt – Unrecht, schreiendes Unrecht! – denn hat nicht jeder Mensch ein Recht auf Vergnügen – so etwa könnte man das ausdrücken – neben dem Rechte auf das Notdürftige. O die Welt ist schlecht – und am Ende findet er nicht einmal einen Platz!

Nun, so boshaft war die Welt denn doch nicht – und das gab ihm jedenfalls Grund, sie sofort, nachdem er sich niedergesetzt, mit erneutem Interesse anzuschaun und besonders jenes schmale Stückchen Fußweg, das man zwischen zwei Bäumen durch von seinem Sitze aus sehen konnte. – –

»Mein Name ist Siegwart Bernstein«, stöhnte da ein Kopf, der über die Tischplatte hervorzuragen bemüht war – »ich hatte bereits das Vergnügen, Ihnen vorgestellt zu werden.«

»Ganz Ihrerseits«, wollte Arwed schon sagen; der Antisemit regte sich in ihm. Aber er beschränkte sich auf ein vieldeutiges Schweigen.

– –

Der andere: »Finden Sie es nicht merkwürdig, daß die kleinen Kinder, die auf dem Rücken in ihrem Wägelchen liegen, die einzigen Menschen sind, die noch in den Himmel sehen – gewissermaßen – sozusagen – symbolisch!«

Wa – – as? – –

»Wir andern sehn doch nur immer die niedern Gegenstände der Erde oder unsresgleichen, wenn wir mit ihnen reden. Außer im Schlafe ...«

»Reden Sie vielleicht auch im Schlafe?« warf Arwed passend ein – diesmal laut.

– –

Dem Gespräche schien jegliche Lebensfähigkeit zu mangeln. Es bewegte sich nur träge vom Fleck – wie bei einem Ehepaare, das die gesegnete Mahlzeit verdaut.

Nach einer Pause fuhr der Kleine fort, die Mittelmäßigkeit und Urteilslosigkeit der Welt anzujammern. – Arwed fühlte plötzlich den Beruf in sich, diesem Aburteilen entgegen zu treten und auf feinere Unterscheidungen bei diesem komplizierten Thema zu dringen, wenn er es nicht vorzog, nicht zuzuhören und in die vorüberfahrenden Wagen zu grüßen.

»Sie kennen Herrn X?« unterbrach sich plötzlich der Jammernde.

»Ja – selbstverständlich.«

»Das ist doch der Bruder von dem bekannten Verleger?«

In diesem Augenblicke fiel Arwed etwas ein – – ha ha ha! – natürlich war es so. – Er erinnerte sich nämlich, daß sein Gegenüber in der Gesellschaft, wo er ihn vor Jahren getroffen, den Spitznamen »das Automobil« geführt hatte, weil er immer, wenn man es am wenigsten vermutete, auf der Straße stehen blieb – d. h. wenn ihm plötzlich Einfälle kamen. So muß man es ja machen, wenn man Dichter ist – ha ha ha! –

Richtig, – er spricht auch schon von seinen Werken – die er unter solchen Verhältnissen niemals, nicht einmal in einer noch so schlechten Ausgabe, auf elendem Papier gedruckt zu sehen hoffen dürfe. »Wie in einem Kerker komme ich mir vor – Was, Kerker – das klingt noch viel zu erhaben – gewissermaßen – alle Luft und Wärme und Licht haben sie mir genommen, wie unter einer dumpfen Tonglocke.« Dies schien der Höhepunkt zu sein, denn er schnappte hier erwartungsvoll ab.

»Nun da ....« Arwed wollte etwas sagen; er wußte vorläufig noch nicht recht, was. Da tritt hinter dem Baume rechts auf dem Fußweg hervor – – sie – – wirklich sie – aber in schwarzgelber Bluse – Sollte er, der Erfahrene, sich getäuscht haben? – Und neben ihr – – die Lächelnde von vorhin – Aha, da hat sie ihn am Ende doch erwartet, hinter ihm – das Gekicher! – Sie wollte ihn nur nicht ansprechen – oder hat er sie gar nicht gesehn, er war ja schon ganz blöd in der letzten halben Stunde von dem ewigen Vorwärtsstarren – auf, zu ihr, – da, ehe die Schwestern noch hinter dem Baume links auf dem Fußweg verschwinden, erscheinen zwei Offiziere in raschem Schritte hinter ihnen – eins, zwei, drei, Anschmiß – zum Teufel! – Konnte der Vorhang nicht früher fallen? – –

Das Ganze hatte nur eine Sekunde gedauert. Aber noch in derselben Sekunde war Arwed auf die richtige Antwort für den Kleinen gekommen.

»Nun, da – kann ja noch ein ganz genießbarer Spargel aus Ihnen werden.«

Ja, das war das rechte Wort für diese Anmaßung. – Ist es denn nicht eine Anmaßung, wenn dieser Mensch da, wenn irgend ein Mensch sich einbildet, irgend etwas anderes zu sein als die übrigen – ein Welterkorener, der einen Anspruch auf Sonderstellung, auf Genuß machen darf, – eine Blume der Menschheit. – Hat sich! – Blume – – Gemüse sind wir, alle zusammen nichts mehr, die wir froh sein müssen, in unsrer Alltagsnützlichkeit am gemeinen Leben teilnehmen zu dürfen. Aber gerade davor entsetzt sich ja solch ein Noli-me-Tangerich und alle diese sogenannten Auserwählten, die man vernichten soll, wo man sie trifft. – –

Der andere schwieg auch schon seit dem Höhepunkte.

Da es aber nicht sehr angenehm ist, neben einem vernichteten Menschen zu sitzen, empfahl sich Arwed und sprang in die nächste Elektrische. – – Gegenüber sitzt das Gigerl mit der Dame in Schwarz. – – Verwandte Seelen haben sich gefunden! – Das hätte er doch schließlich zustande gebracht. – Aber wozu noch darüber nachgrübeln – er hatte sich ja gerächt. –

Gerächt?!?

War ẹs denn etwas anderes als Wahrheit, was er gesagt hatte? – Sogar eine sehr tiefe und selbstverleugnerische Wahrheit. – Aber, merkwürdig! – er fühlte sich doch erleichtert, – wie wenn er seine Gleichgewichtslosigkeit auf den andern hinübergewälzt hätte.

– –

Und der Unglückliche, der durch ein Wort Zerschmetterte. –

Der saß noch lange schweigend an dem Tische und ging dann nachdenklich nach Hause. Dort angelangt, schloß er seinen Schreibtisch auf und begann aus zahlreichen Fächern noch zahlreichere beschriebene Hefte herauszukramen. Endlich hatte er das richtige gefunden – Gedichte! – das erste hebt an:

Dies Büchlein schreibe ich für mich allein,
Kein andrer .... usw.

und machte sich daran, es eifrig und sorgsam ins Reine zu überschreiben – für einen andern –

für Arwed Krönne. –

Der war ja der Freund des Bruders des Verlegers. Bis gegen Mitternacht schrieb er – glückstrahlend – und träumte dann von einer Ausgabe seines Buches, deren Blätter so dick waren wie Eisenbahnbillets.

EGON ERWIN KISCH

Die Mutter des Mörders

Um fünf Uhr nachmittags war Frau Bergmann ermordet und beraubt in ihrer Wohnung aufgefunden worden; der Verdacht lenkte sich sofort auf den Geliebten des Dienstmädchens (die Hausbesorgerin hatte ihn um drei Uhr das Haus verlassen sehen), und um sechs Uhr waren sowohl das Mädchen wie auch Franz Polanski verhaftet und dem Sicherheitsdepartement eingeliefert.

Anstatt dort die Beendigung des Verhörs abzuwarten, das bei Raubmorden stundenlang zu dauern pflegt, eilte ich in die Wohnung des Festgenommenen. Polizeibeamte waren bereits dort gewesen, hatten den Schrank Franz Polanskis durchsucht und sich bemüht, seine Mutter einzuvernehmen. Aber diese verlor bei der Nachricht jede Zurechnungsfähigkeit, so daß sich die Beamten damit begnügten, sie für den nächsten Tag zur Polizei vorzuladen.

Als ich an die Wohnungstür klopfte, antwortete mir niemand. Frau Polanski, die allein in ihrer Stube saß, beachtete mein Eintreten und meinen Gruß nicht. Ihre Augen waren trübe, dennoch weinte sie nicht. Weshalb hätte sie denn weinen sollen? Sie verstand ja noch gar nichts, es war ein gräßliches Unglück geschehen, ihr einziger Sohn hatte ... So etwas versteht man nicht gleich. Ich fragte sie etwas, erhielt jedoch keine Antwort.

»Verzeihen Sie, Frau Polanski, ich bin nämlich von der Zeitung.«

Da löst sich ihr Krampf, löst sich in einem Aufschrei. Sie begreift die Öffentlichkeit ihrer Schande. »Von der Zeitung!« wiederholt sie entsetzt und schluchzt Worte, eine Zusammenfassung ihres Lebens, die in eine Bitte mündet.

»In der Zeitung wird es stehen! Um Gottes willen, mein ehrlicher Name! Mein Seliger – achtzehn Jahre ist er schon

tot, mein Seliger – in seinem ganzen Leben hat er nie etwas mit der Polizei zu tun gehabt. Und ich, mein Gott, ich und die Polizei! Ich bin eine arme Waschfrau, seit fünfundzwanzig Jahren wasche ich für fremde Herrschaften, und noch nicht eine einzige Windel hat gefehlt, noch kein Paar Strümpfe habe ich vertauscht, und ich achte immer darauf, daß die Manschetten nicht zerfransen, und auf einmal soll ich in der Zeitung stehn, alle Leute werden es lesen! Geben Sie's nicht in die Zeitung, junger Herr!«

Ich verfluche meinen Einfall, diese alte Frau aufgesucht zu haben, die nichts mit dem Mord zu tun hat, nichts von der Welt weiß und nun noch vollends um den Verstand gekommen ist und mich anfleht: »Geben Sie's nicht in die Zeitung, junger Herr, um Gottes Barmherzigkeit willen, tun Sie mir und meinem toten Mann nicht eine solche Schande an, bitte, bitte, nicht in die Zeitung.«

Ich versuche ihr zu erklären, daß das nicht in meiner Macht steht, derartige Angelegenheiten ließen sich ja nicht verschweigen, über einen Raubmord müsse doch berichtet werden.

Das Wort »Raubmord« schmettert die Frau nieder. Sie sieht die Sinnlosigkeit ihrer Bitte ein und starrt von neuem aus verhängten Pupillen in die Ecke der Stube. Zu sich selbst spricht sie jetzt, ohne daß ihre Lippen sich bewegen: »Ein Raubmord. Daran hab ich noch gar nicht gedacht – das heißt ja Raubmord, und mein Franz ist ein Raubmörder. Der Franz Polanski, wird in der Zeitung stehn, der Sohn von Frau Anna Polanski, Wäscherin, Brückengasse 4, das ist ein böser Raubmörder. Und ich bin die Mutter eines bösen Raubmörders, weiter gar nichts. Mein ganzes Leben lang bin ich fleißig und ehrlich gewesen, und niemand hat mir auch nur soviel nachsagen können, und jetzt wird die ganze Gasse mit Fingern auf mich zeigen.«

Auf irgendeine Weise möchte ich die Unglückliche trösten, mein plumper Ausdruck hat ihr den Rest gegeben. »Niemand wird Ihnen die Schuld geben, Frau Polanski, alle wissen, daß Sie eine brave Frau sind«, sage ich, aber sie hört gar nicht zu.

»Raubmord«, wiederholt sie tonlos, »Raubmörder.«

Vielleicht können direkte Fragen sie ablenken. »Wie lange hat denn Ihr Sohn schon die Bekanntschaft mit dem Dienstmädchen von Frau Bergmann? Wie lange ist Ihr Sohn schon ohne Arbeit?«

»Raubmord! Raubmörder! Der Franz Polanski, der Sohn von der Frau ...«

Nichts zu machen. Ich verabschiede mich mit der Phrase, ich hätte sie nicht belästigen wollen, hätte nur gedacht, sie könnte ihrem Sohn vielleicht helfen, wenn sie mir einige Auskünfte gäbe.

Da schreit sie wieder auf: »Helfen! Ich will ihm nicht helfen! Ein Raubmörder ist er, er hat die Frau Bergmann erschlagen, um ihr den Schmuck wegzunehmen. Wissen Sie, wie man das nennt, mein Herr? Das nennt man Raubmord, und das kommt in die Zeitung, mein Herr. Niemand kann ihm da helfen. Ich möchte ihm ja helfen, meinem Franz, er ist doch mein Junge, mein einziger Junge – aber wie kann ich ihm denn helfen? Ich bin nur eine arme Wäscherin. Ich werde zu einem Rechtsanwalt gehn, ich werde schon das Geld dafür aufbringen. Sie haben doch gesagt, ich kann meinem Franzl vielleicht helfen. Wie denn? Sagen Sie's mir, junger Herr, bitte, sagen Sie's mir!«

Ich erkläre ihr, daß es für alles mildernde Umstände gäbe. Große Not, zum Beispiel, entschuldige vieles, oder vielleicht ist der Franz nicht ganz in Ordnung, leidet an krankhaften Anfällen oder so etwas. Auch Vererbung gelte vor Gericht, wenn er zum Beispiel vom Vater oder von der Mutter her ein jähzorniges Wesen hat.

»Vererbung? Wenn er etwas herhat vom Vater oder von der Mutter?«

Was habe ich da wieder angerichtet! Das Andenken ihres Mannes verdächtigt, ihren guten Ruf angetastet, den einzigen Besitz dieser Unglücklichen. »Sie dürfen mich nicht mißverstehen, Frau Polanski, ich weiß, daß Sie eine brave Frau sind.«

»Vererbung heißt das, wenn man etwas herhat von der Mutter? – Es ist Vererbung! Von mir hat er's her, der Franz.«

»Frau Polanski, ich wollte Sie wirklich nicht beleidigen, ich habe bloß gemeint ...«

»Er kann nichts dafür, der arme Franz, von mir hat er's geerbt, von mir!«

Ach so, jetzt will diese Mutter alles auf sich nehmen, womöglich sich als eine Borgia hinstellen, weil sie glaubt, ihrem Sohn damit zu helfen.

»Ja, ja, ganz recht, ich will ihm helfen. Sie verstehen mich ganz richtig, aber Sie glauben es mir nicht, daß das in mir war, mein ganzes Leben lang, dieses Morden. Noch keinem Menschen habe ich es gesagt, nicht einmal gebeichtet hab ich es, sooft ich auch zur Beichte gehe, aber Ihnen werde ich es erzählen, damit Sie es in die Zeitungen hineindrucken. Sollen sie mich nur holen kommen, die Polizisten! Soll man auch mit Fingern auf mich zeigen, das ist mir gleichgültig! Lange genug habe ich mich verstellt, jetzt pfeife ich auf alles! Meinem Jungen will ich helfen! Warum soll er um meinetwillen leiden – Vererbung ist das, weiter gar nichts – ich werde Ihnen die Wahrheit sagen: Ich bin eine Mörderin!«

Ich wünsche mich weit weg von hier. Nun wird sie anfangen, ihre armseligen Sünden auszukramen. Das reicht bestenfalls für eine Notiz: Die Mutter des Unholds, eine brave Wäscherin, beschuldigt sich kleiner Vergehen, damit ihm eine vererbte Anlage als mildernder Umstand angerechnet werde.

»Ja, ich bin eine Mörderin, ich! Mein Junge hat nur mehr Kraft gehabt als ich, der hat es ganz durchgeführt.«

»Nun ja, so durch den Kopf geht einem vieles.«

»Nein, nein, das ist mir nicht bloß so durch den Kopf gegangen; da sehen Sie ...«

Frau Polanski hat ihr Tuch vom Kopf gerissen, ihr Haar flieht wirr von Stirn und Schläfen. Sie eilt zum Tisch. Eine junge Frau ist sie jetzt, wie sie das Schubfach aufzerrt und ein Küchenmesser herausnimmt.

»Da sehen Sie dieses Messer, mit dem habe ich einen erstechen wollen. Das ist schon fast dreißig Jahre her, als ich Stubenmädchen war beim Finanzrat Martin in der Marienstraße, ein ganz junges Mädel war ich noch, eben vom Lande gekommen.«

»Wen wollten Sie denn damals erstechen?«

»Wen ich erstechen wollte? Den ersten Menschen, der lieb zu mir war in meinem Leben. Niemand war vorher lieb zu mir gewesen, in meinem Elternhaus waren wir acht Kinder und haben nie ein gutes Wort bekommen. Und dann kommt einer und sagt mir: ›Sie sind hübsch, Fräulein‹ und streichelt mich, küßt mich, verführt mich.«

»Und heiratet Sie dann nicht. Das alte Lied.«

»Ach, daran hab ich nie gedacht. Er war ja der Bruder von meiner Gnädigen. Mit seinen Schmeicheleien hat er mich eingeweicht wie in Seifenwasser. Wenn die Wäsche einmal drinliegt in dem Trog da, dann kann man alles mit ihr machen, man muß sie nur zwischen die Finger nehmen, und alles geht weg – freilich, wenn man zu heftig anpackt, auch die Farbe und die Fasern.«

Ganz gut gesagt, denke ich, ich nehme den Notizblock aus der Tasche und schreibe mir auf: »Vergleiche einer Wäscherin« oder »Die Philosophie am Waschtrog«. Das kann man als Titel geben, zweispaltig.

»Ich bin zu ihm in die Wohnung gekommen, und ein paar Wochen lang war ich glücklich. Dann aber hat er mich nicht mehr aufgefordert, zu ihm zu kommen.«

»Wollten Sie ihn deshalb umbringen?«

»O nein, ich war ja ein solches Gänschen und hab alles genommen, wie es gekommen ist, und hab geglaubt, es muß so sein. Aber dann ist etwas geschehen, wo ich gewußt hab, es muß nicht so sein, es kann so nicht in Ordnung sein. Er hat mir gesagt, ich soll die blaue Bluse anziehen, die er mir geschenkt hat, und abends zu ihm kommen, er gibt ein kleines Fest. Also habe ich mir Ausgang genommen, bin hingegangen. Es waren noch zwei Freunde von ihm da, zwischen die er mich gesetzt hat, und eine Dame, die hat neben ihm gesessen – ›eine Dame‹ –, ich hab bald gesehen, was das für eine Dame war. Sie hat zu ihm gepaßt, das Weibsbild!«

»Ich kann mir schon denken«, nicke ich.

»Wir haben belegte Brötchen gegessen und Wein getrunken, und dann haben sie Halbdunkel gemacht. Nur eine Tischlampe mit rotem Seidenschirm hat gebrannt. Seine beiden Freunderln sind zudringlich geworden, sie haben mir zugesetzt, mehr zu trinken, und er hat mir gesagt, ich soll mich nicht zieren, wir sind hier nicht bei der Dorfmusik. Ich war so unsicher, ich bitte Sie, ein Gänschen vom Land, ich hab nicht recht gewußt, was ich machen soll, und erzürnen wollte ich ihn auch nicht – da hab ich mir genug gefallen lassen. Plötzlich sagt einer: ›Die Damen sollen sich ausziehn.‹ Die andere war gleich dabei, aber ich wollte nichts davon wissen. Da hat er mich beiseite genommen und hat mir einen Krach gemacht, er müsse sich für mich schämen, ich sei doch sonst nicht so zimperlich gewesen – wenn ich Geschichten machen will, ist's aus mit uns – oder ob ich nicht doch lieber sein nettes Annerl bleiben wolle? Ich wollte unbedingt weg.«

»Sind Sie weggegangen?«

»Er hat die Tür abgesperrt, und da hab ich Schnaps und Wein in mich hineingeschüttet, um mir Mut zu machen, und die Schweinekerle haben mich ausgezogen. Die andere hat das alleine besorgt, sie hat eins – zwei den Rock und die Bluse unten gehabt, na ja, die wollte sich zeigen, weil sie Batistwäsche angehabt hat mit Spitzen, und ich hab mich geschämt für meine langen Barchenthosen, aber die geilen Kerle haben nicht Ruhe gegeben, ehe sie mich ganz ausgezogen hatten bis auf die Strümpfe – die hätte ich mir aber nicht runterziehen lassen, um nichts in der Welt – und jetzt hab ich doch besser ausgesehen als die andere!«

Vor wenigen Minuten war ich in einer Stube voll Seifengeruch mit einer weinenden alten Wäscherin, einem Waschtrog und einem Küchenherd, und an der Wand hingen zwei Heiligenbilder. Das alles ist jetzt verschwunden. Um mich ist das rot abgedämpfte Licht eines Junggesellenzimmers und vor mir ein junges Mädchen, das man zwingt, sich zu entkleiden.

Warum hat sich die Alte in ihre Jugend verwandelt? Warum holt sie vergangene Sünden hervor? Bringt die Verzweiflung sie auf den Gedanken, daß es ihr nichts genützt hat, als anständige Frau zu gelten, daß es sie nicht davor bewahrt hat, zur Mutter eines Raubmörders zu werden? Warum rühmt sie sich ihres einstmals schönen Körpers? Berauscht sie sich an dieser Erinnerung? Warum erzählt sie:

»Und dann haben sie ganz dunkel gemacht. Am Morgen haben mich meine beiden neuen Liebhaber in einer Droschke nach Hause gebracht, ich habe gespien und nichts von mir gewußt. In der Küche konnte ich kaum stehen, Fieber hab ich gehabt, und die Gnädige hat gefeixt: ›Freilich, bummeln gehn, lauter Vergnügungen und Genüsse, dann kann man natürlich nicht arbeiten!‹ Am Ersten soll ich meine Sachen packen und gehn. Ich habe sie gehaßt für jedes Wort, das sie gesprochen hat. ›Lauter Vergnügungen, lauter Genüsse‹ hat sie mir vorgeworfen – das Kotzen war noch in meinem Mund und das Heulen in meinen Augen, wenn ich an die ›Genüsse‹ gedacht habe. Und die Gnädige kanzelt mich ab, genau wie ihr Herr Bruder gestern nacht, als ich seine Vergnügungen und Genüsse nicht mitmachen wollte. Da ist etwas in mir hochgestiegen, ich weiß nicht, ob es der Satan war, ich hab mich nicht dagegen wehren können. Am Abend, wie der Bruder der Gnädigen zum Essen gekommen ist, war ich schon ganz verrückt, ich habe das Küchenmesser genommen, dieses Küchenmesser da, und bin auf ihn zugerannt und hab auf ihn eingestochen.«

Jetzt sieht sie in der Tat wie Lucrezia Borgia aus. Unheimlich, wie sie das Messer schwingt. Man versteht den Sohn, der mordet. Sicherlich war sie eine Mörderin, damals, als sie so alt war, wie ihr Sohn heute ist. Ohne Zweifel liegt erbliche Belastung vor.

»Ins Herz hab ich ihn treffen wollen – aber vielleicht ist er ausgewichen, oder vielleicht ist die Klinge abgerutscht von der Brieftasche, ich weiß es nicht, mein Messer ist ihm in den Arm gegangen, und das Blut hat nur so gespritzt.«

»Hat man die Polizei geholt?«

»Die haben sich schön gehütet! Die ganze Familie hat sich auf mich gestürzt, alle haben mich festgehalten, ich bin aber ohnmächtig zusammengebrochen, und sie mußten mich auf mein Bett tragen. Am nächsten Tag hab ich meine Siebensachen ins Holzköfferchen gepackt, so krank ich war, und bin gegangen. Das Küchenmesser habe ich mitgenommen, zum Andenken. Dafür hab ich meinem Herrn Liebhaber die blaue Bluse dortgelassen, die er mir geschenkt hat.«

Eine Liebesgeschichte also wie viele andere, weder Polizei noch Gericht haben sich damit befaßt, davon nimmt die Zeitung nicht Notiz. Da hat nun diese Frau ihr Innerstes entblößt, ihre Lebenslüge eingestanden, und es ist unmöglich, damit ihrem Sohn zu helfen.

»Ja, schreiben Sie nur alles auf, junger Herr, geben Sie das ruhig in die Zeitung; die Frau Polanski ist gar keine anständige Frau, müssen Sie hineinschreiben«, mit ihrem Zeigefinger diktiert sie, »sie ist eine böse Mörderin, sie hat nur nicht die Kraft gehabt, ihre Morde ganz auszuführen, aber ihr Sohn, der hat die Kraft gehabt; der Franz Polanski ist ein ganz unschuldiger Mensch, müssen Sie hineinschreiben, er ist nur ein Opfer von der, alles hat er nur geerbt von der, von dieser Frau Anna Polanski und von ihren Morden – so schreiben Sie doch!«

»Morden? Haben Sie denn noch ein zweites Mal so etwas gemacht?«

»Gemacht! Mein Sohn hat einen Mord gemacht und ist unschuldig, und ich bin schuldig, schuldig an den Morden, zu denen ich keine Kraft und keine Zeit gehabt habe. Da drinnen, in dem Waschtrog da, da drinnen liegt meine Kraft begraben und meine Zeit.« Sie trommelt auf den Waschtrog. »Das ist meine Wiege und mein Bett und mein Sarg, das sag ich immer. Da drinnen stecke ich mein Leben lang und wasche Batist und Seide und zartes Leinen, die nicht mir gehören, und ich habe die Frauen beneidet, die das getragen haben, auch ich war jung und hübsch.«

Mit jugendlichem Haß schlägt sie auf den Rand des Trogs. Auch sie sei hübsch und jung gewesen, wiederholt sie, »ob Sie mir's glauben oder nicht, und gerne hätte ich die feine Wäsche getragen. Aber ich habe die Fäuste geballt, und ...«, jetzt lacht sie konvulsivisch, »... mit den geballten Fäusten hab ich die Wäsche gerieben, bis sie sauber war, blitzsauber. Alles für die anderen.«

Manchmal freilich habe auch sie sich schöngemacht und habe ein Paar fremde Ajour-Strümpfe angezogen und ein Hemd aus Batist, das sei aber schon ewig her, ihre Jugend und ihre Schönheit und all ihre Hoffnungen seien ertrunken in dem Seifenwasser, und ausgeschüttet habe sie alles. Längst sei es vorbei, daß Männer ihr nachstellten.

»Mein Geliebter war Polizist«, erzählt sie, »hu, war der eifersüchtig, nicht einmal tanzen hab ich mit einem anderen dürfen. Aber wie ich schwanger geworden bin, hat er mir lang und breit auseinandergesetzt, daß er nur provisorisch angestellt ist, ans Heiraten darf er gar nicht denken, und ich muß mir das Kind nehmen lassen. Ich hab Glühwein getrunken mit Gewürznelken, wie es mir die Freundinnen geraten haben, das hat aber nichts genützt. Da hat er mir zugeredet, ich soll einmal mit dem Polanski schlafen, damit ich dem das Kind aufbinden kann.«

Soll auch der tote Gatte einbezogen werden in diese zwecklosen Selbstbeschuldigungen der verwirrten Frau?

»Nein, bleiben Sie, junger Herr, jetzt kommt eine Mordgeschichte für die Zeitung. Mein Herr Polizist hat also wollen, ich soll mit dem Polanski gehn, damit er das Kind auf ihn schieben kann. Vorher hat er sich über den Polanski lustig gemacht, einen soliden Geschäftsdiener aus unserer Straße, der mir immer Blumen gebracht hat und rot geworden ist, wenn er mich gesehen hat. Ich wollt nichts davon wissen, den armen Menschen so hereinzulegen, aber mein sauberer Freund hat so lange auf mich eingeredet, bis ich vom Tanzsaal mit dem Polanski nach Hause gegangen bin. Mein Freund ist uns nachgeschlichen bis an die Haustür, er wollte verhindern, daß ich mir's noch überlege. Mir hat es den Hals zugeschnürt wie damals nach jener ekelhaften Nacht beim Bruder der Gnädigen, und wieder hat mich der Haß gepackt, und am Abend hab ich das Messer mitgenommen zum Stelldichein mit meinem Herrn Polizisten. Damals habe ich es mir klar und kalt überlegt und hab gewußt, dieser Stich wird nicht danebengehn.« – »Haben Sie ihn wirklich ...?«

»Ich hab ihn nicht erstechen können, er ist nicht gekommen. Er hatte mich ja verkuppelt und keine Verpflichtungen mehr gehabt. Ein Ehrenmann! – Lange hab ich nicht den Mut gefunden, dem Polanski zu sagen: Ich bin schwanger. Erst wie man mir's schon angesehen hat, bin ich damit herausgerückt. Der arme Narr hat sich so gefreut, gejubelt hat er vor Freude, daß er Vater wird und daß wir gleich Hochzeit machen müssen. Da hat mir der Gefoppte so leid getan, und ich wollte das Kind nicht austragen, um keinen Preis der Welt, auch wenn es mein Leben kosten sollte. Aber keine Hebamme hat es machen wollen, ich war schon im siebenten Monat. Wieder hab ich Glühwein getrunken, zwanzigmal bin ich vom Tisch gesprungen, vor der Mutter Gottes hab ich gekniet und gebetet und gebeichtet und gefastet und Gelübde getan; nichts hat geholfen. An diese Teufelswand von dem Waschtrog da, hier in der Mitte, wo ich immer stehe, hierher hab ich meinen Bauch gedrückt und hab gewaschen mit zusammengepreßten Fäusten, die Frauenhemden, die blutig waren; nur ich hab kein Blut gehabt. Da hab ich mein altes Messer genommen und hab es mir in den Bauch gestoßen, damit Blut kommt, damit das Kind krepiert und ich mit ihm ...«

»Haben Sie sich schwer verletzt?«

»Man hat mich ins Spital gebracht, zwölf Tage habe ich dort im Fieber gelegen. Wie ich wieder zu mir gekommen bin, hat man mir mein Kind gezeigt, den Franzl. Ich hatte ihn nicht getroffen – vielleicht war es gut so; ich hab ihn liebgewonnen. Auch den Polanski hab ich liebgewonnen, der hat den ganzen Tag an meinem Bett gesessen und mich nachher geheiratet. Er hat nur eine Sorge gehabt, der arme Narr, ob der Bub nicht tuberkulös sein wird wie er. Ich hab eine andere Sorge gehabt: ob der Bub nichts erben wird von meinem Blut, das nicht hat fließen wollen ohne das Messer da. Aber ich werde ihnen das sagen, den Herren vom Gericht, ich werde mir kein Blatt vor den Mund nehmen bei der Verhandlung, ich werde denen schon sagen ...«

Da wird die Tür aufgerissen. »Guten Abend, Mutter.«

Frau Polanski schaut ihren Sohn an, der seine Mütze aufs Bett schleudert; sie ist ganz woanders, sie steht vor Gericht.

Wie kommt ihr Sohn in ihre Stube? Wie kommt die Stube hierher?

»Weißt du schon, daß man mich wegen Raubmord verhaftet hat? Was sagst du dazu, Mutter?« Er sieht die durchwühlten Schubfächer. »Aha, hier waren sie auch schon, die gescheiten Herren von der Polizei.«

Frau Polanski schaut ihren Sohn groß an. Wo kommt er her, kommt er vom Galgen?

»Was schaust du so, Mutter? Hast du vielleicht auch geglaubt, daß ich der alten Bergmann den Schädel eingeschlagen hab?«

Ich trete auf ihn zu. »Verzeihen Sie, ich bin Berichterstatter. Wieso hat man Sie entlassen?«

Franz Polanski lacht. »Da wär ich ja beinahe in die Zeitung gekommen! Mutter, was sagst du, fast wäre ich berühmt geworden. Leider haben sie schon den Mörder, es ist der Sohn von der Hausbesorgerin. Aber ich hab seit Mittag nichts gegessen; Hunger hab ich, Mutter.«

Sie steht noch immer da mit wirrem Haar und dem Blick einer aus der Vergangenheit hervorgeholten Jugend.

Sie schaut auf mich: Die Mutter eines Mörders hat die Dunkelheiten ihres Lebens einem Mann von der Zeitung enthüllt, und jetzt ist sie nicht mehr die Mutter eines Mörders, und der Mann von der Zeitung hat hier gar nichts zu suchen in dieser ehrlichen Stube. Sie hat sich vor ihm entblößt, weil sie gehofft hat – was hat sie nur gehofft?

»Hunger hab ich, Mutter, hörst du nicht? Seit Mittag hab ich keinen Bissen im Mund gehabt! Was starrst du denn so? Fressen will ich, wie oft soll ich es noch sagen?«

Da zuckt Frau Polanski zusammen, sie bindet ihr Kopftuch um, und gebückt, eine alte Wäscherin, stapft sie zum Herd. »Na ja, na ja, ich geh ja schon.«

Und ich verlasse die Wohnung, ohne eine Notiz, ohne auch nur eine Zeile zu haben.

OSKAR JELLINEK

Zuchthauslegende

Die Schnitterinnen, die ringsum auf den Feldern die gefallenen Ähren zu hohen Garben vereinten, durften aus der sengenden Hitze dieses Tages für einen Augenblick aufatmen – ein Windhauch strich den Verwunderten jäh über das Gesicht. Sie ahnten nicht, daß der Todesengel durch ihre Reihen schritt, ihrer freilich nicht achtend: seine Sendung führte ihn weiter, durch das jetzt menschenleere Dorf, an dessen Ende das Zuchthaus lag.

Unsichtbar glitt er dahin im Lichte, selbst ein Lichtstrahl, denn er trug das strahlende Kleid des Befreiers. Langsam näherte er sich der mächtigen Gefängnisstätte, die zu betreten ihm geheißen war. Nun lag sie knapp vor ihm, ein brütendes Untier, und er nahm ihre lastenden Mauern und Dächer in den Blick seiner großen, hellen Augen auf, der die himmlischen Weiten gewohnt war.

Das gewaltige, festverschlossene, bohlenbeschlagene Tor der Umfassungsmauern durchschritt er, als wäre es Luft. Im Vorhof umglitt er das Wirtschaftsgebäude. Jetzt stand er im Haupthof.

»Das ist der mittlere Anstaltshof, zugleich unser Spazierhof für die Gefangenen«, sagte zu einem Besucher, der sich hastig Notizen machte, der Direktor, ein hagerer Mann, dem ein rötlicher Schnurrbart über die dünnen Lippen hing. »Hier das Verwaltungsgebäude mit Personalwohnungen. Dort rechts der sogenannte Ostbau mit Arbeitsstätten für vierhundert Sträflinge: im Souterrain Schlosserei und Schmiede, im Parterre Tischlerei, Schusterei und Tütenmacherei, im ersten Stock Weberei, Schneiderei und Zwirnknopferzeugung. Hier links der Westbau: im Parterre Küche, Bäckerei und Viktualienmagazin, im ersten Stock das Anstaltsspital.«

»Haben Sie viele Kranke?«

»Jetzt nur vierzig. Dort, weiter im Turmgebäude, werden Sie unsere Schlafkerker sehen: einundzwanzig für je etwa fünfzehn Gefangene. Von dort gelangen wir durch den dritten Hof zum Nordgebäude, das noch einige Gemeinschaftsschlafkerker und die Zellen für die Einzelhaft enthält. Rechts davon finden wir die Anstaltskirche und im Parterre darunter die Metallknopferzeugung ...«

»Darunter die Metallknopferzeugung?«

»Jawohl, und im Souterrain die Korrektionszellen.«

»Werden die oft benützt?« Der Besucher trennte ein vollgeschriebenes Blatt von seinem Notizblock und verwahrte es.

»Leider! Wir haben jetzt siebenhundertdreiundfünfzig Sträflinge, darunter achteinhalb Prozent Mörder. Besonders diese Lebenslänglichen, aber selbst schon die Überfünfjährigen packt oft die Verzweiflung. Dann sind sie wie reißende Tiere, und da muß man sie bändigen. Wir wollen jetzt den Rundgang machen, wenn es beliebt.«

Stumm stand der Engel, mit gefalteten Schwingen, sendungserfüllt. Sein Auftrag aber lautete: aus dieser Menschenhölle, aus diesem furchtbaren Beieinander von Tütendrehen und Schlafkerker, von Metallknopferzeugung, Anstaltskirche und Korrektion, von Krankheit, Verzweiflung und Bändigung heute d e n zu befreien, dessen Entrückung aus der giftigen Umarmung dieser gefallenen Welt in den unendlichen Sphärenraum ewiger Reinheit ihm am dringendsten geboten erschiene. Und der Engel trat seinen Weg an – mit gefalteten Schwingen. Denn stets mußte der Todesengel der Stätte seines Wirkens mit gefalteten Schwingen nahen! Sie konnten erst dann sich entfalten, wenn sein Herz, das sie lenkte, ihm den Gesuchten wies.

Der Engel stieg behutsam die Treppe des Ostgebäudes hinan, die sonst nur den Schwertritt der Verdammten kannte. Er glitt einen düsteren Gang entlang, dessen Kalkbewurf stellenweise abgefallen war, und öffnete eine Tür. Hier saßen etwa dreißig zwilchbekleidete Männer um einen langen Tisch und nähten. Sie stießen kräftige Nadeln in graues Tuch; einer, an der oberen Schmalseite des Tisches, schnitt zu. Keiner sprach. Nur einer öffnete immer wieder den Mund und stieß ein schütterndes Husten aus. Der Engel sah, daß nicht alle gleich fleißig waren unter diesen Menschen, die hier Betrug, Raub, Schändung und Ärgeres verbüßten. Mancher stierte vor sich hin und arbeitete eine Weile lang gar nichts. Dann stieß er freilich scheuen Blickes die Nadel mit um so wilderer Hast in das steife Tuch. Es waren Menschen verschiedenen Alters, die in diesem sommerheißen, dickwandigen Raume hockten, aber mancher von den Jüngeren schien ein Greis zu sein und mancher von den Älteren hatte die Züge eines blöden Knaben. Durch ihre fleischlosen Körper schaute der Engel ihre Schicksale wie durch trübes Glas. Doch über sie alle strich jetzt ein Glückshauch, urplötzliche Hoffnung auf nahes Ende ihrer Haft. Sekundenlang nur. Denn schon wandte sich der Todesengel, seine Schwingen blieben unbewegt – hier war der Gesuchte nicht.

Zu anderen Unseligen hinüber und hinunter glitt der Engel. In der unterirdischen Schmiede stand ein Mann, entblößten Oberkörpers, und ließ mit unverbrauchter Kraft den Hammer auf den Amboß niedersausen. Das war Jaksch, der Schmied, der den Geliebten seines Weibes erschlagen hatte. Drei Jahre lang büßte er nun schon diese Tat, aber noch immer sah er in dem glühenden Stück Eisen hier vor sich das Haupt des Nebenbuhlers und schlug darauf los – immer wieder, immer wieder. Ungebrochen, trotz der Strafe, stand er breitbeinig da und wiederholte, ungestillten Rachedurstes, seine Tat in jedem Augenblicke. War dieser Menschenriese, der unbefreit zurückkehren würde in die Freiheit der Welt, sie mit neuem Unheil erfüllend, der Gesuchte? Forderte Gott die Entrückung dieses Erdverhafteten, seine Befreiung vom eigenen Ich? Unbewegt blieben die Schwingen.

Nun führte den Todesengel sein Weg ins Lazarett. Er trat dort ein wie der geborne Beherrscher eines Reiches, das ein kleiner Eroberer für kurze Zeit unterjocht hatte. Der Arzt, ein stachelköpfiger Mann, stand am Fußende eines Krankenbettes und wischte sich den Schweiß. Der Todesengel schritt durch die vier Räume des Spitals, und rechts und links von seinem sachten Schreiten stöhnten die Kranken selig auf, und mancher auf seinem kargen Lager lächelte, wie für immer von Schmerzen erlöst. Dann trat der Engel, dem Arzte gegenüber, an das Kopfende jenes Bettes. Ein dünner, gelber Mensch lag darin, von Kälteschauern geschüttelt: »Die Eisdecke weg, die Eisdecke weg!« Und mit einer Kraft, die man ihm nicht mehr zugetraut hätte, schleuderte er den dicken Kotzen, den man ihm trotz der Hitze übergelegt hatte, auf den grobgestrichenen Fußboden. Ein Wärter wollte den Entblößten wieder zudecken. Doch der wehrte sich. »Ich erfrier' ja, Herr Doktor, ich erfrier', das Wasser ist so kalt ... und das Eis, das Eis zerschneid't mir die Hände!« ... »Er hat nämlich«, erklärte der Wärter dem kopfschüttelnden Arzt, »einen Wucherer, der ihm seine Mühle versteigern lassen wollte, auf dem gefrornen Mühlteich in ein Loch gestoßen.« Der Todesengel beugte sich über die wasserblauen, starren Augen des Zitternden, durch dessen Körper sofort ein Strom von Wärme floß, so daß er sich schon gerettet und geborgen wähnte. Aber das Herz des Engels blieb ohne Auftrag. Vielleicht wird Gott diesen da oder einen von den anderen dort morgen zu sich fordern – heute betraf dies das Amt des Todesengels nicht. Und während die Todesnahen zurücksanken in schmerzende Lebensnot, verließ er das Krankenhaus.

Auf dem Hof führte man jetzt die Gefangenen spazieren. Sie bewegten sich, nach der Vorschrift, rasch im Kreise, paarweise oder einzeln, in Abständen von drei Schritten. Aus einem offenen Fenster der im Erdgeschoß gelegenen Direktorswohnung schaute das zwilchfarbene Gesicht eines Knaben, der »Eins-zwei, eins-zwei« rief und in die Hände klatschte, bis eine zottige Magd ihn zurückriß. Vier Hinkende wurden abgesondert spazieren geführt. Der Direktor erschien mit dem notierenden Besucher, der sich verabschiedete. Er nannte die Suppe, die man ihn in der Küche hatte kosten lassen, »nicht unschmackhaft« und das Roggenbrot »körnig«. Auch von den Hülsenfrüchten sagte er etwas. Neue Gruppen von Spaziergängern lösten die alten ab. Kommende und Gehende, Gehende und Kommende – ein Jahrtausend Kerkers war hier versammelt in der noch immer brütenden Glut. Der Engel maß keine Zeit. Aber er ward irre an seiner Sendung vor dem trottenden Gleichmaß dieses verlorenen Menschentums. »Allmächtiger, wann wirst du mir die Schwingen lösen, wann mich erkennen lassen, wen du meinst?«

Der Direktor ging in sein Arbeitszimmer hinüber, der Engel folgte ihm. Dort stand, zwischen zwei Wächtern, ein alter Sträfling.

»Was wollen Sie denn schon wieder, Rottmann?«

»Ich hab's ja nicht getan, Herr Direktor, ich hab's ja nicht getan!«

»Aber Ihre Wiederaufnahmsgesuche sind alle abgelehnt worden, und der Begnadigungsantrag ...«

»Ich will keine Gnade, ich will mein Recht!«

»Ich soll doch nicht schon wieder ein Gesuch mit Ihnen aufnehmen?«

»Doch, Herr Direktor, ich werde bittlich, ich werde bittlich hiemit, ergebenst werde ich bittlich. Ich hab's ja nicht getan! Meine Kinder sollen doch nicht glauben, daß ich ihre Mutter ermordet hab'. Mein Gott, der Wagen ist halt hinuntergestürzt. Das Pferd war ja blind – das kann ich beweisen ...!«

»Aber das Testament und Ihre Reden, Rottmann!«

»Man redet manches. Und dieses Testament ...«

»Das Pferd ist übrigens längst tot, und der, von dem Sie's gekauft haben, auch.«

»Ja, aber sein Sohn lebt, und der kann bezeugen ...«

»Es sind ja schon so viele Jahre.«

»Jawohl, es sind schon so viele Jahre! Aber ich hab's nicht getan, Herr Direktor, ich hab's nicht getan! Und meine Kinder glauben, meine eigenen Kinder ...« Ein mächtiges Schluchzen brach aus ihm, und Tränen flossen durch tief eingegrabene Furchen ihren längst gebahnten Weg. Dem Todesengel pochte das Herz, seine Schwingen bebten leise, als wollten sie sich entfalten. Aber sie blieben geschlossen. In der Erwartung weit stärkeren Geheißes wandte sich der Engel.

Weiter durchstreifte, durchirrte der lichte Todesbote diese ganze Welt irdischer Finsternis. An ihren rasselnden Wächtern glitt er lautlos vorüber und besuchte in ihren Sonderzellen die Reuigen und die Verstockten, die Mörder aus schwelender Liebe und die flammenden Staatsverräter. Hoffend, dort den Gesuchten zu finden, besuchte er die Hoffnungslosen, die an der Eisenkette ihrer Vergangenheit lagen und denen keine Freiheit auf Erden mehr helfen konnte. Und er nahm die wahr, die noch hofften und deren Hoffnung er als trügerisch erkannte. Er fand jenen Edlen, der einen Meineid geleistet hatte, um eine Frau zu schonen, und hier, Sessel flechtend, von der Freiheit träumte, von der Wiedervereinigung mit der beschützten Geliebten – nur Wochen noch trennten ihn von ihr. Aber längst schon in eines anderen Mannes Armen sah der Engel diese Frau ... und seine Schwingen bebten leise. Und so bebten sie leise, erlösungsbereit, vor kindischen Fluchtgedanken hinter kindlichen Stirnen, vor trostlosen Briefen, ins Leere geschrieben, vor halbirrem Murmeln in Einzelhaft. Sie bebten und schienen sich entfalten zu wollen, angesichts jedes einzelnen unter diesen Fehlgebornen, die man ausgesetzt hatte auf einer steinernen Insel. Und halb entfalteten sie sich wirklich, als der Engel in jenem Raum verweilte, wo Sträflinge, hinter Gitterstäben stehend, für gezählte Minuten mit ihren Angehörigen sprechen durften: als da weithergereiste Gattinnen, Kinder, Geschwister ihren Gatten, Vater, Bruder zum erstenmal in seiner Schande erblickten, sein Haupt geschoren, seine Züge verstört und mit seinen Händen an des Käfigs Stäben herumgreifend, bis ein Wächter ihm dies verwies, als der Todesengel Zeuge ward solcher Begegnung, solchen Wiedersehens – da, ja, da war ihm, als müsse sein Herz den Schwingen jetzt endlich Kraft geben, sich auszubreiten und einen von diesen Gestraften jenseits oder diesseits des Gitters emporzutragen über diese Minute tiefster Erniedrigung ins ewige Vergessen hinauf. Doch es waren ihrer zu viele – und des Engels Sendung galt einem nur.

Da stieg der Engel in die unterste Welt dieser Unterwelt hinab, in die »Korrektion«. Auf einem engen Gang gelangte er zu einer für Sterbliche versperrten Kellertür und durch diese über eine Treppe, wo nur sein eigenes Licht ihm leuchtete, in einen ungemauerten Höllenraum, an dessen triefend nassen Wänden ringsum Leibringe mit Handfesseln für widersetzliche Sträflinge angebracht waren. Der Raum war menschenleer. Doch kaum hatte ein Himmelsblick des Engels diese Werkzeuge der irdischen Gerechtigkeit gestreift, als oben unter großem Getöse die Kellertür aufgerissen wurde und drei Männer in Uniform, denen ein vierter eine Laterne vorantrug, einen großen, starken, viereckig gebauten Mann unter Schimpfworten die Treppe hinunterstießen und durch Fußtritte zu dem nächsten Leibring hinzwangen. Da der Sträfling sich wehrte, entspann sich ein wüstes Handgemenge, bis es schließlich gelang, dem Raubmörder Antonin Vojta, der in ohnmächtiger Wut über eine ihm strafweise zudiktierte Kostschmälerung den Tisch in seiner Zelle zertrümmert hatte, den Leibring umzuschnallen, der ihn an die Wand fesselte. »So! Man wird dir zeigen, die Zelleneinrichtung zerdreschen, du Hund!« rief der Laternenträger, und die drei anderen gingen daran, dem Überwältigten die Handschellen anzulegen. Doch das Auge des Engels war nicht auf ihn gerichtet und nicht auf seine Bezwinger. Denn außer diesen allen stand noch ein menschliches Wesen in diesem unterstweltlichen Raum, ein kleines Wesen mit zwilchfarbenem Gesicht, das noch blässer erschien im Lichte der Laterne, mit zartem Körper und einem etwas zu großen Kopf: der Knabe des Direktors, den der Engel schon gesehen hatte, wie er zu dem Spaziertrott der Gefangenen im Hofe Beifall klatschte. Jetzt beteiligte er sich geschäftig am Anlegen der Handschellen und rief dann, sich vor dem Gefesselten aufpflanzend, mit seiner Kinderstimme: »Du Hund! Du Hund!« Und als die vier Männer schon lachend die Treppe hinaufstiegen, versetzte er dem nun ganz Erschöpften, dessen Gesicht der triefenden Wand zugekehrt war, noch rasch einen Faustschlag gegen den Schenkel, und wiederholte: »Du Hund!«

Mit zitternden Flügeln folgte der Engel diesem Kinde. Aber es kehrte in die Wohnung seines Vaters noch nicht zurück. Es lief durch die Korridore der »Objekte«, durch das Ost-, West- und Nordgebäude, beschmutzte seinen wenig sauberen blaugestreiften Waschanzug an dem bröckelnden Kalkbewurf noch mehr, öffnete hinter dem Rücken der Aufseher, die den Knaben alle kannten, handbreit die Türen und lugte hinein in das dumpfe Leben der gezähmten Räuber und Mörder. Plötzlich ergoß sich der Strom der Sträflinge durch die Gänge, denn die Zeit des Nachtmahls war gekommen, der hungrig erwarteten Suppe. Der Knabe lief neben und zwischen ihnen mit, rief ihnen dieses und jenes zu, höhnte einen, den alten Jakubec, der wegen seines irrsinnigen Grinsens im ganzen Hause bekannt war, dieser spuckte nach ihm, und der Knabe spuckte zurück. Immer umglitt ihn der Engel, doch dem waren keine Körperhände gegeben, diesen kleinen Knaben zu halten, zu führen, zu schützen, seine Augen zu bedecken, um sie zu bewahren vor dem unauslöschlichen Bilde dieser geregelten Kerkerwelt.

Nun trollte sich der Knabe endlich nach Hause, immer zögernder, denn Strafe erwartete ihn wegen seiner Verspätung. Neben dem scheu sich Herumdrückenden betrat der Engel die Wohnung. Aus der Küche stürzte die zottige Magd, zerrte den Knaben ins Zimmer und rief: »Warst wieder drüben bei den Verbrechern, du Lump! Zur Strafe heute kein Nachtmahl!«

»Ich will aber mein Nachtmahl!«

»Du kriegst aber kein's«, feixte die Magd. »Der Vater hat's auch befohlen, bevor er hinunter ins Dorf gegangen ist.«

Da schwollen dem Knaben die Äderchen auf seiner blassen Stirn, er hob einen Spielball auf und warf ihn der Magd ins Gesicht. Diese packte den Knaben und versetzte ihm eine Ohrfeige. »Du elender Lump, du Verbrecher – du wirst einmal g'rad so einer wie die dort drüben, bist es heut' schon, aber wart, ich werd' dir zeigen!« Sie befreite sich von dem Knaben, der mit den Füßen gegen ihren Leib stieß, rannte hinaus und sperrte die Tür hinter sich zu. Der Knabe tobte. Brüllend stieß er nun gegen die Tür, mit Fäusten und Füßen. Als dies nichts nützte, faßte er einen kleinen Schemel, auf dem er zu sitzen pflegte, und schleuderte ihn so lange gegen die Türfüllung, bis er zerbrochen dalag wie der Zellentisch des Antonin Vojta.

Mitten im Zimmer stand der Todesengel und schaute auf das Kind nieder, das jetzt, fast zu seinen Füßen, sich auf den Boden geworfen hatte und krampfhaft schluchzte. Und im aufsteigenden Weh fühlte der Engel ein Wehen seiner Schwingen angesichts dieses Knaben, der hier mutterlos aufwuchs im seelenmörderischen Hause der geknebelten Kains und Ahasvers, zu denen er einst gehören würde. Ein mächtiger Trieb seines Herzens entfaltete weit seine Flügel. Er beugte sich nieder und hob das Menschenkind an seine leuchtende Brust.

Bald wird man den Kleinen vermissen. Man wird glauben, daß er durch das Fenster entwichen sei. Und man wird das ganze Zuchthaus durchforschen, darin soviel geducktes Verbrechen lauernd nistet. Aber man wird ihn nicht finden. Denn jetzt fliegt er, von den Strahlenarmen des Todesengels umschlossen, durch den Abend, während unten auf Erden die Schnitter ihre Ernte einbringen, auf hochgetürmten goldenen Wagen jauchzende Lieder singend.

OTTO PICK

Die Probe

Die Mutter trat in das beschattete Zimmer und rief: »Bobbi!« Der kleine Robert saß behaglich auf dem Fensterbrett, mit dem Rücken an dem warmen Glas des einen Flügels, während die kurzen Beine gereckt die Fensterbreite auszufüllen strebten. Er löffelte wacker die leckere Eierspeise aus dem Teller auf seinem Schoße, so daß er den Ruf überhörte. Lächelnd begab sich die Mutter in die Küche zurück. Sie war beruhigt: Die Wohnung befand sich zwar im ersten Stock, aber Bobbi war so brav, man durfte ihn ohne Sorge seine Mahlzeit in der frischen Luft verzehren lassen. Während er den Löffel zum Munde führte, blickte er hinaus. In dem Neubau gegenüber kletterten die Jungen aus »seiner Gasse« herum. Einige hatten sich unter dem Fenster zum Kugelspiel zusammengefunden. Robert sah ihnen mit Interesse zu, ohne das Spiel zu verstehen. Nur noch mechanisch aß er langsam weiter.

Die Kinder hatten einen roten Ziegel schief über einen Pflasterstein gelegt und ließen aus den gespreizten Fingern der an den Ziegelrand gelegten Hand die bunten Marmelkugeln in kleine Gruben rollen.

Robert fühlte Lust, mitzuspielen. Besonders verlockend erschien ihm eine größere Kugel aus buntgeädertem Glas, die nie ihr Ziel verfehlte. Er verfolgte das Spiel in wachsender Erregung, den Teller mit der linken Hand dicht an sich gepreßt, während die Rechte mit dem gelb überkrusteten Löffel die Bahn der glänzenden Kugel in der Luft nachahmend beschrieb. Auf einmal sprang ein Junge, der gierig diese Kugel betrachtet hatte, vor den Ziegelstein, fegte die Kugel aus ihrer Bahn, ergriff sie und lief rasch davon.

Erschrocken, mit aufgerissenen Augen sah Robert dieser Missetat zu, anfangs ohne ein richtiges Verständnis ihrer

Bedeutung. Als aber die Jungen auseinanderstoben und schreiend dem Dieb nacheilten, fiel Robert in ihre Rufe: »Die Kugel! Die Kugel her!« ein und seine Beinchen strampelten erregt.

Plötzlich hörte die Mutter einen gellenden Schrei und als sie in das Zimmer stürzte, sah sie die Fensteröffnung leer. Entsetzt beugte sie sich hinaus und traute ihren Augen nicht: Das Kind saß in der gleichen Stellung wie vorher auf der Erde und streckte noch immer die Arme nach dem schlimmen Buben aus. Der Teller lehnte umgekippt an dem Ziegelstein. Die Mutter eilte hinunter auf die Gasse. Mit stürmischer Freude umschlang sie ihr Kind, ihre Lippen betasteten mit heißen Küssen seine Wangen und preßten sich auf seine Haare. Immer wieder hielt sie den Knaben von sich, um ihn recht betrachten zu können, so wie man Neugeborene zwischen gestreckten Armen hochhebt.

Als der vorsorglich bald herbeigerufene Arzt an dem Knaben weder innere noch äußere Verletzungen zu erkennen vermochte, stand es fest: Robert hatte in höchst wunderbarer Weise nach dem gefährlichen Sturze nicht bloß wohlbehalten, sondern auch in unveränderter Lage den Erdboden erreicht. Die Kunde hievon verbreitete sich bald in der Nachbarschaft, und der stille Knabe, der überdies an einem Sonntag geboren war, gewann den Ruf eines Glückskindes, das Gott lieb hat. Die alte Bedienerin seiner Eltern aber setzte in der Lotterie auf die Zahlen, die das Datum jenes Tages, die Stunde des Wunderfalls und Roberts Alter bezeichneten.

Der Knabe war damals fünf Jahre alt.

* * *

Robert wuchs auf, nicht anders als die übrigen Kinder, die mit ihm als mit ihresgleichen rauften und ihn, da er bei mittelmäßiger Gewandtheit kein Spielverderber war, an ihren lustigen Zeitvertreiben teilnehmen ließen. Die Behandlung, die er von seiner erwachsenen Umgebung erfuhr, war indes behutsam und auf eine beispiellos glückliche Entwicklung des Knaben mit gläubiger Zuversicht rechnend. Da jedoch nicht alle Menschen, mit denen Robert in Berührung kam, jenes merkwürdige Geschehnis kannten, so hielt ihr, von der üblichen Art nicht abweichendes Verhalten dem Kinde gegenüber, der Verhätschelung durch seine Verwandten ziemlich das Gleichgewicht.

Einmal in den Schulferien ging Robert mit einem Kameraden in die innere Stadt, um die Schaufenster der Briefmarkenhändler zu mustern und gelegentlich in einem Delikatessengeschäft Reklamebildchen zu erbitten. Eben hatten sie in einem niedrigen Laden, der in einem Durchhaus sich befand, ein Päckchen Missionsbriefmarken für ihr wöchentliches Taschengeld erworben und traten auf einen sonnigen Platz mit Parkanlagen hinaus, als Robert heftig zusammenzuckend ein zischend flatterndes Geräusch wie von einem nassen Hadern über sich hörte. Er riß den Gefährten zurück und im selben Moment fiel mit dumpfem Krach vor ihnen ein heller Körper auf das Pflaster. Sie schlossen die Augen. Dann weckte sie der entsetzte Aufschrei eines Passanten aus ihrer Betäubung. Von allen Seiten strömten Leute herbei. Man rief nach einem Arzt. Robert war unwillkürlich vorgestürzt und sah nun mit aufgerissenen Augen durch die wechselnden Zwischenräume, die sich ihm hinter den Drängenden boten: Eine Blutlache, in der ein Hosenträgerzipfel schwamm, dann eine aufgeschlitzte dunkle Hose und auf einmal – wie von fahlem Blitz erhellt – ein kreideweißes Gesicht unter zerrauftem Haar. Bald erfuhr er alles. Der Verwundete – oder Tote – war ein Schusterlehrling, der sich aus dem Fenster gestürzt hatte. Robert fühlte eine würgende Angst, er wollte fliehen. Sein Gefährte war verschwunden. Als Robert sich durch die Kette der Neugierigen hindurchschlängelte, schimmerte ein Bein des Selbstmörders durch eine plötzlich entstandene Lücke dem Knaben entgegen und er sah eine blutende zerwühlte Wunde über dem nackten Knöchel klaffen.

Robert stürmte nach Hause durch die warmen Straßen, an ruhigen Menschen vorüber. In seinen Träumen sah er noch nach Wochen die rote Wunde in dem weißen Fleisch brennen. Das aufregende, schwächende Traumgesicht verblaßte mit der Zeit und eines Tages, als Robert in die Nähe jenes Platzes kam, sah er den vermeintlichen Selbstmörder – er erkannte ihn sogleich – mit nachschleppendem rechten Fuße, aber frischer Miene durch den Park schleichen.

Als er diese Begegnung freudig seiner Mutter erzählte, empfand sie eine winzige kalte Enttäuschung, die sie sogleich unwillig als häßlich verwarf. Sie hatte dem Knaben den wunderbaren Zufall seiner Kindheit bereits mit Stolz berichtet und nun tat es ihr beinahe weh, daß Robert ruhig sagte: »Mutterl, dem Schusterbuben ist's eigentlich fast besser ergangen als mir. Denk doch: Er ist ja aus dem dritten Stockwerk gesprungen.«

Es dauerte nicht lange, und Robert hatte dieses Erlebnis vergessen.

* * *

Als er die Volksschule verließ, waren seine Eltern unschlüssig, ob sie ihn die Realschule oder das Gymnasium besuchen lassen sollten. Da der Knabe keinen bestimmten Wunsch äußerte, und überdies sein Bruder bereits im Gymnasium war, so wurde Robert Realschüler. Der Verkehr mit den Gespielen hörte allmählich auf. Als er in die höheren Klassen der Realschule vorrückte, begannen ihm die exakten Wissenschaften langsam Schwierigkeiten zu bereiten. Nicht daß er ein schlechter Schüler geworden wäre. Aber es kostete ihn einen ansehnlichen Aufwand von Energie, sich mit der Lösung mathematischer Aufgaben zu befassen oder stundenlang über weißes Zeichenpapier gebeugt zu sitzen und ohne Begeisterung geometrische Beispiele zu zeichnen. Auch die Naturwissenschaften ließen ihn kühl. Dagegen erfaßte ihn eine dumpfe Sehnsucht nach gewaltigeren Forderungen, die man ihm in den sprachwissenschaftlichen Fächern stellen müßte. Denn auf diesem Gebiete bewegte er sich mit schlafwandlerischer Sicherheit. Da seine Intelligenz sich mit den unsympathischen Gegenständen ohne Gefahr für die Fortsetzung seiner Studien zwar lustlos aber zur Genüge abfand und der Lehrplan ihn auf seinem Lieblingsgebiete nie vor komplizierte Probleme stellte, so häufte sich in seinem Innern ein reiches Lager unverwerteter geistiger Spannkraft.

Als er die Realschule absolviert hatte, empfand er weder eine strahlende Freude über den zurückgelegten Weg, noch den Begeisterungsrausch seiner Mitschüler, die den Pfad ins freie wirkliche Leben in zauberischer Schönheit vor sich zu sehen glaubten. Ruhig sprach er seinen Entschluß aus, die Hochschule nicht zu besuchen, sondern irgend einen praktischen Beruf zu wählen. Seine Mutter verzichtete auf die Hoffnungen, die sie in seine Zukunft als Ingenieur gesetzt hatte, und tröstete sich schließlich mit dem Gedanken, daß ihr Kind auf jeden Fall Großes erreichen müsse. Als Robert bald darauf in der Korrespondenzabteilung eines Exportgeschäftes arbeitete, begann die alternde Frau ihren Träumen eine neue Richtung zu weisen. Sie hoffte es noch zu erleben, daß ihr Sohn ein gewaltiger Handelsherr würde. Das Wie seiner weiteren Entwicklung war ihr zwar unklar, aber sie hatte sich seit dem wunderbaren Ereignis in Roberts frühen Jahren in den Glauben an ihres Kindes gottgeschützte Laufbahn innig versponnen.

Robert wurde ein einwandfreier Korrespondent und erlebte die nächsten Jahre in einfacher Ruhe, ohne sich Wallungen von Ehrgeiz und zielbewußtem Streben hinzugeben. Wohl hatte ihm die Mutter durch die wiederholte Erzählung des Wunders seiner Kindheit das Bewußtsein seiner dem Schicksal wohlgefälligen Fähigkeiten einzuschärfen versucht. Robert hatte gelächelt und, als er die Mutter sich kränken sah, mit gespielter Hoffnungsfreude zugehört.

Als er sein geregeltes Leben beinahe schon als zwecklos zu empfinden begann und mechanisch an den Vergnügungen und nächtlichen Streifzügen seiner Berufsgenossen teilnahm, um sich zu beweisen, daß ihn doch nichts Wesentliches von ihnen unterschiede, kam auf einmal eine schöne Geschäftigkeit in seine Lebensweise. Er hatte an einem lieben Mädchen Gefallen gefunden. Nach einigen Monaten reizvollen Werbens ward ihm das Glück ihrer innigen Neigung zuteil.

Mit Hedwig erlebte er einen Frühling, der ihn vollkommen seinem ereignisarmen Dahindämmern entriß. Die Geschehnisse des Alltags begannen ihn zu ergreifen; er lernte die Menschen mit klaren Blicken betrachten; seine Berufsarbeit verrichtete er mit Eifer und in dem belebenden Bewußtsein einer wachsenden Begeisterung, die den ersehnten freien Stunden in Hedwigs Gesellschaft galt.

Die Wärme ihres täglichen Verkehres steigerte sich, so daß schließlich nur mehr das bange Verlangen nach der letzten Vereinigung Roberts Blut beunruhigte. Hedwig ahnte kaum die Verwirrung, die sich seiner allmählich bemächtigte. Sein ehrliches Wesen erschauerte vor dem Gedanken an die Notwendigkeit der plötzlichen Lösung dieses Verhältnisses, das ihn erhitzte und in einen Wirbel von Glück und Wehmut riß.

Es wurde Sommer. Die beiden jungen Menschen wurden nicht müde, im Sonnenbrand über staubige Landstraßen ins Freie zu wandern, vor die Stadt hinaus, bis sie im Schatten entlegener Waldungen sich dem Glück ungestörten Beisammenseins aufatmend überlassen konnten. Hier war es, wo die Gewalt seiner überhitzten Sinne Robert gleichsam unbewußt die schwerste Forderung an Hedwig stellen ließ.

Nach tändelnden Liebkosungen und heftigen Küssen, die ihre Gesichter glühend zu einander getrieben hatten, lagen die Verliebten mit unter dem Rücken verschränkten Armen auf dem knisternden Waldboden und schauten in unruhigem Schweigen zum Himmel empor. Und während Hedwig mechanisch mit der rechten Hand ihr Haar von Blattstengeln und trockenem Laub befreite, sah Robert plötzlich in furchtbarer Klarheit den Abgrund vor sich, über dessen Rand ihre Liebe hinabzugleiten drohte. In wachsender Verwirrung erwog er die Unmöglichkeit, so weiterzuleben. Da er an eine eheliche Verbindung mit der Geliebten, die von einfacher Abkunft war und einem Beruf nachging, mit Rücksicht auf den Widerstand seiner Mutter nicht denken durfte, befand er sich erregt vor der Wahl zwischen der schmerzhaften Lösung ihres Verhältnisses oder –

Mit verzweifelter Glut umschlang er das Mädchen, seine Küsse fielen schmerzhaft und fremd in ihr Gesicht, auf die Wangen, in die Mundwinkel und wie Blutstropfen brennend über das wirre Haar der Schläfen ... Dann hauchte er ihr küssend die Frage in das Ohr: »Willst du mein werden, sag, ganz mein ...?«

* * *

Die Eile, mit der Hedwig am nächsten Sonntagnachmittag durch die Straßen ging, fiel allen Leuten, die so hastlos wie eben am Sonntag, zumeist in Begleitung, des Weges kamen, auf. Allmählich verlangsamte sie ihre Schritte. Ihre Blicke streiften verstohlen die Straßentafeln an den Eckhäusern. Sie begann unregelmäßig zu atmen und eine Glutwelle überfloß ihr Gesicht, um es nicht wieder zu verlassen. Dann bog das Mädchen in eine Nebengasse ein und schritt frei und entschlossen auf ein Haus zu. –

– Robert stand in dem gemieteten Zimmer und versuchte es gemütlicher einzurichten. Er nahm die Porzellanfigürchen vom hohen Rand der Sophalehne und verteilte sie auf dem Spiegeltisch und auf den kahlen Schränken. Frische Rosen ließ er aus den schlanken Vasen duften. Als Robert an den mit Erfrischungen bedeckten Tisch trat, um eine Fliege von dem Aufsatz mit Obst zu verjagen, spürte er einen bittern Geschmack im Munde. Gleichzeitig bedrückte ihn die schwüle Luft des schlecht gelüfteten Zimmers. Er öffnete das Fenster; die Beklemmung wich nicht. Eine Verdrießlichkeit, die an Ekel grenzte, hatte von ihm Besitz ergriffen. Er hatte das sichere Gefühl, daß diese Minuten der Erwartung Häßliches bargen, ja daß dieses Warten unwürdig war. Ließ sich denn kein Ausweg mehr bahnen? Sollte dieses märchenschöne Verhältnis, das ihn beglückt und zu tätigem Leben erweckt hatte, enden wie ein schales Abenteuer von der Gasse?

Er lächelte schmerzlich. Würde sie überhaupt kommen? Nein, sie durfte es nicht tun. Er müßte sie hassen, wenn sie käme ... Seine Gedanken verwirrten sich. Er sprang zur Türe und versperrte sie. Dann fegte er den Schmuck des Zimmers von den Möbeln herunter und warf die Blumen in den Winkel. Ihn besaß der einzige Gedanke: »Sie darf nicht kommen!«

Er murmelte diese Worte mechanisch vor sich hin, während er sich aus dem Fenster beugte, um die Gehsteige zu mustern. Er sah Mädchen in lichten Gewändern still und freudig vorübergehen. Ihre bunten breiten Hüte hinderten ihn, aus der Höhe des dritten Stockes die Gesichter zu unterscheiden. Doch er hätte Hedwig an ihrem Gang, an dem freien Schwung der Arme erkannt und an den unmerklichen Eigentümlichkeiten ihres Wesens, wie sie nur der Liebende untrüglich erkennt. Hedwig kam nicht.

Beruhigt und doch unmutig wandte Robert den Oberkörper in das Zimmer zurück. Da hörte er ein leises abgerissenes Pochen an der Tür. Er fuhr zusammen und stürzte zur Klinke hin. Doch nein, es mußte ein Irrtum sein; vielleicht hatte ein Fremder die Wohnungstüren verwechselt. Er war doch nicht kurzsichtig. Ganz deutlich hatte er im Sonnenglanz die Straßenbreite überblicken können. Mochte pochen, wer da wollte, Hedwig k o n n t e ja nicht hier sein. Er hätte sie bemerken müssen.

Aber wenn sie jetzt gekommen wäre, während er an der Türe stand und zitterte? Mit einem Satze war er beim Fenster und spähte erregt hinaus. Um ganz sicher zu sein, lehnte er den Rücken an den warmen Fensterrahmen und stützte die übergeschlagenen Beine seitlich auf das Fensterbrett, so daß eine leichte Neigung des Oberkörpers genügte, um ihn sowohl die Straße als auch die Türe beobachten zu lassen.

Da wiederholte sich das Pochen. Robert brauchte den Aufschrei, der ihm entschlüpfen wollte, nicht zu unterdrükken. Etwas krampfte ihm die Kehle zusammen, eine Ahnung erfaßte ihn. Vielleicht war Hedwig einfach auf dem diesseitigen Trottoir gekommen, dicht an die Mauern der Häuser gepreßt. Oder es war ein Bote, den sie gesandt hatte und der nun ungeduldig klopfte ...

Wieder überkam ihn dieses häßliche Gefühl der Enttäuschung. Er fühlte seine Glieder, seine Gedanken erstarren; willenlos saß er auf dem Fensterbrett und sah verschwommen den Blick seines Spiegelbildes auf sich ruhen. Alles in ihm drängte nach einer Entscheidung. Er kämpfte seine Erregung nieder und begann seine Gedanken zu sammeln.

Ob sie gekommen war oder gar nicht käme, was hatte dies mit seinem Glück, mit seiner Zukunft zu tun? Ob er sie nähme wie eine Heilige oder wie eine Dirne, was bedeutete das für die Tage, die er noch zu durchleben hatte? Denn – nun fühlte er es, heißer als die Sonne, die ihm Wangen, Brust und Rücken sengte –: er liebte Hedwig mehr als sein Leben. Sie mußte sein werden vor Gott und den Menschen. Vor Gott ...? Wie Schuppen fiel es da von seinen Augen. Stand ihm nicht das Recht zu, sich an den Glauben an das Wunder seiner frühen Jugend zu klammern? Vielleicht hatte die Mutter klar gesehen. Die Zeit des ereignislosen Dahindämmerns war nur eine Periode der Vorbereitung gewesen, in der sich die geheimen Kräfte in ihm gesammelt hatten, während er gleichgültig dahinlebte und die Hoffnungen der Mutter bespöttelte. Die Probe ... Es galt, das Schicksal auf die Probe zu stellen. Er hatte ja nichts zu verlieren. Hedwig ...? Ihr zu Liebe sollte es ja geschehen. Und die Mutter? Ihr galt es den Glauben wiederzugeben, ihre Hoffnungen zu bestätigen. Er sah die geduldige Frau vor sich und hörte sie das wunderbare Geschehnis erzählen. Eine innige Zuversicht erfaßte Robert. Er erlebte das Wunder gleichsam wieder. Ganz lebendig war ihm alles: Er hörte die Knaben auf der Gasse rufen, die Sonne streichelte ihn warm, eine Glaskugel rollte bunt über den Sand ... Roberts Gedanken stockten: Der Sturz, der Sturz?! Das Wunderbare fehlte noch; aber er fühlte, er würde es wieder empfinden. Denn nun war er überzeugt, daß es in ihm war. Und das Schicksal wartete, daß er es auf die Probe stelle. Und dann würde Alles gut werden –.

Die Türklinke knirschte, jemand rüttelte daran. Eine Stimme rief leise und bang: »Robert, Robert, bist du hier?«

Er erbleichte. Da war es. Das Wunder rief. »Ich komme gleich«, flüsterte er selig lächelnd, beugte sich in die laue Luft hinaus und ließ sich niedergleiten.

ERNST FEIGL

Tüchtigkeit

Dieser Tage erschienen bei mir zwei Herren, von denen der eine einen schwarzen Lederkoffer trug, den er sofort im Vorzimmer hinstellte, während der andere Mann seinen Mantel öffnete und mehrere Drucksorten hervorzog. Nachdem sie sich erkundigt hatten, ob ich der Herr des Hauses sei, begannen sie sofort Wunderdinge von einem Apparat zu erzählen, der in keiner Hauswirtschaft fehlen dürfe und dort, wo er fehlt, sofort angeschafft werden müsse. Dieses Instrument sei auch für die Gesundheit unentbehrlich, wovon ich mich sofort überzeugen könne. »Der Anschaffungspreis ist sehr gering. Sie können in vier Raten bezahlen. Wir wollen Ihnen durchaus keine Schwierigkeiten bereiten, denn es handelt sich uns weniger darum ein Geschäft zu machen, als Ihnen eine Sache zu verschaffen, für die Sie uns dankbar sein werden. Gestatten Sie, daß wir sofort zu arbeiten beginnen.« Ich erklärte, es täte mir sehr leid, von ihrem Angebot keinen Gebrauch machen zu können, worauf der eine rasch erklärte: »Sie sind uns von einer hochstehenden Persönlichkeit empfohlen worden. Wir besuchen ausschließlich Herrschaften, von denen wir überzeugt sind, daß sie unsere Bestrebungen voll unterstützen. Wir lehnen es grundsätzlich ab, Leute zu besuchen, deren soziale Stellung nicht ganz einwandfrei ist. Es ist uns eine Ehre, heute mit Ihnen verhandeln zu dürfen.« – »Verzeihen Sie, meine Herren«, drängte ich mich vor, aber man ließ mich nicht ausreden. »Wir wissen, daß Ihre Zeit sehr kostbar ist, auch die unsere ist uns wertvoll: Es liegt uns aber sehr viel daran, daß Sie uns ein kleines Zeitopfer bringen; seien Sie versichert, daß Sie es nicht bedauern werden.« – »Ich glaube Ihnen, meine Herren, alles sehr gerne, aber ich habe tatsächlich keinen Bedarf für Ihren Artikel, denn es gibt so viele andere wichtige Sachen, die ich zuerst anschaffen müßte.« Der Mann mit dem Koffer ließ sich nicht abschrecken und fand sofort ein Gegenargument. »Wir sehen, daß wir an den richtigen Mann gekommen sind, denn Sie scheinen nicht zu wissen, daß unser Apparat tatsächlich das Wichtigste ist, das in eine jede Hauswirtschaft gehört.« Jetzt wurde ich nervös: »Im Ernst, meine Herren, ich danke Ihnen vielmals für das Vertrauen, das Sie mir entgegenbringen. Aber ich kann beim besten Willen auf Ihren Vorschlag nicht eingehen, aus dem einfachen Grunde nicht, weil ich mehrere wichtige Verpflichtungen habe, denen nachzukommen mir jeden Monat beträchtliche Schwierigkeiten bereitet. Sie werden also einsehen, daß ich nicht noch eine neue Last auf mich nehmen kann.« Man entgegnete mir: »Wie gesagt, wir kreditieren Ihnen sehr gerne, in vier Raten ist der an und für sich geringe Betrag getilgt.« – Ich versuchte noch einmal zu widersprechen. »Meine Herren, ich habe keine Geheimnisse vor Ihnen. Ich muß diesen Monat die Lebensversicherungs-Polizze und die Gebühr fürs Telephon bezahlen. Außerdem zwei Raten an den Buchhändler abschicken und mir ein Paar Schuhe kaufen, wobei ich betone, daß ich momentan gar nicht daran denken kann, mir einen Anzug machen zu lassen. Sie sehen also – –« – »Das alles sehen wir ein. Der Mensch hat es wahrlich nicht leicht. Aber nur unter gewissen materiellen Opfern kann man fortschrittlich sein. Gestatten Sie uns daher – –« Mit diesen Worten schoben mich die beiden zur Seite, öffneten die Tür ins Zimmer und traten ein.

Ich war ihnen empört, aber schwach zu widersprechen, gefolgt, und harrte nun ängstlich der Dinge, die da kommen sollten. »Gestatten Sie, daß wir das Sofa ein wenig zur Seite rücken, damit wir besser zum elektrischen Kontakt kommen können.« Ich brummte irgendetwas. Sie achteten aber nicht auf mich, und ehe ich mich versehen hatte, schoben sie das neue Sofa zur Seite, wobei sie ein darüberhängendes Bild berührten, das glatt zu Boden fiel, so daß der schwarze Rahmen ein wenig abgesplittert wurde. »Es ist nichts ge-

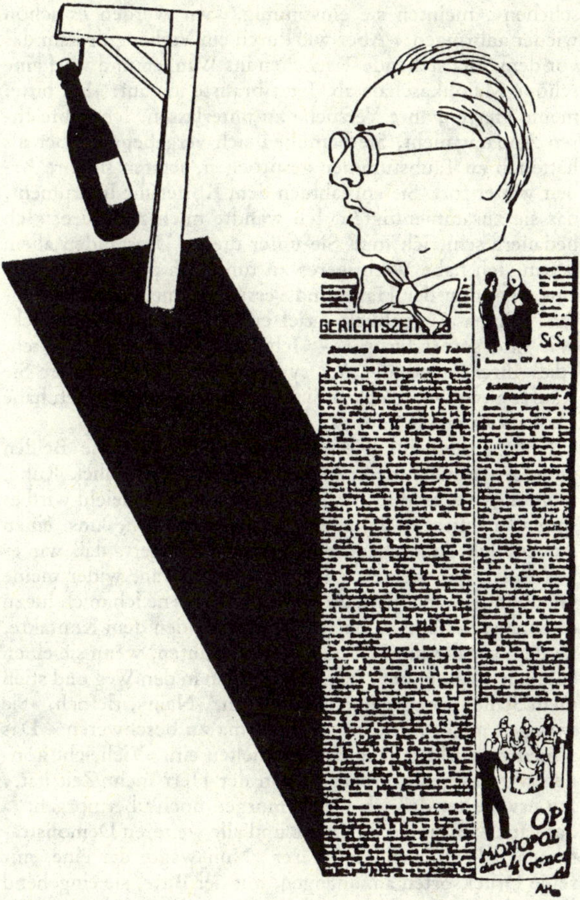
MONOPOL

schehen«, meinten sie einstimmig, »wir werden es schon wieder anbringen.« Aber wie durch ein Verhängnis kam das vor dem Sofa stehende Tischchen ins Wanken und warf eine schöne Majolikaschale ab. Jetzt brauste ich auf: »Ich bitte, meine Herren, Ihre Versuche zu unterlassen. Ich kaufe Ihren Apparat nicht, Sie bemühen sich vergebens.« Aber als hätte ich zu Taubstummen gesprochen, setzten sie ihre Arbeit weiter fort. Sie entnahmen dem Koffer ihr Instrument, das sie zusammenfügten. Ich wandte mich zur Türe: »Ich bedauere sehr, ich muß Sie unter diesen Umständen allein lassen. Ich habe Wichtigeres zu tun.« Da packte mich der eine Mann an der Hand und versuchte mich zurückzuhalten. »Einen Augenblick«, rief er, »nur einen Augenblick. Wir sind sofort fertig.« – »Ich bezweifle«, erwiderte ich, »daß Ihrer Firma die Art sympathisch wäre, mit der Sie Käufer anwerben. Packen Sie das Zeug zusammen, ich habe gar kein Interesse dafür.«

Ich flüchtete ins Nebenzimmer. Ich hörte die Beiden nebenan flüstern, dann herrschte einen Augenblick Ruhe, worauf sie verbindlich lächelnd eintraten. »Vielleicht wird es Ihnen in diesem Zimmer angenehmer sein, uns einen Augenblick zuzuschauen. Seien Sie versichert, daß wir es mit Ihnen gut meinen.« Ich war nahe daran, wider meine Gewohnheit, energisch zu werden. Aber ehe ich mich hiezu entschlossen hatte, näherten sich die Beiden dem Kontakte, zu dem sie allerdings erst gelangen konnten, wenn sie einen Sekretär wegschoben. Ich sprang ihnen in den Weg und stieß mein Schienbein gegen ein Tischbein. »Nein«, rief ich, »Sie zwingen mich, mich bei Ihrer Firma zu beschweren.« Das schien zu wirken. Die Männer hielten ein. »Vielleicht können wir morgen kommen, wenn der Herr mehr Zeit hat.« Ich erwiderte, daß ich weder morgen noch übermorgen, ja das ganze Jahr nicht Zeit habe und alle weiteren Demonstrationen daher überflüssig wären. Nun wagte der eine, mir seine Drucksorten anzuhängen, mit der Bitte, sie eingehend zu studieren, da ich dann vielleicht auf Grund der Lektüre zu einer besseren Einsicht gelangen und die Firma um den Besuch ihrer beiden Vertreter bitten werde. Ich nahm die Papiere an. In diesem Moment fiel mir ein, mich an einigen meiner Bekannten zu rächen. Heiteren Antlitzes nannte ich den beiden Agenten eine Reihe von Personen, die meiner Ansicht nach sicher als Käufer in Betracht kommen. Ich legte den beiden Männern nahe, unbedingt darauf zu bestehen, den Apparat dort vorführen zu dürfen. »Wir danken bestens«, meinten sie, »Ihren Rat werden wir befolgen. Wir fürchten uns nicht.« Mit starkem Händedruck empfahlen sie sich, mir noch einmal zurufend, sie werden im Herbst sich erlauben, mich noch einmal aufzusuchen.

ERNST SOMMER

Der Aufruhr

1

Als Claudius Nowotny die Markthalle erreichte, waren schon zwei Doppelreihen unruhiger Menschen da. Aber die vordersten Reihen standen so sehr im Dunkel und die schmutziggrauen Mäntel verschwammen im Rauch des Abends, daß er bei Hundert fluchend zu zählen aufhörte. Die Uhr auf dem Zollgebäude schlug neun. Claudius Nowotny suchte es sich wohnlich zu machen. Glücklicherweise begann gerade hinter seinem Rücken der ausgedehnte Park. Die glatte Steinmauer schien eine vortreffliche Rücklehne abzugeben.

Hie und da verließen die Menschen die Reihe und kauerten sich auf die Erde. Manche schlugen Klappstühle auseinander und nahmen breit auf der knirschenden Leinwand Platz. Andere spreiteten große Tücher aus und legten sich mit zufriedenem Stöhnen nieder. Die meisten aber standen noch, wenn auch auf Stöcke gestützt, und zogen ihr Brot aus der Tasche, große erdfarbene Stücke, von denen sie ohne Hast Bissen für Bissen abbröckelten.

Claudius hatte irgendwo auf dem Weg einen billigen Hering erstanden, der entsetzlich roch. Er zog sich auf die Parkmauer zurück. Hinter ihm war ein neuer Trupp Menschen angelangt, Mädchen mit mutlosen Gesichtern und ein paar Kinder, die sich schüchtern nach vorwärts drängten. Claudius befahl ihnen polternd, seinen Platz zu räumen. Er tat es nicht ohne Vergnügen. Zudem fühlte er, wie lüsterne Augen seinen Hering umlauerten.

Und er schob schmatzend ein großes Stück mit Haut und Gräten in den Mund.

2

Die Dunkelheit begann sich zu überstürzen. Die Menschen traten nicht mehr aus den Reihen. Die Reihen waren weggewischt und aus dem einförmigen, mit Dünsten vermischten Grau sonderten sich nur mehr Stimmen, bald einzeln, bald zu dumpfen Chören verstärkt, aber immer gleichförmig und ohne Hast.

Aus dem Park, dessen schwarze Wipfel sich vom bewölkten Himmel kaum unterschieden, kam stoßweise ein betäubender Duft, mit dem Claudius Nowotny sich nicht einzulassen gedachte. Er roch sehnsüchtig an dem Papier, in dem die letzten Bissen des Herings schimmerten und nahm sie bedächtig mit den Lippen auf, ganz und gar in den scharfen und salzigen Geschmack versenkt, der sich auf den brennenden Lippen zerteilte und ein Gelüst nach Bier hervorrief. Vereinsamte Wagen polterten bedächtig vorüber, aus dem Fluß, der unter der Straße und Markthalle hinfloß, kam ein leises Gurgeln, hie und da kreischte ein Trambahnwagen über das vereinsamte Geleise und warf mit seinen roten und gelben Lichtern flüchtige Helligkeit auf das zerstreute Rudel von Menschen, das sich unablässig bewegte.

Nowotny faltete das leere Papier zusammen und warf es auf die Straße. Seine Gedanken beschäftigten sich aufgeregt mit Schankstuben, aus deren Hähnen Bier hervorquoll. Er schmeckte vielerlei Arten auf der Zunge und verglich das herbe und bernsteinfarbene Gebräu, wie man es in seiner Gasse trank, mit undurchsichtigen und dunkelbraunen Sorten, die aus Deckelkrügen getrunken wurden und unmerklich über den Schlund stürzten, in wollüstig süßen Katarakten.

Eine Frau, die zwei Reihen vor ihm stand, unterbrach ihre halblaute Unterhaltung und zog eine Flasche aus dem Korb.

»Will wer Wasser?« fragte sie gutmütig.

Claudius streckte eilig seinen Arm aus. Als er getrunken hatte, wischte er sich voll Ekel die Lippen.

»Hat's geschmeckt?« erkundigte sich die Frau.

»Es muß wohl –« sagte Claudius ingrimmig.

Die Frau aber ging voll Gleichmut daran, den Dank für das Dargereichte in Gestalt eines Gesprächs einzufordern.

»Der Herr hat vor ein paar Jahren nicht gedacht, daß er sich eine ganze Nacht wird anstellen müssen, wegen ein paar Stückeln Fleisch –.«

»Nein –« knurrte Claudius Nowotny. »Aber was liegt daran? Ob ich hier im Freien lungre oder in meiner stickigen Stube, ist es nicht egal?«

»Mir ist es auch nicht an der Wiege gesungen worden«, fuhr die Frau unbekümmert fort. »Mein Mann ist Beamter und hat sein schönes Einkommen gehabt. Wir haben sogar auf ein Landhaus gespart –«

Was geht mich ihre Vergangenheit an! dachte Claudius zornig. Mich kümmert nicht einmal meine eigene.

»Denen, die sie nicht zum Militär genommen haben, geht es ohnehin gut –« bemerkte eine kleine Frau, aus deren dreifach umgeschlagenem Kopftuch ein Vogelgesicht hervorblinzelte, mit spitzem Tonfall, »können dick verdienen. Aber die armen Hascher im Schützengraben –.«

»Ja, ja, es ist ein Glück!« sagte die erste Frau arglos zu Claudius. »Das weiß sich keiner zu schätzen.«

»Und keiner weiß, wie er dazu kommt –« ereiferte sich die andere und sah Claudius mit zwinkernden Augen feindselig von der Seite an.

»Reden Sie nichts, wenn Sie nichts verstehen!« versetzte Claudius breitspurig und verschränkte die Arme. »Wissen Sie, was Tebece ist?« Er hob den Kopf und stieß ihn verächtlich vor. »Nun, warum antworten Sie nicht?«

»Ich weiß nicht –« versetzte die Frau, plötzlich kleinlaut geworden. »Ist es eine Krankheit?«

»Sie weiß nicht, was Tebece ist!« sagte Claudius kichernd und griff sich mit beiden Händen an den Hals. »Aber der Ausdruck Tuberkulose, zu deutsch Schwindsucht, ist Ihnen doch bekannt, Sie Unschuld vom Lande, wie? – Nun gut, das ist mein Leiden, konstatiert in einem Garnisonsspital, klassifiziert mit dem Buchstaben D, zu jedem Dienste untauglich, jawohl.«

Er blickte haßerfüllt im Kreise umher und gewahrte mit Befriedigung, wie die Frau erschrocken einen Schritt zurücktrat, und ihre Nachbarin mit unsicheren Händen den Flaschenrand abzuwischen suchte.

»Ist Ihnen jetzt leichter, he?«

»Nichts für ungut –« stammelte die kleine Frau. »Wir alle haben unser Binkel zu schleppen.«

Claudius hörte nicht mehr hin. Er hatte sich trotzig zurückgezogen und lehnte wieder an der Parkmauer, die glatt und kühl im Rücken anstieg. In Mannshöhe war der Stein mit einem weiten mächtigen Gitter bekrönt, zwischen dessen Stäben Zweige hervorkrochen und Laub raschelte. Die Äste bogen sich sausend und wiewohl niemand im Garten war, knirschte der Kies.

3

Nach einer Pause gewahrte Claudius, wie zwei Mädchen, die ihm zunächst gestanden waren, mit wiegenden Bewegungen die schon weit ins Dunkel gewachsene Reihe verließen und zu seiner rechten Seite an die Parkmauer kauerten. Sie waren überschlank und ihre nackten Arme ohne Fleisch. Aber wenn die Gesichter zueinander kamen, hatten die Augen ein verlorenes Leuchten. Sie schienen ein angeregtes und eifriges Gespräch zu führen.

»Ich hab' ihn zum letztenmal im Kino gesehen –« sagte die eine, die schon voll entwickelt war und ihre Brust hob und senkte sich rasch. »Aber im Theater war er mir viel lieber. Weißt du, am liebsten hab' ich ihn Verse sprechen gehört. – Das hat so angenehm gekitzelt, wie ein Kuß.«

»In welcher Rolle hast du ihn gesehen?« fragte die andere mit ganz hoher und kindlicher Stimme.

»Als Romeo, wie schön er doch war. Da gibt es einen Balkon, auf dem er von der Julia Abschied nimmt, nachdem er die ganze Nacht bei ihr gewesen ist –« Die Freundin lächelte verständnisvoll und ihre Lippen krümmten sich lüstern.

»Da ist er zum Verlieben süß.«

»Sieh da –« sagte Claudius, ohne sich zu regen. »Wie ich merke, lieben die Damen das Theater.«

Die Mädchen blickten erschrocken um sich. Durch das Dunkel waren nur die Umrisse Nowotnys zu erkennen, aber seine Stimme trug auf einmal eine schimmernde und einschmeichelnde Färbung. Und die Worte kamen gepflegt und schöngebildet aus seinem Munde, vielleicht nur ihres Wohllauts zu sehr bewußt. »Ich finde das begreiflich –« sagte er und starrte ins Dunkel. »Was sind Liebe und Haß und Treue und Hinterlist in Wirklichkeit? Banal und lächerlich. Man hat keine Zeit, sich um die Haltung zu kümmern. Jeder geht seinen Weg und hudelt seine Rolle herunter, der eine apathisch, der andere mit zu viel oder zu wenig Gefühl, der dritte voll Übertreibung und Grimasse. Aber es ist ohnehin umsonst. Keiner kümmert sich darum. Nur auf dem Theater gilt noch eine schöne Geste.«

Claudius bog sich vor und begann, während seine Wangen sich erhitzten und der Schweiß von den geschwollenen Schläfen troff, die Worte mit Gebärden zu begleiten.

»Da gibt es Schauspieler, die wollen natürlich spielen. So ein Blödsinn!« Seine Arme verkrümmten sich, der Kopf warf sich in den Nacken und die Schultern trieben ein aufgeregtes und anstrengendes Spiel.

»Man muß dem plumpsten aller Zuschauer klarmachen: das ist Trotz – das da ist Verachtung –, dieses demütige und doch so stolze Hingegebensein ist die Liebe – und wer die Arme so ausstreckt, beschwichtigend und zugleich anfeuernd, der will, ohne ein Wort ausgesprochen zu haben, also verstanden werden: Hört mich! Habt Vertrauen zu mir. Ich bin euer Tribun –« Claudius hielt erschöpft inne und wischte sich den Schweiß von der Stirn. Seine Hände zitterten. Und das Herz schlug unerträglich laut, man mußte es im Umkreis hören. Die leichte Trunkenheit der letzten Minuten verging. Und plötzlich war wieder der Zorn da, dieser unaufhörliche und nagende Grimm, der nach Roheiten verlangte, nach Rippenstößen, brutalen Schimpfworten und giftigen Bemerkungen.

»Wer das so könnte, Frieda –« sagte anerkennend das ältere der beiden Mädchen. »Der Herr hat sicher schon oft das Theater besucht. Vielleicht war er gar in einer Schauspielschule.«

»Kann sein«, sagte Claudius trocken und begann, hämisch an den Nägeln zu kauen.

»Ich glaube, der Herr ist selber beim Theater –« versetzte Frieda und ihr Mund spitzte sich voll prickelnder Neugier. »Beim Chor vielleicht oder unter den Statisten.«

»Erzählen Sie uns noch etwas vom Theater –« bat Mizzi und richtete so das Wort unmittelbar an Claudius. »Wir hören so gern davon.«

»Ich weiß nichts –« sagte Claudius polternd, »oder wenigstens nichts für junge, vorwitzige Weibsbilder. Habt ihr eine Ahnung, ob ihr morgen Fleisch erhalten werdet?«

»Wenn es auf uns ankäme«, sagte Frieda nachdrücklich, »würden wir lieber auf der Galerie irgendeines Theaters stehen, als um Fleisch.«

»So«, höhnte Claudius, »das sähe zwei solchen Geschöpfen ähnlich, wie ihr seid. Und dabei wißt ihr gar nicht, was das ist, Leidenschaft.«

»Oh, wir wissen es.«

»Nichts wißt ihr!« knurrte Claudius. »Euch reizt nichts als Schminke und Maskerade. Ihr wollt euer Süppchen an fremdem Feuer kochen. Aber was versteht ihr denn von den Verheerungen, die eine einzige Geste anrichten kann –« Er lachte schneidend. »Ihr wißt nicht einmal, wie Hunger nagt. –«

»Jetzt sind Sie auf einmal sehr unfreundlich«, sagte Mizzi verletzt, »und wir haben Ihnen doch gar nichts getan. Wir möchten nur wissen, an welchem Theater Sie angestellt sind.«

»An gar keinem!« brauste Claudius auf. »Wer sagt denn, daß ich beim Theater bin?«

»Sie haben sich verraten«, lächelte Frieda, »bitte, bitte, sagen Sie es doch –«

Claudius schlug mit den Fäusten auf die Oberschenkel: »Unverschämte Frauenzimmer! Wo ich statiere, wollen sie wissen –« Er lachte böse und fügte wegwerfend hinzu: »Es gab einmal für jeden Finger dieser Hand ein Dutzend Närrinnen wie ihr, die von mir schwärmten. Empfehle mich und gute Nacht.«

Er stand auf und ging zu seinem Platz zurück, indes ein böses Husten aus seinem Mund hervorbrach und sich langsam und in endlosen Stößen entlud.

4

Die meisten der vielen wartenden Menschen schliefen schon. Hie und da hockte noch einer wach und warf nächtlichen Spaziergängern oder vorüberschwärmenden Pärchen Schimpfworte nach, die in der Stille doppelt grell und drohend aufflackerten. Andere sprachen in leisen, langgezogenen Sätzen miteinander, deren Sinn man wußte, ohne die Worte zu hören. Manchmal klang es aus der Dunkelheit schwül wie Brunstlaute und Knistern zerdrückter Frauenkleider. Niemand kümmerte sich darum. In allen Hirnen, denen die wach waren und denen die träumten, stand nur die eine Frage: Würde es morgen Fleisch geben? Wie weit würde der Vorrat reichen? Und angstvoll unternahmen es brennende Augen, das Dunkel zu durchdringen und die Zahl der Wartenden festzustellen. Aber bei irgendeiner Ziffer fielen die müden Lider von selber zu.

Claudius hatte versucht, zu schlafen. Da ihm vom Liegen auf dem heißen Stein die Brust schmerzte, richtete er sich auf. Nicht weit hinter ihm lehnte ein Mann an der Parkmauer und sog gleichmütig an einer Zigarre. Claudius sah eine Weile zu, wie das brennende Ende aufflammte und wieder erlosch und machte plötzlich in einer unklaren Anwandlung von Gier nach Tabak ein paar Schritte zu dem einsamen Raucher hin. Dieser hob den Kopf und sah Claudius scharf an. Ohne abzuwarten, bis der andere seine Bitte gestammelt hatte, zog er seine Ledertasche hervor und hielt sie geöffnet hin.

»Sie können auch nicht schlafen –« sagte Claudius, während er die Zigarre in Brand setzte.

»Schlafen könnte ich schon –« gab der Mann zur Antwort, »aber was nützt das? Die Sorgen werde ich nicht los. Und im Traum bin ich ihnen erst recht ausgeliefert.«

»Was für Sorgen?« erkundigte sich Claudius behutsam.

»Als ob Sie davon gar nichts verspürten!« lachte der Mann. »Oder haben Sie das nie empfunden, daß es so nicht weiter geht? Was habe ich von meinem Leben? Die ganze Welt ist ein Hungerturm, in dem man herumläuft und nach einem Brocken sucht. Ich kann nichts tun, nicht denken, nicht schaffen. Unaufhörlich quält mich der Gedanke: Wie mache ich meine Leute satt? Wie stille ich unseren Hunger? Werden wir morgen etwas zu essen haben? Man wird fürchterlich stumpf. Das ist das Ärgste. Ich habe seit Wochen keine Note geschrieben.«

»Sie sind Musiker?« fragte Claudius.

»Ja. Und Sie?«

Claudius schluckte ein paarmal und sah zu Boden, während er nach einigen vergeblichen Versuchen, zu sprechen, endlich mühsam hervorbrachte: »Ich war Schauspieler.«

»Und sind verheiratet? Und haben Kinder?«

»Kinder hab' ich keine«, murmelte Claudius, »aber so etwas wie eine Frau.«

Er verbiß sich in seine Zigarre und spuckte, von dichtem Qualm umgeben, kräftig aus. »Ich hab' nämlich ein Lungenleiden, müssen Sie wissen.«

Der Musiker schwieg eine Weile. Dann sagte er wie einer,

der ohne Unterlaß einen einzigen Gedanken denkt: »Wenn man wenigstens ganz verkommen könnte, dann wäre alles gut. Man würde wie die Tiere des Waldes leben, mit dem vorlieb nehmen, was man findet, oder es einander abjagen. Sonst hätte man keine Bedürfnisse.«

Claudius zerdrückte die Zigarre und hustete. »Aber zuweilen kommt die Erkenntnis über einen, daß man vor Jahren jemand war, etwas konnte, Pläne hatte, Entwürfe mit sich herumtrug. Und man fragt sich, wozu man eigentlich weiterlebt. Wäre es nicht am besten, sich in einem Zuge zu Tode zu hungern, statt langsam und in kleinen Stationen?«

»Ich war auch jemand –« sagte Claudius mit leerer Stimme. »Es ist schon lange her. Ich konnte was. Aber da kam die verdammte Schwindsucht. Sie und dieses Weib haben mich fertig gemacht. Ob nun Friede ist oder nicht, das ist mir herzlich gleichgültig. Ich spucke auf alles sogenannte Höhere. Fleisch will ich morgen bekommen.«

»Ich kam wohl zu spät –« bemerkte der Musiker. »Ich werde mit leeren Händen ausgehen. Ich spiele nämlich im Kaffeehaus. Und wir schließen erst um halb elf.«

»Was spielen Sie da?« fragte Claudius unbeteiligt.

»Ich weiß nicht. Ich habe noch niemals zugehört. Ich habe nämlich nur den Baß.«

Der Musiker warf den Rest seiner Zigarre weg und seufzte.

»Früher hab' ich an solchen Abenden wenigstens mir gehört. Mir und meiner Zukunft. Jetzt aber gehöre ich nur mehr dem Hunger.«

»Zukunft –« sagte Claudius geringschätzig, »das ist ein Ding, das ich nicht verstehe. Morgen muß ich zu essen haben, das genügt.«

»Sie haben nicht immer so gedacht!«

»Früher einmal –« Er blinzelte. »Das ist lange her.«

Gähnend machte er einen Schritt zu der Parkmauer hin.

»Jetzt bin ich müde. Sie wollen wach bleiben? Ich gehe schlafen.«

5

Während Claudius im Halbschlummer an der Mauer lehnte, sah er zuerst seine Wohnung vor sich, diese verwahrlosten, unaufgeräumten, schmutzigen zwei Zimmer, von denen er am meisten das einfenstrige haßte, in dem der Kasten mit den verwelkten Schleifen, modrigen Kostümen, rostigen Degen und stockfleckigen Albumblättern stand. In der Küche wirtschaftete das Tier herum, wie er seine Gattin nannte, und schob übelriechende Töpfe und Kannen über Herdplatten, aus deren schlecht verkitteten Fugen der Rauch nach allen Richtungen qualmte.

Das Tier kämmte sich niemals, reinigte weder den Körper noch selbst die geschwollenen und häßlichen Hände und sprach einen Dialekt, der kaum damals, als Claudius halb im Rausch, halb verzweifelt sein verpfuschtes Dasein mit dieser Ehe vollends in den Abgrund gestoßen hatte, angenehm zu hören gewesen war. Zudem liebte es, seine Einsamkeit durch Trinken erträglich zu machen. Woher der Fusel stammte, erfuhr Claudius nicht. Wiewohl sein Gaumen abgestumpft und derb geworden war, hätte er dieses trübe und ätzende Getränk nicht über seine Lippen gebracht. Selbst die Nacht roch ihr Körper davon. Er hatte darum sein Lager in der anderen Ecke des Zimmers aufgeschlagen und verbarg, damit ihr widerliches Schnarchen ihn nicht störe, sein Gesicht unter einer Anzahl Kissen. Dennoch hatte er keinen Augenblick daran gedacht, sich von der Frau zu trennen. Denn sie verstand die Kunst, des Mittags Speisen auf den Tisch zu stellen, auch wenn die Laden und Schränke völlig leer waren.

Und diese Stunde zwischen zwölf und eins war der Ruhepunkt und Inhalt des gemeinsamen Lebens. Claudius versäumte niemals, pünktlich zu sein, und wartete mit angespannten Sinnen auf den Zeitpunkt, an dem das Tier, von warmen Dünsten angekündigt, aus der Küche humpelte, in jeder Hand eine dampfende Schüssel. Claudius teilte peinlich genau. Und wenn er aß, vergaß er alles, selbst das Nächste. Er nahm die Bissen mit Inbrunst in den Mund. Das Wohlgefühl des Kauens und Schluckens ersetzte ihm alle ehemaligen Vergnügungen, alle Lüste und Freuden vergangener Tage, vielleicht sogar die Religion. Er betrachtete jeden Bissen voll Ehrfurcht, wog ihn verzückt auf der Gabel und wurde nicht müde, sich in den Geschmack und Geruch des vor ihm stehenden rauchenden Tellers immer aufs neue zu vertiefen. Und der Rest des Tages galt der Vorbereitung und Sorge für die nächsten Mittagsstunden. Irgendwo, in einem Bezirk, gab es vielleicht einen Laden, in dem billige Fische zu haben waren. Claudius stand viele Stunden mit seinem Korb und wartete. Ein Bauer vor der Stadt bot halb verdorbene Kartoffeln frei. Claudius war unermüdlich, seine Einkaufstasche anzufüllen. Und während dieser Zeit des Wartens nährte er seinen Haß. Er dachte kaum an die Vergangenheit, selten wurde er gewaltsam an sie erinnert. Dann stieß er alle Gedanken, die eine Beziehung zu ihr unterhielten, mit Heftigkeit von sich. Überall aber fand sein Haß Nahrung. Ein Regenguß, eine neue Steigerung der Preise, ein vergeblicher Gang stachelten ihn an. Und dieser Haß galt keinem Menschen, noch der großen Ursache, dem Krieg, noch dem Schicksal. Er war ziellos und dem Zufall preisgegeben.

6

Als sein Schlaf immer tiefer wurde, rächte sich seine Laune, mit den zwei Mädchen von der Schauspielkunst sprechen zu wollen, indem sie ihn zwang, seine Scheu vor dem Vergangenen ein paar Atemzüge lang zu überwinden.

Indes die Gegenwart hinter einem Nebel versank, bewegte sich die Drehbühne seines Daseins langsam und allmählich zurück. Und hinter dem aufgehenden Vorhang erschienen plötzlich im stärksten und blendendsten Licht Szenen voll Glanz und Verführung: Claudius Nowotnys kurzes Glück in der großen Provinzhauptstadt des Nordens.

Damals nannte er sich Neuhoff. Der Name starrte alle Tage groß und hoffärtig von allen Anschlagsäulen. Claudius Neuhoff sprach Verse. Junge Dichter jubelten ihm zu. Claudius Neuhoff spielte den Karl Moor. Die Macht seiner Stimme war so groß, daß rosige Wangen blaß wurden, schlanke Hände sich verkrampften und hochmütige Augen sich fieberhaft weiteten.

Claudius Neuhoff war in vornehme Häuser geladen. Seine Stimme hatte alle Farben, alle Register, alle Schattierungen der Seele. Man hing an seinem Mund, der, klug und verwöhnt, seine Worte abwog und sparsam verteilte.

Claudius Neuhoff war der Geliebte vieler Frauen. Er spielte mit ihrer Leidenschaft und handhabte ihre Bewunderung, wie man eine Resonanz erprobt, um die Wirkung zu erhöhen. Seine Stimme liebte er abgöttisch. Und nichts war auf der Welt, das er außer seiner Stimme liebte. Er schloß sich abendlang in seinem Zimmer ein und hörte sich sprechen, flüsternd und schreiend, in allen Tonarten und Steigerungen. Er spannte sie an und ließ sie locker, lieh ihr Zärtlichkeit und machte sie hart und unnachgiebig. Und wenn er die Silben langsam auskostete, ihre Süßigkeit und ihre Reife auf der Zunge zerrinnen ließ, hatte er jene einzige Empfindung, die ihm auch dann noch geblieben war, als er, der schwindsüchtige Pensionist, nur den Genuß mehr kannte, weichgekaute Bissen im Munde zu zerteilen.

Drei Jahre lang trieb die Provinzhauptstadt einen Kult mit Claudius Neuhoffs Stimme. Phonographen kreischten ihren Wohllaut aus hundert Trichtern. Töchter aus vornehmen Häusern ließen sich zu unbedachten Abenteuern verleiten, nur um ein paar gleichgültige Worte aus seinem Munde zu vernehmen und ein Lächeln, das freilich künstlich und ohne Seele war, über seine Lippen gleiten zu sehen. Verse schwirrten von Mund zu Mund, die niemand früher beachtet hatte. Sie waren durch Neuhoffs Vorlesung bedeutend geworden. Und seine Art, das Oval der Lippen zu formen, um die Ausklänge der Silben hervorströmen zu lassen, brachte Gesangs- und Vortragslehrer zur Verzweiflung.

Es gab in seinem Zimmer einen mannshohen Spiegel, dessen dreiteilige Fläche sein Bild restlos aufnahm. Vor diesem Spiegel stand Claudius alle Morgen und ließ eine Gebärde aus seiner Fläche hervorkeimen, langsam und ohne Eile, bis sie reif war, aufgeblüht und rund vor Vollkommenheit. Er betrachtete die dreifach zurückgestrahlte Fläche seiner Hand, streckte sie aus, ließ die Finger sich krümmen, gab dem Gelenk die Spröde des Alters, die Zuckungen des Zorns, die Leichte der Erhabenheit und die aufrechte Spannung des Beschwörers.

Er streckte die Arme in die Luft und lernte die priesterhafte Haltung, er trug sie waagrecht vor sich her, mit der verheißenden Lockung des großsprecherischen Betrügers, ließ sie verzweifelt fallen und warf sie verzückt nach beiden Seiten. Am längsten feilte er an seiner letzten Rolle, der des Grafen von Lavagna. Vor dem Spiegel wuchs die Gestalt eines Menschen heran, der vielleicht ganz und gar Claudius war und eben darum das Urbild des Fiesko. Unbewußtheit und Pose verschmolzen in eines. Man wußte nicht, überwog ein Schauspieler, der den Helden spielte, oder ein Held, der Schauspieler war. Vor dem Adel seiner Haltung beugte sich ein gemaltes Genua und ein Saal voll entflammter Menschen. Fürst und Scharlatan stritten in der Gestalt, die Claudius auf die Bühne stellte, ein Apostel der Straße und ein Einsamer, der sich mit einem Wall von Hochmut umgab.

Sekundenlang aber fühlte er selbst, während er seine Rolle vergaß, um Fiesko zu sein, wie berauschend es wäre, diese Rolle einmal in der Wirklichkeit zu spielen. Wohl vergaß er diesen Gedanken über dem Beifall des rasenden Theaters.

Aber später, als das tückische Lungenleiden ausbrach, erinnerte er sich seiner noch einmal, diesmal schon mit einem Untergrund von Haß.

Seine Laufbahn stürzte rascher nach abwärts, als sie aufgestiegen war. Die Stimme trübte sich, der Atem ging schwer und ohne Gleichmaß. Manchmal kamen noch Stunden, die seine Kehle geschmeidig und die Stimme wie vordem schmetternd fanden. Aber es war nutzlos.

Der Liebling einer Provinz war in kurzer Zeit vergessen. Und die Großstadt nahm den Verwandelten auf, der kein Auserwählter mehr war, keiner, den man verwöhnte, sondern ein Namensloser, der nichts mehr als seinen Haß besaß, ein Verarmter, der sich von spärlichen Renten nährte, einer unter Millionen.

Die Großstadt hatte ihn nie gekannt und war willig, ihn in ihrer Tiefe versinken zu lassen.

7

Die Nacht war kurz und die Stille wurde lange vor Tagesanbruch gestört. Große Wagen polterten an der Markthalle vorüber. Züge der Staatsbahn passierten unter gellenden Pfiffen die Straße, auf der die Schlummernden lagen. Und die von Hast und Unruhe gequälten Nerven der Wartenden empfanden jeden Laut doppelt stark und zuckten unter jedem Geräusch wie unter Schlägen zusammen.

Um vier erhoben sich die ersten Schläfer. Der Himmel war umwölkt und über den Dächern hing ein unfreundlicher Morgen.

Man begann um Plätze zu streiten, suchte Zeugen, die Behauptungen stützen und entkräften sollten. Irgendwo, weit rückwärts, wurden zwei Frauen handgemein. Die eine, eine hagere Alte, stieß ihre Nachbarin heftig gegen die Mauer. Darauf entriß ihr die andere den Tragkorb und warf ihn weit auf das Pflaster. Das Johlen und Rufen der Umstehenden weckte die letzten der Schlummernden.

Um fünf Uhr schritt Wache ein. Die ungeordneten Knäuel mußten sich lösen, ungestüm Vordrängende wurden in rückwärtige Rotten eingereiht und von Vierzig zu Vierzig ein Abstand geschaffen, den die Wachleute von Zeit zu Zeit mit eiligen Bewegungen erweiterten.

Claudius verließ träg und unlustig seinen Platz an der Parkmauer und stellte sich neben ein kleines Mädchen, das ihn mit ängstlichen Augen musterte und den großen Tragkorb mit mageren Händen umklammerte. Seine Glieder schmerzten und der dumpfe Druck im Nacken erweckte Müdigkeit und Ekel.

Von seinen Träumen war nichts geblieben, als der schale Geschmack verhaßter Erinnerungen und eine fade Süßigkeit im Gaumen, die den Atem benahm.

Das muntere Geschwätz der beiden jungen Mädchen hinter ihm reizte seine Wut. Jenes, das Mizzi hieß, hatte ihn flüchtig gestreift.

Er wandte hastig den Kopf.

»Sie sollten besser achtgeben, statt die Leute mit Ihrem Geplapper zu belästigen!«

»Was will er?« fragte Frieda.

»Laß ihn«, sagte Mizzi kampflustig, »es ist nur der verrückte Statist. Er ist noch immer zornig. Ich weiß nicht, warum.«

»Ob ich Statist bin oder nicht, das geht Sie nichts an.« Claudius zitterte vor Ingrimm. »Ich rate Ihnen, mich nicht herauszufordern!«

Die umstehenden Frauen wurden aufmerksam und nahmen für und wider die Streitenden Partei.

Claudius wehrte alle Einmischungen gewaltsam ab.

»Auf Ihre Plätze!« rief er gellend. »Ich bleibe auf meinem Platz. Wer mir nahe kommt, den werfe ich aufs Pflaster.«

»Er ist ja verrückt«, rief Mizzi beharrlich. »Er hat den Sonnenstich. Oder am Ende probiert er eine neue Rolle an uns.«

Und die beiden Mädchen fuhren höhnisch laut in ihrem Gespräch fort, das von Liebhabern handelte, von bunten Hüten und billigen Seidenbändern.

Alle Wartenden stürzten sich in irgendeine erzwungene

Unterhaltung, um das Fieber der Spannung zu übertäuben und die Angst zu vergessen, sie könnten am Ende vergebens gewartet haben, eine Nacht wäre verloren und sie kämen erschöpft nach Hause mit leeren Körben und ausgelaugten mutlosen Gehirnen.

Aber indes sie von Kochrezepten redeten, von ihren Männern und Söhnen, die im Felde standen, von Marktpreisen und heimlichen Wünschen, blieben die Blicke groß und brennend an das Tor der Markthalle geheftet und umfaßten regungslos die beiden riesigen geschlossenen Torflügel, als wäre Seltsames hinter ihrem Dunkel, Entscheidendes, an dem ihr Leben hinge.

Die Uhr auf dem Zollgebäude rückte langsam vor. Die Straße belebte sich. Trambahnwagen stürzten gehäuft in die morgengrauen Straßen, immer neue Menschen strömten vorüber, warfen sich hastig auf die Trittbretter und Plattformen und während die Pfeifen und Klingeln gellten, schrillten Fabriksschornsteine in weitem Umkreis die sechste Stunde.

Claudius hatte einen neuen Streit vom Zaune gebrochen. Ein Mann, der zwei Reihen vor ihm stand, hatte sich von seinem Platze entfernt, um seine Tochter aufzusuchen, die irgendwo in der Menge war. Claudius hatte kurz entschlossen seinen Korb gepackt und den Platz des anderen eingenommen. Dieser kam nun zurück. Claudius wich nicht. Der Mann blieb ruhig.

»Sie müssen gehen«, sagte er, »Sie sind im Unrecht.«

»Das werden wir abwarten!« schrie Claudius und stellte sich mit gespreizten Beinen und zuckenden Mundwinkeln auf, willens den angemaßten Platz nicht zu verlassen.

»Sie müssen ein Einsehen haben«, bat der Mann, ohne seine Stimme zu verändern.

»Dasselbe rate ich Ihnen«, sagte Claudius durch die geschlossenen Zähne, »wer sein Recht aufgibt, hat es verloren.«

»Das ist Unsinn«, sagte der Mann kurz. »Ich werde die Wache holen.«

»Bitte!« keuchte Claudius. »Ich rühre mich nicht.«

Der andere stand eine Weile schweigend. Sein Gegenüber hatte die Finger ineinander verschlungen und starrte ihn feindselig an, hastig Atem holend, mit verkniffenen stechenden Augen.

Mit einemmal besann er sich, faßte Claudius um den Leib und hob den Zappelnden hoch.

Die Menge klatschte Beifall.

Und während der Überwältigte sich knirschend in den Arm des Stärkeren verbiß, wurde er durch ein Spalier grinsender Weiber auf seinen alten Platz getragen. Die leere Einkaufstasche klatschte neben ihm zu Boden.

Claudius sprach keine Silbe. Er sah viele boshafte Augen auf sich gerichtet. Selbst das kleine Mädchen zu seiner Linken kicherte, wenn auch unterdrückt, und blinzelte ihn mit schadenfrohen Lidern an. Freilich begann es im nächsten Moment erschrocken zu husten und eine weinerliche Furcht bog die ungewaschenen Mundwinkel nach unten. Claudius stand mit niederhängenden Schultern und verbeugtem Kopf und würgte an einer wortlosen Wut, bereit, dem Nächsten, der ihn höhnte, an die Kehle zu springen.

Vorläufig aber schien er warten zu wollen und ließ den Grimm in seinem Innern wachsen. Denn die Empörung legte sich warm um seine Hüften und klopfte, immer noch sich steigernd, wohlig gegen die Rippen. Der Haß schnürte wollüstig die Lunge zusammen. Er war prächtig stark geworden, zähe wie gegerbtes Leder und glatt wie Samt. Kein Pelz hing angenehmer um die Schultern. Claudius atmete tief.

In diesem Augenblick öffneten sich die Türflügel der Markthalle. Die Wachleute liefen eilig die Treppe hinauf. Andere ordneten zum letztenmal die aufgestellten Reihen. Und die ersten der Käufer betraten, von erregten und blassen Gesichtern verfolgt, die weitläufige Halle.

In der nächsten Viertelstunde flatterte ein Gerücht durch die Menge. Es sei ein allzu geringer Vorrat da. Er könne kaum für ein Drittel der Wartenden reichen. Die Übrigen würden leer ausgehen. Eine solche Ungerechtigkeit sei unerhört. Gewiß hätte man den größten Teil des Fleisches für Bevorzugte beiseite geschafft.

Die Menge schob und drängte sich näher gegen die Stufen.

Ein Marktkommissär suchte zu beschwichtigen.

»Geduld!« befahl er mit der Wichtigkeit der Beamten. »Zurück und aufgepaßt, bis jeder an die Reihe kommt. In zwei Stunden sind alle fertig.«

»Ja, und wir werden wieder mit leeren Händen abziehen«, sagte eine Frau aus der Menge klagend.

Und eine andere sagte ergeben und müde: »Wir sind ja auch Menschen. Warum sind immer andere da, die alles bekommen. Und für uns bleibt nichts.«

»Wir verheimlichen keine Vorräte!« rief der Beamte herablassend. »Was da ist, wird verteilt.«

»Und ist wirklich genug da?« erkundigten sich schüchterne Stimmen.

Der Marktkommissär zuckte die Achseln. Ob es für alle reiche, wüßte er nicht. Die Wartenden würden rechtzeitig erfahren, wieweit sie auf Befriedigung rechnen könnten.

Die Menge schwieg. Vierzig Menschen durften neuerdings die Halle betreten. Rückwärts waren endlose Scharen zugeströmt und warteten. Die Mienen wurden von bösen Gedanken verzerrt. Eine letzte Hoffnung hielt noch viele fest. Vielleicht war es auch nur der Neid gegen die Glücklichen, die in den vordersten Reihen standen.

In Claudius war der Haß verstummt. Er fand keinen Platz mehr. Die Vorstellung Fleisch hatte sich ganz breit gemacht und herrschte einsam und unangefochten. Claudius wollte nicht vergebens dagestanden sein. Er mußte Fleisch erhalten, und wenn alle anderen leer ausgingen. Der Klang des Wortes Fleisch wiederholte sich unaufhörlich in seinen Sinnen. Die Adern auf seiner Stirn wurden straff von der Inständigkeit seines Vorsatzes, den Platz nicht zu räumen, ehe man seine Tasche nicht mit Fleisch gefüllt hätte. Die kalte Entschlossenheit machte ihn ruhig. Er spitzte die Lippen.

Während die anderen mit halboffenen Mündern und erregten Augen auf das Tor der Markthalle starrten, begann er zu pfeifen.

Und als genügte ihm der hohe dünne Ton noch nicht, der im Dreivierteltakt von den blutlosen Lippen kam, sang er den Text dazu: »Ein Walzer muß es sein – ja, ein Walzer –« Er schlug mit den Händen den Takt und ließ sie in gleichmäßigen Abständen auf das abgenutzte Wichsleder seiner Tasche niederfallen.

Gleichzeitig entstand die Vorstellung des erhaltenen Fleisches gemächlich und mit breiter Deutlichkeit in seinem Bewußtsein.

Morgen war ja Sonntag. Da wollte er am Mittag einen Braten haben.

Die ganze Wohnung mußte davon duften, Stunden vorher und nachher. Er wollte sich auch eine Zigarre dazu gönnen. Und nachmittags, wenn sie gegessen hätten und der verschwebende Geruch der leeren Schüsseln und der neu aufströmende Rauch des Tabaks ineinanderflössen, müßte das Tier schweigen. Kein Wort durfte aus seinem Munde kommen. Denn er, Claudius, würde träumen. Vielleicht auch würde er sich erinnern. Er wußte noch nicht genau, was seine Lust verlangen würde.

Mitten in diesem Vorgefühl bemerkte der Schauspieler, wie der Zug der Eintretenden ins Stocken geriet.

Der Marktkommissär trat aufs neue aus der Halle. Ein Wachinspektor und zwei Wachleute stellten sich hinter ihn, gleichsam als wollten sie ihn schützen.

Er räusperte sich. Aber ehe er noch den Mund auftat, wußte Claudius schon, was er sagen würde. Er wußte, daß es ihn betraf, ihn vor allen anderen. Daß man ihm sein Fleisch entreißen wollte und daß er sich zur Wehr setzen würde.

Und hochaufgerichtet wartete er, was der Kommissär zu sagen hätte, mit angespannten Mienen und schwungbereiten Armen.

8

»Es tut mir leid«, verkündete der Marktkommissär, »Ihnen mitteilen zu müssen, daß der Vorrat nur für einen Bruchteil der Anwesenden ausreicht. Um Ihnen das unnütze Warten zu ersparen, werden wir feststellen, wie viele Personen noch ihren Bedarf decken können. Die Überzähligen werden ersucht, sich in ihrem eigensten Interesse gutwillig und in Ruhe nach Hause zu begeben.«

Eine Weile war die Menge stumm. Nicht ein Mund sprach. Es war ein solches Erstaunen in den Gesichtern, daß selbst die Spannung in ihnen blieb und die verzerrten Falten des aufmerksamen Hörens sich nicht glätten wollten.

»Das ist ja zum Hinwerden! Zum Hinwerden ist's!«

Und als hätte der Ausspruch den Bann gelöst, begann sich ein Teil der Menge schon jetzt fluchend und Verwünschungen murmelnd in Bewegung zu setzen.

In diesem Augenblick empfand Claudius einen heftigen Antrieb. Er fühlte, es mußte ohne Verzug gehandelt werden, wenn er zu seinem Fleisch kommen wollte.

Seine Kehle spannte sich. Ohne noch zu wissen, was er sagen würde, zog er Luft in seine Lunge. Zum erstenmal nach langer Zeit gelang es ihm, den Brustkorb weit zu dehnen, ohne daß er schmerzte.

Und dann, hastig, entlud sich der Zwischenruf: »Redensarten, Herr Kommissär, die wir zur Genüge kennen. Ich bin neugierig, wer Ihnen glaubt und den Platz räumt.«

Claudius schwieg. Er wußte nicht, was er noch sagen sollte. Er hatte die zwei Sätze ausgestoßen, ohne sich über ihren Sinn klar zu werden.

Jetzt merkte er erstaunt, daß sie irgendeine Wirkung übten. Die Menge hielt in ihrer Bewegung inne.

Begierig, mehr zu hören, preßten die Rückwärtsstehenden allmählich nach vorn, so daß die Masse unmerklich dicht und lückenlos anschwoll.

»Zurück!« befahl der Wachinspektor. »Ermöglichen Sie doch die Zählung, damit das unnütze Warten vermieden wird. Und keine aufreizenden Bemerkungen, bitte, sonst wäre ich genötigt, einzuschreiten.«

Von unterdrücktem Johlen begleitet, nahm Claudius das Wort auf.

»Ihr habt ja ein einfaches Mittel, uns zum Schweigen zu bringen –« sagte er gellend. »Stopft uns die Mäuler mit Fleisch!«

»Bravo!« riefen viele laut. Andere klatschten. Alle spähten nach Claudius hin.

Der Marktkommissär hatte es vorgezogen, das Feld zu räumen. Der Wachinspektor hingegen ließ sich in ein vergebliches Wortgefecht ein.

»Wir tun, was in unseren Kräften steht. Sie glauben doch selbst nicht, daß wir Ihnen Vorräte verheimlichen?«

»Von Ihnen –« sagte Claudius kalt, »glauben wir nichts Gutes. Sie sind dazu da, uns zu belügen. Wir wollen selbst nachsehen, wieviel Fleisch da ist.«

»Ich warne Sie«, rief der Wachinspektor, »die Leute weiter aufzuwiegeln.«

»Und ich warne Sie«, höhnte Claudius, »die Leute weiter bei der Nase zu führen.«

Unterdes hatte der Wachmann die Zählung eifrig fortgesetzt. Einige Reihen vor Claudius hielt er inne.

»Die Zahl ist erreicht«, meldete er nach oben. Und nach rückwärts gewendet: »Die vor mir Stehenden bekommen nichts mehr.«

»Verdammte Pickelhauben –« rief Claudius und ließ die Einkaufstasche fallen, um die Arme in zorniger Geste unbehindert nach oben werfen zu können. »Das wagt ihr uns zu bieten?« fuhr er im Tonfall eines Deklamators fort. »Wer hat euch gerufen? Wir sind hungrig und wollen Fleisch ... Eure stumpfsinnigen Verbote und Anordnungen sind uns völlig gleichgültig ... Viel weniger als gleichgültig. Wir nehmen sie gar nicht ernst. Wir haben Hunger, ihr Tölpel! Wir haben Hunger, versteht ihr? Wir wollen zu essen haben. Also Platz!«

»Sie sind verhaftet«, rief der Sicherheitsinspektor. »Begeben Sie sich gutwillig nach vorn. Und die anderen bitte ich Platz zu machen, damit die Amtshandlung erfolgen kann.«

Claudius warf den Kopf in den Nacken. Seine Bewegung war voll Theater und studierter Eindringlichkeit und wirkte auf die Umstehenden wie ein narkotisches Gift.

Sie reckten die Hälse und starrten den Mann in ihrer Mitte, der sich aus einem schmutzigen und böswilligen Alltagsmenschen wie durch ein Wunder in ein phantastisches Wesen verwandelt hatte, dessen Augen Funken sprühten und von dessen Lippen es wie Hagel niederging, mit einfältigen und hilflosen Gesichtern an.

Claudius aber reckte sich groß, beinahe drohend auf und sagte hochmütig: »Hört ihr? Macht Platz, damit man mich verhaften kann.«

Und während er zögerte, von Einfällen überwältigt und dennoch unschlüssig, welchem er sich hingeben sollte, fand er sich im Lampenlicht als Karl Moor. Um ihn geschart standen die Räuber und in einiger Entfernung stotterte der Pater seinen Verhaftsbefehl.

Er bemühte sich vergebens den Worten seiner Rolle auszuweichen.

Die Gebärde riß ihn hin.

Und er hob die Arme: »Hört ihr wohl? Steht er nicht da, als wollte er Feuer im Himmel auf Rotte Korah herunterbeten? Mich will er verhaften? Und warum? Weil ich euch nicht hungern sehen kann. Weil mich euer Elend dauert und eure blassen Gesichter, eure übernächtigten Augen und eure abgehärmten Wangen nicht zur Ruhe kommen lassen.«

Der Wachinspektor bog sich vor.

»Ich rate Ihnen«, schrie er erregt, »unsere Geduld nicht länger zu mißbrauchen. Lassen Sie sich gutwillig verhaften, ehe ich genötigt bin, Gewalt –«

»Nicht genug –« sagte Claudius mit erhabener Verachtung. »Jetzt will ich stolz reden ... Geh und sag dem hochlöblichen Gericht, das über Leben und Tod würfelt ... Ich bin kein Dieb, der sich mit Schlaf und Mitternacht verschwört ... Was ich getan habe, werde ich ohne Zweifel einmal im Schuldbuche des Himmels lesen. Aber mit seinen erbärmlichen Verwesern will ich kein Wort verlieren ... Da donnern sie Sanftmut und Duldung aus ihren Wolken und bringen dem Gott der Liebe Menschenopfer dar wie einem feuerarmigen Moloch ... Predigen die Liebe des Nächsten und jagen die Hungernden von ihren Türen weg ... Was kümmert auch die Polizei unser Elend? Was fragt sie nach der langen Nacht, die wir gewartet haben? Ich wollte darauf schwören, sie haben die Absicht, uns verhungern zu lassen. Auflehnung? Wozu sind Gefängnisse da? Ein freies Wort? Schon droht die Polizei ... Hört, wie ihre Hörner tönen, seht, wie ihre Säbel blinken! Macht Platz und liefert mich doch rasch dem Herrn dort aus! ... Wie, noch unschlüssig? Oder glaubt ihr vielleicht, ich werde mich zur Wehr setzen? ... Ich bin ganz wehrlos, ein Kind kann mich umwerfen ... Frisch also, macht Platz der Polizei! Mich allein wollen sie haben. Ich allein verdiene zu büßen! ... Wer ist der erste, der mich ausliefert?«

Claudius fühlte, wie heiße Wellen seinen Körper durchströmten. Wie lange war es her, daß seine Worte eine atemlose Menge beherrscht und das Echo ihres Beifalls an sich gebunden hatten!

Sein Atem hob sich freier und seine Stimme hatte eine gebändigte Festigkeit, die ihn selbst erstaunt und bange aufhorchen machte.

Er spannte die Kehle an und jede neue Silbe riß ihn in einen tieferen Rausch.

Und immer aufs neue strömte das flüssige Pathos seines Helden durch seine Kehle, unausweichlich drängten sich die wirren Bilder jener Sprache über seine Lippen, oft lächerlich, zuweilen grotesk. Niemand aber ahnte, wessen halbvermoderte Gestalt aus vergilbten Rollenzetteln und Bruchstücken von Erinnerungen aufgestiegen war, die Sache des Volkes zu übernehmen.

Die Wache versuchte, die Menge zu teilen. Schon waren berittene Posten da. Die Schar der hinzugeströmten Verstärkungen betrug mehr als fünfzig.

Die Menge ballte sich zu einem undurchdringlichen Knäuel. Es gab bald keinen Unterschied zwischen früher und später Gekommenen. Der Wachmann, der jene Leute, denen Zutritt zur Halle gestattet werden sollte, von den übrigen zu sondern hatte, stand irgendwo hilflos eingeschlossen und konnte in dem langsam kreisenden Wirbel nicht einmal die Arme heben, um Hilfe herbeizuwinken.

Rcchts und links sprengten die Berittenen herbei. Es gelang ihnen wohl, einzelne Rudel Halbentschlossener von dem Ganzen loszureißen und in Nebenstraßen zu jagen. Aber die allmählich von einem einzigen Willen gelenkte, lückenlose Masse strebte wie ein Bienenschwarm dem Haupttor der Markthalle entgegen, Versuche, einzelne Stükke loszureißen, mißlangen.

Die Stimme des Rufers in der Wüste stieg immer höher und lustvoller an. Und jeder Schrei war ein Schritt, der Claudius näher zu sich selber brachte, zu seinem lange verlorenen Selbst und dem Wissen, Hunderte wehrlos und gefügig zu machen.

Er hatte keine Vorstellung von dem, was er früher gewollt hatte. Die Trunkenheit der Rampe hatte ihn erfaßt.

9

»Was wollt ihr von mir, Wachleute?« fragte Claudius mit ausgestreckten Armen. »Hungert ihr nicht wie wir? Seid ihr nicht unterdrückt gleich uns? Und doch seid ihr die Knechte unserer Unterdrücker ... Ist das Liebe für Liebe? Ich möchte ein Bär sein und die Bären des Nordlands wider dieses mörderische Geschlecht hetzen!«

Vermochte indes Claudius nichts über das Aufgebot der

Sicherheitswache, deren Abteilungen in ruhiger Beharrlichkeit ihre Pflicht erfüllten, so peitschte er doch die Menge zu immer heftigerem Widerstande auf.

Und langsam drängte die Menge vor, in lautlosem Gleichmaß.

Es war gar kein Ansturm in ihrem Vorwärtsbewegen, sondern nur ein leises, beinahe spielerisches Tasten.

Aber selbst in dieser leichten Bewegung lag eine ungeheure Kraft.

Und zähneknirschend wichen die Wachleute zurück.

Claudius warf den Kopf hoch. Das Gesicht war von Starrheit überglänzt.

Mystische Buntheit phantastischer Kulissen, von allen Seiten rieselndes Licht sammelten sich um seine steile Stirn.

Die unheimliche Sicherheit des Helden, dessen Worte ihm von irgendwoher zugeflüstert werden und dessen Tun, von rätselhaftem Verhängnis diktiert, sich nach unhörbarem Gebot wunderbar verwandelt, strahlte Schicksal aus, Bezauberung, Hingegebensein.

»Ich fordere Sie auf«, sagte Claudius nach einer Pause feierlich, »und glaube im Sinne aller dieser Menschen zu sprechen, wenn ich jetzt das Wort an Sie richte, Herr Wachinspektor ... Geben Sie uns den Weg in die Halle frei! ... Was sich an Vorrat hier befindet, gehört uns. Wir allein haben das Recht, hierüber zu verfügen.«

Die Menge schwieg. Und die unaufhaltsam sich vorwärtsbewegende Flut stand einen Augenblick lang still.

Der Wachinspektor benützte die Pause, um neu herzugeeilte Verstärkungen zwischen seine Leute und das Haupttor einzuschieben.

»Mit Aufrührern verhandle ich nicht«, sagte er endlich. »Zurück!«

Claudius verschränkte die Arme und lächelte.

Dann senkte er den Kopf, hob ihn wieder, sah mit deutlich ausgemessener Bewegung im Kreise umher, ließ die Arme fallen und blickte wiederum zu Boden.

Nach dieser stummen Einleitung breitete er die Arme aus und begleitete die Worte mit weitausholenden und schwungvollen Gesten.

»Ich beschwöre euch, Menschen in der Uniform des Staates, die ihr den Namen von Wachleuten tragt, um statt über unser Wohl, unsre Ruhe und unser Glück, über unser Elend, unsre Knechtschaft und unsre Rechtlosigkeit zu wachen, ich beschwöre euch – habt ihr ein Einsehen und räumt diesen Ort. Er gehört uns. Er ist des Volks, das nicht durch angemaßte Vertreter, nicht durch aufgezwungene Organe, nein, selbst und in eigener Person seine Rechte zu wahren gedenkt ... Seit langem hungern wir und man vertröstete uns mit Hoffnungen, heute, hier in dieser Markthalle gesättigt zu werden. Und da wir nun in Scharen herbeiströmten – was geschah? Man bot die abgeschmackteste Erfindung auf, uns loszuwerden. Die Halle sei ohne Vorrat. Zwei Drittel von uns sollten mit leeren Händen abziehen ... Wahrlich, ich sage euch, ihr lügt! Ihr wollt das Volk zum besten halten. Nicht ihr, arme Soldknechte des Staates, aber eure Zwingherren und Despoten. Und darum bitte ich euch in Demut und Liebe, gebt Raum und gewährt uns gutwillig den Eingang. Wir wollen es euch auf den Knien danken ... Habt ihr nicht Frau und Kinder daheim? Seid ihr nicht verzweifelt wie wir? Wenn ihr müde und hungrig heimkehrt, findet ihr nicht gleich uns Teller und Kästen leer? Wir wollen auch euch den gebührenden Teil zukommen lassen. Wir werden euch nicht vergessen.« Claudius schwieg.

Die Menge betrachtete verzückt ihren Helden und in ihren Augen glänzte der Widerschein seiner erhabenen und königlichen Haltung.

Da machte die Wache einen neuen Versuch, den verlorenen Raum zurückzugewinnen. Die vorderste Reihe zog blank vom Leder.

Claudius blickte um sich. Er fuhr sich finster mit der Faust an die Stirn.

»Es ist unglaublich«, tobte er, »es ist ein Traum, eine Täuschung ... so eine rührende Bitte ... Die wilden Bestien wären in Mitleid zerschmolzen – Steine würden Tränen vergießen ... und doch! Und doch! ... oh, daß ich durch die ganze Natur das Horn des Aufruhrs blasen könnte, Luft, Erde und Meer wider das Hyänengezücht ins Treffen zu führen!«

Einige in den vordersten Reihen sanken unter flachen Säbelhieben in die Knie. Die Menge wankte.

Claudius warf sich nach vorn.

»Ist euer Name nicht Mensch? Hat euch das Weib nicht geboren?« Schaum vor dem Munde, stampfte er die Erde. »Ha – wer mir jetzt ein Schwert in die Hand gäbe, dieser Otterbrut eine brennende Wunde zu versetzen! ... Wer mir sagte, wie ich das Herz ihres Lebens erzielen, zermalmen, zernichten könnte ... er sei mein Freund, mein Engel, mein Gott! ... Ich will ihn anbeten!«

»Schlagen wir sie tot«, schrie einer aus der Menge wie besessen.

»Ja!« wiederholte Claudius und packte den Rufer hart an, »bei dem tausendarmigen Tod, das wollen wir ... das müssen wir! ... Menschen haben Menschheit vor uns verborgen, da ich an Menschheit appellierte ... weg dann von mir Sympathie und menschliche Schonung ... Laßt uns die Halle stürmen ... Vorwärts! Und wer Widerstand leistet, wird niedergehauen!«

Die Masse setzte sich in Bewegung.

Ein starker Stoß. Die Wache wurde überrannt.

Was nicht niederfiel und sich zwischen stampfenden Füßen auf der Erde wand, wurde von der Treppe hinuntergefegt.

Die lebendige Mauer, die das Tor von dem Volke geschieden hatte, war überwältigt worden, wie die Mauer von Jericho.

Und die heulende Menge breitete sich ungehindert aus, strömte nach allen Seiten, erhielt aus allen Straßen Zuzug, drängte nach vorn und strebte wiederum unablässig dem Mittelpunkt zu, dort, wo Claudius stand, in einsamer Majestät, einem seltsamen Heiligen ähnlich, der vielleicht aus geborstenen Himmeln gestürzt oder aus zerbrochenen Gräbern gestiegen war, die an ihn glaubten, zu erlösen.

10

Und nun ergab sich das Bild eines leeren Tores, ganz frei von Menschen; eines großen, weit offenen Tores, schmucklos, aus Stein und dunkelroten Ziegeln errichtet.

Und dieser nackte viereckige Rahmen umschloß den Anblick einer Menge Fleisch, das dahinter auf großen blutigen Rechen, hölzernen Pulten, marmornen Fliesen aufgestapelt war.

Es schien ganz schutzlos und unbeachtet dazuliegen. Das Personal war vielleicht geflohen und die letzten Käufer hatten bereits den Ort verlassen.

Doch niemand blickte nach oben. Nicht einmal der dünne, stechende Geruch, der aus aufgeschlitzten und stumpfglänzenden Leibern in leichten Wellen nach unten kam, erweckte die Aufmerksamkeit der Andringenden.

Denn Claudius war Mittelpunkt und Ziel aller Sinne geworden. Man sah nur ihn. Und er, der Schauspieler, fühlte wohlig seine Macht.

Sein kurzes Lachen, der empörte, langsame Blick, mit dem er die Menschen und ihre Umrahmung, die Wache, maß, die unmerkliche Geste, mit der er andeutete, er wollte reden, sie alle erfüllten das Bewußtsein der gaffenden Menge. Keine Schattierung ging verloren.

Unterdessen bemühten sich die neuerdings verstärkten Sicherheitsorgane, sich zu sammeln und den Block von außenher zu zersprengen.

Aber diese träge und zufällig zusammengewürfelte Vielheit von Menschen ohne Namen, diese Summe kraftloser Schwächlinge, die alle beim Anblick einer Uniform zu zittern pflegten, blieb undurchdringlich und wie mit einer eisernen Kette zusammengehalten.

Schon bildete sich ein neuer breiterer Kranz von Leuten, die, halb neugierig, halb nach Ausschreitungen lüstern, aus den benachbarten Straßen herbeigeströmt waren und, von der Wache immer wieder vertrieben, immer wieder auftauchten.

»Das seid ihr ...« sagte Claudius mit hochgezogenen Augenbrauen und unendlich spöttischem Munde. Die Gestalt Moors verblich und der Verschwörer von Genua huschte durch Claudius' Bewußtsein, geschmeidig und tükkisch.

»Das seid ihr –« wiederholte er mit listigem Blinzeln. »Stets geduldig, stets bereit, euch zu fügen, und wenn man euch zu Tode mißhandelt. Ihr seid wie die Lastochsen, demütig und voll Dankbarkeit, daß man euch gnädig erlaubt, das Gras am Wege zu rupfen ... Wann werdet ihr lernen, daß dieser lächerliche Popanz, dieser aufgeblasene Frosch von Regierung, diese Marionette, die sich Behörde nennt, nur solange etwas gilt, solange ihr sie fürchtet?«

Und Fiesko nahm mit einemmal vollends das Wort.

»Der Staat, das ist ein blinder, unbeholfener Koloß, der mit plumpen Knochen anfangs Gepolter macht, Hohes und Niederes, Nahes und Fernes mit gähnendem Rachen zu verschlingen droht und zuletzt – über Zwirnsfäden stolpert.«

Claudius schwieg einen Augenblick. Er fand die passende Stelle nicht. Sein Gedächtnis versagte. Eine alte Gewohnheit trieb ihn an, die Augen suchend auf den Boden zu heften.

Aber nirgends tat sich eine Muschel auf, aus der die behutsame Stimme des Einbläsers Hilfe brachte.

Auf einmal hatte er die Vision einer Halle, rot von Fleisch, dampfend von Blut und Fett.

Märchen von Schlaraffenländern und seligen Inseln des Überflusses taumelten durch sein Hirn.

Hämmel waren da, ausgeweidet und herrlich aufgespannt wie blaßrosa Kissen. Kälber, außen mit Fell bekleidet, innen aber voll seidenglänzender Muskeln. Vierteile von Rindern, noch atemwarm, in sattem Gelb, mit schillernden Häuten und weißen, wolkiggefleckten Talgkrusten.

Er starrte mit weitgeöffneten Augen in die Halle. Alle Köpfe folgten seinem Blick.

»Seht –« sagte er mit verzückter Stimme, ohne die Augen von den Gegenständen, die sie bannten, abwenden zu können, »darum wollte man euch bringen. Hier ist Fleisch genug für euch alle. Hättet ihr aber hungernd und gehorsam die Befehle der Behörden befolgt, dann hätte dieser Anblick eure Tage vergiftet ... Oder wolltet ihr euch selbst um die satten Gesichter euer Männer und die roten Wangen euer Kinder bestehlen? Denkt doch an den Hunger, der vor der verschlossenen Türe lauert ...«

Claudius reckte sich auf. Die verzerrten Linien des Gesichts entwirrten sich. Der runde, geöffnete Mund, um dessen Runzeln und Winkel das Grauen huschte, ein übertriebenes und wie mit Schminke aufgetragenes Grauen, faltete sich zu einem ruhigen Lächeln. Die wild emporgeworfenen Arme schmiegten sich an die Brust, die Handgelenke standen in Schulterhöhe und die Hände, halb geöffnet, deuteten eine nachdenkliche Frage an.

»Seht –« begann er aufs neue und wog seine Worte lang auf der Zunge, ehe er sie Silbe für Silbe vorzeigte, vollwertig und ihres echten Klanges bewußt, »noch steht es euch frei zu wählen ... Wählt: Da ist die Bürgerpflicht und die Treue und die Unterwürfigkeit und –« Claudius kicherte, »der Hunger ... Dort ist das Fleisch ... Seht, wie es lacht und duftet. Wie viel Braten wohl dort oben hängen! Wie viele Mahlzeiten für euch alle –«

Er machte einen Schritt nach oben. Die Masse folgte wie im Traum. »Es gehört euch! ... Und ihr nehmt es euch nicht? ... Worauf wartet ihr noch, ihr Armensünder?«

Und Claudius stieg langsam nach oben, mit königlichem Gang, in einer kleinen Leere, die Ehrerbietung unmerklich erweiterte. Die Treppe versank, das Tor rückte ganz nahe.

11

In diesem Augenblick geschah die Verwandlung. Inmitten des dampfenden Fleisches, des Blutgeruches und der hungrigen Menge geschah das Seltsame einer neuen Verwandlung.

Vor einem Atemzug noch Herr der Menschen, Prophet und Volksapostel, war Claudius Nowotny wieder der von vorhin, ein verbitterter Nörgler voll maßloser Wünsche, neiderfüllt und tückisch, mit zusammengebissenen Zähnen und funkelnden Augen, habgierig gequält von der Schwere der Wahl, schwankend zwischen Lendenbraten und Kalbsrippen.

Es gab keinen Zwischenraum mehr zwischen ihm und den übrigen. Die Stille der Verzückung war beseitigt, die Augen hatten einen neuen flammenden Gegenstand und die Hände wühlten in den klebrigen und halbverwesten Bergen von Aas, nur mehr Organe des Magens und der Zunge, sonst nichts.

Der Vorgeschmack des Essens machte die Lippen feucht, peitschte den Speichel über Schlund und Gaumen, bis er perlend durch die Zähne zur Erde troff, und verleitete viele, rohes Fleisch in den Mund zu nehmen, der diese Kost so lange entbehrt hatte und sich dennoch vor Ekel verzerrte.

Claudius war so rasch vergessen, wie er sich selbst vergessen hatte. Es gab keinen Unterschied mehr zwischen Verführer und Verführten.

Alle waren gleich, alle irrten stöhnend und ratlos durch die weitläufige Halle, hoben hier ein Stück auf, um es wieder fallen zu lassen und es mit anderen Stücken zu vertauschen.

Immer neue Haufen strömten nach. Auf den Stiegen entstand ein tolles Gedränge. Einzelne kämpften um den Zugang zum Tor.

Messer wurden geschwungen. Und die Straße bedeckte sich mit zerrissenen Kleidern und fortgeworfenen Körben.

Im Mittelteil des weitläufigen Raumes, wo die fetten

Rinderstücke aufgestapelt waren, drängte sich ein wildes Knäuel. Ein Mann riß ein paar saftige Nierenbraten an sich und strebte damit dem Ausgang zu. Einige Frauen, denen jener zuvorgekommen war, eilten ihm nach. Während die eine ihm das Fleisch entriß, bearbeitete ihn die andere mit den Fäusten. Unbeteiligte mischten sich darein. Die blutigen Stücke wechselten fortwährend den Besitzer. Unentwirrbar ineinander verkrallt, Schaum vor dem Munde, jagten die Weiber einander ihre Beute immer von neuem ab. Es war nichts Menschliches mehr in ihren Gesichtern. Die Münder waren zu einer tollen Grimasse verzerrt, die Augen spitz und mit kleinen, zusammengeschrumpften Pupillen auf das Fleisch gerichtet, das Haar flatterte gelöst und in häßlichen Strähnen um die Stirnen. Und zwischen diesen Medusenköpfen flogen Fleischklumpen hin und her wie Spielbälle. In der Wut des Kampfes wurde vielen die abgetragene Kleidung von den Schultern gerissen. Hagere Schultern wurden bloß, dürre Arme schwangen nackt durch die Luft und der groteske Anblick abgezehrter Brüste mischte sich unter das Bild tödlichen Grauens, das immerfort wuchs, sich verbreitete und wie ein Bacchanal des Wahnsinns in wilden Wellen gegen die Decke schlug.

In anderen Teilen der Halle traten schlecht beschuhte Füße auf zerlegten Lämmern herum, Talgstücke wurden durch den Schmutz gezerrt und verächtlich unter die großen Pulte geworfen, kleine Mädchen vergnügten sich damit, Hühner zu zerpflücken, und aufgesammelte Knochen flogen splitternd gegen die hohen Fenster. Auf den obersten Eisenrechen, den meisten unerreichbar, hing noch eine Anzahl unzerteilter Kälber. Die Köpfe neigten sich zur Erde nieder, auf den weichen halboffenen Mäulern stand dünner, dunkelroter Schaum. Dazwischen glänzte das weiße Gebiß, hilflos und mit unendlich trauriger Ruhe. Die Zunge, durchbohrt und leicht aufgerollt, lag schmerzlich entblößt. Und die runden Augen glotzten in stummem Erstaunen auf die tobsüchtige Menge, flehend und ohne zu begreifen, daß ihretwegen sich die Menschen ihres Menschentums entäußert hatten und Wesen ähnlich geworden waren aus irgendeiner fürchterlichen schemenhaften Welt.

12

Claudius stand halbernüchtert auf einer Leiter und blickte über den Tumult zu seinen Füßen weg. Er hatte eine fremde Tasche von der Erde aufgehoben, sie mit ausgesuchten Fleischstücken angefüllt und wartete nunmehr auf eine Gelegenheit, unbemerkt zu entkommen.

Während er die Beute hart und sicher umklammerte, jagten eiskalte Erwägungen durch den Kopf.

Er hatte Fleisch. Und die zwei großen, für heute morgen aufgesparten Banknoten waren noch in seiner Börse.

Doch was sollte nun geschehen?

Er hielt die schwere Tasche mit beiden Händen umkrampft. Vorüber Irrende, die in blinder Habgier einigemal an das runde, aufgebauschte Pack zu rühren suchten, maß er mit bösen, befremdeten Augen.

Von Zeit zu Zeit spähte er durch das eine offene Fenster hinaus.

Der Platz war mit Hunderten Menschen besät, die alle in die Halle zu dringen trachteten. Alle Gassen spieen neue Ströme aus. Gestalten, die sonst die Nacht an sich hielt, verzweifelte Gesichter in abenteuerlichen Trachten, rannten stöckeschwingend und heulend dem Tor zu.

Drüben aber, wo der Fluß unter vielfachen Wölbungen hinschlich, unterschied Claudius allmählich eine dunkle Masse.

Und das Dunkel nahm die Farbe eines stumpfen Grüns, des Grüns faltiger Uniformen.

Militär war im Anzuge.

Claudius erschrak.

Sich von der Leiter schwingend, versuchte er den Weg zum Ausgang zu erzwingen. Doch nach einigen Minuten gab er den aussichtslosen Versuch zähneknirschend auf.

Die Menschen stauten sich an den Damm ihrer eigenen Masse. Der Druck von außen preßte die Leiber immer dichter aufeinander. Und alle standen, auf ihre Plätze gleichsam festgebannt, einander ihren Raub neidend, die Gier nach mehr in den Gesichtern, fluchend und ohne Gedanken an das, was kommen mußte.

Claudius nahm den Weg nach vorn. Es gab einen Punkt, wo die Fleischbänke aufhörten. Gerümpel machte sich breit. Halbzerbrochenes und unbrauchbares Gerät war zu hohen Bergen aufgestapelt, dazwischen lagen Messer mit schartigen Schneiden und faulende Knochen.

Irgendwo mußte doch ein Ausweg sein! Der Suchende warf Bretter von der Wand, zerstörte einen kunstvollen Aufbau schmaler Spanhölzer, stürzte sich in ein Dickicht von Trögen und kroch die feuchte Mauer entlang.

Aber hier gab es keinen Ausgang.

Die Menge kam näher. Es konnte nicht lange dauern, bis sie selbst zu dieser Mauer gedrängt wurde. Und dann waren sie alle gefangen wie die Ratten. Keiner entkam. Man konnte sie ausräuchern oder verhungern lassen.

Claudius keuchte vor Angst.

Das Pack hochhaltend, rannte er die Mauer auf und nieder, haderte mit sich selbst und fluchte dem Schicksal. Er verwünschte seinen Hunger, das allgemeine Verlangen nach Fleisch, seine Stimme, die ein solches Verderben über ihn gebracht hatte, die Verführung seiner Gebärden, selbst den Baumeister, der vergessen hatte, eine Tür in das Gemäuer zu brechen.

Er warf sich auf die Erde, ohne jedoch sein Fleisch loszulassen und rang hustend mit seiner Angst.

Er raffte sich auf, maß die Entfernung der langsam vorwärtsrückenden Masse, und ließ sich wieder fallen, da kein rettender Einfall kommen wollte.

Aber sein Kopf hämmerte in wütendem Schmerz. Und statt eines Einfalls schüttelte ihn ein rasender Zorn.

Er hätte noch immer nicht auf den flachen Eisendeckel geachtet, auf dem er stand, wenn er nicht plötzlich an seinem Rande ausgeglitten und in die Knie gesunken wäre.

Halt suchend bückte er sich mit stumpfen Augen zu Boden. Die Eisenplatte kreischte ein wenig. Dann bewegte sie sich lautlos in den stählernen Scharnieren.

Claudius hob zitternd den Deckel. Eine kleine, reinliche Stiege war freigelegt, die steil nach unten führte. Und tief atemholend schwang er sich in den schmalen Schacht, der jedenfalls eine Verbindung mit dem Sammelkanal herstellte oder mit dem Fluß.

Er vergaß nicht, den Deckel sorgfältig zuzuziehen. Dann tastete er jede Stufe mit den Händen ab und ließ sich behutsam zu der nächsten nieder.

Nach einigen Metern Tiefe wurde es licht. Und am Fuße der dreißigsten Stufe fand sich Claudius in einem Gang, dessen Helligkeit von einer Anzahl in den Stein gebrochener Öffnungen herrührte.

An einem der Fenster blieb Claudius stehen. Wie aus einem ovalen Rahmen trat das Bild des Flusses, auf dem Kähne hinglitten, ein Stück der weißen Kais, von Menschen starrend, dahinter Parkbäume und die nackten, ihres Kupfergrüns beraubten Kuppeln zweier Kirchen.

Das Geräusch der vielen Menschen über seinem Kopf drang dumpf wie das Brausen des Meeres in die Tiefe. Nach einigen Schritten wurde es schwächer und endlich hörte man nur mehr einen gleichmäßigen langgezogenen Ton, der ab und zu durch das Glockenläuten der angestauten Straßenbahnzüge unterbrochen wurde.

Claudius grübelte, von welchem Punkt ein Aufstieg aus diesem Stollen möglich wäre, und wie er es bewerkstelligen würde, unangefochten ins Freie zu gelangen. Das Pack mit dem Fleisch drückte immer schwerer. Und die Angst brach in seinem Körper von neuem aus, wie ein Geschwür, brannte schmutzige Blasen auf die Haut, schwang sich zitternd durch die Kniee und stach schmerzhaft in den Hüften, Claudius ging einige hundert Schritte in dem Gang weiter.

Manchmal fiel das Licht auf verschlossene Türen. Der Ausblick auf die Kais zeigte spärliche Menschen, doch zahlreiche Wache, die sich in langen Kolonnen heranbewegte. Automobile schwebten an den Balustraden vorüber. Es waren Fahrzeuge der Feuerwehr, bewehrt mit Äxten und Leitern. Den Schluß bildeten die dunklen Gehäuse einiger Rettungswagen.

Was ging jetzt vor? Mühsam besann sich Claudius. Aber er holte nur verworrene Bruchstücke aus seinem Gedächtnis. Sein Blut war kalt, ohne Zorn und Erwartung. Ihn fröstelte.

Er konnte sich durchaus nicht erinnern, was eigentlich geschehen war.

Dieses Fleisch hier war doch sein? Wie aber kam er in diesen Stollen? Und was bedeutete das Aufgebot von Wache, Feuerwehr und Rettungswagen?

Da schrak er zusammen. Der kurze, donnerartige Laut war ein Schuß gewesen, ganz gewiß, ein Schuß aus vielen Gewehren.

Und nach einer kurzen Stille erscholl ein mattes, verhaltenes Geschrei.

Claudius hatte es einmal vernommen, als er an einem Schlachthaus vorüberging. Es stieg an, verebbte, wurde lastend und verging in kleinen, immer schwächeren Stößen.

Claudius zitterte.

Er dachte an gar nichts. Er fürchtete sich.

Und mit der Gebärde eines Horchenden lehnte er an der kalten Mauer, ganz leer von Gedanken, erstaunt und furchtsam.

Sein Blick ging unbeholfen in der Runde umher. Er hatte den Ausdruck völliger Verstörung und Ratlosigkeit.

Auf einmal öffnete sich eine der vielen Eisentüren. Ein Mann in einem schlammschwarzen, sackartigen Gewand steckte den Kopf hinaus, lehnte eine lange Schaufel an den Pfosten und zog die Luft prüfend durch die Nase. Er hatte ein feistes, hamsterartiges Gesicht, kleine, scheue Augen und bewegte sich mit dem gebückten, schaufelnden Gang von Maulwürfen vollends aus der Tür heran.

Die Augen der zwei begegneten einander. Claudius stierte nach vorn. Ihm war wie einem Verzauberten zumute, dem gräßliche Visionen auferlegt sind.

Woher kam der Fremde? Was wollte er von ihm?

Er rührte sich nicht. Nur seine Glieder zitterten stärker. Und das Fleisch drückte seine Arme schwer zu Boden.

Der Mann kam näher. Ein stickiger Geruch umgab ihn wie eine Wolke. Er roch nach aller Fäulnis, nach Kloake, Verwesung, Unrat und Schimmel.

Und dieser Geruch warf sich mit aller Wucht auf Claudius und zwängte sich wie ein Knebel in seinen Mund.

»Wünschen?« fragte der Mann mit täppischer Neugier.

»Schießen gehört über uns? Gibt es oben Revolution?«

Claudius rang qualvoll nach Luft.

Der Kanalräumer kam noch näher. Seine Augen liefen klein und bebend über Claudius hinweg und blieben auf der Tasche haften, die klaffend offen stand. Das durchnäßte Papier war von Blutgerinnsel gerötet und an manchen Stellen schimmerte das nackte Fleisch hindurch.

»Fleisch!« sagte der Kanalräumer lüstern und versank eine Weile in Nachdenken, wobei seine Augen unter den buschigen Brauen vollends versanken. »Viel Fleisch!«

Ein Grinsen lief durch sein Gesicht.

»Markthalle gestohlen, was?«

»Erlauben Sie!« versetzte Claudius heiser. »Das habe ich gekauft, lassen Sie mich durch, verstanden?« Er zwängte das Fleisch tiefer in die Tasche und schob das Papier zurecht.

Der Kanalräumer wies nach oben und zwinkerte mit den Augen.

»Dieser Ausgang gehört nicht fürs Publikum –«

Sein Gesicht veränderte sich. Die Augen wurden starr und habgierig. Und der Mund spitzte sich lauernd und verkniffen.

»Wird konfisziert! Her damit – –«

»Lassen Sie mich durch!« befahl Claudius erbleichend. »Sonst mache ich die Anzeige! Das ist ja Raub. Hilfe –«

Claudius hatte seine Stimme gellend angespannt. Jetzt hielt er erschrocken inne und duckte den Kopf.

»Anzeige?« grinste der Mann. »Anzeige? – – Her das Fleisch!«

Claudius suchte das Pack keuchend festzuhalten. Der andere war aber stärker und hielt es nach kurzem Kampf grölend in beiden Händen.

»Mahlzeit!« sagte er und kicherte.

Claudius sah mit stieren Augen um sich, wie er sich wehren und dem Feinde seine Beute wieder abjagen könnte.

Sein Gesicht war von Wut verzerrt. Die blutunterlaufenen Augen standen übergroß und wie runde, helle Flecken unter der entstellten Stirn.

Da fiel sein Blick auf die Schaufel. Mit einem Sprung riß er das schwere Gerät an sich. Der Stiel hob sich in die Luft und die schwere Kante sauste nach unten. Der Mann fiel ohne Laut zu Boden.

Claudius riß sein Pack an sich und lief. Niemals im Leben war er so rasch gelaufen. Sein Brustkorb arbeitete mit unerhörter Hast. Der Schweiß troff aus den Poren, als schmölze alles Fleisch.

Nach einigen Minuten fand sich Claudius unter einer Brücke. Eine Eisenleiter führte im Halbdunkel zum Park hinauf. Als er die zwei Dutzend Sprossen erklommen hatte, zwang ihn die Schwäche in die Kniee.

Es gelang ihm doch, sich und sein Fleisch über die Brüstung zu schleppen.

Ein paar Schritt weit, in der nächsten Nähe der Straße, stand von Rosenbeeten umrahmt eine Bank. Claudius taumelte zu ihr heran. Während er nach der Lehne tastete, begannen sich alle Dinge um ihn im Kreise zu drehen.

Er hustete und spuckte den blutigen Speichel in immer müderen Stößen aus.

Dann umfing ihn eine kurze Ohnmacht.

13

Die Sonne schien voll und mittagwarm. Die hochstämmigen Rosen standen mitten im Licht. Manche waren aufgeblüht, mit breiten, zurückgebogenen Kelchblättern. Manche hielten ihre Knospen schlank und geschlossen an die Glut. Es war vielleicht Absicht des Gärtners, viele Farben durcheinander zu wirren. Orange war da, mattes Weiß, dunkles Rot und das tiefe Gelb japanischen Lacks.

Und diese aus Farbe geballte Kugel, diese angehäufte Summe verhaltenen Feuers hing dicht und unmittelbar vor Claudius Nowotnys Augen, als sie sich von neuem öffneten. Im Hintergrund glänzte ein Teich, schmale Wege führten in die Runde, Bronzen und kunstvolle Marmorstelen blühten aus dem sattgrünen Gebüsch.

Claudius wandte langsam den Kopf. Er mußte sich besinnen, wo er war.

Auf Kinn und Hals lag blutiger Speichel. Bedächtig fuhr er mit der Hand über das Gesicht. Auch von dem verschossenen Apfelgrün des Rockes hoben sich dunkelrote Flecken ab. Mit zitternden Händen wischte er die klebrige Feuchte aus. Und senkte immer noch ohne Erinnerung, in halbwacher Müdigkeit, den Kopf. Sein Blick streifte achtlos die Rosen und fiel auf die durchscheuerte Henkeltasche.

Und plötzlich trat die Vorstellung Fleisch, als wäre sie völlig neu und unabgenützt, über die leere und unberührte Fläche seines Bewußtseins.

Er hustete noch einmal erstaunt und beinahe schon ausgeruht. Kräftig ausspuckend, in weitem Bogen, dessen Spannweite Unternehmungslust und unverwüstlichen Lebenswillen verriet, riß er das Papier vom Inhalt der Tasche und weidete sich an der rosigen Farbe der fetten Lendenstücke.

»Teufel noch einmal!« sagte Claudius überrascht. »Da habe ich Fleisch und sitze wie ein Müßiggänger auf der Bank.«

Er dachte an den geheizten Herd mit den glühenden Platten, die auf das Fleisch warteten.

Und den Geschmack des warmen Bratens in Gedanken auskostend riß er sich empor.

Die Kniee zitterten ein wenig. Und in der Kehle schwang noch ein Rest des Hustens. Eine leise Mattheit preßte gegen die Schultern. Er atmete noch schwer und irgendwo im Unterbewußtsein fühlte er ein Verlangen nach der schräge und bequem gebauten Lehne dieser Bank, nach Sonne, ruhigen Wohlgerüchen und behaglichem Annichtsdenken.

Aber da vernahm er wieder den Ruf seiner Gier, der Gaumen klebte vor Lust nach kaltem Braten und die Nasenflügel blähten sich in der Vorahnung der Gerüche fetter Brühen.

Und schon stand er fest. Die Kniee hatten aufgehört zu zittern. Er schritt ruhig und von dem Vorgefühl wollüstig durchdrungen der Straßenbahnhaltestelle zu.

Alle Kraft in ihm war Hunger geworden, alles Bewußtsein Verlangen nach der bevorstehenden, zur Zeit noch in seiner Handtasche wohlverwahrten Mahlzeit.

Ihn verwirrte keine Erinnerung. Denn er wußte nichts, als daß er satt werden wollte.

Ihn traf keine Reue. Er hatte nichts getan, niemals gesündigt. Er war unschuldig wie am ersten Tag.

Er besaß, das genügte.

Und das Wissen um diesen köstlichen Besitz, der irgendwie, Gott weiß durch welches Wunder, ihm zugespielt worden war, füllte sein Hirn aus, bis auf die letzte Windung.

Claudius war beinahe glücklich, als er die wohlbekannte Straßenbahnnummer auftauchen sah, deren Linie zu seiner Wohnung führte.

Strahlend nahm er sein Fleisch hoch und überquerte mit heiteren Augen das Geleise.

Sein Vergnügen entlud sich in lautlosen Flüchen. Seine Lust grenzte nahe an Jähzorn. So stark und unvermischt jagte sie durch sein Blut.

Langsam erklomm er die Plattform des Wagens, der nach kurzem Aufenthalt, dicht mit Menschen beladen, eilig und unter klagendem Gekreisch seine Reise fortsetzte. Von fern flogen die weißen Granitplatten der Kais vorüber.

Claudius betrachtete unbeteiligt das Bild der Stadt.

Die plumpe Kontur der Markthalle tauchte auf. Ein Zaun von Uniformen war dicht und undurchdringlich um sie und ihren Vorplatz aufgebaut.

In der Mitte arbeiteten Ambulanzen. Und am äußersten Rande des Platzes glaubte Claudius zu sehen, wie man Gefesselte abführte, immer einen Gefangenen zwischen zwei Wachleuten.

Die Menschen im Straßenbahnwagen drängten sich auf die Plattform.

»Es scheint ein förmlicher Aufruhr gewesen zu sein –« sagte ein bärtiger Herr und schob seine goldene Brille zurecht, »das Militär war genötigt zur Waffe zu greifen. Und das Ergebnis: eine Anzahl Tote –«

»Wie kam das?« fragte eine Dame, während der Wagen einen weiten Bogen um den Platz beschrieb.

»Der Hunger –« erklärte der Herr achselzuckend. »Die Leute waren ohne Besinnung. Sie gebärdeten sich wie Rasende. Es fehlte nicht viel und Barrikaden wären errichtet worden. Der Mob ging los und plünderte die Halle.«

Claudius hörte die Worte des Gesprächs und sah den Gegenstand, dessen ferner Anblick alle Insassen des Wagens in fiebernde Erregung versetzte, kalt und gleichgültig an.

Der Wagen lief ihm viel zu gemächlich. Er blickte verloren aus dem Wagen auf die Schienen, sah ihr Blitzen in der Sonne und die hastenden Menschenströme zu beiden Seiten der Straße.

Eine Kathedrale hob sich aus den Häuserblöcken. Ihre Pfeiler und Fialen sahen über die krummen Dächer weg. Und während der Wagen langsamer fuhr, gewahrte Claudius ein Christusbild am Fuß des Portals, in Stein gehauen, einen nackten traurigen Leib, hagere Glieder und tiefe Wunden.

Die Augen schienen das Fleischbündel zu treffen.

Sie waren streng und voll Vorwurf.

Claudius blickte erstaunt auf das Steinbild.

Was will er? dachte er gereizt. Ihm scheint mein Fleisch ein Dorn im Auge. Soll ich es etwa den Armen schenken und selber betteln gehen? Ich habe es redlich erworben ... Kümmere dich um deine eigenen Angelegenheiten. Hungerleider!

Triumphierend raffte er das Pack fester an sich, mit der Unbeirrtheit des Besitzenden.

Als er ein paar Haltestellen weiter ausstieg, hatte er immer noch diese hoffärtige herausfordernde Haltung. In der Küche erwartete ihn schweigend seine Frau.

»Da –« sagte er und lachte breit, »da ist Fleisch. Brat auf der Stelle ein Stück. Ich bin hungrig.« Er setzte sich im Zimmer auf das Sofa, stützte den Kopf in beide Hände und schloß in immer drängenderem Vorgefühl des Mahls die Augen.

Ein leichter Anflug von Schlummer brachte ein verwirrendes Traumgesicht.

Ihm träumte, er sei einer der Gefangenen, die jetzt in langer Reihe in Polizeihaft geführt wurden.

Vor ihm ging der Mann, der ihm abends vorher eine Zigarre geschenkt hatte und stöhnte.

»Was habe ich getan!« sagte er. »Mein Leben zerstört. Und alles wegen einiger Bissen Fleisch. Hätte ich doch der Verführung des Elenden nicht Folge geleistet! Ich hasse ihn. Er war ein Lockspitzel oder Schlimmeres.«

Und alle Gefangenen stießen Verwünschungen aus.

»Er hat uns betrogen. Er hat uns absichtlich ins Unglück gebracht –«

Da nahm er selbst das Wort. »Gut«, sagte er kalt, »ich gebe es zu. – Aber ist es meine Schuld, wenn das Theater so mächtig über euch ist, albernes Volk?«

Ein würziger Duft weckte Claudius. Er rieb sich den Schlaf aus beiden Augen.

»Wie man nur so hirnrissiges Zeug träumen kann!« sagte er hustend und tappte nach der Schüssel.

»Komm, Herr Jesus, sei unser Gast –« murmelte die Frau, während sie Platz nahmen.

Claudius runzelte die Brauen.

»Schweig!« er warf ihr die Hälfte des Bratens auf den Teller.

»Lade dir Gäste ein«, knurrte er, »wenn du Fleisch auftreibst. Ich habe nicht die Absicht, mein schwer errungenes Mahl einem hergelaufenen Hungerleider anzubieten.«

Er atmete tief auf. Die Falte seiner Stirn wurde glatt. Über den dampfenden Teller gebeugt, bog er den Mund zu einem reinen seligen Lächeln.

Die Nähe der lange verheißenen Lust hüllte seine Augen in einen tieferen Glanz.

Er hob die Hände, ernst, gemessen, als gälte es, eine heilige Handlung zu beginnen.

Dann führte er mit der Beschwingtheit eines Erlösten den ersten Bissen zu den hingegebenen schmachtenden Lippen.

LUDWIG WINDER

Turnlehrer Pravda

Novelle

1

Der Turnlehrer Pravda kam in den Turnsaal, wo die Schüler der Größe nach in einer langen Reihe aufgestellt waren, sprach kein Wort, sagte nicht einmal »Ich bin euer Turnlehrer«, sondern ging dreimal langsam die Front ab. Die Klasse wurde von einer unerklärlichen Aufregung ergriffen, niemand wagte, den neuen Lehrer anzusehen, nur ein Funkeln fühlte jeder um sich, über sich, ein Funkeln, ein Strahlen, ein Blitzen. Das waren die Augen des Turnlehrers. Und plötzlich begann der ganze Turnsaal nach Akazien zu duften. »Der stinkt nach Parfüm«, tuschelte der rothaarige Toman seinem Nachbar, dem blonden Pytlik, zu. In diesem Augenblick drehte der Turnlehrer sich um, machte ein paar rasche Schritte, blieb vor Pytlik stehen, sah ihn lange an. Wenn er mich noch eine Minute so anblickt und dann nach meinem Namen fragt, weiß ich ihn nicht, dachte der Elfjährige. Der Turnlehrer fragte aber nichts, sondern sagte leise: »Ein hübscher fescher Kerl bist du.« Pytlik lächelte geschmeichelt, senkte errötend die Augen. Der Turnlehrer ging weiter, blieb vor dem langen dreizehnjährigen Bauernsohn Havlas stehen. »Wie alt sind Sie?« fragte er laut. Die Antwort schien ihn zu befriedigen, er sagte liebenswürdig: »Freut mich, daß ihr so nette Kerle seid.«

An der Wand, nächst den Kletterstangen, am äußersten Ende der Reihe, stand der magere Hugo Bandler, der einzige jüdische Schüler des neuerrichteten tschechischen Gymnasiums. Die andern hatten ihn dorthin gedrängt, obwohl er nicht der Kleinste war. Es bekümmerte ihn nicht, er maß der

Turnstunde keine Wichtigkeit bei, seine Fähigkeiten lagen auf anderem Gebiet. Aber nun erwachte seine Neugierde. Der Turnlehrer hatte begonnen, jeden einzelnen genau zu besichtigen und auszufragen. Bei manchem blieb er eine Minute stehen, bei manchem nur eine halbe. Hugo wagte nicht, den Kopf zu drehen, obwohl er gern gewußt hätte, wem diese oder jene Ansprache galt. Er nahm sich vor, laut und ungeniert zu antworten. Aber je näher das Parfüm kam, desto unsicherer wurde er. Endlich stand er mitten in der Duftwolke. Sein Nachbar wurde vom Turnlehrer angesprochen. Was sie sprachen, verstand Hugo nicht, es mußte etwas Lustiges sein, denn die andern kicherten. Jetzt trat der Turnlehrer einen Schritt zurück, Hugo begann vor Aufregung zu zittern, riß gewaltsam die Augen auf. Aber der Turnlehrer schien ihn nicht zu bemerken, drehte sich um.

Hugo war weiß vor Wut, gleichzeitig schämte er sich so sehr, daß er die Augen schließen mußte. Das dauerte aber nicht lange, er begann zu denken, zu lächeln. Er dachte: Ein Turnlehrer! Es ist verächtlich, Turnlehrer zu sein. So einer kann mich nicht beleidigen.

Der Turnlehrer kommandierte: Ruht! Nun gafften ihn alle nach Herzenslust an. Nur Hugo blickte demonstrativ zur Kletterstange auf, als säße oben etwas unerhört Interessantes. »Glaubst du, daß er ein Mieder trägt? Er hat eine Taille wie meine Schwester«, sagte einer halblaut. Als es läutete, sagte der Turnlehrer: »Ihr werdet euch ein weißes Turnhemd mit roten Streifen und eine blaue Turnhose anschaffen. Wer keine wohlhabenden Eltern hat, bekommt alles von der Schule.«

Hugo ging gedankenvoll nach Hause. Er sagte sich hundertmal: Er hat mich gedemütigt! Die Eltern saßen bereits beim Essen, er ignorierte es, ging in sein Zimmer, starrte sein Spiegelbild an. Ich bin häßlich! keuchte er, häßlich, häßlich! Und plötzlich durchfuhr ihn ein Schrecken: Vielleicht ist das Gesicht noch nicht das Häßlichste an mir, ich hab mich ja noch nie von rückwärts gesehen, vielleicht bin ich bucklig und weiß es nicht, weil man mir es verheimlicht. Er legte furchtsam die Hände auf den Rücken, schob sie langsam hinauf, vorsichtig tastend, bis zum Hals, dann rieb er heftig den Rücken, atmete auf. Wie froh bin ich! dachte er. Wie herrlich, daß ich nicht bucklig bin! Er lief ins Speisezimmer, aß die Suppe und sagte unvermittelt: »Mutter, bin ich bestimmt nicht bucklig? Sag mir die Wahrheit!« »Dummer Bub«, ärgerte sich die Mutter, »warum sollst du bucklig sein? In unserer Familie ist niemand bucklig.« »Bucklig bist du nicht, aber blöd«, lachte der Vater. »Das macht nichts«, sagte Hugo ruhig, »blöd will ich gern sein, daraus mach ich mir nichts, aber bucklig will ich nicht sein! Und häßlich will ich nicht sein!« Der Vater lächelte: »Ein Mann darf auch häßlich sein. Nur ein Mädel nicht, sonst ist's ein Malheur.« Hugo schwieg. Er sah Vater und Mutter an. Er konnte nichts mehr essen.

2

Der Turnlehrer hatte sechs Lieblinge. Der liebste von allen war ihm der blonde Pytlik. Nur zweimal wöchentlich war Turnstunde. Hugo träumte von der Turnstunde jede Nacht.

Der Traum begann immer mit dem Nahen des Parfüms. Plötzlich war die Duftwolke da, die sechs Lieblinge wiegten sich in den Hüften, lächelten dem Turnlehrer entgegen. Er legte den Arm um den Hals des blonden Pytlik und flüsterte ihm etwas zu, nur die fünf andern Protektionskinder wußten, was es war. Alle andern mußten klettern, springen, Übungen machen. Der Turnlehrer blieb bei seinen Lieblingen, streichelte ihre Körper, fuhr ihnen schmeichelnd übers Haar. Wie sie lächelten! Wie sie sich wiegten! Hugo fürchtete sich vor des Turnlehrers Hand. Sie duftete, sie war weiß wie eine weiße Rose, sie war grausam, wenn sie einen Schüler berührte, den er verachtete. Einmal hatte er einem, der sich vor dem Bock fürchtete, den Hals zugedrückt und heiser geflüstert: »Springen oder ich erwürge Sie!« Jede Nacht sah Hugo diese Szene. Die kleine weiße Hand krallte sich an dem roten zusammengepreßten Hals fest, ließ nicht locker, ein Gurgeln zirpte durch den totenstillen Saal, dann packte der Turnlehrer den Röchelnden mit beiden Händen, warf ihn über den Bock, ließ ihn liegen.

Mit zwei Schülern hatte sich der Turnlehrer noch nie befaßt. Der eine war Vladimir Hanak, der Sohn eines Bureaudieners, ein blatternarbiger Lümmel, dessen Nase immer tropfte. Der andere war Hugo. Diesen beiden schenkte der Turnlehrer keinen Blick, er strafte sie nicht einmal. Sie waren schlechte Turner, er bemerkte es nicht. Alle andern mußten klettern, springen, Gelenkübungen machen, diese beiden nicht. Sie waren nicht vorhanden. Zuerst hatten alle gedacht, für Hugo müßten böse Zeiten anbrechen, er war ungeschickt und feig, sie freuten sich auf die erste Kletterübung, erwarteten, der Turnlehrer werde ihn zum Klettern zwingen. Hugo versuchte, sich an der Stange festzuhalten, die ganze Klasse lachte, der Turnlehrer wandte sich angeekelt ab.

Der Blatternarbige und Hugo, sie waren die Ausgestoßenen. Sie waren die einzigen, die keinen Turnanzug hatten. Den andern Kindern armer Eltern ließ der Turnlehrer alles, was zum Turnunterricht gehörte, Hemd, Hose, Ledergürtel, Turnschuhe, ausfolgen. Die beiden, deren Anblick ihm widerlich war, brauchten offenbar keinen Turnanzug, es war weniger aufreizend, sie im Schulanzug vor sich zu haben. Hugo trug sich lange mit dem Plan, die Eltern um einen Turnanzug zu bitten. Der Vater war zwar nur ein kleiner Bureauangestellter, aber dem einzigen Kind schlug er nichts ab. Dennoch zögerte der Knabe. Er blieb oft vor dem Laden stehen, wo die Turnanzüge ausgestellt waren. Die Hemden sind zu tief ausgeschnitten, dachte er bedrückt, dadurch wird der ganze Hals sichtbar, mein häßlicher langer brauner Hals. Er stand versunken, sah sich im Turnanzug, gelobte täglich, von heute an viel zu essen, damit die Turnhose straff sitze.

Seit der ersten Turnstunde wußte er, was Schönheit war. Der Turnlehrer war schön. Kein Mensch hatte so kleine weiße Hände. Kein Mensch hatte Augen wie diese, so unerträglich strahlend, daß man sich von ihnen wie von der Sonne blitzschnell abwenden mußte, um nicht geblendet zu werden. Sie waren so zauberisch, daß jeder Gegenstand schön wurde, den sie anblickten. Zauberisch waren die Augen, war die Hand. Der Turnlehrer legte die Hand auf den Bock, und das Turngerät verwandelte sich in ein feuriges Fabeltier. Er stützte sich auf eine Kletterstange, und man hörte im ganzen Saal das Holz singen. Wie schön wurde Pytlik, der dumme, von allen Professoren verachtete Pytlik, wenn der Turnlehrer ihn berührte! Wenn er mich nur einmal, nur ein einzigesmal berühren wollte, träumte Hugo. Wie konnten die andern glauben, dieser unvergleichliche Mann heiße wirklich Pravda, einfach Pravda, Turnlehrer Pravda! Er war kein Turnlehrer, sah ein Lehrer, ein Gymnasialprofessor so aus? Der dicke Doktor Kohoutek mit dem buschigen Schnurrbart und der Schnupftabakdose: das war ein Gymnasialprofessor. Der vollbärtige Doktor Sebesta, der in der Geographiestunde mit dem rechten Zeigefinger die Städte auf der Landkarte zeigte, mit dem linken in der Nase bohrte: das war ein Gymnasialprofessor. Ein Geographieprofessor ist sogar etwas Besseres als ein Turnlehrer; das wußte jeder. Ein Turnlehrer muß ein Jägerhemd tragen und wie ein Affe klettern und springen; auch das wußte jeder. Die dummen Jungen! Keiner erriet, daß der Turnlehrer Pravda aus einer Welt gekommen war, die niemand ahnte. Vielleicht war er ein Marquis, ein französischer Marquis. Wer hatte jemals einen französischen Marquis gesehen? So konnte nur ein französischer Marquis aussehen. Warum gab er sich aber den nichtssagenden Namen Pravda und warum lebte er jetzt in dem häßlichen Städtchen in der schmutzigen Schule als Turnlehrer? Darüber dachte Hugo oft nach, er konnte es nicht begreifen. Nur im Traum glaubte er manchmal dem Geheimnis des Turnlehrers näherzukommen. Er sah ihn auf dem Marktplatz vor der Kirche stehen, da kamen die drei jungen Gräfinnen aus dem Schloß herangeritten, sprangen ab und knicksten vor dem Turnlehrer: »Guten Morgen, Durchlaucht, küß die Hand, Durchlaucht!« (Also noch mehr als Marquis, viel mehr sogar, dachte Hugo beschämt.) Der Turnlehrer sagte: »Meine Damen, wir wollen jetzt unseren Morgenritt irgendwohin machen, wo uns der Pöbel nicht behelligen kann.« Dann schwang er sich auf den Bock aus dem Turnsaal, der plötzlich vor der Kirchentür stand, und ritt elegant auf die Kirchturmspitze, der Bock sah aus wie ein Pferd aus Feuer, die drei Gräfinnen ertrugen nicht den Anblick, verdutzt und furchtsam standen sie unten und blickten zu Boden, nur Hugo fürchtete sich nicht, blickte beherzt hinauf, sah den Reiter auf dem Feuerroß in die Tiefe springen und erwachte schweißgebadet. Diesen Traum hatte er einigemal.

Im November, zwei Monate nach der ersten Turnstunde, bat er die Eltern um den Turnanzug. Er wußte zwar, daß er nicht voller geworden war, er sah schlechter aus als am Beginn des Schuljahrs, aber er konnte nicht länger warten. Die Mutter wollte mit ihm den Turnanzug kaufen gehen, er duldete es nicht, sie durfte nicht sehen, wie eitel er war. Vor dem Kommis war er hemmungslos, sämtliche Turnanzüge ließ er sich zeigen, er probierte alle, stand streng und fordernd vor dem großen Spiegel. »Dieser paßt gut, junger Herr, dieser steht Ihnen glänzend, junger Herr«, höhnte der Kommis, zog die Hose straff, zog den Gürtel straff, lächelte kameradschaftlich-unterwürfig. Hugo ließ ihn reden, prüfte streng, erbittert Anzug für Anzug, drehte sich vor dem Spiegel hin und her, keiner paßte, keiner war ihm schön genug. Endlich wählte er, besinnungslos vor Wut, den ersten besten aus dem aufgestapelten Bündel, stürzte aus dem Laden, rannte in die Schule. Von vier bis fünf war Turnstunde, vorher Geometrieunterricht. Während der Geometrieprofessor zeichnete, streichelte Hugo mit beiden Händen unter der Bank unaufhörlich sein Paket. »Was hast du da?« fragte der blatternarbige Hanak, der neben ihm saß. »Nichts«, fuhr Hugo ihn an. Der Blatternarbige riß ihm das Paket aus der Hand, öffnete es, gab triumphierend die Nachricht weiter: »Unser Jud hat einen Turnanzug.« »Der Jud hat einen Turnanzug«, ging es von Bank zu Bank, nach der Stunde johlten alle: »Der Jud wird den Turnanzug anziehn.« Hugo reagierte nicht auf Zurufe und Püffe, legte im Garderoberaum des Turnsaals den Turnanzug an, mit zitternden Fingern band er dreimal die Schleifen der Turnschuhe, bis kein Endchen der Schnüre den Boden berühren konnte, dann stellte er sich in Reih und Glied. Korrekt und zitternd stand er am äußersten Ende der Reihe, an der Wand nächst den Kletterstangen, zur Rechten des blatternarbigen Hanak.

Novemberwind bog die Bäume vor dem hohen Fenster, das Hugo anstarrte, Novemberwind blies Kälte in den schlecht geheizten Turnsaal. In diesem Augenblick fühlte sich Hugo von Gottes kaltem Hauch berührt. Gott saust im Novemberwind durch die Welt, dachte er, er war fromm, frommer Eltern frommes Kind. Er fror, er glühte. »O daß er mich nicht verwürfe«, betete er unhörbar und vergaß, daß Gott vor den Fenstern vorüberrauschte, zur Tür heftete er die Blicke, nun mußte es geschehen, nun mußte wahrwerden der nie geträumte Traum, die Gnade und Herrlichkeit.

Der Turnlehrer trat ein. Die sechs Lieblinge wiegten sich in den Hüften, lächelten ihm entgegen, er neigte sich dem blonden Pytlik zu, sie flüsterten. Hugo sah nichts, ahnte alles, Ahnung großen Unglücks beschlich sein Herz. Ein feindliches Geflüster war im Saal, hier und dort leises Gelächter. Nun verließ der Turnlehrer die Gruppe seiner Lieblinge, ging die Front ab, musterte jeden Schüler. Das tat er immer am Beginn jeder Turnstunde, aber heute dauerte es viel länger als sonst, schon eine Viertelstunde war vorüber, und er stand erst in der Mitte, bei den Mittelgroßen, rügte bald die Körperhaltung eines Bequemen, bald eine liederliche Adjustierung. Hugo erniedrigte sich so sehr, den Blatternarbigen zu fragen: »Kommt er schon? Ist mein Turnanzug in Ordnung?« »Gut siehst du aus«, war die Antwort. Hugo schüttelte sich wie in kaltem Wasser, warf den Kopf zurück, er zitterte wie in kaltem Wasser, aber er stand stramm und fühlte, wie er wuchs, indem er stramm stand. Vielleicht wird er sagen: »Es ist gut, daß Sie jetzt auch einen Turnanzug haben«, dachte er, damit wollte er sich zufrieden geben, es war schon eine Belohnung, wenn auch eine unzureichende. Vielleicht sagt er gar nichts und lacht, lacht mich aus, dachte er gleich darauf. Das Geflüster beunruhigte ihn, brachte ihn auf diesen Gedanken. Wenn er das wagt, spucke ich ihm ins Gesicht, entschloß er sich; dann fliege ich aus der Schule und alles ist gut. Wie ein Mann will ich ihm gegenüber stehen, wie ein Mann, das muß er bemerken, das wird ihm gefallen. Das Geflüster am andern Ende der Reihe artete in lautes Lachen aus, ebenso auffallend wurde es in der nächsten Nachbarschaft stiller und stiller, nun stand sogar der Blatternarbige stramm, der Akazienduft näherte sich. Noch vier, mit dem Blatternarbigen fünf, vor mir, dachte Hugo, welches Glück, daß ich noch Zeit habe, mich zu sammeln, es kann noch zwei Minuten, vielleicht sogar fünf Minuten dauern. Aber schon im nächsten Augenblick war die Duftwolke da, der Turnlehrer hatte die Kleinsten keiner Ansprache gewürdigt, stellte sich vor Hugo auf.

Es war im Saal totenstill geworden. Sogar die sechs Lieblinge hielten den Atem an. Hugo stand geblendet. Nur einmal, vor zwei oder drei Jahren, hatte ihn Licht so geblendet: beim Augenarzt, in der Dunkelkammer, als plötzlich die ungeheure Glühlampe seine Stirn gestreift hatte. Plötzlich erblickte er die Zähne des Turnlehrers, überdeutlich sah er plötzlich den Mund des Turnlehrers, der wie vor einem Schrei offen stand. Gleichzeitig ließ die Betäubung, die das Parfüm verursacht hatte, ein wenig nach. Erstaunt merkte Hugo, daß er vollkommen bei Bewußtsein war, daß er sich sogar die Kraft zutraute, zu sprechen, wenn es notwendig wäre. Nun drehte sich der Turnlehrer um, machte zwei Schritte nach rückwärts, stand hinter Hugo, die Aussicht aufs Fenster war wieder frei. Der Knabe zitterte stärker, begann zu schwitzen. Das halte ich nicht aus, dachte er, im ganzen Saal hörte man ihn keuchen. Der Turnlehrer trat wieder vor, öffnete ein wenig den Mund und sagte leise, aber weithin vernehmbar: »Nehmen Sie Ihren Mantel und gehen Sie nach Hause den Hals waschen. Wenn Sie mit schmutzigem Hals wiederkommen, sperre ich Sie ein.«

Hugo wankte in die Garderobe, nahm den Mantel und ging nach Hause. Die Mutter, die ihn kommen sah, lief ihm entgegen, schrie: »Um Gottes willen, warum gehst du im Turnanzug auf die Gasse? Es ist kalt wie im strengsten Winter!« Er antwortete nicht, warf den Mantel ab, stand im Turnanzug da, zitternd, mit einer wilden Entschlossenheit, die der Mutter neu war. »Mutter, sieh nach, sieh genau nach, ob mein Hals schmutzig ist«, befahl er. Sie betrachtete erstaunt seinen Hals, entrüstete sich: »Wer sagt, daß dein Hals schmutzig ist? Ich laß mein Kind nicht schmutzig herumlaufen, wer hat das gesagt, antworte!« Er antwortete nicht, ging langsam zum Waschtisch, begann den Hals mit Seife und Bürste zu reiben. Wie mit einem Hobel bearbeitete er seinen Hals, mit starrer Entschlossenheit. Dieses Auf und Ab des weit ausholenden eckigen Arms hatte etwas Wahnsinniges, die Mutter sah es wohl. Er rieb und rieb, bis der Hals rot aufgerieben war. Die Mutter forderte, er solle zu Bett gehen und Tee trinken. Er antwortete nicht, nahm den Mantel, schickte sich an, in die Schule zurückzugehen. Im letzten Augenblick zwang ihn die Mutter, über dem Turnanzug einen warmen Anzug anzuziehen. Er ging rasch; als er vor dem Turnsaal ankam, läutete es gerade. Er trat nicht ein, legte Mantel und Winteranzug ab, blieb gesenkten Hauptes vor der Tür stehen, rot leuchtete sein wundgeriebener Hals. Der Turnlehrer trat aus dem Turnsaal, blickte auf den roten Hals nieder, lächelte spöttisch, eilte vorbei. Dann kam die Horde aus dem Turnsaal. Es dröhnte im Chor: »Schmutziger Jud.« Hugo wartete, bis alle sich ausgetobt hatten, betrat als letzter den Garderoberaum, sperrte den Turnanzug in das ihm gehörende Fach.

3

Es war halb sechs, als er das Gymnasium verließ, es war schon Nacht. Der Turnlehrer wußte nicht, daß Hugo ihm folgte, mit kleinen tänzerischen Schritten ging der parfümierte Mann durch die engen Gassen des Arbeiterviertels, an der Gasanstalt vorbei zum Fluß. In der Nähe des Friedhofs, dicht am Fluß, wohnte er in einem alleinstehenden winzigen Haus. Hugo ging auf den Fußspitzen, er wollte das Klappern seiner genagelten Schuhe vermeiden. Der Novemberwind blies seinen Mantel an, der sich bauschte, irrsinnig flatterte. Wie eine dunkle Wolke wanderte er langsam zwanzig Schritte hinter dem Turnlehrer. Wie er sich wiegt! Wie sein ganzer Körper lächelt! dachte Hugo. In den Augen des Knaben funkelte Haß. Er ging wie ein Mörder in der Wolke seines flatternden Mantels.

Der Mond war aufgegangen. Der Friedhof lag in großem Glanz. Hugo lehnte sich an die niedrige alte Mauer, sprang hinauf, setzte sich, sah den Turnlehrer in das Haus am Fluß eintreten. Das Knarren des Haustors war deutlich zu hören, der Abend verdeutlichte jeden Laut. Nun war nichts als Novemberwind, Novemberdunkel, es schwieg die Nacht. Beunruhigend war dieses Schweigen, Hugo wünschte, der Fluß möge rauschen, er sehnte sich nach Lärm, nach Getöse, aber der Fluß war ausgetrocknet und dürftig, ein armseliges Rinnsel, in dem schmalen Flußbett lagen nur Kieselsteine. Nun sitzt er im warmen Zimmer und lächelt, dachte Hugo, vielleicht aber steht er mitten im Zimmer und reckt sich und dehnt sich und freut sich seines schönen Körpers, trinkt, raucht eine Zigarette, hat vielleicht eine schöne Dame bei sich, nimmt sie auf den Schoß ... Der Frierende biß sich in die Zunge. Nie hatte er sich so allein gefühlt. Er wollte das Haus nicht mehr sehen, drehte sich auf der Mauer um, legte vorsichtig den linken Fuß auf die Innenseite der Mauer, den rechten Fuß, den ganzen Körper. Nun blickte er in den Friedhof. Der Mondschein reichte bis zur Mitte des Friedhofs. Die beleuchtete Seite ist die unheimlichere, dachte Hugo, man sieht ja auf allen Gräbern die Augen der Toten! Er warf sich auf die Außenseite der Mauer zurück, sprang hinunter, wollte nach Hause gehen. Plötzlich Schritte. Eine Gestalt näherte sich dem Hause des Turnlehrers, lief zuletzt, klopfte ans Haustor. Es war ein Knabe. Hugo erkannte ihn im letzten Augenblick. Es war Pytlik.

Der Turnlehrer öffnete, zog den Blonden ins Haus, sperrte zu. Hugo kehrte zum Friedhof zurück, schwang sich wieder auf die Mauer. Nach einer Stunde hielt er es nicht mehr aus, ging auf das Haus zu, näherte sich vorsichtig, auf den Fußspitzen, dem erleuchteten Fenster, versuchte hineinzublicken. Der Vorhang hinderte ihn daran. Es war auch nichts zu hören.

Ich hasse ihn, hasse ihn! bellte der Erstarrte vor sich hin, während er sich auf den Fußspitzen entfernte. Ich hasse den Bösewicht, der mich gedemütigt hat. Er griff sich an den wundgeriebenen Hals, es würgte ihn Haß, er ging langsam, traumhaft. Plötzlich glaubte er, ein Geräusch zu hören. Er drehte sich rasch um, das Geräusch kam vom Fluß her. Vielleicht sind sie zum Fluß gegangen, dachte er sofort, vielleicht gehen sie am Fluß spazieren. Er schlich zum Fluß, erblickte Pytlik. Mitten im ausgetrockneten Flußbett ging der Blonde stadtwärts. Hugo schlich ihm nach, holte ihn ein, erst im letzten Augenblick hörte Pytlik den Verfolger, schrie wütend: »Was spionierst du? Was hast du da zu suchen?« Hugo entging nicht die Verlegenheit, die sich hinter der Wut verstecken wollte. Warum ist er so verlegen? fragte er sich. Ist es eine Sünde, beim Turnlehrer gewesen zu sein? Der Esel – er weiß gar nicht, daß jeder andre ihn um diese Auszeichnung beneiden würde. Wieviel Jahre meines Lebens gäbe ich für diese Auszeichnung! Aber ich,.ich, ich bin der Judenjunge mit dem schmutzigen Hals. Er empörte sich aufs neue, unbändige Lust befiel ihn, den Liebling des Turnlehrers zu demütigen, an ihm sich zu rächen. »Du warst beim Pravda«, sagte er lauernd, »ich hab dich gesehn.«

»Einen Dreck war ich bei Pravda«, stampfte Pytlik auf, warf sich auf Hugo, warf ihn zu Boden, schrie ihm ins Gesicht: »Ich werde dir geben, du wirst mir nachspionieren, du Schleicher, du Ekel mit dem schmutzigen Hals, pfui, ich will dich gar nicht berühren, damit der Dreck nicht an mir kleben bleibt.« Hugo stand auf, beschloß, eine neue Taktik zu versuchen, lächelte: »Beschimpfen kann man einen leicht, das ist keine Kunst, das trifft jeder. Du hast mich grundlos beschimpft, dadurch hast du dich selbst ins Unrecht gesetzt. Ich wollte dir übrigens nichts Unangenehmes sagen. Wenn du nicht bei Pravda warst, warst du nicht bei Pravda. Was geht mich das an.« »Ich war nicht bei Pravda«, versetzte Pytlik, noch immer in drohendem Ton, »ich geh hier jeden Tag spazieren, das ist alles.« »Aha«, lächelte Hugo, »du willst deine neuen Schuhe ruinieren, deshalb gehst du im Flußbett spazieren.« »Sakra, das ist wahr«, erschrak Pytlik, lief aus dem Flußbett, begann eifrig die Schuhe zu reinigen. »Jetzt hast du dich verraten«, sagte Hugo ernst. »Ich werde alles deinem Vater erzählen.« »Was alles, was kannst du alles erzählen, du Armitschkerl«, schnaufte Pytlik. »Alles«, wiederholte Hugo und sah, wie Pytliks Gesicht dunkelrot wurde, »alles, alles, alles, alles, alles.« »Das rat ich dir nicht«, drohte Pytlik, »es wäre deine letzte Stunde, ich müßte dich erschlagen.« »Wenn du mir aber die Wahrheit sagst, erfährt niemand etwas, das schwöre ich dir«, lockte Hugo. »Also gut, ich war bei Pravda«, sagte Pytlik trotzig, »aber wenn du es einem sagst, erschlägt er dich.« Mittlerweile waren sie im Arbeiterviertel angelangt. Hugo begann hastig zu sprechen, sie näherten sich schon bedenklich Pytliks Wohnhaus: »Du warst also bei Pravda und niemand darf es wissen, wie? Hat er dir gesagt, daß du es keinem verraten darfst?« Pytlik schwieg, Hugo spritzte ihm jedes weitere Wort ins Ohr: »Pravda hat dir befohlen, nicht auf der Straße, sondern im Flußbett zu gehen, damit dich niemand sieht. Ist es so? Ist es so?« Pytlik blieb stehn, versuchte zu lachen: »Dir kann man alles einreden, es ist ja gar nicht wahr, daß ich bei Pravda war. Was sollte ich dort machen?« »Du hast ja bereits gestanden«, sagte Hugo erbittert. »Jetzt gibt es kein Geheimhalten mehr. Jetzt mußt du mir sagen, was du dort gemacht hast.« Pytlik stieß ihn in die Hüfte, schrie: »Ein Märchen hat er mir erzählt, ich will dir es wiedererzählen. Es war einmal ein Jüdlein, das hatte einen schmutzigen Hals.« Im nächsten Augenblick war er lachend in einem Haus verschwunden, Hugo stand in finstrer Nacht.

Er ging früher als sonst zu Bett. Er zog die Bettdecke über die Ohren, er schnitt sich von der Welt ab, die Bettdecke schloß ihn ab, schloß ihn ein. Kein Laut drang durch, kein Schnarchen der Eltern, kein Uhrticken, kein Mäuseknabbern, er war allein mit seinem Atem, allein mit seinem Herzen, das schlug und schlug. Nun drang er ein in die andre, in die verschlossene Welt, stand auf der Schwelle des Hauses am Fluß, sah den Turnlehrer mit Pytlik auf persischen Teppichen sitzen. Nicht im Traum sah er das. Er war überwach. Er schwitzte, lüftete die Decke, sah den Horizont wachsen und wachsen, die Kommode, das Büchergestell, das Fenster, Mondschein und Welt. Er streckte sich aus, dachte an Flucht.

4

Nach drei Tagen verwarf er den unsinnigen wiedergekehrten Fluchtgedanken. Er sprach mit sich, wie sein Vater, um Rat befragt, mit ihm gesprochen hätte. Er wußte, wie ein Fluchtversuch enden mußte, empfand das Lächerliche der Idee. Er wollte kein Idiot sein, der dem Vater Geld stiehlt, in die Welt rennt, nach zwei Tagen aufgegriffen wird und trotzig oder aufheulend in die Arme der Eltern zurückkehrt. Das alles war unter seiner Würde, er fand es dumm und unreif. Er wußte auch, daß diese Flucht eine Feigheit gewesen wäre: das war noch wichtiger. Er wollte stark, vernünftig, Mann sein. Während der Unterrichtsstunden dachte er ununterbrochen: gestern, vorgestern, in den ganzen zwei Monaten seit Schulbeginn war ich ein Dummkopf.

Um vier Uhr begann die Turnstunde. Die Probe, ob das alles auch stimmte, begann. Hugo stand in Reih und Glied. Der Turnlehrer trat ein. Hugo wollte sich zwingen, ihn anzublicken, wagte es aber nur, den Blick auf die zierlichen Lackschuhe zu heften. Es begann nach Akazien zu duften. Er wollte sich zwingen, der ganzen Gestalt mit einem prüfenden Blick standzuhalten, aber dazu kam es nicht. Nur bis zur Betrachtung der Hände gelangte er. Wie zwei weiße Flammen flackerten die Hände. Wenn ich seine Augen sähe, müßte ich erblinden! erkannte er und schloß die Augen. An diesem Tag machte es ihn froh, daß er vom Turnlehrer keines Blicks gewürdigt wurde, er blieb mit geschlossenen Augen in seiner Ecke stehen.

Nach der Turnstunde schlich er zur Friedhofsmauer, hielt Wache. Er sah den Turnlehrer nach Hause gehen, beobachtete den »kleinen Paradeschritt«; so nannte man in der Schule Pravdas militärischen, aber damenhaft zierlichen Gang. Es begann zu schneien. Im Hause des Turnlehrers wurde Licht gemacht. Gleich darauf: Schritte. Jemand ging im Flußbett, sprang auf die Wiese, ging auf das Haus zu. Es war ein großer Lackel in Röhrenstiefeln. Es war der Bauernsohn Havlas. Der Bauernsohn Havlas war es, der Größte und Älteste der Klasse, einer der sechs Lieblinge. Wie folgsam er ist, dachte Hugo; er macht wirklich den Umweg über den Fluß, als ob er sich dadurch unsichtbar machen könnte. Havlas klopfte nun; seine derben Bauernfäuste klopften laut und täppisch ans Haustor. Dummer Kerl, lächelte Hugo; zuerst versteckt er sich im Flußbett, dann macht er Radau, daß man ihn meilenweit hören muß. Inzwischen hatte der Turnlehrer das Tor geöffnet, den Gast ins Haus gezogen.

Diesmal wartete Hugo nicht auf das Ende. Er ging nach Hause, blickte in die Schulbücher und dachte: Einer wird mir schon alles sagen. Wenn Pytlik schweigt, wird Havlas reden. Es sind ihrer sechs. Einer wird sich verraten. Einen werde ich fangen. Er hatte nicht gewußt, daß Pytlik nicht der einzige war, der diese Besuche zu machen pflegte. Aber was kann es sein? zermarterte er sein Hirn. Warum kommen sie so geheimnisvoll? Ist es denn eine Schande, einen Professor zu besuchen? Es ist doch nicht verboten! Wenn Pravda ein Mädchen wäre, könnte ich alles verstehen. Aber ein verkleidetes Mädchen ist er doch nicht, kann er doch nicht sein –

kann er nicht sein?
kann er nicht sein?

Das saß. Das bohrte. Hugo sperrte sich ein, warf sich aufs Kanapee, dachte nach. Er lag in der Duftwolke, sah die Augen, die Hände, die Füßchen des Turnlehrers, sah ihn nackt. Grauenhaft war diese Vorstellung, niederschmetternd und betörend. – Nie hatte er ein Mädchen nackt gesehen, aber die Brüste der Mutter kannte er, sie wusch sich noch jetzt manchmal in seiner Gegenwart – immer zitterte er heimlich, wenn er sie sah. Er stellte sich den Turnlehrer mit Weiberbrüsten vor – da fiel ihm ein, daß einer in der ersten Turnstunde gesagt hatte: »Glaubst du, daß er ein Mieder trägt? Er hat eine Taille wie meine Schwester.« Die Duftwolke berauschte ihn, er riß sich Haare aus, zerkratzte den Plüschüberwurf des Kanapees, sein Körper war heiß, er schnappte nach Luft, warf die Kleider ab, strich mit brennenden Fingern über den Körper.

5

Der Schloßteich war zugefroren. Hugo stand vor der Holzbude, wo die Schlittschuhe angeschnallt wurden, und sah dem Turnlehrer zu. Auch andere Leute, Fremde, standen bewundernd. Der Turnlehrer war ein großer Eiskünstler. Langsam und feierlich glitt er in einem riesigen Bogen an den bewundernden Menschen vorüber, dann sprang er über einen unsichtbaren Berg und tanzte.

Auch Pytlik und Havlas und die andern waren auf dem Teich, aber der Turnlehrer sprach keinen an, blickte keinem nach, sie mußten allein ihre armseligen Kunststückchen machen. Hugo freute sich darüber. Wie er im Turnsaal, waren sie hier verschmäht, unwürdig befunden. Der kecke Pytlik zog seine Kreise in der Nähe des Turnlehrers, immer vor seinen Augen, immer fast in Atemnähe, aber vergebens. Auch die jungen Damen, die dem Eiskünstler feurige Blicke zuwarfen, hatten kein Glück bei ihm. Er lächelte spöttisch, fast mitleidig. Sie mußten sich mit den Ingenieuren aus dem Gaswerk und mit dem Turnlehrer der Bürgerschule begnügen, die bisher als die besten Eisläufer gegolten hatten.

Plötzlich sah Hugo, daß Pravda dem Blonden mit einer Handbewegung befahl, sich zur Holzbude zu begeben. Niemand hatte es bemerkt, nur Hugo. Er trat hinter die rückwärtige Bretterwand, die so schlecht gezimmert war, daß sie jeden Schall durchließ. Auch hineinsehen konnte man. Hugo stand und lugte, horchte. Pytlik trat in die leere Bude, klopfte den Schnee von den Schlittschuhen, gleich darauf kam der Turnlehrer herangesaust, legte den Arm um Pytliks Nacken, flüsterte: »Komm gegen sieben.« Dann drückte er ihm die Hand, sauste auf die Eisbahn zurück. Pytlik steckte die Hände in die Hosentaschen und glitt langsam in entgegengesetzter Richtung den andern zu.

Hugo stand zerrissen an der Wand, die großen schneebedeckten Kastanienbäume schwankten hin und her. Im Hintergrund lag, schwach beleuchtet, das gräfliche Schloß. Nur im Erdgeschoß war Licht. Im ersten Stock wohnen die jungen Gräfinnen, die Reiterinnen, träumte er einen Augenblick, ihnen hätte ich ihn gegönnt. Warum geht er nicht zu ihnen, zu den schönen Gräfinnen, zu den samtenen Reiterinnen? Warum läßt er Pytlik, den dummen Pytlik, zu sich kommen? Er rang um Atem, begann atemlos zu laufen. Atemlos lief er auf den Marktplatz, sah nach der Turmuhr, es war viertel sieben, atemlos rannte er weiter, durch die Vorstadtgassen, durchs Arbeiterviertel, an der Gasanstalt vorbei zum Haus am Fluß. Er stand an der Schwelle, klopfte zaghaft, einmal, zweimal, dreimal, niemand öffnete. Rasend schlug er mit der Faust ans Tor. Im nächsten Augenblick schlurften Schritte im Flur, ein Schlüssel wurde umgedreht, ein altes Weib öffnete, fragte: »Was wünscht der junge Herr?« »Ich soll Herrn Professor Pravda in seinem Zimmer erwarten«, stotterte Hugo. Das Weib nickte, öffnete eine Tür. Er schloß hinter sich, wartete bis die Pantoffelschritte der Alten nicht mehr zu hören waren, drehte sich um, blieb an der Tür, die Arme weit ausgespannt, stehen, weiß und fahl. Er sah den glühenden Ofen nicht, spürte nicht die Hitze, zitternd nahm er das Taschenmesser aus der Tasche, tastete sich zum Fenster. Da war der geblümte Vorhang, den er draußen immer wütend angestarrt hatte, der Vorhang, der ihm das Geheimnis verbarg. Die Hand, die das Messer hielt, zur Faust geballt, stand er vor dem Vorhang, dann riß er sich hoch, riß das Messer auf, riß ein Loch in den Vorhang, atmete auf. Mit beiden Händen betastete er zehnmal das Loch, er war zufrieden, es war klein, unauffällig. Er schlich zum Haustor, drehte den Schlüssel um, tappte zum Fenster, dunkel stand Nacht am Fenster, er konnte nicht feststellen, ob das Loch im Vorhang groß genug war.

An der Friedhofsmauer kauerte er sich hin, ließ den Schnee auf die Hände rieseln, es schneite in großen weißen Flocken. Starr ward sein frierender Körper, aber die starrenden Augen waren schmerzhaft heiß, die Flocken fielen auf die Wimpern wie glühende Glassplitter. Der Turnlehrer kam. Im Haus flammte Licht auf. Die Turmuhr schlug sieben. Im Hall der letzten Schwingungen hallte Pytliks tastender Schritt. Hugo hörte das Knirschen der Schritte, hörte nicht das Knirschen seiner Zähne. Wenn sie nur freundschaftlich beisammensäßen und über mich lachten, wie wäre ich froh, dachte er. Wenn sie Zigaretten rauchten und Wein tränken, ich müßte Pytlik beneiden, aber ich könnte mir den Neid aus dem Herzen reißen. Nur nichts anderes, nur nicht das, was ich ahne, fürchte, beinah schon weiß, nur das nicht, du mein Gott, nur das nicht, es würde mich töten!

Er stand auf, die Woge des Schnees nahm ihn auf. Er kam unhörbar zum Fenster: zum winzigen Loch im Vorhang. Er blickte hinein ...

6

Nicht Scham warf ihn nieder. Nicht Schrecken lähmte ihn. Es war das Entsetzen über sich selbst, das ihn hinstreckte.

Er wühlte sich aus dem Schnee, als der Schlüssel umgedreht wurde, raste in die Stadt, setzte sich zu den Eltern und aß. Er bildete sich ein, er stopfe frischgefallenen Schnee in den Mund, so gelang es ihm, Sauerkohl mit Kartoffeln hinunterzuwürgen, ohne zu erbrechen. Gleich nach dem Essen zog er sich zurück.

Er entkleidete sich eine Stunde lang, das Kleiderablegen war in dieser Stunde das ablenkende Problem, das ihn alles vergessen ließ. Er wollte seinen Körper nicht berühren, das war schwer, deshalb brauchte er eine Stunde zum Entkleiden. Dann lag er im Bett und warf sich in großen Schwüngen von links nach rechts, von rechts nach links, wie einen riesigen Mistkäfer warf er seinen Körper hin und her. Links und rechts rasselten die Messingstangen seines Kinderbetts, die grünen Schnüre des Netzes zitterten in singenden Wellen. Er sprang aus dem Bett, aber da störten ihn seine Füße, er schlug verzweifelt an die Wand, aber da sah er seine Hände, überall war der Körper, von dem er sich trennen wollte. Er löschte das Licht, rollte sich im Bett zusammen und begann den Monolog aus »Wilhelm Tell« zu sprechen, den er als Siebenjähriger auswendig gelernt hatte. Aber als er sich heiß redete, tollwütig die Verse hervorsprudelte, unfähig, ein Wort zu begreifen, spürte er seinen dampfenden Atem, hielt sich den Mund zu, das war noch entsetzlicher, denn nun war er nichts als heiße Hand und heißer Mund. Er streckte die Arme aus, wiederholte einigemal den Monolog, schlief nach Mitternacht ein.

Am Morgen wollte er mit den Eltern sprechen, aber unglücklicherweise war der Vater wegen des bevorstehenden Jahresabschlusses schon um sieben ins Bureau gegangen; mit der Mutter allein zu reden hatte keinen Sinn. Endlich war die Schule aus, das Mittagessen erledigt, der Vater bei der Zigarre. »Etwas muß ich euch bitten«, begann Hugo zu keuchen, »ihr müßt in die Schule gehn und mich vom Turnunterricht befreien.« »Was heißt das, was ist das schon wieder?« paffte verdrießlich der Vater. »Alle lachen mich aus, weil ich nicht klettern und springen kann, das ist der Grund«, log Hugo. Der Vater strammte sich: »Unsinn, laß sie lachen, turnen muß jeder Bursch, das ist gesund, stärkt die Muskeln.« »Ich will aber nicht«, überschlug sich Hugos Stimme, schon tränennah. »Das ist der Professor Pravda«, kam die Mutter ihm zu Hilfe, »der ist ihm aufsässig. Weißt du nicht mehr, wie er ihn unlängst nach Haus geschickt hat, weil sein Hals angeblich schmutzig war? Und er war gar nicht schmutzig, ich hab mir ihn genau angesehn.« »Aufsässig!« brauste der Vater auf, »red ihm nur nicht solche Sachen ein, ich bitt dich. Warum soll der Professor ihm aufsässig sein? Übrigens kann man ja mit dem Professor einmal reden. Er verkehrt jeden Tag bei Fräulein Kwet, sie wird ihn angeblich heiraten. Ich muß ohnehin nächste Woche zu ihr Zins zahlen gehn, bei der Gelegenheit kann ich mit ihr reden oder gleich mit ihm, wenn er dort ist.« »Schau dir ihn an, wie er zittert«, unterbrach ihn die Mutter, »was ist dir, Hugo? Warum zitterst du so?« Der Vater legte die Zigarre weg, beugte sich über den Knaben, schüttelte den Kopf. Die Mutter winkte, der Vater verließ das Zimmer, sie setzte sich neben Hugo, sah ihm in die Augen: »Was hast du, Hugo? Ich will dir helfen, sag mir nur alles.« Die mütterliche Berührung beruhigte ihn ein wenig, er rang um Worte, streichelte die Arme der Mutter, flüsterte endlich: »Ist das wahr, Mutter, daß er Fräulein Kwet heiraten wird?« Erstaunt und befreit nickte sie: »Es heißt so. Aber was geht uns das an? Deshalb regst du dich auf?« Sie wollte aufstehen, er hielt sie fest, stammelte »Mutter!« begriff, daß er sich lächerlich machte und bemühte sich, zu lächeln. »Es interessiert mich, Mutter«, lächelte er mühsam, »es interessiert mich sehr, erzähl mir das ausführlicher! Wie ist das, er heiratet Fräulein Kwet, die alte Schachtel? Warum, warum heiratet er sie?« »Wahrscheinlich, weil sie Geld hat, es gehören ihr die drei neuen Häuser auf dem Marktplatz und unser Haus und das nebenan.« »Aber sie ist doch nicht schön und schon alt und ... und ...« »Sein Gusto«, brach lachend die Mutter die Unterredung ab.

Hugo ging langsam auf den Marktplatz. Der Kirche gegenüber wohnte Fräulein Kwet. Er stellte sich vor die Kirchentür, las einigemal die goldenen Lettern über dem Eingang »VENITE ADOREMUS«, drehte den Hut in der Hand, trat zögernd ein. Er war noch nie in der Kirche gewesen, fürchtete, gesehen zu werden, verbarg sich hinter der Tür, starrte zu den Fenstern des Kwetschen Hauses auf. Wenn die Mutter nicht lügt, muß er oben sein, dachte er immer verbissener, je weiter die Zeit vorrückte. Es schlug dreiviertel zwei, um zwei mußte er in der Schule sein. Noch fünf Minuten, dachte er verbissen, dann renn ich in die Schule. Er hatte aber die Gewißheit, vor Ablauf dieser fünf Minuten werde der Turnlehrer aus dem Kwetschen Haustor treten. Plötzlich schlug es zwei, gleichzeitig tauchte am schmalen Ende des Marktplatzes der Turnlehrer auf. Er ging rasch am Kwetschen Hause vorüber, sah sich nicht um, verschwand in der Gasse, die zum Gymnasium führte.

Hugo blickte ihm nach, betrat das Kwetsche Haus. Er wußte nicht, daß er ging, er ging wie ein Schlafwandler, suchte die Tür, läutete. Es näherten sich Schritte, der Kopf des Fräuleins zeigte sich am Guckloch, sie öffnete, drei graue Katzen huschten vor die halbgeöffnete Tür, flüchteten aus der Kälte zurück ins warme Vorzimmer. »Wer ist?« fragte das Fräulein, die kurzsichtigen Augen strengten sich an, erkannten den Knaben. »Bist du nicht der kleine Bandler?« fragte sie, »komm nur herein, es ist kalt draußen.« Er trat ein, sie stieß ihn ins Zimmer, plötzlich saß er ihr gegenüber. »Nun, was läßt der Vater mir sagen«, begann sie leutselig, »ist etwas in der Wohnung nicht in Ordnung?« Er hörte sie nicht, ihm graute. Er hatte das Parfüm des Turnlehrers entdeckt, es war ganz schwach in der Luft zu spüren, die nach Mandelseife roch. Diese Mischung war grauenvoll. »Nun, rede doch«, sagte das Fräulein ungeduldig mit erhobener Stimme, sie schrie beinahe, eher neugierig als zornig. Er erwachte wie unter einem Hieb, blickte auf und entdeckte eine große Photographie des Turnlehrers in verschnörkeltem Metallrahmen auf dem Tisch. Das Fräulein erstaunte immer mehr. »Also was ist, was sollst du ausrichten?« drängte sie und trommelte mit der rechten Hand auf der grünen Plüschdecke. Der Knabe streckte die Hand aus, stieß die Photographie um, erschrak aber nicht, sondern fixierte die dünnen trommelnden Finger, stand auf, fixierte das winzige gelbe spitznäsige Gesicht der Vierzigjährigen. Sie stand auf, sagte verdrießlich: »Wenn du nicht reden kannst, werde ich mich bei deinem Vater selbst aufhalten, bis ich nächstens vorbeikomme.« In diesem Augenblick stürmte er vor, blieb zitternd knapp vor ihr stehen, sie wich erschrocken zurück, da sah sie in seiner Hand die Photographie, hörte ein Gekeuch, der Knabe keuchte: »Er ... Er ... Er ...« Zitternd standen sie sich gegenüber.

Plötzlich glaubte das Fräulein alles zu verstehen. Sie legte die Hand auf Hugos Schulter, lächelte geschmeichelt: »Soll ich bei ihm ein Wort für dich einlegen? Ist er sehr streng, soll er weniger streng sein?« Hugo starrte sie an, das Bild in den zerkrampften Händen, sprang aus dem Zimmer, sprang aus dem Haus. Sie riß das Fenster auf, blickte ihm nach, glotzte verständnislos, bis er in der Gasse, die zum Gymnasium führte, verschwunden war.

7

Bis sechs Uhr mußte er strafweise nachsitzen, weil er zu spät in die Schule gekommen war. Von fünf bis sechs war er ohne Aufsicht. Er hatte die Photographie vor sich auf der Bank. Er fuhr unablässig mit beiden Händen über das Glas, ritzte sich die Finger an dem spitzen Rahmen wund. Als der Schuldiener kam, ihn entließ, stopfte er das Bild so hastig in die innere Rocktasche, daß das Futter riß.

Er beeilte sich nicht, langsam ging er durch die Stadt, wie ein Mörder schlich er sich heran. Das Haus am Fluß war beleuchtet. Er konnte nicht hineinblicken, der Vorhang hatte das Loch nicht mehr. Vorsichtig schlich er zur Friedhofsmauer, schloß die Augen, er sah mit geschlossenen Augen. Jetzt öffnete sich das Haustor, jetzt öffneten sich seine Augen. Er sah den blonden Pytlik das Haus verlassen. Es tappte im zugefrorenen Flußbett. Es tappte schwächer und schwächer. Die Welt ward still. Die Friedhofsstille sank über die dunkle Welt.

In der Wolke seines Mantels glitt Hugo zum Haus am Fluß, nahm die Photographie aus der Rocktasche, klopfte mit der metallenen Spitze des verschnörkelten Rahmens ans Fenster, steckte das Bild wieder in die Tasche, stellte sich zum Haustor. Der Turnlehrer öffnete. Die Kerze in seiner Hand warf weißes Licht auf sein Gesicht. »Sie? Was wünschen Sie?« fragte er unruhig, sein Gesicht verzog sich, als wäre eine Ratte vorbeigehuscht. »Ich habe etwas .. zu überbringen«, stotterte der Knabe feig, furchtsam. »Kommen Sie«, sagte der Turnlehrer freundlicher, ließ ihn eintreten, bot ihm Platz an.

Hugo hatte die Augen geschlossen. Er saß in der Duftwolke. Er hatte ein nie geahntes Gefühl der Leichtigkeit: er spürte seinen Körper nicht, er war getrennt von seinem Körper. Wenn er mich jetzt ersticht, erschießt, in den Ofen wirft – mir kann er nichts anhaben, dachte er.

»Also los«, erscholl die Stimme des Turnlehrers, »was haben Sie mir zu bringen?«

Der Knabe öffnete die Augen, ein Beben ging durch seinen Körper. Er blickte den Turnlehrer an, ertrug den unerträglichen Glanz der Augen, den er nie ertragen hatte.

»Ich weiß alles, deshalb bin ich gekommen«, sagte der Knabe leise.

Der Turnlehrer stürzte auf ihn zu. Seine Hand duftete, sie war weiß wie eine weiße Rose. Die kleine weiße Hand krallte sich an dem roten Hals des Knaben fest, ließ nicht locker, ein Gurgeln zirpte durch den totenstillen Raum. Wie oft habe ich das geträumt, dachte Hugo. Drück zu, mach ein Ende.

Aber die würgende Hand ward schlaff, plötzlich lag sie schlaff und hilflos auf dem Kinn des Knaben, begann zu streicheln, zu flehen. Erschauernd fühlte Hugo, daß die Hand schmeichelnd auf seinem Körper lag. Er sprang auf, zog die Photographie aus der Tasche, legte sie auf den Tisch:

»Das habe ich Ihnen gebracht.« »Von wem?« »Von ihr.« «Von wem?« »Von mir.« – Der Turnlehrer zitterte: »Du hast mich angezeigt?«

Der Knabe sah in die glühenden Augen, sein Gesicht verzerrte sich höhnisch, er flüsterte:

»Ich .. lasse .. Sie laufen.«

Der Turnlehrer ballte die Fäuste. Der Knabe flüsterte:

»Rasch, bevor es zu spät ist. Noch eine Stunde, und es wäre zu spät.«

Der Turnlehrer riß das Fenster auf, nahm den Mantel, lief, lief.

Der Knabe beugte sich aus dem Fenster, sah ihn verschwinden. Dann löschte er die Lampe.

Er sank in die Knie.

PAUL KORNFELD

Die Begegnung

An einem der letzten Märztage, eine Stunde vor Sonnenuntergang, ging durch die Straßen der Stadt F. ein junger Mann. Sein Gang war langsam und voll Müdigkeit; er trug den Kopf gesenkt und schien betrübt.

Es war nach manchen in den Winter hineinversprengten Vorfrühlingstagen dieser der erste wirkliche, helle Frühlingstag. Viele Menschen, manche schon in Frühjahrskleidern, sonnten sich im schönen Wetter. Regeres Leben als sonst beherrschte die Stadt.

Jener junge Mann ging unermüdlich seit langem schon planlos durch die Straßen. Den Weg nicht beachtend, wußte er kaum, wo er war, und wußte nicht, ob er im nächsten Augenblick um diese oder jene Ecke biegen, ob er sich, ohne zu wissen, warum er es täte, umdrehen würde, um den Weg, den er eben zurückgelegt hatte, nochmals zurückzulegen. Er war wie eine auf holperigen Boden geworfene Kugel: sie kommt wohl ins Rollen, doch unberechenbar immer wieder aus ihrer Bahn gebracht, rollt sie bald dahin, bald dorthin. – Er sah wohl, wie aus Träumen erwachend, von Zeit zu Zeit auf, doch dann wieder vertiefte sich, als schmerzte ihn, was er um sich sah, der Trübsinn in seinen Zügen zu qualvoller Trauer. Den Mund ein wenig geöffnet, die Brauen hinaufgeschoben, daß sich Falten in die Stirne zeichneten, schaute er mit trostlosem Blick um sich, bis er aufseufzend den Kopf wieder fallen ließ und weiterging. »Warum«, fragte er sich, »warum quält mich heute jedes Ding? Aus welcher Quelle strömt diese Trauer? – Ach, dieser Tag! dieser Tag!« dachte er. –

Unerklärlich hatte ihn, als er das Haus verlassen hatte, auf der Straße, beim Anblick der Belebtheit, der erhellten Dinge und Menschen Niedergeschlagenheit befallen, die

sich schnell und immer schneller zu bedrückendstem Schmerz steigerte, von dem er selbst nicht wußte, aus welchem Winkel seiner Seele er aufgestiegen war, der allem von ihm Gesehenem, von ihm Gehörtem und jenseits dieser Grenzen allem von seiner Phantasie Geahntem galt. Anders als sonst sah er die Dinge, anders als sonst spiegelten sie sich in ihm, und in anderem Licht, man könnte sagen: in schwarzem Licht, standen sie vor ihm. Er strich über die Schläfen hin, während stöhnend seine Brust sich hob.

»Wie grausam ist doch dieser Tag!« dachte er. »Ah, wie er alles beleuchtet!« – Als wünschte er, allein und befreit von allem ihn Umgebendem zu sein, schloß er für einen Augenblick die Lider, doch nun wieder, als fühlte er sich zu den Dingen hingezogen, hob er, zwar nur zögernd, den Kopf.

»Warum ist dieses Kind so bleich?« dachte er, »und warum spricht jener Mann nicht freundlicher zu seiner Frau? Die Primeln, die diese Frau verkauft, sind längst verblüht. Wer wird sie kaufen! Warum kauft niemand verwelkte Primeln?! Warum? Wenn ich's doch wüßte, warum niemand verwelkte Primeln kauft!«

Er senkte den Kopf und schien, in einen Gedanken verloren, bis zur Verbissenheit ihm hingegeben zu sein. So setzte er seinen Weg fort, bis er Kopf und Schultern energisch abschüttelte, um diese gleichsam von einer Last, jenen von einer Qual zu befreien. Er hob den Kopf, und erleichtert sah er um sich, doch als wäre neue Last und neue Qual auf ihn herniedergesunken, verwölkte sich wieder sein Gesicht mit tiefer Trauer.

»Und dort«, dachte er und seufzte auf, »dieser Mann kann nur auf Krücken gehen. Wie paradox! Auf Krücken! Auf zwei Hölzern! – Warum sehe ich dies alles? – Wenn heute Wolken vor der Sonne ständen, wäre ich vielleicht der glücklichste Mensch!« –

Dieser Tag mit seinem Licht war angetan, eine Landschaft zu vergolden. Die Farben mußten in ihr plötzlich zauberhaft erschienen sein; vielleicht durchflatterte sie der erste

Schmetterling; gedankenloser Friede und weltentrückte Atmosphäre, in der selbst der zertretene Wurm noch ein Teil der Idylle wäre und Zischen der Schlange noch Gesang.

Maßlose Sehnsucht befiel ihn, sich von dieser Qual zu befreien, in menschenleere Landschaft zu fliehen; denn es schien ihm, als vertrüge nichts Menschliches ein Licht, als wäre alles, aus undeutlichem Halbdunkel hervorgetreten, nun deutlicher geworden, als wäre alles nun aufgedeckt und jedes Gesicht nun demaskiert; und jedes Gesicht ward zur Grimasse. Unter den Menschen, die ihm auf seinem langen Weg begegnet waren, meinte er, dreierlei Menschen zu sehen: Zuerst die Schlechten, ohne Sünder zu sein, die Nützlichen, auf das Wirkliche Bedachten, die Gewinnsüchtigen, die Verräter der Ewigkeit; dann die Unglücklichen – unter ihnen mochten die Sünder sein; und endlich: die Selbstsicheren. – Er seufzte auf und hatte, alles vergessend, nur den einen Wunsch, an der Brust irgendeiner Frau in rückhaltlosen Tränen dem Schmerze seinen Lauf zu lassen und dann, an diese Brust gelehnt, in erlösenden Schlaf hinüberzuweinen. Doch, dachte er, wäre es ihm beschieden, er hätte nicht gewußt, welche dieser drei Wesensarten von Menschen er hätte am meisten beweinen müssen. – Unmerklich verzog sich sein Mund zu wehmütigem Lächeln. Bild um Bild erschien vor seinem Blick, und in grausamer Unersättlichkeit holte die Trauer in ihm von der Ferne all jene Gedanken und Erinnerungen herbei, die sie selbst, die Trauer, noch erhöhen mußten. Unaufhaltsam, wie durch ein offenes Tor, strömte in ihn die Herde der brüllenden Gedanken, sein Herz zerfressend, es zernagend, daß ein Aufschrei des Jammers, Arie der Wehmut, zu seiner Erlösung ihm entsteigen wollte.

Die Sonne war wohl noch lange nicht vom Himmel, doch seitlich schon hinter den Häusern verschwunden, und die Dinge, des früheren, vollen Glanzes zwar entbehrend, waren nun von gleichmäßigem starkem Licht erhellt, das gleichwohl in der Ferne die Dämmerung schon ahnen ließ.

Nun auch körperlich ermüdet, hatte sich jener so betrübte Mensch in einer kleinen Anlage auf eine Bank fallen gelassen, doch saß er nur kurze Augenblicke und schon ließ es ihm keine Ruhe, und er stand auf, um sich mit der Last seines Schmerzes, dem er rettungslos verfallen war, mühsam durch die Straßen, zu keinem Ziel, zu keinem Ende, dahin gehend, dorthin gehend, weiterzuschleppen. Er bog in eine Straße, die nach nicht zu weitem Weg in einen freien Platz einmündete. Es schien, als wäre er, wie er so willenlos und weltverloren dahinschlich, seine Bewegungen so müde und unbewußt, eher die eines Mechanismus, als eines lebendigen Körpers, es schien, als wäre dieser Körper nichts mehr als eine Eigenschaft, ein zufälliges Attribut irgendeiner großen Trauer. – Wie im Traum, ohne es selbst zu wissen, hob er für einen Augenblick den Kopf, und sein Blick fiel hinten auf den Platz, auf einen Wagen, der, langsam daherrollend, sich der Straße näherte. Er ging auf dem rechten Trottoir, und als er nach einer Weile wieder den Blick erhob, rollte eben jener Wagen in die Straße ein.

Es war einer jener Wagen, die man immer zu benützen pflegt, recht abgebraucht und alt. Auf dem Bock saß mit gekrümmtem Rücken, den Kopf auf die Brust gesenkt, die Zügel schlaff in der Hand, ein alter Kutscher. Sich um nichts bekümmernd, lächelte er vergnügt vor sich hin; er sah sehr freundlich aus. Die Wangen und seine Nase waren gerötet, ein wenig bläulich, doch, man sah es ihm an, wenn er betrunken war, dann fluchte und raufte er sicher nicht, sondern taumelte nur, der ganzen Welt freundschaftlichst zugetan, hin und her, suchte nach Menschen, die er umarmen könnte, und versicherte jeden, der ihm in den Weg kam, weichherzig und tränenden Auges, seiner Liebe. In diesem Augenblick dachte er vielleicht an seine Enkelkinder. Seitlich hinter des Kutschers rechter Schulter sah man die Spitzen eines Schirmes; da es nicht regnete, konnte es nur ein Sonnenschirm sein. Also saß wohl in der rechten Ecke des Wagens eine Dame.

Das Pferd ging, ohne gelenkt zu sein, brav seinen Weg. Es war wohl gerieben und gewaschen, doch allzu abgenützt; vor diesem Wagen gealtert, zog es ihn in gleichmäßigem Schritt auch heute fort, und wie es so geduldig und pflichteifrig die gewohnte Arbeit tat, in seiner Abgebrauchtheit, in seiner mageren Fülle, in seiner gepflegten Schäbigkeit erinnerte es an einen kleinen Beamten; und zugleich: wie es so langsam und behäbig Fuß um Fuß in die Höhe zog und dann, kaum hörbar, die Hufe wieder aufs Pflaster auffallen ließ, wie es so mitten durch die Straße in freundlichem Licht gemächlich einherzog, nichts wissend von der ganzen Welt, den Kopf gesenkt, in sich versunken, als wäre es von nichts anderem, als nur von einem Traum beherrscht, wie es, rechts und links kein Ding beachtend, so allem Irdischen abgewandt, so ging und doch nur träumte, daß es ging, da schien es dieser Welt entrückt und einer anderen, friedlicheren angehörig – a, man könnte wohl sagen: dies Pferd war ein Konzeptbeamter aus dem Paradies.

Der junge Mann schlich seines Weges weiter, nun mit zur Seite geneigtem Kopf und erhobenem Blick und sah vollkommen verträumt und geistesabwesend, wahrscheinlich ohne daß das Gesehene in sein Bewußtsein drang, auf diesen Wagen, der allmählich sich ihm näherte. Und als er ganz nahe an ihn herangekommen war, blieb er stehen, wandte sich ein wenig dem Wagen und der Straße zu und drehte sich, wie der Wagen an ihm vorbei- und dann weiterfuhr, immer ihm nach, bis er, nach einer Richtung sehend, aus der er eben gekommen war, da stand, dann aber, um, wie aus Gewohnheit, den unterbrochenen Gang fortzusetzen, langsam wieder die Füße zu heben begann und sich so anschickte, den eben zurückgelegten Weg, nun in umgekehrter Richtung, nochmals zu gehen. In einiger Entfernung vor ihm rollte der Wagen. Er sah den breiten Rücken des Kutschers und die schmalen Schultern der jungen Dame, die er, als sie an ihm vorbeigefahren war, nur mit einem Blick gestreift hatte, unterm Hut die blonden, vom Nacken hinaufgekämmten Haare und, wo der Hals begann, einige zarte Löckchen rechts und links. Nach kurzer Weile blieb der Wagen vor einem Laden stehen. Die junge Dame schloß den Schirm und erhob sich, mit einem ein wenig scheuen Blick auf den Kutscher und das Pferd, als fürchtete sie, dieses könnte nochmals anziehen und sie auf den Sitz zurückfallen lassen. Dann entstieg sie, mit der Hand sich anhaltend und das Trittbrett sehr ins Auge fassend, vorsichtig dem Wagen und ging quer über den Fußsteig mit gesenktem Kopf zur Ladentür. Wenn sie ging, sah man bei jedem Schritt nur die Spitzen ihrer Schuhe, denn sie machte schnelle und nur kleine Schritte, als schämte sie sich, daß sie Füße hat. So sah er aus der Ferne sie vorübergleiten und ging weiter, doch, als er an den Wagen herankam, in dem jetzt in der rechten Ecke nur ein Sonnenschirm lehnte und in der linken auf dem Sitz eine Damenjacke lag, da wurden, so wie die Bewegungen eines ablaufenden Mechanismus allmählich verkümmern, seine Schritte immer kleiner und langsamer, und gerade in der Mitte zwischen Wagen und Tür blieb er endgültig stehen; als letzte seiner Bewegungen, auch die in ihrer Langsamkeit und Müdigkeit ersterbend, wandte er nur noch den Kopf ein wenig nach links, daß er durch das Fenster der Tür in das Innere des Ladens sehen konnte. Dort stand die junge Dame, nur seitlich ihm zugewandt; der Kopf war über den Ladentisch gebeugt und ganz im Schatten; nur für einen Augenblick erhob sie ihn ins Licht, und da sah er, plötzlich aufleuchtend, irgendein freundliches Chaos: sehr viele blonde Haare, ein helles Gesicht und große Augen – doch im nächsten Augenblick verschwand dies alles wieder im Dunkel des Ladens. Nur undeutlich sah er, was dort vor sich ging, und geraume Zeit mag er unbeweglich dort gestanden sein. Das Pferd hatte den Kopf gesenkt und, wie um sich die Zeit zu vertreiben, ein wenig zu spielen, scharrte es verträumt mit dem rechten Vorderfuß. Der Kutscher schien eingeschlafen zu sein. Leise tauchte die Dämmerung auf. – In manchen Sekunden vergißt man, wie man alles gewohnt ist, und alles scheint wunderbar: in manchen Sekunden eines stillen Sonntagnachmittags hört plötzlich zauberhaft die Stille auf und man glaubt den Donner alles Geschehens zu hören; in manchen Augenblicken der Bewegung und des Lärms ertönt irgendeine unendliche Stille, tausendmal fühlbarer als all der Lärm. –

Die Dame schien ihre Einkäufe besorgt zu haben und trat vor den Laden, mit ihr die Verkäuferin, und sie wechselten noch einige Worte. Das Mädchen war achtzehn- oder neunzehnjährig, und vor kurzer Zeit noch mußte es ein Kind gewesen sein, denn in dem rundlichen Oval ihres Gesichtes, in ihren Zügen sah man noch Reste dieser Kindlichkeit, doch in anderen Zügen ahnte man, daß sie eine gütige Frau werden würde. So war ihr Gesicht, kaum gegenwärtig, nur ihrer kindlichen Vergangenheit und ihrer gütigen Zukunft strahlender Reflex: und dieser noch nicht angehörig, jener schon entglitten, war sie fast – nichts, irgend etwas Zartes, daß man, sie auch nur einem allzustarken Winde auszusetzen, sich hätte fürchten müssen, und selbst der gefühlloseste Mörder wäre davor zurückgeschreckt, ihr auch nur allzufest das Handgelenk zu drücken. – Nach zarter Wölbung fiel die Bluse in den Gürtel. Sie war aus weißer Seide. Der Rock war blau und fiel gerade und schlank bis zur Erde. Der Hals blieb frei. Ein wenig unter dem Rand der Bluse, neben ihm verlaufend, sah man einen Halbkreis zierlicher Spitzen, in seiner Mitte, sorgfältig gebunden, regelmäßig hingelegt, ein blaues Bändchen durch die Seide schimmern. An einem Kettchen, um den Hals gelegt, hing ein goldenes Kreuz.

Der junge Mann stand so, wie früher, da, regungslos die Gestalt und die Augen unbeweglich. Man hörte des Mädchens Stimme schnell und mit fröhlicher Lebhaftigkeit sprechen, doch dann nickte es schnell der Verkäuferin zu und lenkte seine Schritte zum Wagen hin. Die Verkäuferin sah ihr mit wohlwollendem Lächeln und mit fast liebkosendem Blicke nach. Der Kutscher richtete sich auf und nahm die Zügel zur Hand. Doch mitten auf ihrem Weg stand der junge Mann. Regungslos folgte er ihr mit dem Blick, immer nur, wie sie ging, das Gesicht ein wenig wendend, dieser Blick voller Sehnsucht nach Erlösung und die ganze Gestalt bejammernswerte Erscheinung, Hülle nur für einen großen Schmerz, nur diesem Schmerze hingegeben, alles vergessend, und so geschah's ihm, ohne daß er es wollte, vielleicht, ohne daß er es wußte, als sie an ihm vorbeiging, unendlich hell, beinahe ihn streifte, da geschah's ihm: ein träumerisches Lächeln verzog seinen Mund und aufseufzend – »o Gott!« entglitt es unglücklich seiner Brust.

Das Mädchen blieb stehen:

»Bitte? Sagten Sie etwas?«

Der junge Mann sah auf und wurde rot; doch blieb er unbeweglich, und nur die Brust hob sich schwer, Seufzen entrang sich ihr, nur das traurige Lächeln in seinem Gesicht wurde breiter, und langsam und verträumt schüttelte er den Kopf. Ratlos, als wüßte sie nicht, was sie nun tun sollte, blickte sie um sich, blickte wieder ihn an und wurde ihres Irrtums gewahr; auch sie wurde verlegen, Röte überflog ihr Gesicht, »Verzeihung«, murmelte sie kaum hörbar, und mit tief gesenktem Kopf eilte sie, zum Wagen hinzukommen. Er wandte, wie früher, während sie ging, den Kopf ihr nach und, als hätte jenes Seufzen ihn noch nicht ganz befreit, als hätte es noch nicht ganz seinen Schmerz ausgedrückt, er mußte nochmals – diesmal etwas lauter, noch immer sehr leise, und doch wie ein Aufschrei, wie ein Hilferuf – er schüttelte verzweifelt den Kopf und »o Gott!« entrang sich's nochmals seiner Brust.

Das Mädchen hatte, sich am Wagen anhaltend, eben schon den einen Fuß aufs Trittbrett gestellt, als es hinter sich zum zweitenmal jene Stimme hörte. Ein kleiner Zorn überflog ihr Gesicht, als glaubte sie, man wollte sie zum Narren halten. Sie setzte den Fuß wieder auf die Erde, und mit eiligen Schritten trat sie auf ihn zu.

»Verzeihen Sie!« sagte sie. »Sie sagten etwas! Wünschen Sie etwas?«

So, wie früher – er wurde rot und, während seine Augen sich schlossen, schüttelte er nur leise den Kopf; doch das Mädchen blieb stehen, und als er die Augen öffnete und sie vor sich sah, kam allmählich Bewegung in seinen Körper: während er den Kopf zurückwarf, seine Brust schwer atmend sich spannte, hob er nur langsam, als wäre er zu müde oder als hätte er deren Gebrauch verlernt, und nur allmählich beide Hände, breitete sie aus und vollführte mit ihnen irgendwelche unbeholfene, verkümmerte Bewegungen, ja, nur Fragmente von Bewegungen, ratlos mit ihnen durch die Luft hin und her, nach allen Richtungen zuckend; wie wenn er vielleicht um sich und über sich auf den Himmel und ringsherum auf alle Dinge und Menschen hätte weisen wollen; doch er sah ein, daß seine Geste ihm mißlang, er gab die Mühe auf und, von dem Mädchen traurig und erstaunt betrachtet, sank er wieder in seine frühere Stellung des vom Unglück vollkommen Besiegten in sich ein; seinem Mund entglitt schweres Stöhnen, doch zugleich auch, als hätten sie sich in diesen Seufzer hinverirrt, einige Worte, unverständlich hingehaucht.

»Bitte?« fragte das Mädchen, beugte sich ein wenig vor und horchte.

»Ach wüßten Sie, wie unglücklich ich bin!« begann er, in seiner Haltung erstarrt, leise zu klagen: »Ach, sehen Sie dies alles! Wie schmerzlich ist doch die Welt und wie verrät doch ihr Gesicht, daß sie schmerzlich ist! Wie grausam ist doch dieser Tag, wahrlich, ein unerbittlicher Richter! Warum enthüllt er mir alles und zeigt mir die Züge der Menschen und Dinge so leidend und so häßlich? Wie kann ich's ertragen? Ach, ich fühle, daß ich untergehe in irgendeinem unerhörten Schmerz, dem ich verfallen bin! – Sehen Sie dort jene Dame in Trauer? Wie schmerzerfüllt ist ihr Gesicht! Und dort die zwei Herren? Sie wollen einen Handel abschließen, wahrlich, ein friedliches Geschäft, und doch: wie häßlich sehen sie dabei aus! – Heute ist mein kleiner Bruder einem Hund auf den Schwanz getreten; der Schrei des Hundes gellt mir im Ohr, als wäre er der letzte Schrei eines Ermordeten, den ich ermordet habe! – Ach, all dies Fremde, all dies Andere! Wo wir es wünschen, können wir vielleicht Liebe finden, und das uns Feindliche können wir versöhnen – doch all dies Fremde, all dies Andere, wenn's so beleuchtet ist und so enthüllt, wenn's gar so sehr da ist, gar so sehr, gar so sehr –«

Seine Stimme war noch leiser geworden und verklungen, so, wie in einer Landschaft, weit entfernt, der letzte Schlag einer Glocke vertönt und erstirbt; er brütete vor sich hin, doch dann, wohl mitten aus seiner Kette der Gedanken, begann er wieder zu sprechen.

»Ich erinnere mich noch des Tages, da mein Großvater starb. Es war der erste Tote, den ich sah. Damals wankte mir die Welt. Seitdem rührt mich der Tod dieses oder jenes Menschen weniger. Doch die Welt wankte mir noch oft. – Manchmal können uns auch die kleinsten Dinge zur Verzweiflung bringen, und wenn es mir nicht gelingen will, die Feder in den Federstiel zu stecken, dann glaube ich manchmal, den großen Jammer der ganzen Welt zu spüren. Ich möchte eine Frau sein wollen, weil denen die Tränen so leicht kommen. Meine Schwester weint immer; doch ich glaube, daß all die Gelegenheiten, die sie benützt, um zu weinen, nur Vorwände sind, und sie weint in Wirklichkeit, ohne daß sie es weiß, immer nur um ihren Bräutigam. Ja, sie hatte einen Bräutigam, doch er ist von der Bildfläche verschwunden. Ach Gott, sie ist nicht hübsch, und ich glaube nicht, daß sie heiraten wird; und sie wünscht es sich doch so sehr! – Heute mittags weinte sie, weil alle Speisen, die sie zubereitet hatte, um uns zu zeigen, wie gut sie kochen kann, verdorben waren. Sie war aber auch recht unglücklich darüber. Gestern weinte sie, weil das Mädchen eine ihrer Lieblingsvasen zerschlagen hat. Dieses Mädchen ist aber auch ein Teufel an Ungeschicklichkeit. –« Er machte, um aufzuatmen, eine Pause, und diese benützte das Mädchen.

»Ja«, sagte sie und sah ihn dabei ratlos an, »ja, verzeihen Sie – warum erzählen Sie mir das alles?«

»Ja«, rief er erstaunt aus, »fühlen Sie denn nicht mit?«

»O doch. Gewiß!«

»Nun denn!« – In diesem Augenblick zwang sie ein Knäuel vorübergehender Menschen, einige Schritte zu tun, und so kamen sie allmählich ins Gehen. Er hatte den Kopf gesenkt und schien, nun schweigend, seine Gedanken zu verfolgen. Sie ging neben ihm, mit scheuen Schritten, den Blick zu Boden gesenkt und ihn nur hie und da erhebend, um, ein wenig hilflos, um sich zu schauen. An der Ängstlichkeit ihres Gesichtes erkannte man, daß sie vom Zweifel gequält war, was sie nun tun sollte; doch während sie noch, wie es schien, vergebens, es zu erraten, bemüht war, gingen sie weiter, verließen bald diese Straße, und nun durchquerten sie auch jene Anlage, in die sie gekommen waren.

»Haben Sie bemerkt«, begann er wieder zu sprechen, »haben Sie bemerkt, daß in jener Straße, in der wir einander begegnet sind, alle Häuser in den Stilarten aller Jahrhunderte, plump und dumm durcheinander gewürfelt, erbaut sind?«

»Ja, ich habe es bemerkt«, erwiderte sie und sah ihn dabei ängstlich von der Seite an. Sie wurde unruhig, sie warf ihm scheue Blicke zu, und manchmal versuchte sie, um stehen zu bleiben, ihre Schritte zu hemmen, doch immer, wenn sie es tun wollte und ihn dabei ansah, wurden ihre Züge so voll des Mitleids, ja, der Trauer, als fiele in ihr Gesicht ein Schatten seines schmerzerfüllten Gesichtes, ja, in ihr Inneres ein Schatten seiner Gefühle. So blieb sie nicht stehen, und er ging weiter, unentwegt, ziellos, nun durch eine andere Straße, dann über einen freien Platz, und bald waren sie in den schmalen Gassen des alten Teils der Stadt. Er blieb stehen und wies auf das oberste Stockwerk eines Hauses, auf ein zerbrochenes und mit Zeitungspapier verklebtes Fenster hin.

»Hinter diesem Fenster«, sagte er, »hocken Scharen bleicher Kinder. Und in diesem Keller sitzen zwei Männer beieinander und beraten über den Plan eines Mordes. – In einem anderen Haus, in einem anderen Teil der Stadt, sitzt ein altes Ehepaar beisammen, in grimmigem Schweigen, und jeder wartet auf den Tod des anderen. Und irgendwo sagt irgendeiner irgendein Wort, daß ein anderer darunter zusammenbricht. Und ich spüre dieses Wort! Und diese Kinder sind mein! Und mein ist heute der Schmerz aus allen Winkeln dieser Erde!« – Es war, als müßte er zusammenbrechen; doch der Kopf fiel nur tief auf die Brust und er schleppte sich weiter.

Die Gasse war menschenleer, zwischen den hohen Häusern nur trübes, kraftloses Licht, und in der Stille des herannahenden Abends schienen sie von allem Lebendigen weit entfernt zu sein; nicht nur kein Lärm und keine Stimme, sondern wahrhaft große, gewichtige Stille, in der selbst ihre Schritte, langsam und gleichmäßig ertönend, widerhallend von den Mauern, nur erklangen, diese Stille zu betonen; doch sie spürten sie nicht, wie sie jene nicht hörten, und schienen nur erfüllt von der Musik der eigenen Gedanken, Orchester und horchendes Ohr zugleich. Hie und da prüfte sie, selbst allzusehr bekümmert, sein Gesicht, ob der Kummer darin nicht endlich verfliegen wollte.

Jene stille Gasse bald verlassend, betraten sie die Anlage, die, höher als der Fluß, längs seiner Ufer verläuft. Der Abend war nahe, das Licht sanfter, und sie gingen längs des Wassers.

»Mich erschreckt«, begann er zu sprechen, »mich erschreckt die Sanftheit dieses Abends. Ich kann nicht glauben, daß sie wirklich ist. Heute war ich in der Hölle! Oder war sie in mir? Ist sie ein Teil des menschlichen Herzens, und sind ihre Flammen nicht rot und gelb und ist ihre Glut nicht heiß und lodern sie am Ende nur in Gestalt der menschlichen Gefühle? Oder sah ich nur die Hölle, da ich die Erde sah? Oder glaubte ich sie nur zu sehen, weil ich Paradiese ahne? O Fräulein, grenzenlos ist – was ist grenzenlos? Ist es die Welt und ich nur ein Spiegel, oder bin ich es und die Welt nur ein Schatten?«

»Der Abend ist wirklich –«, sagte sie, »spüren Sie's nicht?«

Er blieb stehen.

»Wir sind zu sehr im Bannkreis unseres eigenen Lebens. Doch öffnen wir uns – bald sind wir durchzuckt von Strahlen tausend fremder Leben, und der Schatten jedes Schicksals fällt in uns!«

Er schwieg und dachte nach, dann sprach er weiter:

»Ich sah einmal in Venedig ein älteres Mädchen, das Blumen verkaufte; seine Kleidung war die eines Mädchens aus dem Volk, doch ihr Gang und Haltung dic einer großen Dame und ihr Blick voll unsäglicher Trauer, die ihr Leben, eine Kette der Enttäuschungen, Erniedrigungen und des Kummers, ihren Augen nun für immer eingeprägt haben mochte. Welch nagende Erinnerung! Ich dachte, ihr Gesicht für einen Augenblick erhellen zu können, wenn ich ihr für die zwei Nelken, die ich ihrem Korb entnommen hatte, mehr Geld, als man sonst für zwei Nelken zu zahlen pflegt, schenken würde. Ich wurde belohnt für dieses barbarische Gefühl: sie schien meine Absicht erraten zu haben, ihr Mund verzog sich: ›Zu viel!‹ sagte sie, gab mir zurück, und mit einem Blick der tiefsten und verzweifeltesten Verachtung wandte sie sich von mir. Welches war ihr Schicksal? Welches war ihre Trauer? Wer kann sie lösen? Ewig bleibt dieser Blick und die Bewegungen ihrer zitternden Hände, und ihr Schicksal steht auf derselben Erde wie meines! Gemeinsame Heimat ist sie uns und mein Nachbar leidet und weint!«

Er hatte sich aufgerichtet und den Kopf erhoben; die müde und erstarrte Qual in ihm war nun tönend und lebendig geworden. – Nachdem er lange sich hatte ahnen lassen, war plötzlich nun der Abend da, schnell wurde alles dunkler und auch die letzten Menschen verschwanden. Das Mädchen war mit ernstem Gesicht dagestanden und hatte ihm zugehört; nur manchmal sah sie, wenn er weggewendet war, schüchtern und ein wenig ängstlich mit verstohlenem Blick auf ihre Uhr.

Immer mehr zum Wort und Aufschrei erwachend, sprach er mit wachsender Leidenschaft weiter:

»Ach, der Schrei jener Frau: ›Wo ist mein Sohn?‹, das Wimmern der Geprügelten, ach, das Klagen jenes Greises! Das Bild, als jener Bettler zusammenbrach und, als er starb, jene suchende Bewegung nach einem Menschen und dann den letzten, verzweifelten, schon halb gebrochenen Blick, weil er gerade diesen nicht gefunden hatte!«

Er bedeckte das Gesicht mit seinen zitternden Händen.

»Oh, wären dies alles nur Gedanken! Wären es nur Bilder meiner Phantasie, wir müßten sie beweinen! Doch es sind Wirklichkeiten in der Menschen einzigem Leben, in dem sie die Welt, in dem sie Gott erfahren, in dem sie das Glück, auf dieser Erde da zu sein, erfahren sollen! Zu schmerzerfüllt ist ihre Laufbahn und selbst der Augenblick der Trennung noch ein Schmerz!

Es gibt Menschen, die einander lieben und verfeindet sind. Warum erscheint nicht ein unsichtbares Gespenst, um das versöhnende Wort zu sagen, daß jeder glauben müßte, der andere hätte es gesagt? Doch sie schleppen sich, schleppen sich weiter! Wahrlich, wir glauben an Wunder, denn wir denken sie und erwarten sie stündlich, doch hier stehe ich und schreie: warum erscheinen sie nicht? Wahrlich, wir glauben an Gesetze, denn wir sehen sie, doch hier stehe ich und schreie: welcher blutrünstige Gott hat sie geschrieben? Hilft ein Gebet, so will ich beten für alle Menschen, die auf dieser selben Erde sind! Hier stehe ich und bin bereit, zu beten –!«

Von den Wellen hingetrieben, schlug von Zeit zu Zeit ein Kahn an den jenseitigen Uferrand; ein leiser Ton, gleichsam nur der Schatten eines Tones, hallte herüber. Es war dunkel. Er stand nun da, die Arme gebreitet und den Kopf zurückgeworfen; er hatte schnell und lebhaft gesprochen und – man sah es ihm an – er hatte gern gesprochen. Was zu seiner Qual in ihn geströmt war, schien ihm nun auch zu seiner Erlösung zu entströmen. Das Mädchen war dem anderen Ufer zugewandt, an dem nur ungewiß die Umrisse mancher Äste zu erkennen waren. Die Züge ihres Gesichtes schienen sich vertieft zu haben, ihr Blick, nirgendwohin sehend, war ernst und nachdenklich, dieser Blick, der immer nach derselben Richtung sah, ja, auf denselben Punkt in der Luft, geradezu ein wenig neugierig, als hätte sich dort, wohin sie sah, eine Tür geöffnet, hinter der sich ihr neue, fremdartige und unerhörte Dinge zeigten.

Nachdem er eine Weile so gestanden war, atmete er tief und befreit auf und ließ die Arme sinken; und wieder nach einer Weile der Stille wandte er sich langsam ihr zu. Er sah sie traurig an:

»Und Sie, ach armes Fräulein, Sie stehen hier – und haben Sie mir denn wirklich zugehört?«

»O doch. Gewiß!«

Er glitt mit seinem Blick ihre Gestalt entlang, versuchte in ihr Gesicht zu sehen, und wehmütig und freundlich lächelte er ihr zu. Er schien erleichtert; sich ans Geländer lehnend, sah er in die Nacht.

»So stehen wir da und wissen manches«, sagte er, »und können doch den Tod nicht bannen und nicht die Tränen hemmen und dem Leid nicht sagen: geh von hier! und der Welt nicht sagen: Welt, sei anders! und können nur offen sein, daß wir von allem wissen, und bereit sein, daß alles in uns strömen kann. So stehe die Seele da, daß sie empfange, was des Weges kommt! Ja, so sei es! Ja, so sei es!«

Er lehnte den Oberkörper zurück und streckte sich, doch dann stützte er sich nochmals aufs Gitter und, ins Wasser sehend, sprach er wie aus dem Traum:

»Ach, es wird noch Stunden geben – o Gott! – o Fräulein!

Als ich einmal liebte, saß ich stundenlang beim Fenster und tausend Bilder der Geliebten glitten an mir vorbei; ich sah sie in dieser und jener Haltung, dies und jenes tuend, dies und jenes sagend; immer unendlich liebenswert, doch als ich erwachte, da durchzuckte es mich, daß außerhalb meines Kopfes dies alles noch eine andere Wirklichkeit hat! Daß ihr Körper wirklich ist und atmet! Daß nun ihr Mund irgendwie geformt ist, um ein Wort zu sagen, ihre Hand irgendwie gestellt, um etwas zu tun, daß jene Linie ihrer Hand, dieser Ton der Stimme, der mir in meiner Phantasie durch Mark und Bein gegangen war, daß jenes Löckchen in ihrem Nacken wirklich ist, und daß manches, das ich träumte, wirklich, wirklich in Erfüllung gehen kann, nicht nur wieder im Traum, nein, in tatsächlicher Wirklichkeit – als mich dies alles durchzuckte! O Fräulein, es ist doch ein großer Unterschied zwischen Traum und Wirklichkeit – ! – Als meine Mutter starb und ich, an ihrem Bette stehend, auf sie niedersah, da verwandelten sich vor meinem Blick die Kissen und Decken in einen Garten mit blühenden Hyazinthenbeeten und kleinen Bäumchen, auf denen die Vögel saßen und sangen; und darüber der blaue Himmel; und als ich den Blick erhob, da erweiterte sich vor mir dieser kleine Garten zu einer unendlichen Landschaft. –« Seine Stimme verhallte; er schwieg und sah ins Wasser; doch plötzlich warf er leidenschaftlich den Kopf zurück, dehnte und streckte alle Glieder und strich mit beiden Händen über die Stirne, dann weiter über den Kopf bis in den Nacken und breitete dann, während tiefes Stöhnen sich seiner Brust entrang, die Arme aus. So blieb er eine Weile, plötzlich sah er um sich, er zuckte zusammen und hastig schloß er, fröstelnd, den Rock.

»Es ist kalt geworden«, sagte er.

»Ja«, erwiderte sie, »es ist kühl.«

»Und, o Gott!« rief er in lebhaftem Schrecken, »Sie haben keine Jacke! Gehen Sie nach Hause! Schnell gehen Sie nach Hause!«

»Ja, ich werde gehen.«

Und beide schwiegen, als wartete jeder auf des anderen Worte.

»Vielleicht sind wir nur da«, sagte er, »um im Gefühl eines solchen Erdbebens unseres Inneren Mittelpunkt der Welt zu werden, Brennpunkt und Mündung aller Schicksale. Wahrlich: heute glaubte ich es zu sein! heute habe ich es gefühlt! – doch gehen Sie nach Hause, Sie werden sich erkälten!«

Er reichte ihr die Hand und sie erfaßte sie. Sie versuchten, einander anzusehen. Sein Kopf war leicht geneigt und dankbar sah er sie an.

»Und heute abends«, sagte er lächelnd, »heute abends werde ich vielleicht ein Gedicht an Sie richten.«

Sie nickte ihm zu.

»Ja«, sagte sie, »tun Sie das! und dann ist alles wieder gut!«

Noch einmal drückten sie einander die Hände und nickten schnell einander zu; dann wandte sie sich und ging. Er blieb auf seinem Platz und sah ihr nach, doch allmählich drehte auch er sich um und mit gesenktem Kopf ging er davon. Sie blieb stehen, wandte sich und verfolgte seine Schritte, doch dann ging sie weiter; er hemmte nochmals seinen Gang, blickte zurück und sah ihr nach, dann setzte auch er seinen Weg fort, und sie gingen ihres Weges weiter, nach Hause, dem unendlichen Ozean ihrer Zukunft entgegen, ihrem Dasein in einer Welt, in der das Irdische – heute begriffen sie es – nur ein Schatten, deren Begrenzung jeder Art nichts sein konnte, als ein trügerischer Schein, und deren wahres Wesen die Unendlichkeit des menschlichen Gefühles war, und wäre diese Unendlichkeit auch nur eingefangen in einer einzigen Abendstunde. –

RUDOLF FUCHS

Ketten

Imbre Kral war Vorstand in einer Fabrik auf dem Lande. Sein Tagwerk war streng gemessen. Zeitig stand er auf, während die Frau noch schlief, bereitete selbst sein Frühstück und ging dann eine Strecke mit dem Hunde übers Feld. Täglich zur selben Stunde verließ er die Pforte.

Unterwegs richtete er seine Gedanken auf die Arbeit, sah vor sich den Tisch bis ins kleinste und bedachte alle Anordnungen. Auch fügte er dies und jenes seinem Weltbild ein, rechtete mit den Großen der Erde und prüfte sich.

Wenn die Stunden, die er im Beruf verbrachte, einander nicht so dicht gedrängt hätten, würde der andere Imbre, der in den Lüften wohnt, dem Imbre im Staube leichter beigestanden haben. So geschah es nur selten, daß dieser Imbre Kral in sich erschauerte, wenn er abends auf dem Heimweg an der Kapelle vorüberging, die von einem mild seligen Licht erhellt war.

Mascha kam ihm entgegen. Sie nahmen gemeinsam die Mahlzeiten ein. Er sah auf ihre traurigen Züge, die der Verzicht so bleich veredelt hatte. Eine Welle der Rührung stieg auf in ihm. »Mascha«, sagte er da voll Harm, »welch ein elendes, verschüttetes Leben führst du hier! Ich habe dich aus deiner Heimat verpflanzt, deinen Schwestern dich entführt – o Gott, wäre ich doch nicht so erloschen und erbärmlich! Und du hörst mir zu und sagst mir nicht, daß ich nicht einmal imstande bin, wahrhaftig zu sein, daß, wenn der Knecht zu seinem Pferde redet, es echter ist als alle meine Worte – und du beklagst dich nicht, meine gute Freundin?«

»Imbre«, sprach sie darauf, »verzeih mir. Ich bin schlecht. Empfange dich da mit einer Kummermiene. Und er hat sich den ganzen Tag geplagt, mein Imbre. Höre, deine Papiere

erwarten dich. – Immer, wenn ich an einem Spiegel vorüberkomme, wünsche ich mir ein viel fröhlicheres Gesicht.«

»Und ich«, rief Imbre, »ich wünsche mir Zeit, nur Zeit, dann wäre alles gut.«

Seit diesem Abend pflegte er mit seiner Frau zumindest die Feiertage in der Stadt zu verbringen. Hier hörte er von einem Manne, der in dunklen Künsten zu Hause war. Allnächtlich säumten viele Gäste in seinen Räumen. Es kostete Imbre einige Mühe, aber endlich sah er sich ihm gegenüber. Der Meister war klein von Wuchs, grau, hatte ein rotes Kinn, eine kräftige Nase und große, flackernde Augen. Ringsum ging es lebhaft zu. »Auf ein Wort, Herr Professor«, bat Imbre und zog den Alten abseits. »Das Wort?« fragte dieser gespannt. »Zeit«, versetzte Imbre.

Und nun, auf Geheiß des Alten, vergrub Imbre zwei Finger der Rechten, als wollte er schwören, unter seiner Sonntagsweste und fing mit den Fingerspitzen den eigenen Herzschlag auf. Da war er mit einemmal in einem riesenhaften Museum, wo auf endlos langen Regalen Uhren standen, jede unter einem Glassturz. Imbre sah die Uhren an. Sie bestanden aus vielen Blättchen, wie die Seiten eines ausgespreizten Buches. Wenn eine Stunde ablief, wurde ein Blättchen vorbeigerafft. Jedes trug eine Ziffer. Mitten im Anschaun einer Uhr schwirrten plötzlich alle Blättchen derselben im Nu vorüber. Imbre war erschrocken. Ein alter Mann in Veteranenuniform eilte herbei, hob die Uhr vom Regal, nahm den Glassturz ab und begann in sein Notizbuch pflichteifrig Eintragungen zu machen. »Zadik Ypsilanti –«, sagte er dabei silbenweise, »– plötzlich.« Nun erst schien er Imbre zu bemerken und sah ihn fragend an. »Ich wollte Sie bitten«, sagte dieser, »mir solch ein Blättchen zu lassen.« – »Leider«, versetzte der Veteran achselzuckend, »ist uns dies strengstens verboten.« – »Auch dann?« erwiderte Imbre und löste aus seinen Manschetten die Knöpfe von Perlmutter. Der Veteran bückte sich mit verbindlichem Lächeln, zog ein Blättchen aus dem toten Werk, tauschte es vorsichtig Hand in

Hand gegen die Knöpfe, nahm verlegen die Kappe ab und murmelte errötend: »Belieben Sie bald wiederzukommen. Bald wieder, mein Herr.«

Nachts noch reiste Imbre mit seiner Frau zurück. Zur gewohnten Stunde stand er am nächsten Tage auf, er dachte alles nur geträumt zu haben. In seiner Tasche fand er jedoch zu seinem Erstaunen das Billett, mit einer hohen Ziffer, worunter ein Spruch zu lesen war: Jedem sein Teil – Hüte dein Heil. Eine sonderbare Spur, dachte Imbre. Aber ohne länger zu verweilen, trat er in den glänzenden Morgen hinaus. Der Zaun warf scharfen Schatten über den blendenden Weg, ein weißer Hund blinzelte in der Sonne, beim offenen Fenster schrie ein Kind beim Kämmen, im üppigen Garten des Tischlers lag über zwei nackten Stühlen mit harten, ewigen Formen ein frischer Sarg. Der Postbote grüßte und brachte ihm eine Karte. Aus Stralsund. Ein Freund auf der Hochzeitsreise. Wie geht es doch –? Stralsund – – und wäre es mit Ketten an den Himmel geschmiedet. Unweit erblickte er den Magazineur und eilte ihm nach. »Guten Morgen, Wallenstein!« rief er ihn an. »Guten Morgen«, dankte jener, »aber ich heiße Friedländer. Warum nennen Sie mich anders?« – »Es ist wegen der Ketten«, erwiderte Imbre lachend.

Es war eine unruhvolle Zeit. In den Städten wurde die Purpurfahne neuer Propheten herumgetragen. Überall rottete sich Volk zusammen. Draußen in der Fabrik schien alles ruhig bleiben zu wollen. Aber am späten Nachmittag, als Imbre allein in seinem Zimmer saß und schrieb, trat plötzlich eine Arbeiterkolonne wuchtig bei ihm ein. »Genosse!« sprach einer mit Festigkeit, »wir kämpfen gegen die Unterdrückung! Wir proklamieren das neue Recht! Genug. Wir fordern Sie auf, die Arbeit zu verlassen.« Imbre hatte sich erhoben. Ihm war sehr feierlich zumute. Aber er verstand nicht zu reden. »Ich bin der eure«, sagte er bloß, nahm seinen Hut und schritt aufrecht aus dem Zimmer. Hinter ihm verließen sie den Raum. Wache blieb zurück.

Frau Mascha war erfreut, Imbre eine gute Stunde früher als sonst nach Hause kommen zu sehen. Ihm tat das Licht wohl. Aller Ernst war von ihm gewichen. »O schöne Stunde zur rechten Zeit«, rief er, »wie wohl das tut! Du verstehst mich wohl nicht, gute Mascha. Wäre ich allezeit frei – vielleicht wär's gut, ich weiß es nicht. Aber diese kleine Stunde der Freiheit ist so schön, wie eine Seerose, die man, kurzstielig, ein Kind, aus gefährlicher Tiefe riß.«

Das Haupt in ihren Schoß gebettet, gondelte er auf der unendlichen Fläche der goldenen Abendstunden. Er holte selbst eine Flasche Wein. Am Abend saß Mascha beim Klavier, und Imbre sang mit ihr den Choral: Auserwählt, ja auserwählt – bist du mein Geist, durch Gott gestählt – durch Gott gestählt für alle Zeit – und auserwählt in Ewigkeit.

Er ging spät zu Bett. Unter seinen Augenlidern brannte immerwährend ein Gefühl von Tränen. Endlich schlummerte er ein. Da weckten ihn wuchtige Schritte. Arbeiter standen da. »Genosse«, sagte einer zu ihm, »wir zerbrechen die Zeit, wir zerhauen die Ketten, die Hände bluten, unser Schädel raucht – und Sie pflücken Seerosen?!« – »Hier ist sie«, antwortete Imbre matt, »ich pflückte sie ohne Gefahr.« – »Die Gefahr kommt nachher«, rief der andere, während eine Reihe, das Gewehr fertig, vortrat. »Wohlan, Sie müssen sterben!«

Auf den Todesschrei, der Imbre im Entsetzen entfuhr, war Mascha herbeigeeilt. Sie fand ihn mit weit aufgerissenen Augen im Bett. »Imbre, mein Freund«, sagte sie, »du hast bös geträumt. Was ist es denn?« Er kam zu sich, und Tränen rannen über seine Wangen. Mascha tat das Fenster auf, draußen schlug es Mitternacht leise im Dorf, der Himmel schwamm in Frieden. »Ich verspreche dir«, sagte Imbre, »daß ich mich nicht mehr fürchten werde. Nein, ich fürchte nichts mehr.«

Mascha blieb an seinem Bett, bis er wieder eingeschlummert war. Kaum hatte sie sich entfernt, stand die Rotte wieder vor ihm. »Ich bin der Direktor Zadik Ypsilanti«, schrie er aus vollem Halse, »geben Sie die Hand gleich aus der Hosentasche!« – »Fertig!« befahl der Führer – und lautlos getroffen sank Imbre zurück.

Nach Atem ringend, barfüßig rannte Mascha morgens um den Arzt. Zu spät. Der Tod war gegen die erste Stunde eingetreten.

FRANZ WERFEL

Blasphemie eines Irren

Immer nur weiterspaziert, meine Herren, immer nur herein. Bitte kommen Sie alle! Ich erschrecke, Sie erscheinen alle schwarz im Staatsrock, und ich muß Sie hier in meinem engen Schlafzimmer empfangen. Auch bemerke ich zu meiner Beschämung, daß nicht genügend Stühle vorhanden sind. Ich bitte aber immerhin, es sich so bequem zu machen, als möglich. Wir könnten ja auch nebenan in mein Wohnzimmer gehn. Doch wird es besser sein, wir bleiben hier. Ich weiß nicht, ob der Tisch schon abgeräumt ist. Ich pflege nämlich in jenem Nebenzimmer meine allabendliche Kalbskotelette zu mir zu nehmen, die mir von meiner Wirtin um acht Uhr serviert wird. Das dürfte Sie aber nicht interessieren, obgleich diese Tatsache der Gegenstand eines nicht geringen Kummers für mich ist. Außerdem – aber vielleicht nehmen doch einige Herren auf dem Bette Platz! – außerdem ist in jenem Wohnzimmer der Raum durch meine wissenschaftliche Sammlung beschränkt. Sie fragen, was das für eine Sammlung ist? Ich will Ihnen gern später dienen, meine Herren! Vorerst – ach ich bin sehr unglücklich, daß ich an Ihnen zweifeln muß – vorerst – wie soll ich mich nur ausdrücken – müssen wir über einen sehr wichtigen Punkt miteinander ins reine kommen. Sie sehen in mir, und schließlich besuchen Sie mich ja darum, kurz und gut, Sie sehen in mir – Gott den Herrn. Übrigens bitte ich, ja keine Umstände zu machen und mich, wie Sie's ja untereinander tun, gut bürgerlich ohne weiteren Titel Herr Gott zu nennen. Was mich augenblicklich, und nicht nur augenblicklich, so sehr deprimiert, ist der Zweifel, die Ungewißheit, die Vermutung, daß Sie an der Wahrheit meiner Worte zweifeln. Meine Herren, ich bitte Sie inständigst, glauben Sie an mich. Ich bitte damit um nichts anderes, als um den Respekt vor ihrer eigenen

MOPP·

Schwäche, die ich mit Ihnen zu teilen die Ehre habe. Versetzen Sie sich doch nur in eine ähnliche Lage. Denken Sie, man würde Ihnen nicht glauben, daß Sie das sind, als was Sie scheinen wollen. Man würde Ihnen nicht glauben, daß Sie ein vortrefflicher Arzt, gütiger Mensch, aufopfernder Vater wären? Ich frage Sie, was wären Sie, wenn man Ihnen ins Gesicht die sympathischen Eigenschaften Ihres Charakters nicht glaubte? Sie würden zum Narren. Und, meine Herren, prüfen Sie sich bitte, ob Sie die ungewöhnliche Seelenstärke besäßen, ein Narr zu sein. Ich verweise Sie auf das Evangelium Matthäi, wo in einem Kapitel den niedrigsten Sündern Gnade in Aussicht gestellt und folgender Satz ausgesprochen wird: »Wer aber zu seinem Bruder sagt, du Narr, sei des höllischen Feuers schuldig.« Wir wissen, meine ausgezeichneten Freunde, wohl alle nicht, was wir in Wahrheit sind, aber wir müssen Achtung vor unserer Erscheinung verlangen. Ich für meinen Teil kann nichts schwerer ertragen als den fehlenden Glauben an mich. Ebenso und nicht anders als Sie! Doch bin ich noch unvorteilhafter daran. Wenn einer von Ihnen es nicht aushält, ein Narr zu sein, so bleibt ihm der Selbstmord übrig, den ich anzuwenden außerstande bin. Also nochmals, meine Herren, bitte ich Sie flehentlich zu glauben, daß ich Gott bin.

Sie wundern sich vielleicht über mein Auftreten. In früheren Jahren allerdings hatte ich eine gewisse rhetorische Energie. Ich bedrohte die Ungläubigen mit Pest und Fluch bis ins vierte Geschlecht. Aber verzeihen Sie, wenn ich mich erdreiste, einer so geistreichen Gesellschaft mit einem vielleicht zu einfältigen Rat zu kommen. Lassen Sie sich niemals von dem scheinbaren Selbstbewußtsein hinreißen, das immer einer Beleidigung folgt. Schlagen Sie nicht auf den Tisch, und hüten Sie sich auszurufen: »Die Sache muß anders werden.« Ich mache Sie darauf aufmerksam, daß die Dichter dann gewöhnlich ihr Exegi monumentum dichten, wenn sie eine abfällige Rezension über sich gelesen haben, und ihr im Grunde recht geben.

Glauben Sie mir, der ich in dieser Beziehung einige Erfahrung besitze: Je weniger wir von unserem Dasein überzeugt sind, um so mehr wollen wir unser Dasein durch eine sonore Stimme beweisen. Jetzt wo ich aufrichtig von meinem Dasein überzeugt bin, bitte ich – hören Sie, meine Herren –, bitte ich zu glauben, daß ich bin und daß ich der bin, der ich bin. Meine Aufrichtigkeit müssen Sie darin sehen, daß ich das Geständnis meiner Schwäche Ihnen nicht vorenthalte und daß ich mich zu meinen Fehlern bekenne.

Ich habe eine große Schuld auf mich geladen, ohne Zweifel eine große Schuld. Ach nein, nicht die, die Sie meinen. Eine andere. Ich habe nämlich mein Offenbarungswerk, die zehn Gebote, mit dem Worte Ich begonnen. In der Tat, ein böses Beispiel, und ich kann viele Nächte darum nicht schlafen. Ich zu sagen ist immer ein Versprechen, das man nicht halten kann. Wer sich verspricht, hat sich schon versprochen. Wer dieses Wort ohne einen gewissen rheumatischen Schmerz sagt, weiß noch nichts. Ich habe schmerzlich erkannt, daß ich ein Individuum bin, ein Individualist! Hören Sie: Indivi-Dualist. Pfui, diese Sprache! Glauben Sie ja nicht, daß sie niemals und nirgends, daß sie mystisch entstanden ist. Sie stammt immer von Autoren her, von zweideutigen Schuften. Hören Sie nur, wie sie sich über uns auf lateinisch lustig machen. Sie sagen: »Unteilbar und zwiefach« in einem Wort.

Aber was ist denn? Sie haben es sich ja noch immer nicht bequem gemacht? Ich sehe wirklich, es ist sehr eng hier. Auch rede ich immer allein. Wie unhöflich ist das. Ich schäme mich tatsächlich, daß ich Sie so empfangen muß; doch bitte ich, auf keinen Fall irgendwelchen Gerüchten Glauben zu schenken, zum Beispiel, daß das Haus, in dem wir uns befinden, ein Irrenhaus sei. Die Welt ein Irrenhaus zu nennen, ist eine alte, schon recht triviale Sentenz. Wir befinden uns einfach hier in einem Miethaus, Sidoniengasse 68, in einem Garçonlogis, in einer Zwei-Zimmer-Wohnung. Soll ich zum Beweis meine Wirtin rufen, dieselbe, die mir jeden

Abend meine Kalbskotelette bringt? Aber Sie würden sie ja nicht anerkennen. Sie haben Augen und wollen nicht sehen, und haben Ohren und wollen nicht hören. Ich könnte Sie ja in das Nebenzimmer führen, aber ich will es lieber unterlassen, aus Angst, meine Herren, ich gestehe es, aus Angst, meine Sammlung könnte durch Ihre Anwesenheit irgend Schaden nehmen. Welche Sammlung? Soll ich Ihnen mein Herzensgeständnis preisgeben? Ja, meine Freunde, ich bin Sammler. Gott ist ein Sammler. Und ich kann sagen, meine Sammlung ist bis auf einige fehlende Stücke vollkommen. Ah, wie Sie neugierig sind! Was wollen Sie wissen? Mineraloge? Philatelist? Autographensammler? Nein, das alles bin ich nicht. Ich bin Musiker, meine Herren, das heißt: weder schaffender noch reproduzierender Musiker. Ein Musiker auf meine Art. Ich besitze hier nebenan eine vollständige Sammlung aller Musikinstrumente, die es gegeben hat. Nicht nur die Musikinstrumente dieser Ewigkeit, nein, auch die Musikinstrumente der letzten und vorletzten Ewigkeit! Unter den jüngeren Stücken zum Beispiel das gesamte Orchester des Salomonischen Tempels, makellose Euphone und Harfen. Doch will ich Sie nicht mit irgendwelchen Fachlichkeiten langweilen.

Sie wollen das Museum sehen? Nein, nein, das geht nicht an! Es könnte leicht an einer Geige eine kunstvoll gestimmte Saite reißen, und dann, fürchte ich, ist meine Kotelette noch nicht abgeräumt. Aber wenn Sie wollen, gehe ich dann gerne mit Ihnen in ein Café oder zu irgendeinem Stammtisch. Ich sitze leidenschaftlich gern an solchen Orten. Ich gehe unbedingt mit Ihnen. Man flüstert, daß hier in einem Lokal dieser Stadt ein blutiger Feldherr, der den Tod von einigen Hunderttausend am Gewissen hat, jeden Abend unter Gelächter und Scherzen, ja sogar mit Ernst Skat zu spielen liebt. Ich bitte, führen Sie mich dahin. Aber aber ich sehe, ich halte Sie mit unziemenden Dingen auf. Wenn man sehr lange einsam war, so hört man seine Stimme gerne, das ist verzeihlich. Sie treten von einem Fuß auf den andern. Sie flüstern paarweise. Ich bin nicht böse darüber, nein, gewiß nicht. Man besucht doch Gott nur um einer Offenbarung willen. Ich will Ihnen viel verraten, ich will kein Geheimnis machen. Was hat der Herr dort für ein Instrument in der Hand? Ein Maß? Sie wollen den Umfang meines Hauptes messen. Gut, mein Freund! Ich kränke mich nicht, ich lächle nur. Aber gedulden Sie sich noch ein wenig damit.

Erstaunen Sie über mich. Ich bin nicht allmächtig aber langmütig. – Ich will mich Ihnen offenbaren, ich bin des Dunkels müde und trete vor Sie hin, ohne Wolke und Sinai, hier in meinem Schlafzimmer. Ja, sehen Sie mich nur in diesem Augenblick an, da ich vor Ihnen geständig werde, denn das Gefühl, Ihr Dasein, meine Besten, verschuldet zu haben, drückt mich beständig. Ich bin nicht allmächtig, wenn ich das jemals behauptet haben sollte, so ist das eine Lüge. Es geht mir nicht anders, als jedem Oberhaupt einer bureaukratischen Monarchie. Ich habe Vorgesetzte, und diese Vorgesetzten haben wieder Vorgesetzte in infinitum. Gleich bei Ihrem Erscheinen habe ich bemerkt, daß Sie mich versuchen wollen, und von mir Wunder verlangen werden. Aber ein für allemal, das ist unmöglich. Die von mir eingesetzten Naturgesetze sind Polizeiorgane, die unerbittlich aufpassen, daß die öffentliche Ruhe nicht gestört wird. Und ich frage Sie: Wer darf eher einen Einbruch begehen, der Landstreicher oder der Kaiser? Sie, meine Herren, als Mittelstand dürfen Zauberei eher treiben als ich. Doch nichts mehr davon. Ich will Ihnen – warum beliebt der Herr dort auf die Uhr zu sehen? – ich will Ihnen jetzt das Wort sagen, von dem aus Sie die Theologie erneuern werden.

Die Gottheit mißt die Zeit von einem Kreuzestod zum anderen. Auch ich bin, wie alle meine Vorgänger am Kreuze gestorben. Das Kreuz ist die Prüfung der Götter. Noch keiner hat sie bestanden. Hätte ich sie bestanden, dann – – dann wären wir alle erlöst. Auch ich habe die verhängnisvollen Worte am Kreuze gesprochen, die Sie sehr wohl kennen und die da lauten: »Mein Gott, warum hast du mich verlas-

Ich = Einheit des Bewusstseins, Kohärenz

sen?« Was halten Sie für die Ursache dieser Worte? Reden Sie!

Den Schmerz der Wunden?

Ach, wie klein war dieser Schmerz?

Den Zweifel an der Gotteskindschaft?

Fehlgeraten! Den Zweifel am Erfolg des Werkes? Nein, nein! Viel weltlicher noch, viel menschlicher, staubiger ist diese Ursache.

Hören Sie, wovon die Erlösung abhing: Vor dem allerschmerzlichsten Augenblick meiner Ewigkeit, ebendem, da ich diese traurigen Worte sprach, erlebte ich den allersüßesten Augenblick meiner Ewigkeit. Ach, ich dachte eine ganz geringe Spanne lang, eine ganz kleine Weile lang – an die Tränen, die meinem Tode fließen werden, an die Verehrung, an den Beifall ... und als mir diese Empfindung bewußt wurde, war es mit der Erlösung vorbei, und ich sprach zu mir: »Mein Gott, warum hast du mich verlassen?«

Nun wissen Sie es. Weil ich gestrauchelt bin, sind Sie und ich noch da. Denn im Augenblick der ersten reinen Liebe wird die Welt nicht mehr da sein. Es gibt eben nur eine Erlösung von der Welt, die habe ich Ihnen und mir verscherzt. Was sagen Sie? Bessere Welt, Jenseits, Paradies.

Ach, welche unsympathischen Gedanken! Ich weiß von jener guten Welt nichts! Wie könnte auch jene gute Welt wirklich gut sein, wenn sie außerhalb einer schlechten Welt existierte (wo Kinder in Fabriken arbeiten müssen) und sich in ihrer Güte mit ihrem Wohlleben zufriedengebe. Ich habe dieses Paradies immer gehaßt. Einmal versuchte ich sogar ein Couplet zu verfassen; aber ich bin so wenig begabt, so entstanden nur zwei Zeilen davon:

»Paradies, du Sommerfrische
Für die Müden der Saison.«

Jetzt nennen Sie mich einen Feind des Lebens! Das ist zuviel, das ist nicht wahr! Ich bin ja bloß ein Melancholiker, ein Verzweifelter, ein Opfer reinlicher Konsequenzen. Meine Herren, Sie werfen sich in die Brust, Sie fühlen sich überlegen, was muß ich hören, was sagen Sie, mein Lieber, da? Was? Das kommt alles davon, weil ich keinen weißen Bart mehr trage. Ich hätte keinen sittlichen Halt, sagen Sie, keinen Staatsbürgersinn, ich wäre kein rechter Preußenkönig, nicht der erste Diener meines Reiches ...

Ja, meine Herren, sehen Sie, sehen Sie, wie ich nur mit meinem Haupt nicke! Ich hielt mich immer für einen armen Sünder und habe Sie deshalb niemals gestraft, Sie halten mich aber für vollkommen und strafen mich täglich. Sie haben eine vollendete Strafe für mich ersonnen, den Staat, jawohl den Staat, meine Herren, der das Übereinkommen Ihres bösen Willens ist und der Kerker, in dem ich keine Luft habe. Luft, Luft, ich ersticke!

Aber ich sage nichts; es ist ja Ihr Recht, mich zu strafen, da ich doch ein armer Sünder bin. Nur dürfen Sie sich darüber nicht wundern, daß ich zu den Anarchisten gehe und zu den Verschwörern in den Kellern mich versammle.

Denn ich hasse, hasse, hasse, hasse, hasse, hasse die Gerechten. Wo ist denn meine Reitpeitsche, meine Reitpeitsche? Mir scheint, es ist ein Gerechter da! O du verfluchter Abraham, der du deinen Sohn opferst. Ich sehe, hier unter Ihnen gibt es einige, die in der Schule Vorzugsschüler waren! Wo ist denn meine Reitpeitsche?! Haben Sie, meine Herren, Ihre mathematischen Präparationen immer in Ordnung gehabt? Was? Konjugieren Sie mir schnell das unregelmäßige Verbum: τίϑημι! Bravo, Sie können es ja noch, Sie sind ein Vorzugsschüler, Sie sind ein Gerechter, Sie sind mein Feind. Ah! Wissen Sie, wie ich den Vorzugsschüler Moses gehaßt habe! Wo ist denn meine Reitpeitsche?! Welche Wonne, als ich ihm das gelobte Land zeigen konnte, das ich ihm verwehrte! Er hat immer seine Aufgaben in Ordnung gehabt, der große Mann! Nur einmal hat er einen Klecks gemacht.

Ich liebe die Sünder, ich liebe, liebe, liebe die Sünder, denn sie sind nicht böse. Nur die Sünder wissen von der

Freude! Und auch ich bin doch nur Gott, weil ich ein armer Sünder bin und mich gewaltig, gewaltig freuen kann. Die Guten haben alle böse Gesichter. Sie sind gut, meine Herren, Sie haben alle böse Gesichter. Wenn Sie lachen, ziehen Sie alle die Augenbrauen hinauf. Ein schlimmes Zeichen, denn das heißt Hohn. Gebenedeit seien die guten Mörder! Aber Sie, Sie kenne ich alle. Sie sind werktätige Arbeiter. Sie stehen im Ernst des Lebens! Ah! Wo habe ich meine Peitsche? Ja, Sie sind gerecht! Sie alle! Aber wahrlich ich sage euch, die Gerechten tun gute Werke und walten pflichttreu ihres Amtes täglich; doch am Abend gehen sie hin und bepissen den Abortsitz, nur um des Genusses ihrer Bosheit willen.

Ich bitte, fürchten Sie sich nicht, ich habe mich wieder beruhigt. Bitte, behalten Sie Platz. Sie sind Optimisten. Ich will Ihre heiligen Dogmen nicht umstürzen. Nur haben Sie sich im Zimmer geirrt. Nebenan, meine Herren, nebenan, zu der andern Persönlichkeit in diesem Hause wollten Sie.

Wissen Sie, was die Macht jenes andern ist? Er hat noch niemals eine Sünde begangen und wird auch niemals eine Sünde begehen. Bei ihm werden Sie sich guten Rats erholen ... ich kann Sie doch nur zu Sünden verführen. Sehen Sie dahin! Ich will Ihnen aber noch verraten, womit Sie ihm schmeicheln können. Er trägt einen hohen Orden, bemerken Sie es!

Mich aber wollen Sie bitte vergessen! Ich werde ins Nebenzimmer zu meiner Musik gehen. Denn die Musik, denken Sie, ist für mich die Erinnerung an die Welt, ehe sie noch war. Aber ich habe mein Gedächtnis verloren. Ich kann mich nicht erinnern. Ach, es ist schon so lange, daß mir meine Wirtsfrau das Abendmahl auf einer Blechschüssel bringt. – –

HANS JANOWITZ

Das zierliche Mädchen

Die Gassenbuben, mit denen sie vor zwei Jahren noch auf den Sandhaufen vor Bauten und an Zäunen gespielt hatte, – ihr Haar war damals offen und ihre Beine barfuß gewesen, – waren Handlanger geworden und wenn heute die Spielgefährtin in Gesellschaft junger Taglöhner an ihnen vorbeizog, so beachtete man einander kaum. Die verwegensten Burschen des Arbeiterviertels hatten sie indessen ihrer würdig befunden und keiner jener Jüngeren, die kürzlich noch knabenhaft das Mädchen geliebt und geprügelt hatten, durfte es wagen, die alte Bekanntschaft etwa wiederanzuknüpfen.

Wenn im Leben der schönen Sechzehnjährigen Manches anders geworden war, wie daß sie heute eine große Frisur mit einer Masche darin trug, und Schuhe und Strümpfe, so war sich doch das Eine gleich geblieben: die Gasse war heute wie einst der Schauplatz ihres Wirkens, ihrer Siege und ihrer Freuden, ihrer Erlebnisse und ihrer Fröhlichkeit. Ihr Gang, den die etwas verlängerten Röcke nicht um seine proletarische Grazie bringen konnten, hatte jene heimatliche Zuständigkeit, die nur den Straßenkindern zukommt, und wenn es galt, bei Kinematographenvorstellungen zurecht zu kommen, denen sich die Pforten des Theaters häufiger eröffneten als wandernden Schauspielertruppen, so lief das Mädchen mit dem ungehemmten Schritte des Kindes von einst, daß die Kleider nur so flogen, und man erkannte, daß es sich auf der Gasse völlig wie zuhause bewegte.

Was sich an ihr noch gleich geblieben war, war eine romantische Sucht, die aus ihrem Auge heute ebenso glänzte, wie einst aus dem der Elfjährigen, und die Befriedigung in einer Zirkusvorstellung, einem Kirchweihfest, einem Freikonzert, einer amerikanischen Schaukel, einem blendenden

Zauberkünstler, einer Vorstellung des Dilettantenvereines oder einer Theatertruppe gefunden hatte, später sich mehr auf Straßenumzüge, Missionspredigten, Feierlichkeiten, Versammlungen, am liebsten aber auf Demonstrationen mit Gesang, Geschrei und Fenstereinschlagen verlegte. Heute pflegte sie zwar mit gleicher Lust alle diese Gebiete, aber ihre Triebe gelangten eher in einer Nacht auf wilden Tanzböden zur Befriedigung, in Nachmittagen, die sie mit Strölchen in Straßengräben und nahen Wäldchen durchhurte, in Morgenstunden nach durchsoffener Nacht, im wackeligen Bette eines Taglöhnerquartiers. Und worin ihre Lust eigentlich gipfelte und ihre Abenteuersucht so recht die ersehnte Schranke fand, das waren Hiebe, Peitschenhiebe, Stockhiebe, die Schläge sehniger Fäuste.

Da sie also nach solchen Genüssen ging, hatte sie für Männer in guten Röcken nicht viel übrig. Sie trugen Handschuhe, wenn es kühler wurde, und weil sie ihr zarter schienen, als sie selbst, so achtete sie ihrer gering. Bloß wenn es galt, dringend Geld zu beschaffen, ging sie mit solch einem Herrn in ein Absteigequartier, wo er sich dann nicht genug an der Gleichgültigkeit, beinahe Passivität des Kindes, ergötzen konnte. – Einer war da, den sie schon von klein auf kannte. Wenn sie mit Gassenbuben auf Sandhaufen sich gewälzt hatte, im unsäglich schmutzigen Waschkleid, war er oft vorbeigegangen und etwas wie Neid war in seinen unverhohlen verliebten Blicken gewesen. Als er, der Sohn begüterter Eltern, in den Studienjahren nur die Ferien zuhause verbrachte, begegneten sie einander oft und verfolgten gegenseitig ihr Wachstum. Aus fremden Städten zurückgekehrt, traf er sie auch heuer wieder und erkannte, daß mit dem Mädchen in den letzten Wochen eine Veränderung vor sich gegangen war, die er sich wohl zu erklären wußte. Es achtete seiner kaum, die kindlichen Formen hatten Schwung erhalten und Gang und Linie wirkten irgendwie entzügelt. Täglich sprach sich in ihrem Gesicht mehr und mehr eine dirnenhafte Willigkeit aus. Manchmal, in Gesellschaft junger Burschen, lachte sie breit und höhnisch den vorbeigehenden Jüngling an. Sie begann sich schon etwas in den Hüften zu wiegen, die voller wurden, aber der Gang zeigte noch die einstige Grazie und der Blick jenen romantischen Glanz, der heute im Kinematographen und morgen in einem Peitschenhiebe landen wollte.

Die Traurigkeit und Vornehmheit des Jünglings hatte auch heuer für sie nichts Anziehendes. Sie lachte ihn aus. Und was seine Neigung zu ihr betraf, so bezog sie sich mehr auf den Reiz, der dem Dirnchen aus schlankeren und zurückhaltenderen Tagen geblieben war. Seine Erinnerung suchte in Gang und Gestalt der Vorbeigehenden nach den Zügen ihrer schönen Kindheit; und was sie fand, war ein rührender Rest, der seiner Neigung genügte und der imstande war, alles verschwinden zu machen, was an Gemeinheit, Unkeuschheit und allzubereiter Willigkeit hinzugekommen war. – Es war ein Sommer, der dem Orte und seinen Bädern viele Fremde zuführte. Die Parkkonzerte waren überfüllt, die jungen Leute unternahmen Ausflüge, einige Frauen hatten sich eingestellt, die Erholung und Unterhaltung forderten und sich ihrer Freiheit ausgiebiger freuten, als man es in solcher kleinen Stadt gewohnt ist. In den Uferanlagen gab es am Abend Zusammenkünfte und hier gingen die nett gekleideten Mädchen des Ortes, die als Brunnenbedienstete auf leichte Weise Herrenbekanntschaften machten, von Hand zu Hand. Das schöne Kind geriet anfangs an einen Konzertmeister, – die Burschen, mit denen es im Frühling Umgang gepflogen hatte, verschwanden in den Sommermonaten aus seinen Tagen, – passierte später einige Badegäste und blickte im Herbst, als die Heimischen wieder allein geblieben waren, auf eine bunte Saison zurück. Das Wechseln der Männer und Betten hatte sie noch im Blut und es kam wie von selbst, daß sie sich eines Abends mit dem Jüngling, der ungesellig die Zeit der sommerlichen Lebhaftigkeit verbracht hatte, in einem Hotelzimmer befand, welches ihr von früheren Besuchen wohl vertraut war. Solange das Volk um ihn die sinnliche Woge über sich hatte ergehen gelassen, die mit dem Fremdenandrang über die Stadt gewälzt kam, hatte er sich zu wahren gewußt und abgesondert gehalten. Nun bedurfte es keines Widerstandes mehr; als sich die erste Gelegenheit bot, sprach er das Mädchen an und brachte es ohne sonderliche Schwierigkeit dahin, daß es ihm ins Absteigequartier folgte. Und daß es diese Glieder waren, die ihn einst auf der Gasse maßlos betört hatten und die er jetzt genoß, machte ihn unsinnig selig. Er gedachte der Vielen nicht, die ihm vorangegangen waren, seine Fantasie überbrückte die Zeit und das Mädchen selbst erschien sich so, wie es vor Jahren gewesen war: Was der Jüngling umarmte, war ein kindlicher Engel.

Dieser Zusammenkunft folgte keine zweite. Wenn man sich traf, war es fast wie früher. Das Mädchen ging mit Burschen aus den Dörfern oder Fabriken und lachte den jungen Mann in seinen reinlichen Kleidern aus. Aber das Leben des Sommers, das in jener Nacht einen elegischen Abschluß gefunden hatte, ließ eine Leere in ihr zurück, welche keine Rauferei unter den Burschen um sie ausfüllen konnte.

Ein Zirkus kehrte im Städtchen ein und das Mädchen war, glänzenden Auges, das nach Wundern an Licht, Farben und waghalsigen Künsten ging, sein täglicher Gast. An manchen Abenden fror es schon und sie trug eine kurze Jacke, die Hände unter die weiße Schürze gewühlt. In Gesellschaft von Dirnen und Burschen ihresgleichen lehnte sie an der Barrière, warf den sammelnden Kindern, Tänzerinnen, Kunstreiterinnen, Turnerinnen, die sie um ihre Kostüme und Trickots beneidete, Kreuzer in die Teller, belachte den August und erhitzte sich an der Tollkühnheit eines Artisten, der als Monsieur Robert Reiterkunststücke vollführte und als Jim, der in allen fünf Erdteilen berühmte Seiltänzer, ein gefesseltes Mädchen über das gespannte Drahtseil trug.

An einem Abend wurde die Vorstellung abgesagt, weil es fror und ein geringer Besuch zu erwarten war. Mit einer

Freundin stand das Mädchen vor einem grünen Wagen bei jenem Monsieur Robert, der ein Halstuch, zuhälterisch gebunden, umhatte, und mit heiserer Stimme Zoten zum Besten gab. Von den Dorfmusikanten, die gekommen waren und wieder zurückgeschickt werden sollten, stand einer im Zelte und spielte auf seinem Waldhorn. Die Mädchen lachten unbändig über die Witze des Artisten. Aus einem nahen Wagen schlüpfte ein Kind, einen Knabenüberzieher über sein rotes Trickot geworfen. Als es an der Gruppe vorbeiwollte, griff der Kunstreiter es auf, zog es an sich, hielt es um die nackten Schultern, von denen der Rock zu Boden gerutscht war, und küßte es wild und lang auf die Kehle. Man erkannte, daß es ein kleines Mädchen war, das lächelte und kühl sich sträubte. Er ließ es los, da die Wagentür sich wieder öffnete, ein breites Weib darin erschien, ihn hexenhaft anschrie, mit harter, männlicher Stimme. Das Kind brachte seine Haare, das Köpfchen schüttelnd, in Ordnung, warf sich den Rock wieder um, ging ruhig dem Zelteingang zu und verschwand. Dann zog sich die Alte zurück, der Artist wischte sich den Mund ab und wandte seinen Blick funkelnd den Mädchen zu, die bebend lachten und sich boten. Der Waldhornspieler wiederholte emsig ein Stück, nach welchem dressierte Pferde sonst einen Schrittmarsch um die Manege gingen. Das Mädchen sah, daß es jetzt darauf ankam, die Freundin zu verdrängen. Es nahm eine erhöhte Grazie an, machte zur Musik einige Tanzschritte dem Zelte zu und begann sich mit wirbelndem Rock kindisch am Absatz zu drehen. Dann knickte es wie ermüdet ein und der Bursche trat an sie heran. Die Andere raste vor Angst und begann auch einen Tanz, warf sich mänadisch in den Hüften und lustige Blicke der Verzweiflung trafen den Artisten. Er nahm das arme Mädchen an seine Seite, faßte es um die Taille und sie sahen der Anderen zu. Spiel und Tanz brachen ab, der Bursche flüsterte der Erwählten ins Ohr, und sie gingen fort, ohne der Freundin zu achten, die sich giftig davonmachte.

Die Beiden gingen zur Stadt hinaus, über die Brücke, um die Überschwemmung zu sehen, die es seit kurzem gab. Rechts und links vom Straßendamm stand Wasser in weiter Fläche und die Ufer setzten bereits Eis an. Ein erhöhter Weg, der zu einem Dorfe führte, war trocken geblieben. Das Mädchen schlug vor, in das Gasthaus dort zu gehen. Wo der Weg schmal wurde, machte das Kind sich los und hüpfte voraus. Der Mond, von keiner Trübung bedeckt, erhellte zauberisch die Landschaft. Der Mann biß sich die Lippen und folgte dem Schatten des Mädchens. Es kam eine Stelle, wo es galt, einen Baumstamm zu passieren, den die Landleute hier als Steg benützten. Das Mädchen machte einige furchtsame Schritte, zauderte, glitt aus und sprang schnell zurück. Der Bursche fing die Schöne auf, nahm sie, wie bei seinem Drahtseilakte, über die Arme und trug sie langsam hinüber. Während dieser Minuten schrie ihre Seligkeit zum Himmel. Drüben ließen sie die starken Arme nicht mehr los, warfen sie auf die Böschung, die schon zur ersten Scheuer des Dorfes führte, und heiß atmete der Mann über ihr. Sie hielt ihn abwehrend umarmt, bis sie seine Zähne scharf auf ihrer Kehle fühlte. Da schrie sie auf und zappelte, stieß ihm die Faust zwischen die Brauen, wand und riß sich los, flüchtete, Tränen im Blick, mit Beinen, steif vor Entsetzen, dem Dorfe zu. Schwarz stand der Druck auf ihrer Kehle vor ihren Augen. Hinter ihr fauchte das Raubtier daher. Sie rannte gegen einen Zaun und sank wimmernd hin. Ein Hund schlug an. Nie war ein Augenblick jämmerlicher. Da warf es sich auch schon wie heiße Jagdgier auf sie, schleppte sie hinter die Scheuer, erlegte das Wild und weidete sich hündisch an der Vergehenden.

*

Als das Hochwasser gewichen war, fanden Soldaten, die am Morgen ausrückten, den Leichnam des zierlichen Mädchens. Den Schulkindern wurde erzählt, der böse Wassergeist habe es zu sich gezogen. Sie aber sagten unter einander, bei Nacht ginge ein wildes Tier um und morde Kinder; und die alten Weiber bestätigten es. Ein Bauer hatte in der Mordnacht auf der Landstraße einen taumelnden Teufel getroffen und sich bekreuzigt. Der Jüngling hatte am Fenster gelehnt und den Mondschein auf den Wassern bewundert.

Als er spät in der Nacht sein einsames Lager bezog, holte ihn wie von weit her ein ohnmächtiger Schlaf, und schmerzenden Kopfes, Tränen auf der Wange, fuhr er um die zweite Stunde auf. Er wußte nicht, was mit ihm vorgegangen war und wachte traurig bis zum Morgen. Als das Gerücht zu ihm drang, das liebe Mädchen sei jenem Untier zum Opfer gefallen, fühlte der Jüngling sich schwer von Wolken bedrängt. Schwach wie ein Blatt im Sturm bebte sein Inneres, hoch über ihm flutete großartig seine Seele, und ein Tränenregen ging nieder, der Sintflut gleich, alles ertränkend, daß nichts mehr sei.

Als die Flut gewichen war, fuhr das Grauen über den Rasen und er fror unter dem schrecklichen Winde. Aber dort, wo der Mordweg ihm auslief, am Orte der Untat, hatte Einer, für alle, erlösende Sühne geübt, und der Jüngling, für sich, das zierliche Mädchen bestattet.

FRANZ JANOWITZ

Der Virtuos

Eine psychologische Novelle

[...]tioniere ... Damals habe ich die Stücke noch nicht so tadellos in den Fingern gehabt, es erforderte meine ganze Aufmerksamkeit sollte alles glatt gehen ... Aber heute? Wenn ich das große Einmaleins noch treffen würde, könnte ich es während der appassionata aufsagen ... Und doch ist es vielleicht eine schreckliche Gewohnheit, daß ich fort nebenher laufe mit meinen Gedanken. Ich bin in einem solchen Augenblick zwei Seelen in einer Hülle. Ich möchte wissen, ob es andere Virtuosen auch tun? Aber was um Gottes Willen, soll man denn während seines Spieles denken ... Ja wenn ich noch hie und da Regiebemerkungen einfügen könnte, ... aber in meinem Theater klappt ja schon alles ... Ich werde mal ein wenig zuhören ... Jetzt kommen die Akkorde ... Warum ich sie nur so stachlicht sehe ... höchstwahrscheinlich, weil im Druck so viele Kreuze vor den Noten stehen. Ein aufgeschriebener Akkord von 5 oder 6 Tönen sieht wie eine Traube aus. Daß überhaupt einem Dichter noch nicht eingefallen ist, die Beeren einer Weintraube mit Notenköpfen zu vergleichen ... Man könnte in einem Herbstgedicht vom Vollakkord der Reife sprechen ... Schrecklich, schrecklich ... Das war knapp getroffen ... O, meine Dämone, ich lobe euch ... Jetzt muß ich wirklich vorsichtiger sein ... Jetzt kommt die Figur in der Linken, die gleich darauf die bekannte Melodie begleiten wird ... Der ganze Saal wartet auf sie, viele hören sie schon, manche wehren sich absichtlich dagegen, und übergeben sich desto süßerem Rausche, wenn sie kommt. Ich ordne das seelenruhig an ... von mir hängt es ab ... Diese Begleitfigur allein, jetzt, in der Linken gleicht einem wellenförmig gebogenen

Stabe ... immer ist eine Welle höher, die nächste tiefer und so geht es ins endlose ... auf dem Gipfel jedes Bogens aber ist ein goldenes Näpfchen ... Die Unterstützungspunkte für die Melodie ... die aber kommt heran, in Regenbogenfarben majestätisch durch die Lüfte schreitend, und stützt das Ebenmaß ihres Wunderbaues auf die goldenen Teller ... auf die hohen und niedrigen Wellen ... Ja, da ist sie ... Keiner widersteht ihrer Macht ... Das ist die Gottheit auf Erden, der Wonne letzte Konsequenz ... Eine Bewegung fliegt durch den Saal ... und auch mich ergreift es ... prickelnd läuft ein Schauer den Rücken hinauf, verkriecht sich in der Kopfhaut, die es schmerzlich zusammenzieht ... Ich will den Kopf zurückwerfen, da ich die Melodie jetzt in stärkeren Oktaven wieder entfalte, daß das Haar sich wirft, emporschauen und mit gestreckten Armen spielen ... O Schönheit, Schönheit, Schönheit. Warum denke ich an Schönheit ...? (Das ist sicher falsch ...) Woran wohl der Mann dachte, da er das schrieb? ... Höchstwahrscheinlich an gar nichts. Er war in einem Seelenrausch und die Idee überfiel ihn, drängte sich auf ... Und er war eitel genug, sie zu nehmen ... Die meisten Künstler ernten Lorbeern für Vorzügliches, das sie unbewußt tun ... Der Tischler, der in nüchternem Zustand mit Anstrengung, Schweiß im tatsächlichen Kampfe mit der Materie einen Kasten zimmert, bekommt ein paar Gulden und ein wenig Achtung unter den Menschen ... Und er hat tatsächlich vollbracht, was er geplant hatte ... Der Künstler aber steckt die Hände in die Hosentaschen und seine Netze in die Luft und ehe er sichs versieht zappelt ihm da so ein Wunderding von weltfremder Buntheit in den Maschen ... Man sagt, er habe gute Gedanken, zahlt ihm für die Zeile mehr, als dem Tischler für die Woche und setzt ihm ein Denkmal aus weißem Marmor ...

Ja, damals, da ich diese Stelle übte, begann ich Alice zu lieben. O, da ich die Töne wieder höre, weiß ich jeden meiner damaligen Gedanken ... O, Alice, längst schon dachte ich deiner ... Diese Töne hörst du, die ich errege, aber wenn ich jetzt deinetwegen diese Stelle ganz leise spiele, was ich sonst nicht tue, wirst du nicht verstehen, was da für dich geschehen ist ... Du sitzt bei deinen zukünftigen Schwiegereltern in der Loge und vielleicht ist sogar der Bräutigam eigens gekommen, dich in das Konzert zu begleiten ... Ich habe die Stelle, ohne daß ichs wußte, doch pp gespielt ... Das tut nichts. Man wird konstatieren, daß ich mich entwikkele und meine Auffassung sinnvoller sich vertieft. Und du, o Irene, kleines blondes Ladenmädchen, verzeihe, daß ich an dich noch nicht gedacht habe ... Du sitzt zitternd auf dem numerierten Tribünenplatz, den ich dir schenkte, denn unter die feinen Leut' wolltest du dich nicht setzen, und bist für mich stolz und ehrgeizig ... Ja, bebst sogar in der Freude, daß ich für dich so schön spiele, denn das habe ich dir ja gestern in deinen Armen versprochen ... und deine Wangen sind über und über rot vor Erregung ... Pfui, wie gemein! Also jetzt, hörst du, spiele ich für dich ... Siehst du diesen sehr schnörkligen Gang, diese rasenden Sexten, diese jetzt auf den Gipfel gehetzte Steigerung, diese atemraubende Auflösung und selige Wiederkehr in die Grundtonart, die grandiose Variation auf das Hauptthema mit eingefügten Arpeggien und Läufen, Irene ... spiele ich für dich, ganz allein ...

Es ist so angenehm, gut zu sein. Aber ich will an die Frauen nicht mehr denken. Dazu muß Ruhe sein! Das geht doch nicht in der Hast und Aufregung des Spieles. Dann, dann wenn ich ins Künstlerzimmer zurückgekehrt bin, etwas müde und bleich aussehend, wenn ich den gratulierenden Herren des Vereines die Hand geschüttelt und bescheiden in ihre Augen gelächelt habe, wenn ich am Glas Wasser genippt habe, das alljährlich auf einem Deckchen mit rotem Kreuzstichmuster, auf einem ovalen Blechtablett auf dem Marmor des Waschtisches steht und mich in den roten Samtfauteuil sinken lasse und eine Zigarette rauche, dann o dann will ich lange und herrlich an euch denken, in diesem schönsten Augenblick meines Lebens ...

Die Akkorde kriechen in die Tasten und heben sich jenseits beschwingt in die Lüfte ...

Ein kleines Weilchen will ich doch noch an sie denken. Bis zu der Stelle, wo die Sprünge in der Linken beginnen, erlaube ich mir an sie zu denken ... Dann aber will ich konzentriert spielen, nichts als die Töne denken, die ich zu spielen habe ...

Alice ... Wie sie wohl jetzt, in diesem Augenblick, wo ich mich tief auf die Klaviatur hinabbeuge, aussieht ... Hoheitsvoll sitzt sie wohl da, mit ihren breiten Schultern und dem Tal zwischen ihren Schulterblättern, wie es eigentlich nur Amerikanerinnen haben ... O, sie ist so stark in ihrer Blüte, so gereift in ihrer Schönheit ... Sie hat die Hände im Schoß in einander gelegt und schaut mir zu, ruhig und gnädig, in Sicherheit und Geborgenheit. Niemand im Saal kümmert sich um sie, nie hat sie eine gefährliche Behauptung zum Ausdruck gebracht, und braucht sich auch deshalb vor den Leuten nicht zu rechtfertigen, wie ich ... Ich Armer muß beweisen, daß ich ein Künstler bin, wie ich es durch mein Auftreten behaupte, muß in tausend Gefahren darum kämpfen, dafür angesehen zu werden ... Und wenn ich jetzt drei Fehlgriffe kurz hintereinander tue, wird mir niemand glauben, daß ich ein Künstler bin ... Ja, vielleicht kamen all die Leute her, um mich zu prüfen ... um staunen zu können, daß so fabelhaft schwere Dinge von unseren Fingern geleistet werden können ... Wehe aber, wenn ich mehr behauptete als ich kann ... Die Menschen sehen es nicht gerne, wenn einer unter ihnen aufsteht und sagt: »seht her«, sie sind mißtrauisch und neidisch und kennen keine Grenzen in ihrer Verachtung, wenn ihr Mißtrauen Recht behält ... O, Alice, Alles was du tust ist himmlisch und unantastbar, höchst vernünftig und gut ... Nie zeigtest du mir so klar, was du einst sagtest: man soll nicht vor die Augen der Menschen treten ... Nie so klar, wie heute, da du mir, ohne es zu wissen, tausend Gefahren vor die Finger legtest, da du mich das erste Mal wieder die Angst lehrst, umzukippen ...

Ja, ich habe Angst, plötzlich ist sie da, die Angst, daß meine tollkühne Forderung an das Glück zu schwer ist ... Ich weiß ja kaum mehr wo ich halte; auch ist es sehr leicht möglich, daß ich etwas ausgelassen habe ... Geht nicht ein Schauer übers Publikum ... Ist am Ende schon etwas geschehen ... Nein, das ist ja ganz richtig ... Die Rechte trägt die Triller, die Linke hängt daran die Melodie, wie auf Haken, an ... Habe ich aber die dunkeln Akkorde gespielt, die vor dieser Stelle kommen, die auf der rechten Seite in der Mitte stehen ...? Ich werde jetzt versuchen, in der Erinnerung zurück zu gehen, während ich vorwärts eilend weiter spiele, um nachzusehen, ob ich nichts ausgelassen, nichts zusammengezogen habe ... Denn diese Möglichkeit müßte ich wie eine schwere Fessel an den Handgelenken bis zum Schluß mitschleppen. Ich will, daß das Gespielte rein und ohne Makel hinter mir liegt, damit ich einen neuen Beweis dafür habe, daß heute meine guten Dämone um mich sind ... Also los: Alice, was für Abenteuer ich deinetwegen still und heimlich da unternehme ... Ruhig sitze ich da, nicht wahr, in Frack und Lackschuhen und habe einen fremden abgewandten Blick, der scheinbar nur in der Tiefe der Empfindung dieser Töne ruht und seine Umgebung vergessen hat ... Und siehst du, ich bin nicht anders, als irgend ein russischer Flüchtling, der jetzt vielleicht bei Regen und Wind durch die schwarze Nacht läuft, über Felsblöcke kriecht und halb ohnmächtig vor [Not] und Angst in jedem Augenblick das Einschlagen einer pfeifenden Kugel in seinem Rücken erwartet ... Aber das Alles denke ich bloß, um den Rückspaziergang durch das Gespielte hinauszuschieben ... Los, los, los ... Ach Gott, gerade beginnen die Sprünge, bei denen ich aufhören wollte an euch zu denken, ihr Mädchen ... Und da kam ich gar nicht dazu, mich mit dir, meine blonde Irene, zu befassen ... Ist heute die Hölle los? Meine Fingerspitzen beginnen kalt zu werden, so aufgeregt bin ich ... Es ist ein Wahnsinn, das Alles zu machen ... Mensch! Mensch! Reiße dich doch los von all dem Unsinn ... Es ist ja Konzert! ... Das Alles kannst du tun, wenn du deinen Freunden spielst ... Aber hier! hier! ... Hast du denn gar kein Verantwortungsgefühl? Pack dich doch am Kopf und höre mit dem Unsinn auf. Gut, Alice sitzt oben ... Es ist ja aber gar nicht so sicher, daß du sie liebst ... Was, wer sagt das? Das ist wirklich großartig! Ich liebe sie nicht! Wie kann man so närrische Gedanken ... Selbstredend liebe ich sie ... O, ich liebe sie ja so sehr ... Aber das Alles sind Ausflüchte ... Ich bin so furchtbar feige ..., ich kann mich nicht entschließen, nachzusuchen, ob ich nicht etwas vergessen habe ... Ich habe ja freilich allen Grund, anzunehmen, daß dies nicht der Fall ist ... und mich interessiert es auch jetzt gar nicht mehr ... aber ich will es tun, ich weiß selbst nicht warum, aber ich will es, will es, weil ich mich so dagegen wehre ... Und je länger ich zaudere, desto länger wird die Rückreise, desto gefährlicher, desto qualvoller und wahnsinniger ... Ja, wahnsinnig ... Das ist ganz einfach ausgeschlossen, weil mir ein Takt erst in Erinnerung kommt, wenn ich den ihm nächsten spiele ... Ich gehe gleichsam mit einer Laterne auf einer dunkeln Landstraße ... Immer für drei Schritte sehe ich voraus, was darüber ist, ist noch dunkel, was hinter mir ist, geht mich nichts mehr an ... O, doch! doch! ... Heute geht es mich sehr viel an ... O, welcher Teufel gab mir den Gedanken ein, den verfluchten Zweifel ... So etwas ist mir noch nie geschehen ... Wie herrlich angenehm das jetzt wäre, sich ganz dem Spiel zu widmen, gleichsam seine Zuflucht in der Aufmerksamkeit zu finden ... Es wäre beinahe idyllisch .... Über jeden Ton würde ich wachen, über jedes Einsetzen des Pedals, über jede Krümmung des kleinen Fingers, daß sie recht rund ausfalle ...! Ich wäre so ruhig und sicher, zufrieden und rein ... Nun, ich bin neugierig, wie das ausfallen wird ... Mit jeder Sekunde wird die Sache waghalsiger. Wie weit müßte ich denn zurückgehen? ... Bis zu den dunkelen Akkorden müßte ich gehen ... Bei den Trillern und der aufgehängten Melodie kam mir der Zweifel ... Bis zu jenen Akkorden also müßte ich kommen und von dem jeweiligen Takte, den ich spiele, ausgehen ... Denn es ist sehr leicht möglich, daß ich zwar bis zu den Trillern nichts ausgelassen habe, wohl aber in der Folgezeit etwas, wo ich verrückt genug war, darüber nachzudenken ... Ja die Möglichkeit wird zur Wahrscheinlichkeit, je länger ich mir den blödsinnigen Gedanken mit dem Weglassen einer Stelle suggeriere ... Und während ich mich kontrollieren werde, wird es mir vielleicht gerade passieren ... O, schrecklich! O, Alice, hilf mir durch deine Nähe ...

O Gott diese, diese Stelle hatte ich damals geübt, als sie leise ins Zimmer trat ... Sie hatte hinter der Tür gehorcht ... Sie hatte ein weißes Sommerkleid ... Sie hatte so schöne Wangen ... Sie war so lieb und gütig ... Sie war heiter und mild ... O, Alice, was dachtest du von mir. Damals hattest du dich verlobt und ich schwieg dazu und sagte nichts ... Es war ein großer, stiller Schmerz; aber ich entsagte lautlos, wie ein Kind. Ich zuckte mit keiner Wimper, da man mich ins Herz schnitt. Ich lächelte sogar ... Hast du es jemals erfahren?, geahnt? Vielleicht, vielleicht hattest du mich ein wenig lieb gehabt ... Das aber zogst du schnell zurück, als du meine Ruhe sahest ... Aber du sahest ja nicht meinen gewaltigen, steinernen Schmerz, der stumm war ... Alice, ich will es dir beichten, niemand hört es, auch du nicht, darum kann ich es dir gestehen: Meine Kunst hat meine Gefühle geraubt ... Ich habe das an mir beobachtet; und wenn ich liebe, fragt etwas in mir: liebst du?; und wenn ich weine, fragt mich etwas: weinst du? Ich habe kein sicheres Gefühl mehr; es ist Schaum, der auf den Wellen schwimmt, flüsternd schmilzt und vergeht ... Alice, in dieser Stunde muß ich es beichten, unter einem gewaltigen Druck, den ich nicht verstehe ... in diesem außergewöhnlichen Zustand, wo ich so wenig Zeit zum Aufpassen habe, ob ich keine gewaltige Torheit damit tue, beichte ich es ... Alice, ich weiß nicht mehr, ob ich dich liebe!! ...

Mein Engel vergib! Ich möchte zwar gerne weinen, aber obwohl ich das wünsche, bleiben meine Augen trocken!

Vielleicht sagen das nur die Leute, welche Bücher schreiben, daß ein Mann weinen kann, um uns so nebenbei zu verstehen zu geben, daß sie tiefer und besser zu fühlen vermögen, als wir. Ich kann nicht weinen und glaube auch nicht daran …

Alice, ich beneide die Leute, deren Schmerz wie ein Wirbelwind ist. Ich weiß nicht, ob ich dich liebe und doch ist mein Schmerz darüber stumm und gleichsam vernünftig, weil er einsieht, daß er mich in meinem Spiel nicht stören darf … O, ein anderer würde aufspringen, die Arme in die Höhe werfen, taumeln, sich drehen und zu Boden stürzen, mitten in die versteinerten Verehrer hinein … Er wäre selig und glücklich in seinem überirdischen Schmerz … Siehst du, ich aber spiele weiter … ich rolle einen chromatischen Lauf und ziehe die Augenbrauen in die Höhe … Tag und Nacht, Tag und Nacht, wie die weißen Tasten mit den schwarzen wechseln, dachte ich an dich und besuchte die kleine Irene … Wenn die kleine Irene gestern gestorben wäre, hätte ich sie morgen vergessen … O Gott, da oben sitzt sie und sieht mir zu … Entfliehen! Entfliehen! …

… Nachdem ich, mein Lieber, diese Stelle, die stark einherbraust wie eine Truppe wilder Reiter, nachdem ich diese Stelle Angelo vorgespielt hatte, gingen wir gemeinsam ins Theater und ich sprach zu ihm vom Publikum. Ich kenne sie, die jungen Leute, die zu meinen Konzerten laufen … Ich kenne die nobeln Herren und Damen und die wohlgekleideten Kinder, die sie mitnehmen … Ich kenne die Herren Professoren mit Brille und schlohweißem Haar … ich kenne die Kritiker mit dem etwas nachlässigen und müden Benehmen … Ich kenne die intelligenten Mädchen mit Zwicker, die sich nicht scheuen, auf dem letzten Stehplatz zu stehen … Ich kenne auch die jungen Konservatoristen, mit langem Haar und selbstbewußten Mienen … ein jeder vergleicht sich im Stillen mit mir. … Mut und Verzweiflung teile ich da oben aus, ohne es zu wissen … O, ich kenne sie

Alle, die ich wie ein Magnet aus stiller Häuslichkeit, von allen Seiten her, in den leuchtenden Saal ziehe ... Über alle weiß ich zu siegen; doch am meisten schätze und fürchte ich zugleich die jungen Männer ... Nein, eine gewisse Art von jungen Männern ... Jene die aus tiefer Einsamkeit, aus dem mir fremden Reich ihrer Bücher, hinauf auf die letzte Tribüne steigen, geleitet von einem unbeirrbaren Instinkt für echte Kunst ... Sie sind meine gefährlichsten Gegner ... Niemand weiß es, aber ich habe manchmal das Gefühl, als müßte ich mich vor ihnen rechtfertigen ... Ich kann ihnen nicht in die Augen schauen ... Ich kann auch nicht Beethoven in die Augen schauen ... O, liebe junge Männer, die ihr ein wenig nachlässig gekleidet, in einer etwas ungeschickten Weise, dort oben auf den Treppen der Tribüne kauert, – mein ganzes Herz gehört euch ... Nie werde ich so sein, wie ihr seid, so sehr ich mich danach sehne ... Nie werde ich ungeschickt und unelegant aussehen, nie unreinen Teint haben, wie ihr, und mich in der russischen Literatur auskennen wie ihr ... Nie werde ich so gediegen in der Kunst sein, wie ich es liebe und wie ihr es liebt und darum fühle ich mich schuldig und höchst unsicher vor euch ...

Mein Lieber, Alles was du da sagst, ist ja recht schön. Vergiß aber doch nicht den alten Blick beizubehalten ... Es muß dir ja jeder ansehen, daß nur deine Hände an der Arbeit sind ...

O, Gott! o Alice! o junge Männer! O Angst! O Welt! Wäre das Konzert beendet, läge ich in den kühlen Pölstern meines weißen Bettes, am Rücken, selig von der Welt erlöst, in der Betrachtung des dünnen Gitterwerks auf Wänden und Decke versunken, das rätselhafte Schatten schufen ... O, wäre ich ruhig und geborgen ...!

Mein Lieber, auch dieser Gedanke, durch den Affekt mir zu entgehen, nützt nichts, so schön er ist ...

Hast du jene dunkeln Akkorde gespielt ...? Hast du übrigens nicht vergessen, wie du dir vornahmst, den Lauf vor der [Melodie] ganz leise zu spielen ... Hast du den Dämpfer bei jener seltsamen, matten Harmonie niedergedrückt? Alice, deinetwegen! Los!

Es geht eigentlich viel leichter, als es mir anfangs schien. Ich habe ja ungefähr das Bild des gedruckten Notenblattes vor Augen und gehe das jetzt langsam zurück. Sofort fällt mir ein, daß ich das schon spielte ... Zu gleicher Zeit freilich lese ich merkwürdiger Weise weiter, indem ich glatt weiterspiele ... Und zwischen diesen zwei seelenaufreibenden Beschäftigungen habe ich noch immer Raum genug, mich zu ärgern, daß eben jemandem der Gucker aus der Hand fiel ...

Hier mache ich halt. Ich will nach meiner Gewohnheit auch diese Arbeit in Portionen teilen und eine nach der anderen, ordentlich und ruhig, bewältigen ... In diesem ersten Teil fand ich Alles in Ordnung vor ... Hier, bei diesen aufwärtssteigenden Oktaven, die gleichsam wie der Rand eines aufgezähnten Blattes zur Spitze aufsteigen, mache ich halt ... Eigentlich tue ich das nicht der Ordnung wegen ... Ach, ich weiß, warum ich es tue ... Dieses Stück, an dem ich so lange übte, enthält meine ganze Leidensgeschichte, o Alice ... Kein Takt, der nicht viel zu sprechen wüßte, springt da auf dem klingenden Sprungbrett der Saiten zu dir auf ... Was ich fühlte, als ich ihn in meine Finger sperrte, fühle ich wieder, da sich das Gefängnis öffnet ... So lasse ich denn jenen gezähnten Blattrand liegen und wende mich dir zu, gegenwärtiges Spiel ... Klinge, klinge mir Erinnerung ... O, ich fühle einen sanften Frieden meine Brust erheitern, meine Fingerspitzen wurden warm und keine Angst quält mich mehr ... Damals stand ich vom Klavier auf und trat ans Fenster. Leiser, herbstlicher Vormittagsregen sank in den stillen Hof hinab ... Alice, deine frohe Gestalt, des Himmels Glorie um die starken Schultern, erhellte meine Welt. Ich fühlte dich, fühlte dich stark und froh, wie es die anderen Menschen nicht besser fühlen können ... Ja, das waren die schönsten Tage.

Also, mein gezähntes Blatt, auf!, ich will weiter wandern.

Rückwärts gehen die Schritte, mühsam und quälend. Aber wie segensreich ist solches Tun, gut und lobenswert. Ich büße, Alice, verstehst du das? Ach, ich zweifelte an meiner Liebe. – Halt ... auch in diesem Teile fehlte es an nichts ... O, meine guten Dämone, ich [lobe euch] sehr! – Was aber diese so herrliche Harmonie anbelangt, die an meinen Fingerspitzen wie durchsichtiger Honig hängt, so erinnert sie mich an den unvergleichlichen Duft eines parfümierten Bandes, das ich von Alice erhielt ... Und da ich ihn einatmete, tief und lang, dehnte ein unbegreifliches Glück meine Brust ... Ja, ihre Person, das Wesen dieses Engels war an mein Leben gekettet, innig verflochten war ihr Bild mit meinem Fühlen ... Meine Tage, glatte Stäbe eines Gartengitters, waren umwunden von den blühenden Ranken ihres Daseins und auch meine Nächte, leere Zwischenräume sonst, waren erfüllt von abstehendem Blattwerk und vibrierendem Duft ... So aber sah damals niemand in meinen Garten, denn dicht umschloß sie mich, o Harmonie, dicht und herrlich ...

Auf! Ich will weiter wandern. Bis zu jenen dunkeln Akkorden. Und habe ich sie gespielt und ist Alles in Ordnung, kehre ich aufatmend zur Gegenwart zurück, und – ich verspreche es – dann will ich vernünftig mein Stück zu Ende spielen.

Ich gehe einen dornichten Pfad ... Die Ruten peitschen mich ins Gesicht, da ich eile ... Diese Stelle spielte ich sehr gut, jetzt weiß ich es plötzlich ... Gleich kommen jene flachen Figuren, die ich mit dem Blumenmuster eines Parkbeetes verglich ... da sind sie ... Auch die habe ich ordentlich gespielt, nicht vergessen, sie ein wenig verfließend zu gestalten, daß sie einen Schimmer, keinen Glanz verbreiteten ... jetzt [ergreife] ich ein wenig den Rückzug und gebe acht, daß in diesem höllischen fortissimo alle [Prachtwirkung] geschehe ... das Klavier zittert, da ich mit starken Fingern die Akkorde in die Klaviatur präge, und plastisch steigen sie auf; ein lautloses Bewundern hält jetzt die Hörer gebannt ... dieses [h-moll] verschlingt jede Ruhe und Überlegung ...

alle sind mein ... wieder bin ich im Fahrwasser ... sorglos darf ich die Fähre treiben lassen ... mein Geschäft beginnt von neuem ... wo blieb ich stehen? ... An der Schwelle des letzten Teiles, der mit den dunkeln Akkorden schließt ... bevor ich aber diesen [letzten Gang] unternehme, setze ich mich auf den [weißen Grenz]stein in der vertrauten Gegend, nahe dem Bahndamm ... hier in den flachen [Äckern] geschah es, in der schönen Natur ... was für eine Zeit hatte ich durchgemacht! – ich hatte keinen Willen mehr und kaum noch eine [Bitte fürs Leben], und wie einer, der lange ins Licht sah, alle Gegenstände dunkel sieht, verdüsterte sich meine Umgebung und ich [lebte] [nur, wenn] ich [sie sah] ... endlich kamen die letzten Tage und Stunden und wir nahmen Abschied, ruhig und gewöhnlich, sie verlobten sich, ich erfuhr es auf der [Reise], knapp vor dem [kleinen] Konzert. Was geschah? nichts, nichts, nichts ... ich tobte nicht, ich weinte nicht ... ich – spielte ... ich freute mich während des Konzertes: nachher darfst du Mensch sein, jetzt bist [du Künstler] ... jetzt mußt du weitersingen, wie jener Sänger, der den Tod seines Vaters in der Pause erfuhr, seine Rolle zu Ende sang ... O, wie wirst du schluchzen, denn auch dein Verlust ist groß ... Das Konzert war zu Ende, man gab mir ein Bankett ... Jemand sagte, ich sei bleich und ich hätte ihm um den Hals fallen mögen ... Mein Gefühl schob ich noch ein wenig hinaus, denn ich hatte ja jetzt wirklich keine Zeit daran zu denken ... O Gott und nachher im Zimmer ... Wer Tränen hat, sei froh und weine sie ... Ich hatte keine ... Ich war ruhig und zufrieden und schlief ein ...

Ja, jetzt ist es heraus, niemand weiß es, aber euch Allen habe ich es gebeichtet ... Ich war ruhig, zufrieden und schlief ein ...

Schöne, stille Landschaft am Bahndamm, du bist mein Zeuge, denn du warst zugegen: ich war einmal ein Mensch mit warmem Blut und vollem Herzen ... Was mit mir geschah, weiß niemand. Ich hatte nur das eine Gefühl, daß ich verwaist sei, daß etwas Großes in mir verlorenging ... Tage kamen und gingen ... Die Kleinigkeiten des Alltags nahmen mich gefangen ... Ich dachte nicht an dich, Alice ... Vielleicht gibt es keine wahre wirkliche Liebe zu einem Wesen, vielleicht haben wir nur in uns eine große unverbrauchte Liebe ohne Ziel, die wir nach Laune und Zufall Einer zu Füßen legen, um unser Inneres zu befreien ... Ein Eilzug braust daher, rasselt und rüttelt vorüber, verschwindet kleiner werdend ...

Gleich werde ich am Ziel sein. Schon nahen die dunkeln Akkorde. Alles finde ich in Ordnung vor und eine große Zufriedenheit reinigt mein Inneres auch von den letzten Resten der Aufregung ... Ich fühle mich jetzt so sicher und reich, als könnte ich vielen, die in dieser Stunde Angst und Qual erleiden, beistehen und helfen. O blasse Jünglinge, die ihr das erstemal ein Konzert gebt, ich schwebe um euch und flüstere eurem Gedächtnis ein, das durch die überlauten Schläge des Herzens ganz erschüttert und in Unordnung geraten ist. O junger Schauspieler, der du das erstemal den Totenkopf auf die Finger setzst und zu ihm sprichst ... Ich stärke deine zitternden Knie. Mütter auf der letzten Galerie, die ängstlich in den Mädchenchor hinabsehen, ich stärke euch durch meine Nähe ... Alle die jetzt zittern, die vor die Menschen traten und sprachen: »seht her«, die geprüft und furchtbar gequält werden: Ihr Alle seid in meiner Hut, denn ich will Gutes tun ...

Weiter, weiter vor! Noch wenige Takte und ich bin am Ziel. O, ich ahne etwas Herrliches ... Im selben Augenblick, da ich bei jenen dunkeln Akkorden ankommen werde, wird hier von meinen Fingern ihre Wiederholung erklingen ... O glückliches Zeichen, ich grüße dich ...

Jetzt sind sie da ... Nein, ich vergaß sie vorhin nicht zu spielen ... Da ich sie jetzt höre, weiß ich es ... Alice, diese glücklichsten Takte spiele ich für dich ... Ich will es glauben, daß deine segensreiche Nähe mich stärkte! –

Hörst du, wie das klingt? Es klingt für dich. Glatt geschliffen und rein sind die Töne, mit unendlicher Arbeit erworben, – ich opfere sie dir. Ein klingender Opferrauch von Harmonien steigt zu dir auf und mein Herz ist es, das in ihnen verbrennt ... Ist es möglich, Alice, daß ich erwachte? Darf ich es glauben, daß ich wiederkehrte? Bin ich wie damals in der stillen Gegend am Bahndamm? ... Etwas sank von mir ... und ich bin reicher ... Warme Ströme rinnen durch meine Brust und machen sie weich ... Kannte ich Wehmut? Sie scheint mir in der Kehle zu drücken ... Meine edlen Gefühle, die mich neu erfassen, wetteifern mit dem Adel der Melodien ... Alice, ich kenne mich nicht ... Willst du mich mit der neuen Gestalt vertraut machen, die du mir gabst? ... Ach ich kehre reuig zu dir zurück! Darf ich mein Haupt auf deine Knie legen? Was hinter mir ist, ich begreife es nicht ... Ich weiß nur, daß ich dich endlos liebe ... Siehst du, ich springe nicht auf, ich werfe die Arme nicht in die Höhe, drehe mich nicht und wanke nicht, zu Boden zu stürzen ... Mein Gefühl ist überirdisch und da ich es langsam und gepreßt ein und aus atme, entweicht es nicht meiner Brust ... O hätte ich Saiten von Gold und Finger, weich wie Lippen ... Ich wollte spielen und danken ... Was schert mich der Saal, die Leute und das Komitee, ich spiele dir allein! Unausschöpfbar ist die Lust dieser Melodie ... deine Lippen an ihren Rand. O ihr jungen Leute, heute kann ich euch in die Augen sehen ... ja noch mehr ...

Wie konnte ich zweifeln? Nichts begriff ich klarer, als daß ich dich grenzenlos liebe ... Und staunend sah ich mir zu, da ich lebendig über den Abgrund meines Entsetzens setze ... Fremd wirst du an meinem Leben vorübergehen, am Arme eines andern, lächeln und nickend meinem Gruße danken ... O mußte ich dich verlieren, um mein Gefühl wieder zu erlangen ... Konnte kein Glück mein Herz öffnen? ... Es ist so: ich entsage.

Himmel und Erde! ist es möglich? Bin ich wahnsinnig? ... Etwas drückt da in meinen Augenwinkeln, quillt und kitzelt, warm und verschleiernd. Ich sehe die Klaviatur nicht mehr ... Tief will ich mich hinabbeugen, daß es niemand sieht. Ich weine ...

O jetzt kommt der Schluß ... Alice, höre ihn. Meine ersten Tränen, Menschentränen, so gute und ehrliche, wie sie der Bauer mit seiner schwieligen Hand nicht zerdrücken kann, weint dieser Schluß in mir. O ich schäme mich und beichte es: hätte ich sonst bei diesem Schluß geweint, ich hätte meine Tränen nicht verheimlicht ... Frohlockend hätte ich sie Publikum und Kritik gezeigt ... Alice, sie sind mein kostbarstes Gut ... Vielleicht verlor ich den Menschen in mir doch nicht!

So geht es nicht weiter. Es rollt über die Wange, bleibt irgendwo stehen und kitzelt und drückt. Jetzt, da die Linke allein die Begleitfigur aufnimmt, über die bald folgend die Melodie schreiten wird, um in das Finale zu eilen, will ich rasch die Tränen wegwischen. So ... Gott, da flüstert es schon neben mir: er weint ... es pflanzt sich fort ... eine Bewegung geht durch die Reihen ...

Nein, ich weinte nicht! In euren Augen dürfen das Tränen nicht gewesen sein ... Nur sie, sie allein, hätte sie mich gesehen, dürfte von Tränen sprechen, ihren Tränen ...

O jetzt braust die Melodie einher, ein wenig beschleunigt und lauter, denn das Finale setzt ein. Alice, ich besitze dich wieder, da ich erkannte, daß ich dich verliere! – Türmend wie dieser Schluß, stauen sich meine Gefühle an dir, himmelhoch steigend; o, wollten sie mich in ihrem Zusammensturz begraben. Ja, da kommt er, der Zusammensturz, über die ganze Klaviatur rasen die Hände, da kommt der Schluß, das selige Ende ... Das ist die Erde nicht mehr und keine Menschen gibt es mehr! Da ich jetzt singend schließe, mit diesen drei wuchtigen Kolbenstößen an das Himmelstor, erschließt sich mir die Seligkeit der Götter!

– –

Wie? Was? Panik? Feuerlärm?

Nein, das gilt ja mir, ich muß mich wohl verbeugen.

Aus der Höhe stürzt der Applaus nieder, man ruft, man stampft, man schreit, das ganze Haus zittert und bebt, Rosen fliegen und fallen. –

HANS NATONEK

Wahnsinnig

Groteske

Es klingelte scharf, Frau Schallaböck öffnete und eine tiefe Männerstimme sagte halblaut: »Wohnt hier der geistesgestörte Student der Rechte Paul Petterhofer?« Darauf hörte man im Nebenzimmer das Knistern von Papier, wie wenn in Akten geblättert wird, und die Stimme murmelte: »Höchste Zeit, das Individuum in einer Irrenanstalt zu internieren – gemeingefährlich, viel zu lange herumlaufen lassen –.«

Dann flüsterte Frau Schallaböck irgendetwas ganz leise, aber man konnte nichts verstehen. Der ängstlich gedämpften Stimme war es aber anzumerken, daß es eine sehr peinliche Sache sein müsse, von der Frau Schallaböck sprach.

Und da die Frau so ängstlich wisperte, dämpfte sich auch die Stimme des Mannes unwillkürlich zu einem Flüstern herab. Es war entsetzlich, dieses Gezischel anzuhören; es klang, wie wenn Ratten über Papier laufen.

Endlich empfahl sich der Herr, und Frau Schallaböck sagte: »Adieu, Herr Kommissar.« – – –

Paul Peteroff war ganz tief in seinen Schreibtischsessel gesunken. Sein Körper dunstete: ihm war wie angstverkrampften Schläfern, die, in dunkler Nacht von einem Schatten geäfft, von einem Geräusch aufgeschreckt, sich nicht zu rühren wagen.

Er hatte das Gespräch nebenan gehört; hatte erfahren, daß er wahnsinnig war. Ganz deutlich. Geistesgestört – und sein Name –. Er wäre am liebsten aufgesprungen und hinausgestürzt und hätte geschrieen: Ich bin nicht wahnsinnig – ich bin nicht – oder bin ich es doch? – Aber er konnte doch nicht, er war doch an den Sessel festgebunden, er schwebte in einer Wolke Dampf, der aus seinem Körper kam und sogleich zu Wasser wurde.

Paul Peteroff versuchte logisch zu denken.

Etwas Schreckliches muß ich in der letzten Zeit angestellt haben, überlegte er, aber ich weiß nicht, wann und ich weiß auch nicht, wie. Er ging die letzten Wochen Tag um Tag durch. Was hatte er getan? War er seines Erinnerungsvermögens überhaupt noch mächtig? War er sich seiner Handlungen noch bewußt? Ihm wurde heiß vor Angst.

Er prüfte sich, ob er gegenwärtig einen lichten Augenblick habe. Er sagte das A B C auf, auch von rückwärts, aber diese Probe befriedigte ihn nicht. Er schrieb einen Brief an seine Freundin, als er ihn aber durchlas, war er durchaus nicht von seinem gesunden Menschenverstand überzeugt. Was er auch begann, es gab ihm nicht die Gewähr, bei Verstand zu sein. Alles löste sich in Unsicherheit auf. Es gab keine Gewißheit über sich. Warum lehnte er sich noch gegen die Tatsache auf, die er soeben gehört hatte? Es schien ihm das Vernünftigste, still zu halten und wahnsinnig zu sein. Wahn–sin–nig. Er buchstabierte das Wort laut vor sich her und verzerrte sein Gesicht zu einer Grimasse. Zur Sicherheit schrieb er mit Blaustift auf ein großes Blatt Papier: »Ich – bin – to–tal wahn–sin–nig – Basta.« Und fühlte sich bedeutend ruhiger. – – –

Er hatte den Hut phantastisch aufgestülpt, die Krawatte kühner geschwungen als sonst. Seine Blicke flogen wie Funken umher. Es war ihm gleichgültig, wie er aussah, – er war doch verrückt. Aber den Weg zu Mizzi fand er doch. Und den Signalpfiff hatte er auch noch im Gedächtnis.

Mizzi hatte einen neuen Frühjahrshut auf (eigentlich war es der vom Vorjahr, nur mit einem frischen Aufputz) und sah sehr allerliebst aus.

Mit den größten Augen, die sie machen konnte, sah sie ihn an, schlug die Hände zusammen und rief: »Um Gottes willen, Paul, wie siehst du denn aus!«

Paul Peteroff knickte innerlich völlig zusammen. »Mizzi«, sagte er, und zerfetzte mit seinen Fingernägeln ein Taschentuch, »ich – bin – wahnsinnig, – erschrick nicht, meinetwegen geisteskrank, ich hab' ja selber nichts davon gewußt bis heut, aber nun hab' ich es erfahren, man sucht mich – Mizzi, man will mich in–ter–nie–ren!« Und jetzt, indem er es aussprach, kam ihm das Schreckliche seiner Lage ganz zum Bewußtsein. Heute oder morgen abgeholt werden, nicht wissen, wann, Männer kommen, und wenn er schreit – und er wird schreien – packen ihn kräftige Arme – und hinein in die Zwangsjacke; und draußen steht ein Wagen, so ein grüner Krankenwagen, dem man mitleidig-neugierig und angenehm-gruselig nachblickt, wenn er durch die Straßen rattert; und vor dem Tor, links und rechts, stehen die Hausleute und Nachbarn Spalier – o diese Gesichter: ein bißchen mitleidig und ein bißchen schadenfroh und ein bißchen: Wir haben's ja eh schon gewußt. Paul Peteroff stöhnte bei dieser Vorstellung.

Mizzi überlegte: Aufstehen und den faden »Nocken« sitzen lassen? – Nein, dazu war er doch ein zu guter und lieber Kerl. Mißtrauisch und ängstlich sah sie ihn von der Seite an – er war ihr ja heute gleich nicht geheuer vorgekommen – ob er am Ende wirklich – –?

»Hör mal, Paul, das ist ja Unsinn« (und sie kam sich so schwesterlich-mild vor, wie eine Krankenpflegerin), »schlag dir doch solche dummen Gedanken aus dem Kopf. Was ist denn überhaupt geschehen?«

Peteroff erzählte, was er zu seinem Entsetzen im Nebenzimmer seiner Wirtin erlauscht hatte. Aber Mizzi war nicht zu überzeugen. Wenn einer halbwegs vernünftig erzählen kann, dachte sie, kann es mit seiner Verrücktheit nicht so schlimm sein, und blieb ungläubig. Da sagte er fast triumphierend: »Ich habe ja den Beweis zu Hause, schwarz auf weiß, ich bin verrückt, so wahr mir Gott helfe, und wenn du mir nicht glauben willst, so komm und überzeuge dich selbst.« Und als er das gesagt hatte, kam ein pfiffiger Ausdruck in sein Gesicht, aber er merkte nichts davon, es war nur ein ganz unwillkürlicher Reflex, der gleich wieder davongehuscht war.

»Ein Beweis deiner Verrücktheit? Das verstehe ich nicht.« Jetzt wurde es ihr wieder unbehaglich.

Mizzi sah ihn heimlich prüfend von der Seite an. Irgendetwas war mit ihm los, kein Zweifel. Ob sie zu ihm ging? Sie hatte sich (und aus guten Gründen) vorgenommen, nie sein Zimmer zu betreten. Es wäre höchst unschicklich gewesen. Bis jetzt war sie ihrem Vorsatz treu geblieben. Der galt aber nur für normale Zeiten: doch jetzt war Paul verrückt und wollte ihr, die nicht daran glauben konnte, den Beweis liefern. Sie wurde ganz verwirrt. Wenn einer nicht verrückt ist und sich und andere überredet, daß er es ist, dann ist er es ja doch! Ihr Kopf schmerzte schon, und dabei entging es ihr, daß Peteroff, der sie fest am Arme hielt, seiner Behausung zuschritt.

Mizzi war jetzt ganz verschüchtert. Nun stand sie doch in Pauls Zimmer. O wie das Blut toll herumgaloppierte.

»So zeig' mir doch, wovon du sprachst, und dann gehe ich«, sagte sie trotzig und herausfordernd.

Paul holte mit zitternden Händen aus den Papieren am Schreibtisch ein Blatt hervor und reichte es ihr. Sie las die mit Blaustift groß hingemalten Worte »Ich bin – to–tal wahn–sin–nig – Ba–sta«. Und ringsherum waren Arabesken, Männchen und Gesichter gezeichnet. Das war alles.

Mizzi hielt das Blatt in starren Händen. »Beliebt es dir, schlechte Scherze mit mir zu treiben?« Ein Weinen zitterte in ihrer Stimme.

Peteroff war erst ganz verdutzt, griff sich an den Kopf und lag niedergeschmettert weinend zu ihren Füßen. »O Gott«, schluchzte er, »ich bin unschuldig, ich hab's wirklich im Wahne hingeschrieben, ich hab' es mir nicht ausgeheckt, um dich hierher zu bringen – –.« Aber indem er diese letzten Worte sprach, fühlte er sich schon in zähe Fäden des Zweifels verstrickt, in denen er hilflos zappelte. Wieder löste sich alles in Unsicherheit auf. Er blickte hilfesuchend um sich. Wo hörte die Wahrheit auf und wo begann der Betrug – nichts war sicher, kein Boden unter ihm, und er hatte das Gefühl zu ertrinken.

In das lange Schweigen tickte kurzatmig eine kleine Uhr und das Herzklopfen Mizzis in kräftigen, rhythmisch abgezirkelten Schlägen. Paul lauschte entzückt dieser beseligenden Stille. Er erkannte (trotz seines Wahnsinns) ganz richtig, daß es falsch wäre, ein Wort zu reden oder gar Licht zu machen; er schmiegte sich an sie, und während er (ganz automatisch) ihre Schühchen aufzuknöpfen begann, legte sie Hut und Mantel ab.

* * *

Frau Schallaböck war nach mehrtägiger Abwesenheit aus St. Pölten zurückgekehrt, sah in Peteroffs Zimmer nach dem Rechten, als dieser eintrat, zurückprallte und nicht üble Lust zeigte davonzulaufen.

Was sollte er tun, wie sich ihr gegenüber verhalten? Sie wußte, daß er verrückt war, sie würde mit ängstlicher, geheuchelter Zärtlichkeit nach seinem Befinden fragen und scheu entweichen, und er mußte sich weiter mit seiner Ungewißheit quälen, in fürchterlicher Angst dem Augenblick entgegensehen, da Männer in sein Zimmer treten, die ihn abholen, um ihn in eine Anstalt zu bringen. Soll er weiter stillhalten, aus Feigheit, der Gewißheit ins Auge zu sehen?

Mit einem Satz stürzte er auf Frau Schallaböck zu, packte sie und keuchte zähneknirschend: »Was ist mit mir los? Glauben Sie ja nicht, daß ich es nicht weiß! So wahnsinnig bin ich noch nicht! Ich bin verrückt, es ist wahr – aber ich will wissen: Was haben Sie damals mit dem Kommissar gezischelt, Schlange?«

Die rundliche Frau Schallaböck (zum erstenmal in ihrem Leben »Schlange« apostrophiert) traf Anstalten, in Ohnmacht zu fallen, überlegte es sich aber und schrie in ihrem Entsetzen gräßlich gellend um Hilfe.

Erschreckt ließ Peteroff die Frau los. Sie entfloh, füllte das Haus mit ihren kreischenden Hilferufen, die Leute liefen zusammen; man drang in Peteroffs Zimmer, fand ihn bleich und zähneklappernd. Er ließ sich ruhig auf die Polizei bringen. Dort konnte er nichts weiter sagen, als daß er wahnsinnig sei; er wisse, daß man ihn schon lange beobachte, und er wäre froh, daß es endlich so weit sei. Da lieferte man ihn in die psychiatrische Klinik ein. – –

Frau Schallaböck hatte drei Tage lang das Zittern in den Beinen von der ausgestandenen Angst. Mit größerer Furcht denn je dachte sie an ihren anderen Untermieter. Über den Gang, rechts, auf den Hof hinaus, wohnte der Student Paul Petterhofer. Wenn er auch nicht so gefährlich war wie der andere, der Peteroff, und seine Wirtin noch nie angefallen hatte, so trieb er doch allerhand kuriosen Unfug, schoß mit einem Luftgewehr auf Katzen, manchmal auch in Fensterscheiben, so daß Frau Schallaböck schon seit langem den Verdacht hegte, es sei mit ihrem Zimmerherrn nicht ganz richtig – (eine Vermutung, die sie von behördlicher Seite bestätigt fand). Es ist Frau Schallaböck wirklich nicht zu verargen, wenn sie ihren andern Zimmerherrn möglichst rasch loszuwerden trachtete. Wenige Stunden nach diesem erregenden Vorfall wurde auch Paul Petterhofer (unter allgemeinem Bedauern der Hausleute für die schwergeprüfte Frau Schallaböck) auf die Polizei gebracht. Die Psychiater einigten sich auf leichte Formen beginnenden jugendlichen Blödsinns.

* * *

Was bleibt noch zu erzählen übrig? Gebe das Schicksal, daß der arme Peteroff, der wahnsinnig werden mußte, weil er sich um ein paar Silben verhört hatte, bald wieder aus der Irrenanstalt herauskommt. Aber solange über Frau Schallaböck nicht die Erleuchtung kommt (und das kann man schließlich nicht verlangen), daß Peteroff das Opfer eines Hörfehlers geworden ist, wird er nicht so bald Gelegenheit haben, zu erkennen, wie dünn der Faden ist, an dem die menschliche Vernunft hängt, wie wenig man ihrer sicher ist und wie leicht man um sie kommen kann, ohne sie eigentlich verloren zu haben.

HERMANN UNGAR

Der Bankbeamte

Ich bin von meinem zwanzigsten Lebensjahr an Beamter einer Bank gewesen. Täglich um dreiviertel acht Uhr morgens ging ich in mein Büro. Ich verließ mein Haus Tag für Tag um dieselbe Zeit, niemals um eine Minute früher oder später. Wenn ich aus der Seitengasse, in der ich wohne, hinaustrat, schlug die Uhr vom Turm drei Mal.

Ich habe in der ganzen Zeit, in der ich Beamter war, weder jemals meine Stellung noch meine Wohnung gewechselt, die ich noch heute bewohne. Ich bezog sie, als ich mein Studium aufgab und in meinen Beruf eintrat. Meine Wohnungsgeberin war Witwe, etwa so alt wie ich. Als ich zu ihr einzog, war sie im Trauerjahr nach ihrem Gatten.

In all den vielen Jahren meiner Beamtenzeit war ich niemals am Vormittag auf der Straße, außer am Sonntag. Ich kannte den Vormittag der Werktage nicht mehr, wo die Geschäfte geöffnet sind und geschäftige Menschen auf den Straßen einander drängen. Ich habe nie einen Tag in der Bank gefehlt.

Die Straßen, durch die ich morgens ging, boten täglich das gleiche Bild. An den Geschäften wurden die Rolläden hochgezogen. Vor den Türen standen die Commis und warteten auf ihre Chefs. Täglich traf ich die gleichen Menschen, Schulmädchen und Schuljungen, verblühte Kontoristinnen, schlechtgelaunte Männer, die in ihre Büros eilten. Ich schritt unter ihnen, den Menschen meiner Tageszeit, eilig, achtlos und unbeachtet als einer der ihren.

Ich habe die ganze Zeit nicht darüber nachgedacht, daß im Grunde die Hoffnungen, die ich an meine Laufbahn knüpfte, sich nicht erfüllt haben. Man hatte mir geweissagt, daß ich es bei meinen Anlagen durch Fleiß und Ausdauer zu einer leitenden Stellung in meinem Beruf bringen könne. Ich hatte diesen Gedanken vergessen. Ich vergaß ihn in all den kleinen Tätigkeiten, in die meine Zeit von Anbeginn zerlegt war.

Ich stand morgens auf, wusch mich, kleidete mich an, warf noch während des Frühstücks einen Blick in die Zeitung und begab mich in die Bank. Ich setzte mich an meinen Tisch, auf dem Stöße von Papieren gehäuft waren, die ich mit Eintragungen in die Bücher auf den Regalen ringsum zu vergleichen hatte. Jeden Bogen, den ich durchgesehen hatte, bezeichnete ich mit den Anfangsbuchstaben meines Namens und legte ihn in eine Mappe. Ringsum im Zimmer und in den Räumen saßen wie ich an Tischen, die genau so aussahen wie meiner, viele andere Männer und Frauen. Der Geruch dieser Männer und Frauen, das Geräusch ihrer eintönigen Tätigkeit und Gespräche durchzog das ganze Haus. Ich war meiner Tätigkeit vollauf gewachsen. Sie bot keinen Anlaß zur Auszeichnung und also auch keine Gelegenheit, die Aufmerksamkeit der Höheren auf mich zu lenken.

In einem kleinen Gasthof in der Nähe der Bank aß ich zu Mittag. Der Nachmittag verging gleich dem Vormittag. Nach sechs Uhr abends ordnete ich Schriftstücke und Bleistifte auf meinem Tisch, versperrte meine Lade und ging nach Hause. Die Witwe brachte mir ein einfaches Abendbrot auf mein kleines Zimmer. Ich legte Schuhe, Rock und Hemdkragen ab. Nach dem Abendessen las ich eine Stunde lang gründlich die Zeitung. Dann legte ich mich zu Bett. Ich träumte selten. Wenn ich träumte, träumte ich, ich hätte mein Namenszeichen, das ich täglich viele hundert Mal machen mußte, vergessen, meine Hand sei gelähmt oder mein Bleistift schreibe nicht. Dieses letzten Traumes entsinne ich mich am deutlichsten. Ihn habe ich wohl am häufigsten geträumt.

Am nächsten Morgen stand ich auf wie an allen anderen Morgen zuvor und begann meinen Tag, der dahinging wie alle anderen Tage. Wohl war ich mürrisch und verdrossen, allein nie wurde mir bewußt, daß es auch etwas anderes

geben könne als täglich auf seinem Platz in der Bank zu sitzen, daß man später aufstehen könne, in den Straßen spazieren gehen, zwei Eier im Glas zum Frühstück in einem Café essen und Mittags in einem guten Restaurant speisen.

Von Unterbrechungen dieses Einerleis haben sich mir einige besonders eingeprägt. Vor allem der Tod meines Vaters.

Ich habe mit meinem Vater niemals in einem innigen Verhältnis gestanden. Dazu trug wohl bei, daß meine Mutter kurz nach meiner Geburt starb. Vielleicht hätte sie es vermocht, die Gegensätze zu mildern. Mein Vater war ein kleiner Kaufmann in einem Landstädtchen. Meine Kinderstube stieß an seinen Laden an. Er war ein harter, arbeitsamer und unzugänglicher Mensch. Von frühester Jugend an mußte ich in seinem Laden aushelfen, so daß mir kaum Zeit blieb, meine Aufgaben zu machen. Doch verlangte er nichtsdestoweniger, daß ich gute Zeugnisse heimbringe. Als ich einmal eine schlechte Zensur hatte, schlug er mich und entzog mir auf vier Wochen das Abendessen. Ich war damals schon siebzehn Jahre alt und ertrug diese Demütigung schwer.

Im Hause lebte eine Schwester meines Vaters, eine kinderlose Witwe, die nach dem Tode meiner Mutter zur Führung unseres Haushaltes zu uns gezogen war. Ich hatte die unklare Vorstellung, daß sie meine tote Mutter aus dem Hause gedrängt habe und trat ihr vom ersten Augenblick an mit unverstellter Abneigung entgegen. Auch die Tante machte aus ihren Gefühlen gegen mich kein Hehl. Sie nannte mich einen schlechten Burschen, der es zu nichts in der Welt bringen würde, schalt mich gefräßig und arbeitsscheu. Sie gab mir so wenig zu essen, daß ich gezwungen war, mir einen Nachschlüssel zu ihrem Kasten anzufertigen und nachts heimlich im Hause des Vaters zu stehlen.

Dazu kam ein Umstand, von dem ich nur mit allen Vorbehalten sprechen kann. Ich war damals vierzehnjährig und hatte eine leicht erregbare Phantasie, die der Haß befruchtete. Von den Beziehungen zwischen Mann und Frau hatte ich keine andere Vorstellung als von etwas Grauenhaftem und an und für sich Ekelerregendem. Die Vorstellung eines nackten Frauenkörpers erweckte mir Ekel. Ich war einmal in das Zimmer meiner Tante getreten, als sie sich wusch. Das Bild ihres verblühten Oberkörpers, ihres müde herabhängenden Fleisches prägte sich mir ein und wich nicht mehr aus meinem Gedächtnis. Einst stand ich nachts im dunklen Flur hinter dem Laden vor dem offenen Brotschrank, als die Türe zum Zimmer der Tante geöffnet wurde. Ich drückte mich an die Wand. Aus dem hellen Rahmen der Türe trat im Nachtgewand mein Vater. Hinter ihm erschien für einen Augenblick wie ein Schatten das Bild der Tante. Die Tante verriegelte von innen die Tür.

Mein Vater schritt knapp an mir vorbei. Sein Hemd war offen, so daß ich die behaarte Brust sehen konnte. Ich hielt den Atem an und stand noch unbeweglich, als sich die Türe seines Zimmers schon lange hinter ihm geschlossen hatte.

Dieses Erlebnis erweckte in mir Eindrücke, die von den nachhaltigsten Folgen auch für mein späteres Leben sein sollten. Ich bildete mir fest ein, daß meine Tante in diesem Augenblick nackt gewesen sei, trotzdem ich nur ihren Schatten gesehen hatte. Von nun an verfolgten mich Vorstellungen von wüsten Szenen, die sich nachts zwischen der Tante und meinem Vater abspielen mußten. Ich hatte keinen Anhaltspunkt, als dieses eine nächtliche Erlebnis. Und auch später ereignete sich nichts, das klar meine Meinung bestätigt hätte.

Ich verbrachte nun meine Nächte bis gegen den Morgen schlaflos. Ich horchte. Ich glaubte Türen knarren zu hören und vorsichtig tastende Schritte auf den morschen Dielen des alten Hauses. Ich fuhr aus leichtem Schlummer, und mir war, als hätte ich einen unterdrückten Schrei gehört. Ich war von bitterem Ekel erfüllt. Dabei trieb mich Neugierde, nachts mich vor die Tür der Tante zu schleichen. Nie habe ich etwas anderes als ihren Atem gehört.

Ich wich meiner Tante wie meinem Vater aus. Wenn ich konnte, entlief ich aus dem Laden und trieb mich in den Gassen des Städtchens umher, bloß um nicht zu Hause sein zu müssen. Oft auch verbrachte ich den ganzen Tag im Hause eines reichen Mannes mit Namen Fanta, dessen Sohn mit mir das Gymnasium besuchte. Mit Karl Fanta verband mich innige Freundschaft. Karl Fanta sah, daß ich mich unglücklich fühlte, und oft umarmten und küßten wir einander unter Tränen.

Ich habe Karl Fanta nie mein Herz ausgeschüttet. Ich wuchs auf in dem kleinen, engen Haus, in dem unsauberen Laden, in dem ich in meinen freien Stunden zwischen Mehl- und Pfeffersäcken, Gurkenfässern und Kanditenbüchsen kleine Leute nach ihren Wünschen fragte oder die Diele kehren mußte. Ich schämte mich dieses Ladens. Ich schämte mich meines Vaters, dessen Rock immer mehlbestaubt war, der ehrerbietigst auswich, wenn ein reicher Bürger an ihm vorbeikam, meiner Tante, die ohne Hut ging und deren an den Schläfen ergrautes Haar immer in Unordnung war. Meines Freundes Mutter war eine große, vornehme Dame, die Schmuck trug und dunkle Kleider. Sie hatte ein blasses, feingeschnittenes Gesicht wie ihr Sohn, der ihr überhaupt sehr ähnlich war, und schwarzes Haar. Bei ihr wie bei ihrem Sohn, waren an den Schläfen bläulich schimmernde Äderchen sichtbar. Das Schönste an ihr wie an Karl waren die schmalen, weißen Hände. Karls Vater war ein korpulenter Herr, der ruhig und gemessen sprach, voll Würde und Selbstbewußtsein. Ich konnte in dieser Umgebung, ich konnte vor dem schönen Karl nicht von unserem kleinen Rosinenladen erzählen.

Ich bürstete meinen Anzug und preßte meine Hosen unter Büchern. Ich wollte aussehen wie ein Gymnasiast aus Bürgerhaus und nicht wie der Sohn eines Greislers. Ich verbarg meine Hände, die von der Arbeit im Laden rot und dick waren, vor den Menschen, eine Gewohnheit, die dazu beitrug, den Eindruck größter Unsicherheit und Unbeholfenheit hervorzurufen, und die ich bis heute nicht abgelegt habe. Wenn ein Fremder bei Karls Eltern war und den Hausherrn leise nach mir fragte, fühlte ich, wie ich rot wurde vor Scham. Man mochte so leise und unauffällig wie nur irgend möglich diese Frage stellen, ich hörte sie nicht, ich fühlte mit meinem maßlos geschärften inneren Ohr.

Ich wollte nichts mehr als aus gutem Hause sein. Lange noch später errötete ich, wenn man mich des Näheren über meine Abkunft fragte und antwortete ausweichend. Manchmal log ich und sagte, mein Vater sei Gymnasiallehrer gewesen oder Richter. Einmal behauptete ich sogar, er sei Fabrikant gewesen. Im nächsten Augenblick fühlte ich den prüfenden Blick des Fragers an meinem Anzug herabgleiten und wurde mir der Dürftigkeit meines Äußeren schmachvoll bewußt.

Karl Fantas Vater ermöglichte mir den Besuch der Universität. Ich bezog sie zusammen mit Karl. Ich widmete mich dem Studium der Medizin, er dem der Jurisprudenz. Ich war glücklich, von zu Hause fort zu kommen, nicht mehr immer die Schande des Ladens vor mir sehen zu müssen, nicht mehr immer der Strenge des Vaters gehorchen und die Scheltworte der Tante über mich ergehen lassen zu müssen. Eine einzige Erinnerung habe ich von zu Hause mitgenommen, die mir immer über alles teuer gewesen ist. Die Erinnerung an meine Mutter. Ich habe sie kaum gekannt. Ich glaube mich aber zu erinnern, daß sie mich an ihr Sterbelager bringen ließ, auf dem sie mit gelöstem Haar lag. Sie drückte mich an sich, und ihre Tränen feuchteten mein Haar. Bei dieser Erinnerung wird mir stets warm ums Herz. Ich flüchtete mich vor dem Haß meiner Tante in die Liebe meiner Mutter, die in demselben Maße wuchs, wie die Abneigung gegen die Tante stärker wurde.

Mein Verhältnis zu Karl war das innigste, das man sich zwischen jungen gleichartigen Menschen vorstellen kann. Ich freute mich, an der Seite dieses schönen Jünglings leben zu dürfen, dessen Sicherheit, Anfechtungslosigkeit, ich nicht weniger bewunderte wie das Ebenmaß seiner Glieder. Er war immer freundschaftlich zu mir, und mir war es ein Bedürfnis, ihm seine Wünsche von den Augen ablesen zu können und durch kleine Handreichungen behilflich zu sein. Ich bereitete ihm seine Wäsche vor und sah darauf, daß kein Fleckchen an seiner Kleidung sei. Karl hatte schwarzes Haar, das sich wie Seide anfühlte. Trotz seines freundlichen Zutrauens zu mir war mir oft, als ginge er innerlich an mir vorbei. Ich sehnte mich nach einer kleinen Zärtlichkeit, einer Wiederholung unserer Knabenküsse. Doch diese Sehnsucht wurde mir nicht erfüllt.

Man lobte an der Universität meinen Fleiß und mein Verständnis. Ich legte die ersten Vorprüfungen mit ausgezeichnetem Erfolg ab. Da erkrankte mein Freund und wurde von den Ärzten nach dem Süden gesandt, wo er ein Jahr bleiben sollte. Nicht mehr Gesellschafter des reichen Freundes, ward es mir unmöglich, das Studium fortzusetzen, und ich mußte froh sein, als mir Karls Vater eine Stellung in der Bank verschaffte.

In der Bank wurde ich in kurzem ein anderer. Alles zerfloß an meiner Tätigkeit. Regelmäßigkeit, Pünktlichkeit, die unausweichliche Gewißheit des nächsten Tages zerstörten mich. Ich ging auf in Tätigkeiten, die meine Zeit zerlegten. Ich kam nicht mehr unter Menschen. So wurde ich unsicher, wenn ich einmal etwas anderes tun sollte, als ich zu tun gewohnt war. Die geringste Unregelmäßigkeit verwirrte mich. Ich wurde pedantisch in jeder Hinsicht und verbitterte damit auch meiner Wirtin das Leben. Ich verlangte die peinlichste und gewohnte Ordnung auch in meinem Zimmer. Die Zeitung mußte täglich genau auf demselben Fleck am Tisch liegen, und zwar parallel zu den Tischkanten. Meine Pedanterie ging so weit, daß es mich erregte, wenn die Gardinenschnüre nicht gerade ausgerichtet und in ihrer Verlängerung auf dem Fensterbrett nicht im rechten Winkel abgebogen lagen. Ärgerlich legte ich sie zurecht. Hatte ich mit Fremden zu sprechen, fielen mir die Worte plötzlich nicht ein, die ich sagen wollte. Dazu hatte ich immer das Gefühl, daß meine Kleidung nicht entspreche, mir nicht passe und mich lächerlich mache.

Ich war etwa zehn Jahre in der Bank, als mein Vater starb. Sein Begräbnis fiel auf einen Sonntag, so daß ich keinen Arbeitstag versäumen mußte. Am Samstag nachmittags verließ ich mit der Bahn die Stadt. Der Begräbnistag ist mir in unangenehmster Erinnerung geblieben. Auf der Hinreise konnte ich im überfüllten Zug keinen Platz finden und mußte die ganze Zeit hindurch stehen. Meine Füße, solche Anstrengung nicht gewohnt, schmerzten mich noch in den folgenden Tagen. Ich kam schlechter Laune an und wurde von der Tante, die denken mochte, ich sei gekommen, ihr den väterlichen Laden nun streitig zu machen, mürrisch begrüßt. Ich fand ein ungeheiztes Zimmer trotz schneidender Winterkälte und schlief von schlechten Träumen gequält auf meinem alten Bett. Am Morgen war für mich kein Frühstück gekocht. Ich fand es unpassend, in einen Gasthof zu gehen und mußte so bis zum Begräbnis nüchtern bleiben. Leute kamen, die ich kaum mehr kannte, und drückten mir die Hand. Meine Tante stand im Mittelpunkt neben der aufgebahrten Leiche meines Vaters. Ich wie ein Fremder in einer dunklen Ecke des Zimmers.

Als die Einsegnung begann, mußte ich neben die Tante treten. Nun erst sah ich meinen Vater. Er hatte einen schwarzen Rock an, der über der Brust Falten machte. Sein Haar war ganz grau geworden. Sein Gesicht schien klein und eingefallen. Sein Anblick machte auf mich keinen Eindruck. Es berührte mich nicht anders als der Anblick eines fremden Gegenstandes. Ich fühlte mich nicht an meinen Vater erinnert.

Am Friedhof faßte mich die Tante unter. Sie weinte laut. Ich stand im weichen Schnee und fühlte, wie die Feuchtigkeit mein Schuhwerk durchdrang. Ich kannte meine Empfänglichkeit für Erkältungen und trat unruhig von einem Fuß auf den anderen.

Die Blicke aller Menschen, die zur Beerdigung gekommen waren, lagen musternd und beobachtend auf mir. Die Aufmerksamkeit, die ich erregte, machte mich unsicher. In meiner Hilflosigkeit tastete ich mehrmals nach den Knöpfen meiner Hose, um mich immer von neuem zu vergewissern, daß sie geschlossen seien. Ich schämte mich dieser auffallenden Bewegung zu tiefst, konnte aber nicht verhindern, daß nach wenigen Minuten das Gefühl meiner Nacktheit mich wieder unwiderstehlich zu ihr zwang.

Nach der Beerdigung erklärte ich meiner Tante, daß ich nichts vom Gute meines Vaters erben wolle. Geld hatte er keines hinterlassen. Das Haus war überschuldet. Ich wollte keinen Anzug und kein Möbelstück. Ich wollte keine Erinnerung.

ELISABETH JANSTEIN

Leiden

Die gefleckte Kuh brüllt Tag und Nacht um ihr Kalb, das der Fleischer gestern wegführte. Und der Stall liegt unter meinem Fenster. Aus dem mühselig erzwungenen Schlaf werde ich durch den dumpfen, langgezogenen Klagelaut aufgeschreckt.

Als ich heute früh in die Küche kam, saß die schwarze Katze nicht wie sonst zusammengerollt beim Ofen, sondern strich unter dem Tisch, zwischen den Bänken umher und suchte in den Körben, hinter den Kochtöpfen ihre Jungen, die am Vortage von den Kindern an mäusereiche Nachbarn verkauft worden waren – das Stück um zwanzig Heller.

Die kleine Ziege mit der glatten Schnauze und dem aufgestellten Schwanz läuft im Hof und in den Stallungen die Mutter suchen, die nur mehr als getrocknete Haut aufgespannt an der Scheunentüre hängt. Sogar die Holzstiege hinauf verirrt sie sich und meckert klagend vor den Türen der Hausparteien.

Irgend ein seltsames Gefühl würgt mich am Halse. Ich will nicht, daß mir die suchenden Tiere in ihrer Unrast leid tun, – ich will kein Mitleiden, kein Gefühl mehr. Ich bin so müde geworden.

Nun genügt es nicht mehr, daß ich den Menschen ausweiche und auf Gewesenes mühsam zusammengetragenen Schutt des Vergessens türme, – die immer wiederkehrenden Forderungen strecken auch hier ihre Fänge aus.

Ich kann nicht mehr. Mir ist jedes neue Gefühl nur die schlechte Kopie irgend eines vorhergegangenen, ich bin ein Dilettant, der auf einer Liebhaberbühne schauspielerte und nun die verfluchte Maske nicht mehr ablegen kann.

Gestern, bei dem Brand, als der Blitz den Bauernhof zündete und Rauch und Geprassel bis zu meinem Fenster herauf schlugen – o ja, – ich war es, die mit andern atemlos hinlief, keuchte, bis mir ein widerlicher Metallgeschmack im Munde schwoll und rötliche Funken vor den Augen sprangen, – ich war es, die Holz wegräumte, mit Wassereimern die Berglehne hinaufjagte, – ich, ich, aber nicht mein Gefühl. Ich wollte nicht helfen, die Menschen, die gierige Flammen löschten, kamen mir vermessen vor. Nur brennen lassen.

Ich hatte für die Betroffenen, die weinend und entsetzensblaß vor dem Chaos standen, keinen Funken Gefühl übrig, höchstens Widerwillen gegen das laute, tierische Geheul des Bauern, der keinen Finger rührte, um zu helfen, und Zorn auf die Jüngste, die dem großen, schwarzen Hofhund, der ratlos herumirrte, einen groben Tritt in die Flanken versetzte.

Irgend eine Uhr Gewohnheit ist in uns – die aufgezogene Feder läuft ab – so hätte ich vielleicht auch ein Kind aus den Flammen geholt, ohne an Menschlichkeit, an Göttlichkeit zu denken.

Ich bin müde geworden. Die vielen Tränen, die vor mir geflossen sind, haben sich zu einem Strom versammelt, gegen den ich nicht mehr ankämpfen kann.

Bitten und Versprechen, in einem Schrei vereinigt, gellen in mein Ohr, das sich nicht mehr in Stille zu flüchten weiß. Gefühl ist in rasenden Umdrehungen zu einer glühenden Scheibe geworden, die mich nach vorne reißt und meine Hände verbrennt, – ich kann nicht mehr.

Und doch – und doch –, es ist eine Verfluchung, die mich umgittert, die Schlingen legt und mich letzten Endes immer wieder einfängt, – warum bettelt die Ziege vor meiner Türe, warum begegnet mir die suchende Katze, warum reißt mich das Kuhgebrüll wie eine rufende Posaune aus dem Schlaf?

MELCHIOR VISCHER

Das gefährliche Abenteuer

Jan hatte das Gefühl, wagehalsig zu sein, es schwang etwas in seinem Blut; es war nicht Übermut, es war eine vollkommene Bewußtheit, ähnlich der, wenn gewöhnliche Menschen anfangen zu singen. Jan sah auf die Standuhr im Zimmer; das Zifferblatt war weiß und die Zeichen von gesättigter Schwärze; prägnant ging der Pendel. Er zog seinen Mantel an, setzte seinen Hut auf und verließ das Haus. Frisch wehte der Wind; kalt war es jedoch nicht. Jan schritt durch die enge Töpfergasse. Er ging langsam, wie eben einer geht, der nichts für andere zu tun hat, auf den kein Beruf wartet, der jeden Schritt macht, weil er es so will. Heute war kein Schnee gefallen; läge aber Schnee auf den Straßen, man würde es seinen Fußspuren ansehen, daß sie keinem Menschen verantwortlich wären, feste Schritte, leichte Schritte, die Stapfen aber genau umrissen, ebenmäßig und klar. Solche Stapfen pflegt einer zu hinterlassen, der nur sich selbst verantwortlich ist. An einer Schneespur kann man erkennen, ob einer einen Willen hat oder nicht.

In einem der Häuser dieser Gasse hatte Jan öfters ein Mädchen bemerkt, das wohl sechzehn Jahre alt war, blondes Haar hatte und knabenhaft gewachsen schien. Auch heute stand sie da. Ihm tat es wohl, daß schon Dämmerung in der Gasse lagerte. Nun ging er knapp an dem Mädchen vorbei, faßte ihre Hand und sprach sie an. Das Mädchen war nicht ängstlich, sie schien es erwartet zu haben. Das Kommende ergab sich mit Folgerichtigkeit und war nicht weiter merkwürdig. Das Mädchen hatte keinen Hut auf, und darüber freute sich Jan. Es war ein ehrliches Mädchen, Tochter einer Tischlerswitwe; seine Hände waren gewaschen; auch in der Ohrenschnecke gab es keine Schmutzhecken, die Mädchen und Knaben niederen Standes zumeist haben. Auch schwitzten die Hände nicht. Sie gingen in einen nahen Park, und Jan erfuhr, daß sie Helene hieß. Sie habe bis jetzt nur mit Knaben gespielt.

Jetzt geschah etwas Seltsames: nicht, daß Jan eine Lüsternheit verspürt hätte, als er den Atem des Mädchens fühlte, das war es nicht; Wünsche stiegen in seinem Innern hoch, er begehrte Helene, aber es war nicht das Begehren eines Mannes. Es war ein sonderbares Lustgefühl; es war nicht lüstern, aber auch nicht rein. Er wurde unsicher. Helene erzählte, denn es war dunkel. Im Geheimen war sie stolz, mit einem Mann zu gehen; sie machte sich in Gedanken unfromme Vorstellungen von Männern, wie eben sechzehnjährige Mädchen davon denken. Oft, wenn Helene auf der Straße Männer sah, lächelte sie, dachte an die unzüchtigen Zeichnungen und Worte, die sie von anderen verdorbenen Mädchen in der Schule gesehen und gehört hatte. Sie tat in Gedanken, was andere Frauen und Mädchen ebenfalls tun; sie entkleidete die Männer, und ihre Hände verloren alle Schüchternheit, spielten mit unbekannten Dingen. Sie erinnerte sich, wie sie als kleines Mädchen den Nußknacker zu Hause betastet hatte, auf allen Seiten, an allen Stellen; sie ertappte sich auch jetzt bei solchen Gedanken, ihr Atem ging schwer und sie wurde rot. Es war aber dunkel im Park und Jan sah ihre Röte nicht. Ihm war es noch nicht klar, was mit ihm wäre, und so nützte er die Dunkelheit nicht aus, tat nichts, was er sonst getan hätte. Er betastete das Mädchen nicht. Instinktmäßig fühlte er, daß Helene sehr aufgeregt sei; da ließ er ihre Hände los und steigerte dadurch die Erregung des Mädchens noch mehr. Sie fürchtete sich schon jetzt, wenn sie daran dachte, heute allein in dem weißen, keuschen Bett zu sein, hoffentlich würden sich ihrer Träume erbarmen, lange Träume, wollüstige Träume, die den Mädchen alle Wünsche erfüllen, wohltun und ungefährlich sind. Da war der Park zu Ende.

Eine Gaslaterne leuchtete hell. Es war bald acht Uhr, und Helene mußte eilen. Jan gab ihr die Hand. Man verabredete sich für den nächsten Tag. Helene ging vor, schnell. Jan ging langsam. Er war sehr freundlich, als er zu Hause ankam, aß viel und heftig, allmählich kaute er langsamer und er sah seiner Frau Maria ruhig in die Augen. Man merkte ihm nichts an. Sie gingen abends in das Konzertcafé der Stadt; Jan ließ Maria eine doppelte Portion Schlagsahne vorsetzen.

Als sie an diesem Tag heimgingen, schritt Jan schneller aus als Maria; als sie das nächtliche Haus betraten, waren seine Schritte auf den Steinfliesen kaum zu hören, Maria fühlte Fremdartiges; sie sagte aber nichts.

Ihr Schlafzimmer wurde hell und war gelb. Kaum war die Tür ins Schloß gefallen, zog sich Maria aus, fiel ins Bett und schlief.

Jan stand noch eine Weile im Zimmer und starrte vor sich hin. Dann setzte er sich auf sein Bett und strich mit den Fingern leise über die weiße Decke; dabei hatte er das Gefühl, mit dem Knöchel eines gebogenen Fingers über eine Kalkwand zu streichen; plötzlich lag auf seiner Hand eine Spinne. Das Aufblitzen des Lichts hatte sie schwindlig gemacht; sie war von der Zimmerdecke gefallen. Er blies auf die Hand; die Spinne klebte an der Haut; an ihren Beinen, dünn wie ein blondes Frauenhaar, waren kleine Kalkteilchen. Ein Frösteln seines Körpers vereinte sich gleichzeitig mit einer schnellen, verekelten Gebärde der Hand: das Tier fiel zu Boden.

Da erinnerte sich Jan, daß er auch schlafen wolle. Er schaltete das Licht aus und legte sich angezogen auf das Bett.

Das Klingeln einer eigensinnigen Glocke drang wie die leere Stimme eines Lehrers immer wieder an sein Ohr. Er blinzelte. Er schlug die Augen auf. Marias Busen war entblößt, er hörte das samtene Schurfen des Waschlappens an ihrer Haut. Er richtete sich im Bett auf. Ihr Gesicht war nicht mehr schlaff; hell schaute ihr Auge. Hell war auch das Zimmer. Jan war mürrisch; er vergaß sogar zu gähnen.

»Der Briefträger ist schon dagewesen!« sagte Maria und zog dabei ihr Hemd vorsichtig über den Kopf, um ihr Haar nicht zu verwirren. Ihre Stimme war frisch.

Jan sah einen Klingelknopf vor sich, immer und immer wieder. Das ärgerte ihn. Er drückte darauf. Es klopfte. Maria rief: »Herein!« Frau Zink, ihre Aufwartefrau, stand da und wartete.

»Den Kaffee!« rief Jan und wunderte sich selbst, daß er so schnell begriff, daß er so schnell bestellte. Denn er hatte auf den Knopf gedrückt, wie er eben vor vielen Jahren als Junge auf den Knopf einer Haustür gedrückt hatte, um dann wegzulaufen.

»Die Frau hat große Füße!« sagte er, langsam und nachdenklich. Dabei merkte er, daß er angezogen im Bett lag. Er sprang auf, zog sich aus, wusch sich schnell, zog sich wieder an. Dann gurgelte er.

Maria hatte das Zimmer verlassen; erst jetzt wurde es ihm bewußt, daß er einige Scheu vor ihr hatte; deshalb war er vorher auch so mürrisch gewesen. Dann blickte er auf die Decke des Zimmers und atmete auf, als die Spinne nicht mehr zu sehen war.

Es folgten nun zwei Wochen, in denen sich Jan in ständiger, innerer Erregtheit befand. Nicht, daß Maria kleinlich gewesen wäre; aber auch sie würde sich zurückgesetzt fühlen, wenn sie erfahren sollte, daß er einem Mädchen zuneige. Dabei wußte er nicht einmal, was ihn trieb.

Aber mit der Zeit wurde er in seiner Überlegung kühl und folgerichtig. Er ging mit aller Vorsicht zu Werke, um mit Helene allein sein zu können. In seine Wohnung konnte er sie nicht nehmen; Maria war kaum aus der Wohnung zu entfernen; sie hätte wegfahren müssen; sie fuhr aber nie ohne ihn. So mußte er sich in der Stadt nach einem Absteigquartier umsehen. Denn im Park herumzugehen war auf die Dauer langweilig. Stundenhotels gab es in dieser kleinen, mittelalterlichen Stadt nicht.

In der dritten Woche hatte Jan Glück. Mit Hilfe eines Dienstmannes hatte er etwas gefunden; bei einer Offizierswitwe, die taub war. Diese bewohnte ein kleines Gartenhaus; dort mietete er ein Zimmer. Jan hatte schon viel erlebt;

doch diesmal war er aufgeregt, als er zum erstenmal mit Helene dieses stille Zimmer besuchen wollte. Helene war, trotzdem sie ihm mit verdorbenen Reden imponieren wollte, ein Kind.

Es war schon dunkel, als sie sich trafen, unweit des Gartenhauses. Jan schloß die Tür auf; er hörte, wie Helenens Atem ging. Dann nahm er sie bei der Hand, zog sie durch einen dunklen Gang, einige Stufen hoch; sie standen vor einer schmalen Tür; er klinkte nieder und machte Licht. Das Zündholz hatte in seiner Hand gezittert.

Helene war übermäßig rot im Gesicht und konnte kaum sprechen. Jan streifte ruhig seinen Mantel ab und legte ihn auf einen Stuhl. Dann zog er ihr die Jacke von den Schultern. Helene setzte sich und schielte auf den Diwan, den sie mied. Jan lachte und setzte sich breit auf den Diwan. Dann begann er die Federn mit der Faust zu drücken, stand wieder auf, beugte sich über ihren Kopf und verwirrte ihr Haar. Er sah auf die Lampe und schraubte den Docht tiefer; denn der Glaszylinder war oben schon schwarz und es rußte. Im Augenblick kam ihm das alles, was er hier tat, entschuldbar vor, wenn er daran dachte, daß zu Hause die hohe Standuhr weiter ticken würde, auch wenn er nicht im Zimmer wäre; das beruhigte ihn.

Helene war noch immer still. Sie konnte das, was geschehen sollte, kaum erwarten; dann hatte sie wieder Scheu, hätte fliehen mögen und ward im Gesicht immer wieder rot. Er hatte aus dem Schrank, der muffig roch, eine dickbauchige Likörflasche geholt; ein Tablett mit kleinen Glasbechern stand am Tisch; er schenkte ein und trank. Nun nötigte er auch Helene zum Trinken, schenkte wieder ein und trank. Dann setzte er sich auf den Diwan und zog Helene neben sich. Er merkte, daß ihre Hände zitterten. Da strich er ihr leise und sanft über den Nacken und küßte sie an den Stellen des Halses, wo ihr Haar begann. Nun suchte er mit der Hand die Knöpfe ihrer Bluse, knöpfte sie auf. Sein Atem ging mit dem des Mädchens fast in gleichem Takt.

Nun riß er ihr die Bluse herunter. Sie bedeckte mit den Händen ihre Brüste; er legte seine Hände auf ihre Hände; sehr warm waren seine Hände, die ihrigen abwechselnd heiß und kalt. Nun nahm er ihre Hände, schob sie unerbittlich weg. Sie vergaß, sich zu schämen, schon hatte er ihr den Rock heruntergezogen. Nun war sie nackt und ihre kleinen Brüste waren hart und spitz. Der Schoß war blond wie ihr Haar. Er strich mit den Händen auf und nieder. Das aber, was sie heimlich erwartet hatte, trat nicht ein. Ihr tanzte alles vor den Augen und sie sah seine Gestalt verschwommen. Seine Hände drängten sie mit Kraft auf die andere Seite, sie lag da, mit dem Rücken nach oben. Da gingen ihm seine Hände zugleich mit seinem keuchenden Atem durch, er riß sich den Leibgurt herunter und mit einer zärtlichen Besessenheit klatschte der Riemen auf ihren Körper nieder. So war sie überrascht worden, daß minutenlang ihr Denken, Gefühl aussetzten; sie spürte nichts; erst später. Sie wagte nicht zu schreien; denn das Haus war fremd; sie hatte Angst, es käme jemand und würde sie sehen. Er wußte nicht, wie ihm geschah, aber es war ihm warm und gut, wie er sie so schlug, immer und immer wieder. Ihre Haut hatte Striemen; er hielt inne und fuhr mit der breiten Handfläche über ihren Rücken herab; die Haut war erregt, warm und fühlte sich mäßig fett an wie Stanniolpapier, das man von Schokoladetafeln übrig hat und mit den Fingern platt streicht. Er wühlte sein Gesicht in ihre Haare, sie wollte ihm dabei den Riemen entreißen. Da ward er wieder an das Klatschen erinnert, wenn der Riemen auf die Haut niederpeitschte, jenes ein wenig gedämpfte Klatschen, das ihn so erregte; denn der Riemen war sehr breit. Er schlug und schlug. Der Arm tat ihm weh, er ließ sich auf den Stuhl niederfallen und seufzte. Er sah noch immer den nackten, gestriemten Körper. Wieder strich er über die Haut, langsam, sich wundernd, was er getan hatte.

Helene lag da, hatte ihren Kopf in die Diwanlehne gestoßen, wagte nicht aufzusehen und nicht zu weinen.

Da sagte Jan, sie solle sich anziehen. Ihr Leib zuckte. Jede Stelle schmerzte sie, aber sie hatte noch immer gewartet. Da etwas noch kommen müßte, das Große, Ersehnte, Furchtbare und Gute. In ihrer ersten Einfalt hatte sie gedacht, es wäre wohl immer so; das, was er mit ihr getan hätte. Dann käme das Andere, Wirkliche.

Nochmals klang seine Stimme: »Zieh dich an!« Der Ton war hart. Sie rührte sich nicht. Da drehte er die Lampe aus. Sie tastete nach ihren Kleidern und zog sich an.

Jan machte wieder Licht. Sie schlug die Augen zu Boden. Sie ging zur Tür. Er blies die Lampe aus und folgte ihr. Beim Gehen über die Stufen schmerzten sie alle Glieder. Sie standen vor dem Haus. Erst jetzt sah er ihre roten Augen, die weinen wollten, aber nicht weinen konnten. Übrigens flackerte das Licht der Laterne.

Sie wagte nicht, ihn anzusehen. Ein unwissendes Mädchen trägt lange daran, wenn sie Weinen unterdrücken muß; das kann in späteren Jahren böse Folgen haben. Jan wollte etwas sagen. Er konnte aber kein Wort über die Lippen bringen. Er wunderte sich jetzt über das Vorgefallene; jedoch nicht lange. Denn er wurde von einer großen Langeweile übermannt. Helene wollte sprechen, fragen; aber sie vermochte es nicht; sie schämte sich. Sie rannte plötzlich weg.

KARL BRAND

Novelle im Traum

Nach einundzwanzig Jahren Dahinkränkeln geschah es, daß sich der Tod ihm in die Lunge einfraß und rasendes Fieber in ihn fuhr, daß das Blut in ihm aufbrauste und er blutigen Schaum auf den Lippen brennend erstarren fühlte. Das weiße Bett ächzte, da das Fieber den Einundzwanzigjährigen wie einen morschen Stock zu zerbrechen drohte. Das blaue Auge verhüllte sich in ein stumpfes Grau und alle Güte, die sonst auf seinen Zügen stand, war verwischt. Seine heiße Stirn brannte wie lohendes Feuer, sichtbar rissen die blauen Pulsadern in ihr mit dicken Strängen, und alles Blut, das in sein Herz mündete, war Feuermasse. Und ich sitze neben dem Kranken und halte seine Hand in der meinen.

Und seine Stimme zerbrach beim ersten Aufschrei wie ein dünnes, feines Porzellan und klang dann tot und hohl, ja glich einem Knarren. Nur der reißende Husten durchschnitt pfeifend das Ächzen der Gurgel und irrte im Zimmer, prallte von Wänden ab und verklang leise. Über dem verzerrten Gesicht lag dennoch Apathie –

... Die Mutter des Einundzwanzigjährigen löschte das große, helle Licht und brannte das kleine, grüne, flackernde Licht an, diesen einsamen Wächter der Nächte des Leids so ins Leben rufend. Ich gehe nicht vom Bette meines Freundes, ich bleibe bis früh, ich zeige mit dem Finger auf jene Ottomane, die Frau nickt verständig ... Der Kranke lag da, der Schlummer drückte seine brennenden Wimpern herab, sein Atem ging ruhiger, auf ab, auf ab, – nur dann und wann pfiff der scharfe Husten aus seiner Lunge ..., er hält immer noch meine Hand. Die Mutter ging, die Türe fiel zu im Zimmer des Todes, klanglos, aber es schien, als fiele ein Gefängnistor zu ... ich sehe den Kranken im weißen Bett, sehe das grüne die Nacht durchwachende Licht, sehe alles und fühle etwas in mir rasen, da der Kranke die grauumwölkten Augen aufschlägt und in die meinen bohrt, etwas schreit in mir stumm auf, ... fühle ... weiß, furchtbares Bewußtsein, ich bin in den Leib des Todkranken eingekerkert ... ich fühle den Schmerz und pfeife den Husten aus der wehen Lunge ... und ich sinke in Schlaf, in tiefen, erquickenden Schlaf. Im Schlaf aber bin ich wach, tausend Gestalten wechseln kraß unter dem grünen Licht. Draußen Regen, unaufhörlich rieselnder Regen, ich bin wach im Schlaf und weiß alles, was draußen vorgeht ...

Wird dieser Regen, der mich ans enge Zimmer fesselt und aufzehrt, ewig dauern? Wollen die maßlos zusammengeballten Wolken nicht vom Himmel fliehen? Wollen sie alle Tage verwischen mit ihrem Fluß, alles Leuchtende von den Straßen wegschwemmen? Und es ist Nacht. Aus meinem schwachen, krankvermorschten Leib gebiert sich ein Gesunder. So bin ich denn von neuem geboren, ich gehe mit meinem neuen Ich durch endlose Straßen, durch grinsende Nacht. Alles ist ich. Regen ... Regen ... Regen ... – – –
– –

Stundengeriesel. Ewige, sich ins Unendliche aufbauchende Stunden. Doch der Regen wird schwächer, die Kräfte des Himmels haben sich erschöpft; wie dies Schwächerwerden des Regens erquickt! Ich aber fühle den Regen bis auf die Haut und ich erbebe vor Kälte. Rastlos gehe ich durch das Schwarz der nächtlichen Straßen, manchmal blitzt ein helles Fenster eines Wirtshauses auf, aber ich höre keinen Ton an mein Ohr dringen. Die Häuser scheinen innen lebendig zu sein, aber ihre Gesichter sind tot. Kein Ton ... und alles in mir sehnt sich nach Ton ... Tönen, Klängen ... Worten!

Der Regen starb! Wie mein Inneres aufjubelt. Ich sehe mich im Finstern um auf meinem Vorwärtsgehen, – o, fremde Straße, die ich bei Tag nie gegangen bin und die kein Ende nehmen will! Ist es die Straße des Todes? Die Frage peitscht durch mein Hirn, das sich nach Leben, Tönen,

Klingen sehnt! Der Weg ist qualvoll. Im Dunkel eines Haustores auf den Fliesen kauert ein Wesen. Ich beuge meinen Kopf an sein Gesicht. Ein Mann ohne Nase, das linke Auge ausgeflossen, das rechte starig in den Himmel gestochen. Auf seinem Schoß hält er eine Ziehharmonika, die Finger spielen, aber kein Ton dringt aus dem bauchigen Instrument hervor. Ich fliehe ... Die Finsternis sticht in meine Augen und maßlose Angst überfällt mich, ich könnte auch erblinden. Und angstvoll gehe ich im Dunkel vorwärts. Wieviele Stunden gehe ich schon durch diese endlos lange Straße? Oder sind es keine Stunden, sind es Minuten, die mein aufgepeitschtes Hirn zu Stunden macht? Ich greife an meine Stirn, sie brennt, warum rast das Blut in mir, so wahnsinnig aufgepeitscht, wie lastendes Meer im Sturm?

Ich stehe und fühle ein seltsames Kühl auf meiner Haut. Ist es das Kühl der Nacht? »Regen«, blitzt es in meinem Hirn auf. Es ist das Regennaß, das meine Haut kühlt. Da es regnete, haßte ich den Regen, nun, da er starb, sehne ich mich nach ihm; denn Nacht ist einförmig, wie eine einzige, nicht endende, nirgends begrenzte Farbe. Wie ich mich nach dem Morgen sehne, um aus dieser nächtlichen Straße fortzukommen, aber im Himmel, wo sonst der Mond klotzig herabglotzte, grinst mich eine schauernde, blutige Fratze an.

Wieder muß ich ermüdet halten. Einförmigkeit der Nacht macht den Menschen müde. Und meine Müdigkeit schmerzt, ich fühle diesen Schmerz heiß durch alle Glieder rinnen. Über die Straße springt vom Häusersims eine schwarze Katze ab, knapp über meine Füße, daß ich wild aufschrecke. Ich fühle beißenden Schmerz in den Augen, die blinzelnd das nächtliche Tier suchen. Und ich sehe es in der Mitte der Straße, ich glaube, sein sonst weiches, schwarzes Fell naß und struppig zu sehen. Es ist zerrauft wie das eines räudigen Hundes. Aber seine zwei Augen brennen, funkeln durch die nächtliche Straße.

Meine Augen hängen an denen des Tieres, von dem mein Hirn nicht loskommen kann. Immer sehe ich in das Feuer dieser Augen, bis dies Feuer in meinem Hirn zu sprechen beginnt, mit sonderbarer Stimme, stumm, aber klar: »Komm, folge mir. Ich führe dich dorthin, wo ewig Neues aus Gewesenem emportaucht, wo dich das Staunen starr anfassen wird in diesem Phönixreich ewiger Gerechtigkeit!« Nachdenkend stehe ich da. Ist dies Traum? Ich weiß es nicht. Die Nacht aber ist schwarz, nur die zwei Katzenaugen sehe ich, an denen ich hänge.

O käme ich los von diesem Gefängnis der Nacht. So sterbe ich in Eintönigkeit dieser ewigen Finsternis! Ich muß dem Tiere folgen, das sich rückwärts, wie ein Krebs fortbewegt, meine Blicke hängen ununterbrochen in den Feueraugen. Rasch führt mich das schwarze Tier vorwärts, fast beginne ich zu keuchen ... ein seltsames Pfeifen dringt aus meinen Zähnen und Lippen. Und ich wanke vor Müdigkeit, da das Tier vor einem Hause stehen bleibt, das mir aus Träumen bekannt ist. Ich kenne dies öde Haus, dessen Fenster alle vermauert sind und dessen schwarzes Eisentor ein finsterer Molochsrachen zu sein scheint. Doch, da ich näherkomme, steht das Tor offen, in seinem Grunde, tief hinten, brennt ein flackerndes, grünes Ampellicht, das ich aus irgend einem Traum kenne und das mich wie ein Magnet an sich zieht, so daß ich eintrete. Und nun stehe ich im breiten Flur vor einer breiten Stiege unter dem grünen Ampellicht. Die Stiege ist von ihrem Licht matt erleuchtet; ich steige die Treppe empor, auf jedem Treppenabsatz brennen seltsame helle Lichter. Nun stehe ich auf dem Gang des letzten Stockwerkes, da fühle ich, daß mir jemand fehlt ... Das Tier, die Katze mit den Feueraugen ... ich bin allein. Und der lange Gang hat keine Türe, ich scheine gefangen, ich möchte entfliehen, aber ich finde die Treppen nicht mehr und so taste ich an den grauen Wänden. Die Lichter leuchten in diesem Gang aus den tiefen, leeren Augenhöhlen menschlicher Totenköpfe, die in die Mauern eingemauert, mich furchtbar anstarren. Stundenlanges Andenwändentasten, die Handflächen sind fast wundgerieben ... Hirn flattert: Gefangen!

Gefangen! Dann aber, nachdem sich mein Herz in Angst zermartert, finde ich eine Türe in ein dunkles Gemach führend ... nein, keine Tür, kein Gemach, ein furchtbarer Anblick, ein öder Raum, rund, wie ein Kessel ... in ihm rasend siedendes Blut, aus dem heiße Dämpfe emporsteigen ... Das Leben?! Und ich schließe die Augen ... das furchtbare Bild verschwindet und taucht nicht mehr auf, ich aber stehe vor der Treppe. Aus meiner Kehle dringt einem Strahl gleich Jauchzen, aber mein müder Leib fällt zermartert in sich zusammen ...

Und ich erwache wieder auf fremder Straße, wie, weiß ich nicht. Aber ich weiß, es ist Tag. Ich schleiche über das Straßenpflaster wie krasser Tod. Langer Weg ermüdet mich wieder ... bin ich denn ausgeruht? Kaum daß ich noch gehe, selbst verwundert über mich selbst, vergesse ich das Bild der Straße, der Häuser. Dann aber schrecke ich auf ... dort, das Haus, das ich bewohne, von dem Hause fort bewegt sich ein Leichenzug. Er kommt an mir vorbei, ich sehe die schwarze Leinwandtafel mit den weißen Buchstaben und irgend einem blauen Wappen. Ich sehe näher hin: Die Tafel trägt meinen Namen ... man begräbt mich und ich stehe hier, lebe, Wahnsinn will mein Hirn zerfetzen und der wilde Aufschrei lähmt mich ... da öffnen sich zwei Augen, ich sehe das grüne Nachtlicht, ich sitze im Lehnstuhl neben dem Kranken und halte seine brennende Hand in der meinen. Kalter Schauer schüttelt mich. Ich liebe ihn, den einundzwanzigjährigen Jüngling, aber ich weiß, er wird sterben, bald sterben. Seine heiße Hand hat mirs gesagt ...

HANS GERKE

Der Ziegelarbeiter

Emotionen in fünf Teilen

Dieses Ereignis fiel in jene Zeit seines Lebens, die die zartesten Regungen seiner Knabenseele mit den breitesten, schamlosesten Gebärden begleitete. Seine Kameraden huschten einzeln oder seltsam gepaart und gruppiert mit Flüstertönen um ihn herum und das Sprechen der Erwachsenen schien ihm ein stetes Einverständnis, von dem er sich immer gefährdet fühlte. Zurückschauend aber bot ihm dies Erlebnis inmitten einer Kette lasciver und unwirklicher Bilder den Halt, an die Kraft seines jungen Empfindens zu glauben.

I

Der Knabe rüttelte mit seinen Blicken an dem hellen Antlitz des schönen Burschen, er umkreiste sein vorgestrecktes Profil. Er mußte hinter dem Jäger durchsehen und stand deshalb einen Schritt hinter der Linie, die sie in den Klee gestellt hatten. Links vom Jäger mit dem schräg blitzenden Büchsenlauf ersetzte der Knabe, auf der anderen Seite der Ziegelarbeiter, die Dienste eines Jagdhundes. Sie hatten ihn auf der Halde schlafend getroffen, und freudig war er ihnen in den hohen Klee gefolgt, in dem sie jetzt endlich mit steifen Beinen in der Linie vorwärts gingen. Der Knabe war aber stehen geblieben und mußte erst angerufen werden; nun stolperte er mit verdrehtem Oberkörper mit, blieb stehen, wenn jener stand, und folgte, den Blick bald auf die gleitenden Beine, die nackt den kühlen Klee teilten, bald auf das straffe Antlitz gewendet. Da, – das Knattern der Hühner, ein Schuß und schon stürzte der Bursch vor, bückte sich, griff zweimal fehl, erhaschte das flatternde, schlecht getroffene Tier und brachte es nun in den gehöhlten Händen; er blickte erregt ununterbrochen zwischen dem Jäger und seinen Händen hin und her. »Beiß ihm die Hirnschale durch«, rief ihm der Alte zu, »vorsichtig die Hirnschale!« Er blieb vor ihnen stehen. »Beißen?« sagte er gedehnt, dann hob er rasch mit einer Hand den Kopf des Tieres zu den glänzenden Zähnen, zog die Lippen in die Höh' und biß langsam, auf das Tier starrend, zu. Die Flügel flatterten um seine gestrafften Wangen, seine Augen glänzten nach abwärts gerichtet, da ließ der Knabe das Riemenbündel fallen und lief durch den Klee, der an seinen Schuhen riß, weg, – weg bis in den Wald. –

Die nächsten Stunden, die er im Walde lag, waren voll Bewegtheit. Da waren breitblättrige Stauden, die erinnernd an die Wangen schlugen. Steine, zu denen er hinkroch, weil er ihnen näher liegen mußte, – ganz unbedingt mußte. Dann später Bäume, die eigentlich erst so hoch anfingen, daß sie die Gedanken zu sich hinaufnahmen, ohne sich zu bücken, und an denen man sich zurücktasten konnte in vergangene Zustände. Schließlich sah man, mit einigem Unbehagen nach Haus schlendernd, müde, aber interessiert zwei Eichhörnchen, und der Gedanke, eine Begegnung mit einem Reh könnte sich unglaublich plötzlich ereignen, drängte alles andere fort.

– –

II

Auf dem Tischtuche aber stand ein Salzfaß, das auf seiner breiten eckigen Fläche kleine Monde trug, die sicherlich so aussahen, wie die, die in die Butter gedrückt waren. Zur Butter aber konnte man nicht hinsehen, denn da hätte man Blicken begegnen müssen, die sicher auf einen gerichtet waren, und sich unter den anfeuernden Worten des alten Herrn immer wieder auf einen zurücklenkten. Auf die Worte horchte man besser gar nicht hin, die hatte man eh' schon gehört, seitdem die ganze Tischrunde auf die Türe, die sich gerade heute so laut öffnete, hingesehen hatte. »Nimrod, Held läuft beim ersten Schuß davon« und solches! – Schließlich die zwei Mädchen waren ihm höchst gleichgültig, und all dies wäre wohl so abgegangen, wie es der Knabe erwartete, – aber da sprach sie, die er die Gütige genannt, – aber nur eigentlich ein einzigesmal so genannt hatte, er erinnerte sich bloß immer wieder daran, sie sagte: »Laßt ihn doch! Hat halt Mitleid mit dem Tiere« und sie sagte vielleicht noch etwas, aber dies war schon zuviel. Er stieß mit vorgestrecktem Finger fest das Salzfaß um und mußte nun Verlegenheit und die verachtenden Worte der Mutter auf sich nehmen. –

– –

III

Nun trug der Knabe verdrossen, fast verzweifelnd die Öde der nächsten Tage. Hie und da ging er auf die Jagd; dann war seine erregte Spannung so groß, daß er alles vergaß und sich heiter wähnte. Doch nichts geschah, – enttäuscht und geschäftsmäßig knüpfte er die gedehnten Hühnerhälse in die Schlingen. Vor dem Einschlafen strebte er krampfhaft sie zu vergessen, der er seit ihren entschuldigenden Worten Verachtung darzubringen sich mühte. Doch er sah fast selbst ein, daß er zu viel an sie dachte. – All dies flaute dann plötzlich wieder ab und wurde zurückgedrängt von großen Ereignissen des Kuhstalles oder von dem Liegen an Wiesenböschungen mit dem Ausblick nach höher gelegenen Dörfern. Braun und gelb im Rechteck und in langen Bändern starrten die Felder, die Äcker zu ihm herauf. – Dann kam ein Regen. Er drückte die Tür in ein Zimmer auf und sah sie dunkel begrenzt beim Fenster sitzen. Plötzlich saß er selbst neben ihr; nachträglich erschrak er und konnte nun seine Knie nicht bewegen. Immer höher stieg der Wunsch, die Beine zu beugen, endlich nach zwei Ansätzen fand er den Mut und berührte, als er seine Beine zu strecken wagte, hastig ihre Schürze. Nun war er frei und blickte lächelnd zu ihr auf; er begann im Rhythmus eines italienischen Finales zu fühlen. Auch sie sah ihn freundlich an und legte stumm ihre kühle Hand auf seinen bloßen Arm; unten zitterte für ihn die überregnete Fläche des Hofes. Da kam ein Mensch, – mit nackten Füßen ging unten der Ziegelarbeiter quer vorbei und schaute schön und kühn, aber ernst und unbeweglich herauf. Der Knabe fühlte, daß er ein großes Unrecht begangen habe. Eine Pause kam, die erfüllt war von überzeugender Angst. Dann rückte er hart mit dem Sessel und riß sich mit einem Ruck aus dem Rahmen des geöffneten Fensters los. Sie blieb unbeweglich sitzen, doch, ihre lange Hand glitt vor ihm auf die Nässe des Brettes. Rasch und laut war er im Hofe, durch das klirrende Parkgitter auf der Landstraße. Dort stand der schöne Ziegelarbeiter unter der rechten Linde und zwang ihn im Rieseln stehen zu bleiben wie ein Bußgänger. Endlich hatte er Erbarmen und ging weg; nun durfte der Knabe naß und müde ins Haus, während diese zwingenden, fast klaren Instinkte der letzten Stunde von ihm glitten und ihn einem ganz gewöhnlichen Abendträumen überließen. –

– –

IV

Noch zweimal durchlebte er jetzt ähnliche Vorgänge, die von einem Intervall zum andern führten und gräßliche Steigerung der drückenden Unsicherheit enthielten. Jedesmal wurden sie dadurch hervorgerufen, daß der Knabe die hellen Kleidchen der zwei gleichgültigen Mädchen nahe neben den Schritten des schönen Burschen entdeckte. Seine Eifersucht nahm ihnen die gleichgültige Verachtung, die er ihnen bis dahin zugedacht hatte und umkleidete sie mit wütendem Interesse. Einmal hatte er noch die Kraft, als er der einen nachspürte, diese unerquickliche Sucht, sie zu ertappen, wegzuwerfen und das Spionieren abzubrechen; damals lief er beschämt und unsicher nach Hause. Das zweite Mal sah er die andere in der Ziegelhütte verschwinden. Er weinte, und faßte, angeregt durch ein Erlebnis seiner Lektüre den Entschluß, ihnen Brausepulver ins Nachtgeschirr zu schütten. Er fand aber nicht den Mut dazu und verachtete sich sehr. Sie, die er jetzt unbedenklich die Gütige nannte, lag damals sicher und als Besitz in einem Winkel dieser tobenden Geschehnisse. –

– –

V

Doch kam dann auch dumpfe Ruhe, unterbrochen durch Abgelenktheit. Endlich saß er auf der Gartenmauer und hörte einige Leute ein ungeheuer wehmutvolles Studentenlied grölen. Dies rührte ihn sehr und er ließ sich bald niedergleiten an den breiten Schieferplatten, die den obern Rand der körnig bemörtelten Mauer bedeckten, bald hob er sich empor, starrte lang ausgestreckt auf die graue Milchstraße hinauf und suchte so seine ganze Wehmut durch Krümmungen und Muskelanspannungen aus seinem Knabenherzen herauszustoßen. Einige Tränen gingen dabei mit. Diesen unangenehmen Zustand endeten befreiende Schritte; dankbar und abgelenkt ließ er sich wieder herabgleiten, blinzelte vor sich, um das Herankommende zu erkennen und gewahrte bloß eine enge Verschlungenheit zweier Gestalten. Als sie auseinander traten, zuckten seine Hände auf den Schieferplatten. Da stand er, er in mondübergossener Schönheit, nahm bleich und düster sein Heiligstes vom Postamente, schwenkte es höhnend gegen ihn. Stieß heiße, hastige Worte aus und trat bald vor bald zurück. Eine Welle hob den Knaben. Klar wußte er jetzt, daß hier eine Schönheit sei, die ihm gehöre, – noch nie hatte er so klar Eigentumsrechte an die blendende Herrlichkeit des Arbeiters empfunden, – und er fühlte sich betrogen um eine Güte, die einst auf seinem Arme geruht hatte. Er sank wieder zurück in das wilde Kreisen ohne Bewußtsein; inmitten dieser Wirbel fühlte er plötzlich nur noch das klar aufgetauchte, bestimmte Wollen, die Schönheit dieses männlichen Antlitzes hier hinwegzufegen. Er hob die lose Schieferplatte und schleuderte sie breit auf das Antlitz. – Es war nicht hinweggefegt, was seine Geste gewollt hatte, aber der Quatsch, in den sich die edlen Züge auflösten, das Brüllen und der Schrei brachten seine entflohene Seele siegesbewußt und real zurück. Er stand da, den Rücken gedeckt gegen einen Halbkreis von Geschöpfen, die sich bemühten, ihm das Licht ihrer Laternen und ihren Haß entgegenzuwerfen. Er war sich bewußt, ihnen ein verderbliches Geschenk genommen zu haben und sah Dank hinter all diesem Warten, an ihn, den Messias, der die harte Schönheit hinweggenommen hatte. Ja er rang sich zu fester Klarheit auf: Dieses Geschöpf, – jetzt war es ihm äußerst widerwärtig und verächtlich –, der da ist gerecht gezüchtigt, jene werden mich lieben, lieben wird mich auch sie! Und dies lebte verworren in ihm fort, bis seine Mutter zwischen ihn und den aufgestörten Halbkreis trat. Der Blick aber, den sie auf das Antlitz voll zertrümmerter, verwischter Schönheit warf, ließ den Knaben schaudern vor unbegriffenen Zusammenhängen und brach seine hohe Freude, wie die Maibaumstange des Hofes vor zwei Tagen geknickt war. Er wurde ernst und ließ demütig die harten Konsequenzen an sich herankommen.

JOHANNES URZIDIL

Zu den neun Teufeln

In dem Hause »Zu den neun Teufeln« zu Füßen der Prager Kleinseite, nahe der Moldauinsel Kampa, wohnte noch während meiner Kindheit eine Greisin von fast hundert Jahren, die mein Vater von Zeit zu Zeit besuchte. Dabei nahm er mich mit, denn er war verwitwet und hatte nur selten jemanden, dem er mich anvertrauen konnte. In jenem Hause hatte er als Student in den siebziger Jahren gewohnt. Es lag unfern eines »Čertovka«, d. i. Teufelsbach, benannten Wasserlaufs, der die Kampa vom Festland trennt. Die Greisin, schon während der Studienzeit meines Vaters ziemlich bejahrt, war damals seine Hauswirtin gewesen. Er war aus dem deutschsprachigen Westböhmen in das ihm fremde, riesenhaft erscheinende und etwas unheimliche Prag gekommen, und das alte Fräulein, dem er empfohlen worden war, hatte für ihn durch Jahre geradezu mütterlich gesorgt, was die Ursache seiner dauernden Anhänglichkeit bildete.

Es gab aber noch einen anderen Grund für diese Besuche; der lag in dem alten, winkeltreppigen, mit allerlei Nebenkammern, Alkoven, Kabinetten, Geheimtüren und verrackten Kellerräumen versehenen Hause selbst, dessen bloßer Name ja bereits dämonisch wirkte. Niemand wohnte darinnen außer dem Fräulein, das von den Besitzern – böhmischen Herren von altem Adel – zur Hausbesorgerin bestellt war, ein Amt, das schon ihr Vater innegehabt hatte, obzwar es in diesem Hause nichts anderes zu besorgen gab als eben die Wohnung des Hausbesorgers. Denn die übrigen Räume standen leer oder waren jedenfalls unbewohnt. Da oder dort war wohl ein brüchiges Möbelstück übrig, irgendein seltsames Gerät, dessen Aufgabe nur noch im Älterwerden bestand, ein zerschlissener Großvatersessel, bloß für gewichtslose Gespenster tauglich, ein verkrümmtes Bücherbrett, sogar noch mit eingeschrumpften Schweinslederscharteken darauf; in rußigen Küchen schichteten Messing und Kupfer Grünspan und Patina, zersetzte sich Zinn am Aussatz und zerfiel an der Pest, vergrindeten sich dreifüßige Eisenkessel mit mürbem Rost.

Bei jedem Besuch durchwanderte der Vater diese dumpfen Räumlichkeiten von Stockwerk zu Stockwerk bis zum Dachboden, der voll war mit unendlichem Kramuriwerk, deckellosen Kisten, klaffenden Koffern, absurd geformten Flaschen und riesigen Glasballons, zwischen denen ein geneigter Erdglobus, ein Himmelsglobus und ein bronzenes Coelotellurium stets meine Neugierde erregten. Besonders gern aber stieg der Vater, eine brennende Kerze in der einen, mich an der anderen Hand, hinunter in das gewölbte Doppelgeschoß der unterirdischen Keller, das Heim metallenen Auswurfs, der Tiegel, Mörser, eisernen Weidlinge und kupfernen Waagen, deren Gelenke freilich die Oxyde der Zeit verkrustet hatten und deren Balken mit den übrigen Gebilden durch dichte Spinnweben verbunden waren. Der Vater suchte nichts, er berührte kaum je etwas, er betrachtete nur, als benötigte das Verlassene und Vergessene zuweilen eines Blickes zum Weiterbestehen. Bei diesen Wanderungen fiel nur selten ein Wort.

Betrat man aber im Erdgeschoß die kleine Wohnung des Fräuleins, so tat sich eine völlig andere Welt auf, eine ins kleinste vorgesehene Einteilung, ein gepflegter Kosmos, darin jede der alten Elbogener oder Schlaggenwalder Porzellantassen, jedes der Haidaer Überfanggläser, jedes Klöppeldeckchen seiner eigenen Ordensregel unterworfen schien. Es war dies weniger eine Wohnstatt als eine genaue Apparatur zur Erzielung größtmöglicher Sicherheit und Zuverlässigkeit des täglichen Lebens. Alles war stets am gleichen Ort, und der Vater eröffnete mir die Tugenden und Vorzüge solch klar gegliederter Daseinsform, in der man nie etwas suchen mußte und nie wegen eines Gegenstandes in Verlegenheit geriet. Und in der Mitte dieses fast feierlichen Aufbaus von hunderterlei Notwendigem oder zur Notwendigkeit erhobenen Überflüssigem, betreut von den unverständlichsten Zierstücken, die wiederum von ihr betreut wurden, saß die Greisin in geradezu überirdischer Sauberkeit wohlangeordnet im Schaukelstuhl, ein Spitzengebilde über den weißen, schütteren Haaren, eine durchbrochene Krause über der schwarzen Samtmantille, mit makellos weißer Schürze, die Füße in Schnallenschuhen gegen einen geschnitzten Schemel gestemmt.

Sobald ich mich verneigt und scheu meinen Gruß geflüstert hatte, hob sie eine ihrer grauen, uralter Dinge kundigen, von zahllosen Furchen, Runzeln und bräunlichen Flekken bedeckten Hände und strich mir behutsam über die Stirn. Das tat mir wohl, denn in jener Knabenzeit hatte ich sonst niemanden, der das je getan hätte. Der Vater war nicht danach, war auch wohl zu sehr in sich gekehrt. Traurig war der Vater, und aus seiner Trauer trat er nur selten heraus, nur wenn er gerade ins Erzählen geriet, darein er sich verlieren konnte, was wohl auch im wörtlichen Sinne der Grund seines Erzählens sein mochte.

Auch die Greisin erzählte manches Mal. Und dann begannen die urzeitlichen Täler und Höhen ihres Antlitzes gleichsam aufzugrünen oder gar aufzublühen, ihre Augen schienen die Gegenstände wie Lampen anzustrahlen und an ihnen sonst beschattete Eigenheiten sichtbar zu machen, und ihre durch die Zeiten plissierten Lippen gewannen Farbe.

Neben ihr auf einem kleinen Tischchen stand in ovalem Goldrahmen das etwa handgroße farbige Brustbild eines ansehnlichen Herrn in hochgeschlossenem Rock mit einem Ordensstern. Einmal nach einem Besuch sagte der Vater, daß er dieses Bild fürs Leben gern besessen hätte, sich aber nie getrauen würde, das Fräulein darum anzugehen, die es um nichts in der Welt hergeben würde, denn es sei mit dem wichtigsten Ereignis ihres Lebens verbunden.

»Wen stellt es dar?«

»Den Namen hat sie nie genannt, weiß ihn wohl auch gar nicht. Aber ich habe so eine Ahnung.«

»Was für eine denn?«

»Über bloße Ahnungen soll man nie sprechen«, sagte der Vater, »das ist Sache der Dichter.«

»Und das Ereignis? Weißt du darüber etwas?«

»Ja. Damit habe ich in einer gewissen Art zu tun gehabt. Aber es ist lange her. Ich muß es mir wieder zurechtdenken und aufbauen. Zuvor jedoch sollst du erst etwas wissen über das Haus selbst, in dem ich vier Jahre meines Lebens zubrachte und das für die Stadt von großer Wichtigkeit ist.«

»Freilich, wenn du doch darin gewohnt hast.«

»Nun, damals stand es schon genauso leer oder vielmehr mit Gerümpel angefüllt da wie jetzt, nur waren noch zwei weitere Zimmer eingerichtet, das eine für des Fräuleins alten, gelähmten Vater und das andere zum Vermieten. Dort eben wohnte ich, und schon dazumal schlich ich häufig durch die Stockwerke, kramte auf den Dachböden und forschte in den Kellern.«

»Und hast du etwas gefunden?«

»Siehst du, heute würde ich wahrscheinlich gar vieles finden, was mir wert schiene. Damals aber nicht. Das ist die Zeit. Sie erzeugt Werte. Mindestens ebenso viele, wie sie vernichtet. Merk dir das.«

Ich merkte es mir, wie man sich gerade das besonders merkt, was man am wenigsten begriffen hat.

»Aber etwas«, fuhr der Vater fort, »hab' ich doch einmal gefunden. Eben das kleine Bild, das dem Fräulein so wichtig ist. Wie ich dazu kam und wo ich es fand, das ist eben die Geschichte, die mich so eng mit diesem Haus verbindet. Darauf werde ich noch zurückkommen. Aber als ich dem Fräulein das Bild brachte, da schrie sie auf. Sie fiel mir um den Hals, küßte mich, jubelte, begann zu singen und sogar zu tanzen, wenngleich sie damals schon fast meine Großmutter hätte sein können. Obwohl es Wochentag war, briet sie mir eine Kalbsstelze und rollte den besten Apfelstrudel meines Lebens.«

»Das Bild muß also wirklich für sie sehr wichtig gewesen sein.«

»Gewiß. Aber warum das so war, dazu muß man vieles wissen. In dem Haus ›Zu den neun Teufeln‹ nämlich soll zu Zeiten – vor vierhundert Jahren – ein berühmter Schwarzkünstler gewohnt haben. Es gibt noch ein anderes Prager Haus, an der Mittagsseite des Karlsplatzes, mit dem der Name ›Faust‹ verbunden ist. Die Sagen gehen hin und her. Vielleicht hat er in beiden gewohnt, vielleicht in keinem. Jedenfalls soll er in Böhmen geboren worden sein, wahrscheinlich sogar in Prag. Andere, die für Böhmen und Prag nichts übrig haben und auch alles immer besser wissen möchten, verlegen ihn ins Schwäbische. Heute ist das ja auch schon ziemlich gleichgültig. Aber dieses Prag hier, wo auch du geboren wurdest, ist eine alte Zauberstadt. Hier haben die Rabbiner ihre Zauberlehrlinge herumlaufen lassen, und die Kaiser haben sich ihre Goldmacher gehalten. Hier kam vieles zusammen, Ost und West, Jud und Christ, Tschech und Deutscher, Nord und Süd, und wo viele Essenzen zusammenfließen, da entstehen auch viele zauberhafte, unbegreifliche und sonst nie gesehene Dinge, Worte, Charaktere und Begebenheiten, da ist der Nährboden der magischen Kräfte und Zauberworte.«

»Und was zauberte der Schwarzkünstler? Flogen Tauben aus seinen Ärmeln? Zersägte er eine Frau in der Luft?«

»Keine dergleichen Kniffe. Er war ein gelehrter Doktor. Er erzeugte Medizinen zum Verjüngen oder zum unendlich Altwerden, er braute Metalle zu Gold zusammen, besonders aber machte er Experimente, ein Menschenkind künstlich herzustellen. Diese Versuche sind seither in Prag immer wieder erneuert worden. Fünfzig Jahre nach dem Doktor setzte der berühmte Rabbi Löw seinen mechanischen Knecht Golem in Bewegung. Der Doktor aber hatte anderes im Sinn gehabt. Er wollte aus allerlei Elixieren und Gasen in einem großen Glasballon ein lebendes Wesen zustande bringen, was ihm auch teilweise gelungen sein soll, denn er war mit einem der neun Teufel im Bunde. Aber ein Teufel allein genügt da eben nicht. Man müßte schon die ganze Gewerkschaft auf seiner Seite haben, Mephistopheles, Cozintras, Asmodi, Trochadeus, Astharot, Serpens, Beelzebub, Samael und Fofunagra oder wie er tschechisch heißt: Fanfrnik. Ich kenne die Namen auswendig. Sie gehören zum Haus. Dieses ist zwar im Laufe der Jahrhunderte mehrere Male umgebaut worden und wirkt von außen jetzt ganz anders als zu Zeiten des Doktors. Es gehörte schon damals demselben Adelsgeschlecht wie heute, und der damalige Herr, ein königlicher Kämmerer, hatte es dem Doktor für seine Absichten zur Verfügung gestellt. Nach ihm bezogen es dann andere Magier und Goldköche. Innen aber sind die Räume immer die gleichen geblieben mitsamt den Werkzeugen und Geräten aus dem Zauberjahrhundert. Manche davon mögen vielleicht gar noch dem Doktor gehört haben, und möglicherweise hat einer der grünlichen Glasballons, die auf dem Dachboden herumliegen, sein künstliches Menschenkind beherbergt.«

»Wozu braucht man eigentlich künstliche Menschen?« fragte ich. »Hat man denn nicht genug natürliche?«

»Die Wissenschaft fragt nicht, wozu man ihre Ergebnisse benötigt«, erklärte der Vater streng. »Eine ihrer Hauptaufgaben sieht sie darin, das künstlich herzustellen, was die Natur von sich aus ohne viel Mühe hervorbringt. Das alles führt bis zu Gott, mit dem der Mensch gern konkurrieren möchte. Da müßte ich stundenlang reden. Früher, als eben noch alle an Gott glaubten, hat man sich bei solchen Unternehmungen nach einem Teufel umgesehen. Das war noch die gute alte Zeit. Heute aber glauben die Ingenieure weder an Gott noch an den Teufel.«

Mein Vater war selbst ein Ingenieur und hat allerlei erfunden und konstruiert. Mir schien er zwischen den geistigen Teufelsschülern und den neueren Technikern auf einer Mittelstufe zu stehen, wo man zwar noch einen Gott, aber keine Teufel mehr für möglich hält. Er gehörte ja auch noch dem Geist des vergangenen Jahrhunderts an. »Und das Bild«, fragte ich ihn, »erzähl doch, wie das mit dem Bild war.«

»Vielleicht«, so sagte er nach einigem Nachdenken, »erzähle ich dir den Vorgang am besten mit den Worten des Fräuleins, wie sie mir das Ganze einmal, kurz nach ihres Vaters Tod, an einem stillen Abend berichtete. Damals gab es nur stille Abende. Es ist jetzt mehr als zwanzig Jahre her, aber ihr Zimmer sah schon genauso aus, wie du es kennst, und sie selbst war ja auch schon recht alt, ihr Gesicht, ihr Hals und ihre Hände fast schon genauso runzelig wie heute. Ja, was berichtete sie also?«

»Ich war noch ein Kind, kaum dreizehn Jahre alt, es war in dem Jahr, als der Franzose bei Leipzig geschlagen wurde. Jeder, der damals nicht mehr in der Wiege lag, erinnert sich genau dieses Jahres. Die Stadt war schon vor jener Schlacht voll von Fremden, besonders von Blessierten der verbündeten Armeen, Österreichern, Preußen, Russen. Überall lagen sie herum, nicht nur in den Wohnungen, auch in den Hausfluren. Nur bei uns war keine Einquartierung. Das Haus ›Zu den neun Teufeln‹ scheute man; hier wollte man keine Verletzten unterbringen. Man fürchtete, ihre Wunden würden sich nicht schließen, ihre Schmerzen nicht weichen in dem verwunschenen Haus.

Einmal, an einem Abend – wir waren noch nicht zu Bett gegangen, mein Vater und ich, Mutter war ja schon lange tot – vernahmen wir Pferdegetrappel und Wagengeroll, das vor unserem Haus anhielt, und dann das schwere Auffallen des Türklopfers. Mein Vater nahm die Krücke unter, humpelte in den Flur, um nachzusehen, und kehrte nach einer Weile mit einem Herrn zurück, der mir nicht mehr jung schien, aber noch sehr lebhaft und von mächtigen Augen. Der Fremde wies ein Schreiben unseres Grafen vor, des Inhalts, man möge dem Vorweiser jederzeit nach Belieben alle Räume des Hauses zeigen und ihm in jeder Art zu Gefallen sein. Nachdem der Vater es vorgelesen, nahm es der Fremde wieder an sich. Der Vater fragte dann, ob der Fremde nicht drüben im Gasthof zur Post einstehen möchte, wo sich der Kutscher mit Wagen und Pferden schon hingewandt habe, denn wir könnten ihm zu solcher Stunde mit keinerlei Bequemlichkeit dienen. Am Morgen könne er dann wunschgemäß alles betrachten, obschon er keine besonderen Merkwürdigkeiten erwarten dürfe, weder Reichtümer noch Kunstschätze. Nein, erklärte der Fremde, jetzt sofort wolle er das Haus durchwandern und jeden Raum genau besehen, denn er müsse, sobald die Pferde ausgeruht seien, mit dem frühesten zurück nach Teplitz. Dort dürfe er keinen Augenblick ohne Not versäumen. Hohe Verbindlichkeiten erwarteten ihn, erhabene Geschäfte. Ohnehin habe er sich mit erheblicher Mühe die wenigen Stunden für diesen Besuch abgetrotzt. In unwahrscheinlichem Tempo, viermal die Pferde wechselnd, sei er hierher gejagt, ganz gegen seine Art der Gegenden auf der Fahrt nicht achtend. Ja, es komme ihm seine Anwesenheit in dieser Stadt nicht eigentlich als Wirklichkeit, sondern eher als Traum vor, als etwas durchaus Unglaubhaftes, eine Luftspiegelung fast, die Verdichtung eines heftigen Wunsches, den man bereit sei, als Tatsache zu nehmen. Solche Augenblicke aber seien so selten, daß man es nicht erst wagen dürfe, ihnen Dauer verleihen zu wollen.

Trotz dieses etwas ungestümen Drängens versuchte mein Vater, den Gast zu einem wenigstens kurzen Aufschub zu überreden. ›Möchten Eure Exzellenz nicht der Stadt einige Aufmerksamkeit widmen, dem altertümlichen Horologium am Rathaus, den Kaiser- und Königsgräbern im Dom, der Brücke mit ihren Türmen, den Palästen?‹

›Danke‹, fiel ihm der Fremde ins Wort, ›ich weiß einiges über diese Stadt. Aber vorläufig möchten wir es wohl bei dem Wissen bewenden lassen. Man hat mir durch den lokalen Buchhändler Calve einen aufschlußreichen Grundriß besorgt, und ich kenne nach Abbildung und Beschreibung die eminente Majestät dieser wahren Königs- und klassischen Stadt, die ich unverantwortlicherweise trotz aller Anmahnungen meiner hiesigen Freunde noch nicht habe besuchen können. Jetzt aber möchten wir wohl beim Kerzenschein betrachten, was dem Tag nicht angehört.‹

Erraten konnte ich schon, daß der vornehme Fremde, der in dem Schreiben unseres Grafen zwar als Exzellenz, aber nicht mit Namen eingeführt war, über das Haus ›Zu den neun Teufeln‹ einigermaßen Bescheid wußte. Der Vater machte alsbald eine Laterne zurecht, ich versah mich mit einer Wachskerze, und wir begannen unseren Rundgang durch die Gemächer, die nun in der Finsternis doppelt gespenstisch erschienen, mit quietschenden Dielen, knisternden Wänden, knackendem Gestühl, da oder dort einer eilig trippelnden Maus, die Eimer, Retorten und Dreifüße unter flackernd wechselndem Licht in seltsamer Regung und Tätigkeit, als wären sie von neuem mitten in ihren Geschäften, die Glasballons schillernd und spiegelnd, trübe phosphoreszierend und wirklich, als schwebe innen noch ein letzter Rest von irgend etwas Geisterhaftem umher. Lange und begierig blickte der Gast in diese gläsernen Welten; es freute mich, ihn sie betrachten zu sehen. Denn sein Schauen war kein erstauntes Starren, es hatte eine gewisse rhythmische Bewegung, es war kein bloßes mit dem Auge Betasten, vielmehr ein strahlendes Umfangen, ein plötzliches Erkennen eines längst Erkannten. Ich merkte das, auch wenn er zuweilen nach mir herübersah. Einen der Glasballons nahm er auf und hielt ihn über drei Fingern vor sich hin, ja, obzwar das Gebilde doch recht schwer sein mußte, schnellte er es ein wenig hoch, so daß es eine Sekunde lang in der Luft hing wie eine riesige Seifenblase, die sich dann mit schwereloser Allmählichkeit wieder auf den gespreizten Fingern des Gastes niederließ. ›Haben Sie das muntere Leuchten aus der Mitte heraus bemerkt?‹ fragte er. ›Es ist ein Ergebnis des freien Schwebens.‹ Auf dem Hängeboden versetzte er den Himmelsglobus in Bewegung. Dann kurbelte er am Coelotellurium, ich mußte mit meinem Kerzenlicht die Sonne spielen, und so begann das Weltall zu kreisen. ›Jetzt wollen wir eine Mondfinsternis veranstalten!‹ rief er. ›Vielleicht hat das schon Tycho mit dieser Maschine gemacht, alt genug wäre sie dazu.‹ So demonstrierte er die Geschehnisse in den Himmeln. Nie hab' ich die Sonne so herrlich aufscheinen gesehen wie in seinen Worten, nie wieder beleuchtete mich ein Mond so sicher und sanft wie sein Blick.

Dann stiegen wir in die Keller hinab. Alles nahm er in seine Hände, untersuchte die Tiegel, die Mörser, die Kessel und Dreifüße, ob noch Reste einstiger Ideen darinnen vorhanden wären, wie er sagte, fand Dinge, von denen wir nie etwas gewußt, Seltsamkeiten, die uns nie aufgefallen waren, mit raschen Vergleichen weckte er Gegenstände zum Leben. Aufgehäufte Metallbarren in einem Winkel nannte er unenträtseltes Gold. Er war wie ein Jüngling, ja ganz verjüngt schien er unter den Zaubergeräten, so daß ich meine Augen nicht mehr von ihm wandte. Ich war auch immer zunächst bei ihm mit meinem Licht. Der Vater kam mit seiner Krücke immer nur langsam nach.

Im Untergeschoß des Kellers ist eine eiserne Tür, mannshoch, nur drei Handlängen in die Quere, aber schwer, ohne Schloß, Griff oder Riegel. Was sie verbarg, wohin sie führte, wußten wir nicht, denn bei jedem Versuch, sich durch den schmalen Spalt zu schieben oder auch nur hineinzuleuchten, verlosch das Licht. Aber der Gast wollte wissen, welche Bewandtnis es mit dieser Tür habe. Sie hatte ihre Mucken. Zu öffnen war sie manches Mal leicht oder, genauer gesagt, meist war sie nur angelehnt. Wenn man sie aber aufzog, hielt jegliches Licht vor der Öffnung still, drang nicht weiter, aufgehalten von einer unsichtbaren Wand, so daß man nicht wußte, ob ein Raum hinter der Tür war, eine Treppe oder ein Abgrund. Nie wagte jemand, vorwärts zu gehen. ›Das ist ein höheres Geheimnis‹, sagte der Gast. ›Wir wollen doch versuchen, das Unerklärliche bis zu seiner äußersten Grenze zurückzutreiben.‹ Dabei tat er einen Schritt hinein in das ortlose Dunkel, kein Lichtschein erreichte ihn mehr, die Tür schloß sich kreischend, und mein Vater und ich standen schreckerfüllt davor. Wir riefen, wir pochten, wir versuchten mit allen Kräften, den schweren eisernen Deckel zu lokkern. Aber diesmal rührte er sich nicht. Von innen war nichts zu vernehmen. Der Vater holte dann Stemmeisen und Werkzeuge, aber nichts fruchtete. Ich fiel auf die Knie und begann zu beten, zu Gott, zum Prager Jesuskind, zur Schwarzen Mutter Gottes. Aber ich wurde nicht erhört.

Darüber war der Morgen angebrochen, und der Vater sandte mich hinüber zum Einkehrgasthof ›Zur Post‹, nach dem Kutscher zu fragen und den Schmied zu holen. Der Wirt schüttelte den Kopf. Ein Kutscher mit Wagen und Pferden? Den hätte er doch bemerken müssen. Niemand sei hier eingekehrt, kein Reisewagen mit Bespannung, nicht einmal ein einzelner Handwerksbursch habe sich gezeigt. Das sei ganz unmöglich, sagte ich. Es sei möglich, sagte der Wirt, daß es die Jungfer für unmöglich halte. Aber in solchen Zeiten sei eben das Unmögliche möglich. Und wenn es einen Kutscher mit Wagen und Pferden gegeben habe, so müsse er anderswo eingekehrt, wenn nicht gar von der Erde verschlungen worden sein. Ich schilderte dem Wirt und dem Schmied den nächtlichen Besuch und flehte sie an, uns doch so schnell wie möglich beim Öffnen der Eisenpforte behilflich zu sein. Der Wirt wollte nichts damit zu schaffen haben. Der Schmied aber, der mich schon immer gern gehabt hatte, ließ sich bereden und kam mit Eisenstangen und Bolzen herüber. Aber schon im Flur empfing uns der Vater mit den Worten: ›Es ist alles vorbei. Die Tür hat sich von selbst wieder geöffnet. Aber nichts rührt sich dahinter. Niemand ist zu hören.‹ Der Schmied stieg trotzdem in den Keller, um sich zu überzeugen. Er stocherte mit seinen Eisenstangen in dem Dunkel umher, traf immer nur ins Leere und gab am Ende bleichen Antlitzes seine Bemühungen auf.

Keine Spur war von dem nächtlichen Gast geblieben. Keiner wußte etwas von ihm oder seinem Gefährt zu berichten, und sehr bald hielt man das Ganze für eine Ausgeburt unserer Phantasie, ja für eine aufgeputzte Lüge, mit der wir uns vor den Leuten wichtig machen wollten, die in jenen entscheidenden Kriegstagen ganz andere Dinge im Kopf hatten. Wir freilich blieben überzeugt, daß der Gast in der Kelleröffnung verschwunden und im Unbekannten zugrunde gegangen war. Mein Vater sandte dem Grafen einen Bericht über den Vorfall, und dieser kam sogar in eigener Person, um sich den Schauplatz der Ereignisse anzusehen, aber nicht etwa, weil er dem Bericht den geringsten Glauben schenkte. Vielmehr hielt er ihn für krause Einbildung, wie sie ein zurückgezogenes Leben leicht bewirke. Daß dem so sein müsse, beweise der Umstand, daß er niemals jemandem die Erlaubnis zur Besichtigung des Hauses erteilt habe. Ein solches Dokument, und gar ohne den Namen des Überbringers, könne nur eine Fälschung gewesen sein. Wofern aber dies der Fall war, dann hätte den Fälscher nur seine gerechte Strafe ereilt. Der Graf wollte uns beide sogar auf eines seiner Landgüter umsiedeln, in gute Luft und heitere Umgebung. Aber mein Vater, seit Jahren an das Haus ›Zu den neun Teufeln‹ gewöhnt, wollte es nicht zulassen. So blieben wir, wo wir waren, und machten uns langsam mit der Deutung vertraut, daß der Gast jener Nacht aus einer unbestimmten Wirklichkeit in eine noch unbestimmtere Unwirklichkeit eingetreten, ja daß er nur ein Traumgebilde war. So vergingen die Jahre, wie sie denn gar leicht vergehen.

Aber einmal, zehn Sommer später, ich war nun schon erwachsen, einmal reichte mir mein Vater ein versiegeltes Päckchen. Ein Postillion habe es für mich zurückgelassen, sagte er. Es war ein großes Ereignis, und deshalb habe ich mir das Jahr gemerkt. Achtzehnhundertdreiundzwanzig. Es war aufregend, denn niemals noch hatte mir jemand etwas gesandt. Ich war keine, der man etwas sendet. In dem Päckchen aber befand sich das ovale Bild, das jetzt hier neben mir steht. Es ist das Bild jenes verschollenen Gastes. Ohne Absendernamen, ohne ein beigefügtes Wort war es eingelangt.

Ich befragte den Postmeister, aber er wußte nichts zu sagen. Ein Päckchen? Er habe keines an mich gesandt. Das Wort des Vaters stand gegen das des Postmeisters, und ich glaubte dem Vater. Denn das Bild war ja da. Es war von vollkommenster Ähnlichkeit, alt und jugendlich zugleich, mit den großen, unvergeßlichen Augen. Ich weiß nicht mehr, warum ich mit dem Bild hinunterstieg ins Kellergeschoß, warum ich vor der eisernen Pforte niederkniete und das Bild an den Türrahmen lehnte. Der Schein meiner Kerze leuchtete es an, und ich betete für den Verlorenen, als könnte ich ihn derart aus dem Unbetretenen, nicht zu Betretenden wieder aufrufen. Da neigte sich unversehens das Licht, die Tür bewegte sich, und zwischen ihr und der eisernen Rahmenleiste glitt das Bild lautlos in jene Finsternis hinab, die schon einst den Gast aufgenommen hatte, den es darstellte.

Aus einer Ohnmacht holte mich der Vater nach oben. Seither habe ich den Keller nie wieder betreten. Sie aber haben, kurz nachdem Sie zu uns ins Haus kamen, dann das Bild wiedergefunden und mich selbst so dem Leben wiedergegeben.«

Während mein Vater diese unheimliche Geschichte erzählte, hatte ich mich in einer Sofaecke zusammengekauert. So abenteuerlich das Ganze klang, so hatte ich doch zwei feste Anhaltspunkte für die Echtheit der Erzählung, das Bild nämlich und die Eisentür, die ich selbst gesehen hatte.

»Wie aber hast du das Bild gefunden, Vater?« fragte ich.

»Ganz einfach. Bei meinem Herumspionieren in dem alten Haus stieß ich gleich in den ersten Tagen auf die eiserne Tür im Keller. Wie meist stand sie ein wenig offen. Aus der Öffnung aber ragte etwas golden Schimmerndes heraus, der Rahmen des Bildes eben, nach dem ich griff, ohne zu wissen, worum es sich handle. Von den spukhaften Eigenschaften der Tür wußte ich dazumal noch nichts. Indem ich aber das Bild im Schein meines Talglichts betrachtete, fiel die Tür langsam zu und ließ sich seither nicht wieder öffnen.«

»Und warum glaubte denn das Fräulein, du hättest ihr mit dem Bild das Leben wiedergegeben?«

»Nun das ist leicht zu erklären. Erst wußte sie nicht mehr, ob der Gast, und später, ob sein Bild wirklich oder etwa bloße Traumfiguren gewesen wären. So wurde sie am Ende ihrer eigenen Wirklichkeit unsicher. So etwas gibt es in solchen Häusern und solchen Städten. Das Leben zerfloß ihr gleichsam zwischen den Fingern. Als ich ihr dann das Bild brachte, so daß sie es neben sich stellen, betrachten und mit ihm sich unterreden konnte, da war die Wirklichkeit und mit ihr das Leben wieder da.«

Ich war aber ein mißtrauischer Knabe und – wie übrigens jedes Kind – ein gar unerbittlicher Prüfer. »Glaubst du denn«, fragte ich, »daß das Bild tatsächlich jenen Mann darstellte? War es nicht etwa bloß ein Fund ihres Vaters, der sie überraschen wollte? Oder sind nicht vielleicht dem Fräulein, als du das Bild brachtest, die ganzen Vorgänge dazu erst eingefallen? Oder hast du am Ende selbst ...«

»Genug«, unterbrach der Vater, »du eilst mir zu sehr im Denken. Du solltest lieber Ball spielen und später Eisenbahnbeamter werden wie ich. Da hat man freie Fahrt nach aller Welt. Nach dieser und nach jener.«

F. C. WEISKOPF

Das goldene Äpfelchen

Als die Marina Kmetko, Kätnerin und Tagelöhnerin in Nižné Vrútky in der Slowakei, erfuhr, daß ihr Sohn Laco die schöne Arbeit in der Kremnitzer Papierfabrik aufgegeben habe, um in das weite und unbekannte Land Spanien zu ziehen, noch dazu in einen Krieg, von dem sie noch gar nichts gehört hatte, da glaubte sie allen Ernstes, der Junge sei um den Verstand gekommen. Doch dann schickte der Laco einen Brief: ein beschriebenes Papier und zwei Bilder. Auf den Bildern waren tote Kinder zu sehen und weinende Frauen vor verbrannten Hütten. In dem Geschriebenen hieß es:

»Die Bauern hier sind so arm gewesen wie die bei uns in der Steingegend von Kysúce. Sie haben Land bekommen von der Republik, aber die Grafen wollen es ihnen nicht lassen und deshalb ist Krieg. Sie stecken die Dörfer an und erschlagen die Kinder, aber die Bauern wehren sich gut. Die Arbeiter aus den Städten helfen ihnen, und es kommen auch viele aus anderen Ländern zu Hilfe. Jetzt weißt Du, warum ich hierhergegangen bin ...«

Als Rifkele Berschkowitz, die Tochter des Händlers in Vrútky, von der sich Marina das Schreiben vorlesen ließ, bis zu dieser Stelle gelangt war, unterbrach sie sich und sagte: »Das kann ja niemand verstehen. Er ist meschugge, Euer Laco. Oder wißt Ihr, was ihn das angeht?«

»Ja«, gab Marina zurück und bekam seltsam dunkle, flakkernde Augen, »er denkt an seinen Vater.« Worauf Rifkele hinauslief, weil ihr unheimlich wurde und sie nicht wollte, daß das Kind in ihrem Leib davon Schaden nehme. »Entweder hat sie das Fieber, oder ich weiß nicht was«, sagte sie zu Hirsch, ihrem Mann, und schickte ihn in den Laden. Er wog der Marina dann die zwei Pfund Salz ab, die sie haben wollte, und riet ihr, ein Senfpflaster aufzulegen. »Das zieht die Hitze aus dem Blut und bringt die Gedanken in Ordnung!«

Aber Marinas Gedanken waren völlig in Ordnung. Sie dachte an Lacos Vater, ihren toten Mann. Der war auch gegen die Grafen gezogen, im neunzehner Jahr, drüben in Ungarn. Sie hatten ihn gefangen und aufgeknüpft. Damals hatte der vierzehnjährige Laco seinen Vater rächen wollen. Er war weggelaufen und erst nach einem Monat, ganz verhungert und abgerissen, zurückgekehrt.

Es stand sofort fest für Marina, daß sie dem Jungen etwas schicken müsse. Etwas Besonderes. Etwas, woran er seine Freude haben würde.

Sie überlegte. Was hatte man im großen Krieg den Männern geschickt? Tabak und wollene Socken. Aber Laco rauchte nicht, und in seinen Briefen berichtete er, in Spanien sei es so heiß, daß sie alle ohne Strümpfe in Bastschuhen herumliefen. Sie versuchte, sich zu erinnern, was für Wünsche Laco gehabt hatte. Es gelang ihr nicht. Überhaupt fiel ihr das Nachdenken über solche Dinge schwer. Der Laco war als fünftes von zehn Kindern zur Welt gekommen. Zehn Kinder im Haus, der Mann in den Wäldern bei der Holzarbeit und später im Krieg, und der Acker so dürftig, daß die Kartoffelernte bestenfalls für neun Monate im Jahr reichte – wie hätte Marina da Zeit finden sollen, sich um die Wünsche und Träume der Kinder zu kümmern?

Und nach der Rückkehr von dem mißglückten Rachezug gegen die ungarischen Grafen war Laco zu einem Gazda gegangen, zu einem Bauern aus der Nachbarschaft, der Drahtenbinderjungen mit auf die »große Reise« nahm. Seither hatte der Sohn sein eigenes Leben gelebt, war selten und immer nur auf ganz kurze Zeit nach Hause gekommen, jedesmal um einiges größer und männlicher, jedesmal dem toten Vater um etwas ähnlicher und darum dem Herzen der Mutter lieber, aber ihren Augen und Ohren fremder. Ach ja. Zu guter Letzt fiel es ihr doch ein. Sie sah in Vrútky vor dem Berschkowitz-Laden ein paar Dorfkinder stehen und die

zwei Apfelsinen im Schaufenster bewundern. Da erinnerte sie sich, daß Laco, als er zum ersten Male mit ihr in der Stadt gewesen war, auch so verzaubert vor dem Laden von Leib Berschkowitz gestanden und noch lange Zeit nachher sehnsüchtig von den nie zuvor gesehenen goldenen Äpfelchen gesprochen hatte.

Ihr Entschluß war sofort gefaßt. Sie trat in den Laden und verlangte eine Apfelsine.

»Was wollt Ihr?« fragte Rifkele, die bei Marinas Erscheinen automatisch nach der Salzschaufel gegriffen hatte. Dann entsann sie sich des seltsamen Verhaltens, das Marina kürzlich an den Tag gelegt hatte, und meinte nur: »Wißt Ihr auch, was das kostet?«

»Ich habe Geld«, antwortete Marina und holte aus einem aufgeknoteten Zipfel des Unterrocks die Nickel hervor. »Wieviel ist zu zahlen?«

Kopfschüttelnd brachte Rifkele die Frucht.

»Ich möchte sie eingepackt haben«, sagte Marina, »in Papier und in eine feste Schachtel und gut verschnürt.«

»Eingepackt und verschnürt, hat man so was schon gehört? Ja, warum denn? Wollt Ihr sie am Ende wegschicken?«

»Ja.«

»Wirklich? Wohin denn?«

»Weit.«

Sie achtete nicht auf die Fragen von Rifkele Berschkowitz, zählte zwölf Sechser auf die Theke, nahm die Zuckerschachtel mit der Apfelsine behutsam unter den Arm und ging.

»Meschugge, ganz und gar meschugge!« murmelte Rifkele, die ihr von der Ladentür aus nachblickte. Das Kind im Leib regte sich. Sie spuckte dreimal aus. »Toi, toi, toi!« Dann drehte sie sich schnell um und warf die Ladentüre zu.

»Verrückt!« dachte sich auch die Postbeamtin, als Marina an den Schalter trat und bat, man möge die Schachtel zum Versand fertigmachen.

»Nach Spanien.«

»Was? Nach Spanien? Und was ist drin? Obst? Das wird zur Beförderung nicht angenommen ... und überhaupt, wer wird nach Spanien Apfelsinen schicken? Dort wachsen sie doch!«

Sie schob die Schachtel zurück, schloß das Schalterfenster und kümmerte sich nicht weiter um Marina. Die blieb noch eine ganze Weile vor dem Schalter stehen. Es war nicht leicht, sich über das, was die Postbeamtin gesagt hatte, klarzuwerden. Aber schließlich hatte sie alles durchdacht und begriffen und wußte auch, was sie wollte.

Sie klopfte nochmals an das Schalterfenster.

»Was gibt's denn noch?« fauchte die Postbeamtin. »Ich habe doch vorhin schon erklärt, daß Postsendungen mit Obst ins Ausland nicht angenommen werden.« Sie schlug das Fenster wieder zu.

Marina wartete noch eine Weile, dann ging sie zurück zum Laden von Leib Berschkowitz. Als Rifkele ihrer ansichtig wurde, wollte sie sich davonmachen, doch dann hielt die Neugier sie an ihrem Platz hinter der Theke fest. Warum Marina nochmals komme? Sie habe eine Bitte. Ob Rifkele ihr nicht einen Brief schreiben könne? An Laco, an den Jungen in Spanien.

Wieder siegte die Neugier über eine ursprüngliche Regung der Abwehr. Rifkele holte Papier und Bleistift und schrieb, was Marina dem Jungen mitzuteilen hatte:

»Lieber Sohn Laco!

Ich wollte Dir eines von den goldenen Äpfelchen schikken, die Du Dir gewünscht hast, weißt Du noch? Ich habe es bei Berschkowitz im Laden gekauft, aber auf der Post wollen sie es nicht annehmen. Auch sagen sie, es ist unnötig, weil dort, wo Du jetzt bist, die Äpfelchen wachsen. So schicke ich Dir nur den Brief, weil Du ja auch nicht rauchst und Wollsocken keinen Zweck haben, wenn es heiß ist.

Es küßt und segnet Dich Deine Mutter Marina Kmetko von Nižné Vrútky.«

»Ihr könnt es gegen Salz umtauschen oder gegen Petroleum«, erklärte Rifkele, als sie zu Ende geschrieben hatte, großmütig. »Ich nehme es zurück.«

Aber Marina wollte das goldene Äpfelchen behalten: »Weil es von dort kommt, wo er ist!«

Sie dankte für das Aufschreiben des Briefes und empfahl sich. Die Schachtel mit der Apfelsine hatte sie vorher in das Umhängetuch geknüpft wie einen Säugling.

Der Brief an Laco kam zurück. Er lag in einem neuen Umschlag neben einem andern Brief. In diesem teilte der Kommissar des Bataillons Masaryk mit, daß der Kamerad Laco Kmetko bei der Verteidigung einer vorgeschobenen Stellung gegen vielfache feindliche Übermacht den Tod für die Freiheit gefunden habe. »Er ist an dem gleichen Tag gefallen, an dem Ihr Brief ankam, und wir haben ihn unter einem Baum begraben, der zweimal im Jahr goldene Äpfel trägt.«

Rifkele konnte nur langsam vorlesen, sie hatte die Augen voller Wasser. »Was hat er auch hingehen müssen in den Krieg, wo er nichts zu suchen hatte?« rief sie aufgeregt schluckend, »aber so sind sie immer, eure Männer: an die Frauen und Mütter denken sie nicht!«

Marina streichelte ihr die Schulter. Man hätte meinen können, der andern sei ein Sohn gestorben und nicht ihr. »Weine nicht«, sagte sie zu Rifkele, »das verstehst du nicht. Er ist dorthin gegangen, weil er an die Frauen und Kinder gedacht hat.«

Sie kaufte eine Kerze. Rifkele schenkte ihr eine zweite dazu. Hirsch blieb der Mund offenstehen, als er das sah. Über dem offenen Mund schwebte, wie ein unsichtbares Wölkchen, das stumm gebliebene Gezeter über Rifkeles Verschwendung. Aber seine Frau war wie verwandelt. Sie wandte sich an ihn: »Mach den Mund zu, es regnet kein Manna, und ich bin nicht meschugge ... nur, du verstehst nichts, verstehst du?«

Marina klebte die Kerzen auf die Truhe, rechts und links neben ihren bunten Hochzeitsteller, auf dem der goldene Apfel lag. Abends, wenn sie von der Arbeit kam, stand sie eine Weile vor der Truhe, und in der wachsenden Dämmerung nahm die Frucht die Form eines Kinderköpfchens an. Es war seltsam: seitdem Marina von Lacos Tod erfahren hatte, konnte sie sich ganz deutlich erinnern, wie er als kleines Kind ausgesehen hatte. Auch wurde er – früher nur eines von zehn Kindern – jetzt zu dem liebsten.

Sie begann Andenken an ihn zu sammeln: seinen Kreisel, eine Peitsche, die er als Hirtenjunge gehabt hatte, und die Ledertasche, mit der er auf die Drahtenbinderfahrten gegangen war. Sie fragte jedesmal, wenn sie nach Vrútky in den Berschkowitz-Laden kam, nach Neuigkeiten aus dem Land Spanien, wo Laco begraben war. Rifkele hatte für sie schon die alten Zeitungen beiseite gelegt. (Sie wunderte sich manchmal über sich selbst: womit, zum Teufel, gab sie sich jetzt ab! Daran waren nur Marina und ihr Laco schuld. Oder doch nicht nur sie?) Sie las Marina vor: »An allen Fronten wurde erbittert gekämpft. Barcelona erlebte gestern den siebzigsten Luftangriff. Unter den Toten befinden sich über hundert Kinder. Der Nichtinterventionsausschuß ...«

Sie blickte von der Zeitung auf, Marina ins Gesicht, und sagte mit einer seltsam rauhen Stimme: »Weißt du, was der Nichtinterventionsausschuß ist? Das sind die englischen Herren, die dafür sorgen, daß die andern alle Waffen bekommen und deine Leut nichts. Verstehst du?«

»Ja«, erwiderte Marina. Sie verstand auch, daß Rifkele nur deshalb »deine Leut« und nicht »unsere Leut« gesagt hatte, weil sie sich noch schämte. »Ja«, erwiderte sie, »aber zum Schluß wird es ihnen doch nichts nützen, den Herren, gegen uns. Lies weiter!«

Als Marina wieder einmal in den Laden kam, hatte Rifkele eine besondere Neuigkeit für sie: »Die Kinder aus Spanien werden weggeschafft. Man bringt sie nach Frankreich in

Häuser, die man eigens für sie kauft. Das kostet viel Geld, und deshalb wird jetzt überall gesammelt, auch in Prag. Wer kein Geld hat, kann auch Sachen schicken.« Sie senkte die Stimme, damit ihr Mann, der nebenan im Lager herumwirtschaftete, sie nicht höre. »Ich hab schon einen Zuckerhut geschickt.« Sie lachte verschämt. »Und du, willst du nicht auch was schicken?«

Natürlich wollte Marina. Aber was? Geld hatte sie nicht, das Schwein würde erst in drei Monaten aufgemästet sein, und von ihren Sachen ...? Da hatte sie so einen Einfall: »Ich weiß schon!«

Sie ging und kam am nächsten Tag wieder. Im Umhängetuch brachte sie Lacos Kreisel, Peitsche und Drahtenbindertasche mit.

»Das schicke ich ihnen.«

Rifkele fragte: »Wollen wir in die Tasche nicht noch etwas hineintun?«

»Nicht nötig. Nimm Feder und Papier, ich will ihnen etwas dazu sagen ... Bist du so weit? ... Also dann schreib: ›Ich, Marina Kmetko von Nižné Vrútky, schicke Euch Kindern die Sachen von meinem Sohn Laco, der in Eurem Lande begraben ist, unter einem Baum, der zweimal im Jahr goldene Äpfel trägt.‹ Hast du alles aufgeschrieben? Ja? Dann gib her, ich will meine Kreuze daruntermachen.«

Rifkele reichte ihr das Papier. Dabei stieß sie an die Tasche, die verschob sich, klaffte auf. Aus ihrem Innern rollte eine braun gewordene, eingetrocknete, völlig verrunzelte Frucht hervor.

Marina griff schnell danach und steckte die Frucht wieder in die Drahtenbindertasche.

»Es ist nur«, sagte sie leise, »damit sie etwas aus ihrer Heimat haben.«

HERMANN GRAB

Der Mörder

Sie saßen beim Essen und herein trat der Mörder. Er hatte einen schwarzen aufgezwirbelten Schnurrbart, über seinem Haupt schwang er die Axt und in der rechten Ecke seines Mundes glitzerte ein Goldzahn.

Der Mörder blieb recht lange in der Türe stehen. Beim Schwingen der Axt hatte er einen Türpfosten angeschlagen. Er war zurückgefahren und hielt das Mordbeil jetzt unbeweglich über seinem Kopf. Es war eine ungeschickte Haltung, in der er dastand. Aber sein Blick war dennoch mörderisch.

Niemand wagte, sich zu rühren. Endlich war es Monsieur, der das Schweigen unterbrach. »So nehmen Sie doch Platz«, sagte er. Er sagte es in einem fast verärgerten Ton, aber seine Stimme zitterte wie der Klang einer kleinen Trompete, die schwach und schlecht geblasen wird.

Madame und Eugenie sahen einander an. Der Papa hatte als erster gesehen, daß für den Mörder plötzlich ein viertes Gedeck am Tische stand. Er hatte es bemerkt, obwohl er sonst im Bemerken sehr langsam war.

Der Mörder setzte sich und entfaltete seine Serviette. Dann winkte er dem Diener. Er winkte mit einer weiten, ausladenden Bewegung, ziemlich rüpelhaft; das Mordbeil hatte er an seinen Stuhl gelehnt.

Der Diener war von der Prinzessin Coubilesco entlassen worden, aus unklaren Gründen. Aber Madame fand, daß er sehr gut aussah, und, da er bei der Prinzessin immerhin drei Jahre im Dienst gewesen war ... Jetzt war er sehr bemüht, den Mörder zu bedienen.

Der Mörder nahm große Bissen in den Mund, ab und zu wischte er mit der Serviette unter seinem Schnurrbart, manchmal räusperte er sich. Sein Räuspern kam aus der

Tiefe, klang voll so wie ein schwacher Donner. Niemand sprach ein Wort.

Es war ein schöner warmer Tag, darum hatte man das große Schiebefenster herabgelassen. Das Meer glänzte in seinem tiefsten Blau und am Ende des Horizontes schimmerten zwei kleine weiße Segel.

Man schwieg noch immer. Endlich faßte sich Monsieur ein Herz. »Es ist«, begann er, doch er kam nicht weiter. Der Mörder aber hatte offenbar im Augenblick erraten, was Monsieur sagen wollte. »Ja«, sagte er, »Sie haben Recht, es ist ein schöner Tag.« Dann nickte er befriedigt. Madame beeilte sich, die Konversation aufzunehmen. »Ja heute«, sagte sie, »heute ist es wirklich schön und klar, wir können heute Korsika sehen. Gestern haben wir Korsika noch nicht gesehen.« Monsieur fiel ihr ins Wort. »Unsere Küste«, meinte er, »sie verdient wahrhaftig den Namen Côte d'Azur.«

Der Mörder schmunzelte, so daß sein Mund sich ungewöhnlich in die Breite zog, er blickte dabei um sich, blickte noch einmal um sich, plötzlich hörte er auf zu lächeln. Da wurde es wieder still.

Aber diesmal war es der Mörder selbst, der die Stille unterbrach. »Ach die Côte d'Azur«, meinte er, »wie sagt doch Mallarmé? ›Die ewig blauen Hintergründe ...‹«

Eugenie blickte auf. Es war nicht anzunehmen, daß das bei Mallarmé zu finden war. Aber ein Mörder, welcher Mallarmé zitierte, wenn auch einen falschen Mallarmé, war merkwürdig genug.

Jetzt bemerkte Eugenie, daß der Mörder in einem schwärzlich violetten Pelz dasaß. Es gab eine geradezu sommerliche Temperatur, aber der Mörder schien sich trotzdem in dem Pelz sehr wohl zu fühlen. Eugenie sah auch, daß er unter seinem Pelz rostig braune Hosen trug und rote, offenbar sehr billige Socken. Aber während sie hinsah, geschah es, daß die Hose ihre Farbe veränderte, daß sie über ein schmutziges Lila zu einem unbestimmten dunklen Ton herüberwechselte. Zugleich mußte man auch sehen, daß die

Hose ausgefranst war, daß sogar ganze Stücke daraus fehlten. Entlang der Fransen aber schlängelten sich dunkel glühende Würmer. Und da diese sich immer stärker vermehrten, so war bald der Stoff des Hosenbeins durch eine Wand von Würmern ersetzt. Eugenie schloß die Augen. Als sie sie wieder aufgeschlagen hatte, sah sie, daß der Mörder einfach schäbige schwarze Hosen trug, ganz gewöhnliche schwarze Mörderhosen.

»Sie nehmen nichts von dem Salat?« fragte Monsieur den Mörder. Der Mörder gab keine Antwort. Schließlich sagte er: »Stawinsky hat über einen Kapaun geschlagen.« Monsieur verstand nicht, was das heißen sollte, aber er nickte mehrmals sehr heftig. Seine Augen hingen an des Mörders Lippen. Er sah, wie der Mörder Fräulein Eugenie betrachtete und er beeilte sich zu sagen: »Natürlich, ein bißchen Vergewaltigung, ein bißchen Lustmord, ich kann das ganz gut verstehen. Man braucht das eben, so ist es einmal in der Welt. Ich habe meiner Tochter immer gesagt, man muß sich für das Leben vorbereiten.« Er nickte dabei und machte eine Kaubewegung, obwohl er nichts in seinen Mund genommen hatte.

Eugenie dachte daran, daß ihr Papa Administrateur delegué des Crédit Lyonnais sei und Vorsitzender der Usines Céramiques, daß es hieß, er würde Deputierter werden und daß die Familie für nächsten Donnerstag eine Einladung zur Prinzessin Coubilesco bekommen hatte. Sie fand es darum sehr traurig, daß sich der Papa dem Mörder so unterwürfig anbiederte.

Aber Monsieur rückte seinen Stuhl noch näher an den Stuhl des Mörders. Und indem er lächelnd den Kopf vorstreckte, fragte er: »Könnten Sie nicht eigentlich meine Schwiegermutter vornehmen?« Madame affektierte eine kleine Empörung. »Aber Emile«, sagte sie, »immer du mit deinen Scherzen! Sie müssen wissen«, sagte sie entschuldigend zum Mörder, »mein Mann macht immer diese Schwiegermutterwitze.« Monsieur war rot geworden, er spürte, daß er zu weit gegangen war. Der Mörder aber fing nach einer kleinen Pause an zu lachen. Er lachte ungewöhnlich laut, in kurzen vollkommen regelmäßigen Stößen, es klang, als lache nicht nur eine Stimme, sondern als lachten deren drei, eine mittlere und zwei tiefe Männerstimmen. So laut waren die Stöße dieses Lachens, daß sie die Luft im Raum erzittern machten. Ein silberner Obstaufsatz, der oben auf dem Buffet stand, zitterte mit und der Kopf eines winzigen Puttos stieß dabei gegen ein kleines Baldachin. Das gab dann immer einen feinen dünnen Klang, eine sehr genaue Begleitmusik zu den einzelnen Stößen des Lachens. Trotz der riesenhaften Stärke dieses Lachens war der silberne Klang jedesmal sehr deutlich durchzuhören. Der Mörder lachte lange. Aber mit einem Schlag – ohne daß es schwächer geworden wäre – hörte sein Lachen auf. Dann saß er wieder still.

Eugenie sah seinen Schnurrbart an und seine graue Haut, die voll winzig kleiner Löcher war. Sie dachte sich, daß er wohl ein sehr großer Mörder sei. Eben das Schäbige seines Äußeren brachte sie zu dieser Annahme. Denn sie sagte sich, daß sicherlich nur die kleinen Mörder elegant gekleidet waren, aussahen wie die Herren, die im Claridge wohnten. Aber natürlich war das nur eine Vermutung. Denn vielleicht war alles in Wirklichkeit viel einfacher. Vielleicht waren gerade die großen Mörder elegant und hatten das Aussehen Ivar Kreugers. Dann wäre freilich dieser hier nur ein mittlerer oder einer von den kleinen Mördern gewesen – eine Möglichkeit, für die es allerdings auch keine Anhaltspunkte gab. Denn schließlich war es ebenso gut denkbar, daß gerade dieser da der größte aller Mörder war, der Präsident sozusagen über alle Mordgesellschaften der Welt. Man konnte das nicht wissen. Der Zufall spielt manchmal sehr merkwürdig im Leben.

Der Mörder war im übrigen sehr gemütlich geworden. Er zog seine Brieftasche hervor und entnahm ihr ein paar Photos. »Sie müssen sich die Bilder von meinem Jungen ansehen«, sagte er zu Madame. »Fünf Jahre ist das ganze Kerlchen, hier sehen Sie, sitzt er im Boot, hier steht er auf seinen kleinen Skiern.« Madame war ganz begeistert. Monsieur dagegen hatte eine Frage. »Apropos«, meinte er, »was denken Sie von Canadian Pacific? Soll ich halten oder verkaufen?« Das aber war zu viel des Guten. Des Mörders Gesicht erstarrte zu Stein. Monsieur und Madame erschraken heftig. Sie sahen auch, daß den Mörder jetzt nichts zum Sprechen bringen konnte, er blickte bewegungslos und unergründlich vor sich hin.

Eugenie aber sagte sich: Vielleicht tut er nur so, einfach weil er von der Börse nichts versteht. Aber der Mörder schien im Augenblick zu wissen, was sie dachte, er sah sie an und sie spürte im Rücken eine Kälte, so wie sie sie noch nie empfunden hatte.

Jetzt konnte niemand sprechen. Der Diener trug den Nachtisch ab und brachte das Obst. Alle sahen auf den Mörder. Er rührte sich nicht. Nur einmal zwirbelte er am rechten Ende seines Schnurrbarts. Ein kleiner dünner Rauch stieg daraus auf. Aber das dauerte nur einen Augenblick. Trotzdem wußte man, daß etwas geschehen würde. Die Zeit ging jetzt sehr schnell. Zugleich füllten sich auch die Minuten mit dem, was man erwartete, jede kommende Minute um einiges mehr als die abgelaufene. Man sah, daß die Minuten immer höher stiegen, in ihrem Inneren preßte sich mehr und mehr zusammen, sie waren schon längst bis zum äußersten Rande voll, es war ein Wunder, daß sie nicht zerplatzten. Plötzlich aber – ganz unerwartet – kam eine vollständig leere Minute. Gerade während dieser Minute stand der Mörder auf. Mit ausgestrecktem Arm, hoch in der Luft schwang der die Axt. Er schwang sie jetzt sehr geschickt und schnell, mit leichtem Handgelenk, sozusagen mit professioneller Leichtigkeit, dann schlug er ihnen die Köpfe ab. Zuerst Monsieur, dann Madame und schließlich – hier zögerte er einen Augenblick – schließlich auch dem Fräulein Eugenie.

Dann setzte er sich in sein Auto – es war ein alter Rolls Royce – und fuhr nach Cannes, an seinen nächsten Tatort.

Der Diener hatte von der Mordtat nichts gemerkt. Er war gerade damit beschäftigt gewesen, die Mokkatassen aufs Tablett zu stellen. Aber als er Madame den schwarzen Kaffee reichte und sah, daß sie ohne Kopf in ihrem Sessel lag, da ließ er das Servierbrett fallen.

WALTER SEIDL

Variation über ein Thema der Wesendonck

»Vieles im menschlichen Leben ist dem Vergessen geweiht. Weniges nur ist unvergeßlich, aber nach diesem ›Wenigen‹ bestimmt sich zuletzt der Wert des Daseins überhaupt.«

Ein junges Mädchen, das die Violine spielte – so, daß es bei Gounods Ave Maria aus dem Takt geriet – vor »Tschinesen« Furcht hatte und bei kurzgeschnittenem Haar rückwärts einen dicken Schopf. Ein entzückend unwirkliches Wesen, hindämmernd und sanft. Und aus sehr, sehr guter Familie.

Mit siebzehn Jahren machte es guten Bekannten gegenüber kein Hehl daraus, daß das Los eines Mädchens, das seinen guten Eltern keinen Kummer bereiten möchte, hart und langweilig sei. Und daß es ganz allein in die große Stadt möchte ... Die Medizin erlernen.

Seine Eltern, die es sehr liebten, aber am Lande wohnten, fanden es – einstweilen wenigstens – hierzu noch zu jung und ließen es lediglich in einer Provinzstadt, bei der Tante gut aufgehoben, Sprachen studieren.

Mit zwanzig Jahren fand es sich endlich am Ziel seiner Wünsche. In der Hauptstadt nämlich. Und im Seziersaal. Wo es erbrach. Aber das ging vorüber.

Unter seinen Kollegen waren viele Tschinesen. Und selbst jene, die das nicht waren, bekamen, sobald sie sich ausgehungert dem reizend blühenden Mädchen gegenüber fanden, den gewissen geschlitzten Blick, der es erschreckte und abhielt ... Nun ja, was weiß man schließlich auch Bestimmtes von diesen düsteren männlichen Existenzen! Vielleicht ist der da ... na, wie heißt denn das gleich? – – Oder aber ...

Ach, und was es da noch alles an scheußlichen Gefahren für ein unbescholtenes Mädchen gibt!

Doch anderseits nur golden bebrillte Greise, Bücher, Leichen?! Für einen süßen Fratzen, dem es möglich war, bei Gounods Ave Maria aus dem Takt zu geraten! Und auf dessen Nacken ein dicker Haarschopf lastete! Wozu hatte es (das Mädchen) ihn denn dann eigentlich? Den Haarschopf! –

Ein Tag kam, da ging ER vorüber. Also, ein Über-Tschinese! Und unter Umständen ihr Schicksal ...

Es aber spürte ihn nicht ...

Statt dessen vermählte es sich und bekam Kinder. Von einem durchaus vertrauenerweckenden Europäer.

Die Kinder hatten sonderbarerweise geschlitzte Augen.

Schließlich, mit vierundsechzig Jahren auf dem Totenbette, dachte es plötzlich laut vor sich hin: »Weniges Unvergeßliche – –!«

Die ergriffen um es herumversammelte Familie glaubte es zu verstehen und fragte beflissen, ob es vielleicht ein Glas Wasser wolle – ? –

Anhang

Bio-Bibliographien

In den Texten wurde in wenigen Fällen die Orthographie unter Wahrung des Lautstandes behutsam dem heutigen Gebrauch angeglichen (so wird *gröhlen* zu *grölen*, *Knix* zu *Knicks*). Die Groß- und Klein-, die Zusammen- und Getrenntschreibung folgen jeweils den Druckvorlagen. Unterschiedliche Schreibweisen in ein und demselben Text (*in's* neben *ins*, *ich hab* neben *ich hab'*, *irgend ein* neben *irgendein* u. a.) wurden zur heutigen Schreibung vereinheitlicht. Die Stellung des schließenden Anführungszeichens in Verbindung mit Satzzeichen ist normalisiert. Die Interpunktion blieb stets gewahrt. Offensichtliche Druckfehler wurden stillschweigend verbessert.

In den bibliographischen Angaben wurden folgende Abkürzungen verwendet:

D	Druckvorlage	L	Forschungsliteratur (Auswahl)
E	Erstdruck	W	Werke, Werkausgaben (Auswahl)

PAUL ADLER

4. 4. 1878 Prag – 8. 6. 1946 Zbraslav

Erzähler, Essayist. – Nach dem Studium der Philosophie und Rechtswissenschaft ging der Sohn eines jüdischen Kaufmanns 1901 nach Wien und arbeitete dort kurze Zeit am k. u. k. Gericht, ehe er sich für die Existenz eines freien Schriftstellers entschied. Mit seinem Freund, dem Übersetzer und späteren Verleger Jakob Hegner, reiste er von 1903 bis 1910 in Italien; 1912 ließ er sich in der Künstlerkolonie Hellerau bei Dresden nieder, wo Hegner einen eigenen Verlag gründete. Adler setzte sich intensiv mit der jüdischen Tradition auseinander und zeigte sich während des Krieges als engagierter Pazifist und Sozialist, zog sich nach dem Scheitern der Revolution aber resigniert zurück. Nach seinen symbolisch-expressionistischen Anfängen verfaßte er überwiegend nur noch journalistische und wissenschaftliche Arbeiten (u. a. zur japanischen Literatur). 1933 emigrierte Adler nach Prag, 1939 erlitt er einen Schlaganfall, der ihn teilweise lähmte; er überlebte die Okkupationszeit in Zbraslav bei Prag und starb schließlich an einem weiteren Schlaganfall. – Adlers schwer zugängliches Werk ist vor allem durch formale Innovationen bemerkenswert.

W: Elohim. Ein symbolischer Geschichtenkreis. Hellerau: Hellerauer Verlag, 1914. – Nämlich. Erzählende Aufzeichnungen. Hellerau: Hellerauer Verlag, 1915. – Die Zauberflöte. Roman. Hellerau: Hellerauer Verlag, 1916.
L: Ludo Abicht: Paul Adler, ein Dichter aus Prag. Wiesbaden / Frankfurt a. M. 1972.

E/D: Die Aktion (Berlin) 6. Nr. 22/23 (3. 6. 1916) Sp. 294–304.

OSKAR BAUM

21. 1. 1883 Pilsen – 20. 3. 1940 Prag

Musikreferent; Romancier, Erzähler, Dramatiker. – Entscheidend für das Leben und Werk Oskar Baums war seine Erblindung im Knabenalter. Der Sohn eines Schnittwarenhändlers verbrachte acht Jahre in einer Blindenlehranstalt in Wien und bestand dort die Lehramtsprüfung für Orgel und Klavier. Seit 1922 arbeitete Baum als Musikkritiker für die *Prager Presse.* Der gläubige Jude gehörte dem Kreis um Max Brod an und war eng mit Franz Kafka befreundet. Er veröffentlichte zahlreiche Erzählungen und Glossen im *Sturm,* in der *Aktion* oder der *Weltbühne,* in denen er erstaunlich plastische Schilderungen visueller Eindrücke niederschrieb. Themen seiner Literatur sind die autobiographischen Erfahrungen im Zusammenhang mit der Erblindung, das Verhältnis der Juden zur andersnationalen Umwelt und in seinem Hauptwerk, dem Roman *Die Tür ins Unmögliche,* die Erlösung der Menschen durch einen Einzelnen, der die Schuld der Welt auf sich nimmt und scheitert. Baum starb an den Folgen eines medizinischen Eingriffs unmittelbar vor der Verschleppung nach Theresienstadt, wo seine Frau ums Leben kam.

W: Uferdasein. Abenteuer und Tägliches aus dem Blindenleben von heute. Mit einem Geleitwort von Max Brod. Berlin: Juncker, 1908. – Das Leben im Dunkeln. Roman. Berlin: Juncker, 1909. – Die Memoiren der Frau Marianne Rollberg. Roman. Berlin: Juncker, 1912. – Die Tür ins Unmögliche. Roman. Leipzig: Wolff, 1920. Neudr. Wien/Darmstadt: Zsolnay, 1988. – Drei Frauen und ich. Erzählungen und Bekenntnisse. Stuttgart: Engelhorns Nachf., 1928. – Nacht ist umher. Erzählung. Mit einem Nachw. von Stefan Zweig. Leipzig: Reclam, 1929. – Zwei Deutsche. Roman. Anvers: La

Bibliothèque, 1934. – Das Volk des harten Schlafes. Wien: Löwit, 1937.
L: Jürgen Serke: Böhmische Dörfer. Wanderungen durch eine verlassene literarische Landschaft. Wien/Hamburg 1987. S. 130–141.

E/D: O. B.: Zwei Erzählungen. Leipzig: Wolff, 1918. (Der jüngste Tag. 52.) S. 5–16.

KARL BRAND
(d. i. Karl Müller)

15. 10. 1895 Witkowitz – 17. 3. 1917 Prag

Expressionistischer Lyriker und Erzähler. – Brands kurzes Leben war überschattet von der elterlichen Armut und einer seit 1913 eskalierenden Lungentuberkulose, die zugleich zum Antrieb seines existentiellen Schreibens wurde. Er lebte bei den Eltern auf der Prager Kleinseite und besuchte von 1911 bis 1915 die Deutsche Handelsakademie, fand seine eigentliche Heimat aber im »Café Arco«, wo Franz Werfel und Johannes Urzidil zu seinen Freunden zählten, die dann auch seinen Nachlaß betreuten, nachdem er selbst nur in Zeitungen und Zeitschriften (u. a. *Sturm* und *Aktion*) veröffentlicht hatte. Neben der Krankheit isolierte ihn unter den meist jüdischen Prager Dichtern auch seine katholische Herkunft. Bewunderer Kafkas, dessen *Verwandlung* er 1916 mit der *Rückverwandlung des Gregor Samsa* fortsetzte.

W: Das Vermächtnis eines Jünglings. Hrsg. von Johannes Urzidil. Mit einem Vorw. von Franz Werfel. Wien/Prag/Leipzig: Strache, 1920 [recte 1921]. – Das Werk. Hrsg. von Hartmut Vollmer. In: Hartmut Binder (Hrsg.): Prager Profile. Vergessene Autoren im Schatten Kafkas. Berlin: Gebr. Mann, 1991. S. 281–322.
L: Hartmut Binder: Ein vergessenes Kapitel Prager Literaturgeschichte. Karl Brand und seine Beziehung zu Kafka und Werfel. In: Euphorion 84 (1990) H. 3. S. 269–316. – Hartmut Vollmer: »Unendlich brennen wir am angstgepeitschten Pol«. Zu Leben und Werk des Prager expressionistischen Dichters Karl Brand. In: Binder (Hrsg.): Prager Profile. S. 257–279.

D: K. B.: Das Werk. S. 302–305.
E: Prager Tagblatt 41. Nr. 237 (27. 8. 1916). Unterhaltungs-Beilage Nr. 35. S. 2.

MAX BROD

27. 5. 1884 Prag – 20. 12. 1968 Tel Aviv

Beamter; Schriftsteller, Kritiker, Essayist. – Brod, Sohn einer alten jüdischen Mittelstandsfamilie, verbrachte seine Kinder- und Jugendjahre im Schatten einer schweren Wirbelsäulenverkrümmung. Nach dem Abschluß zum Dr. jur. in Prag 1907 wurde er bei der Postdirektion beamtet. Von 1924 bis 1929 war er als Kulturreferent im Prager Ministerratspräsidium und in den folgenden zehn Jahren als Musik- und Literaturkritiker beim *Prager Tagblatt* tätig. Schon vor dem Krieg hatte sich Brod mit Entschiedenheit der zionistischen Bewegung angeschlossen; 1939 emigrierte er mit seiner Frau nach Palästina, wo er als Dramaturg, Kritiker und freier Schriftsteller wirkte. – Max Brod war ein äußerst produktiver Literat, der schon früh zu erheblicher Berühmtheit gelangte und in seiner über sechzig Jahre andauernden publizistischen Tätigkeit an die hundert Bücher veröffentlichte. Außer durch zahlreiche eigene Romane, Novellen, Gedichte, Dramen, Biographien und Abhandlungen, die heute nicht mehr in dem Maße Beachtung finden wie zu Lebzeiten, trat er schon in jungen Jahren als »Literaturmanager« mit dichtem Kontaktnetz zu Verlagen, Zeitungen und öffentlichen Institutionen in Erscheinung. Er erkannte die Begabung eines Schriftstellers mit sicherem Blick und förderte diese Talente (u. a. Werfel) selbstlos. Brod wurde nach 1945 besonders als Freund Kafkas, als sein Biograph, Herausgeber und Deuter beachtet; von seinem tendenziösen Kafka-Bild hat sich die Kafka-Forschung teilweise noch zu befreien. Brod schrieb vor allem historische, häufig im jüdischen Milieu spielende Romane, prosaisch-erotische Epen mit nicht geringem Unterhaltungswert sowie religions- und kulturphilosophische Bücher. Sein Hauptwerk, der Roman *Tycho Brahes Weg zu Gott,* zeigt den Titelhelden als Überwinder seiner selbstbezogenen Triebe im erfolgreichen Kampf um die Wahrheit.

W: Tod den Toten. Berlin: Juncker, 1906. – Schloß Nornepygge. Roman des Indifferenten. Berlin: Juncker, 1908. – Ein tschechisches Dienstmädchen. Kleiner Roman. Berlin: Juncker, 1909. – Jüdinnen. Roman. Berlin: Juncker, 1911. – Arnold Beer. Schicksal eines Juden. Roman. Berlin: Juncker, 1912. – Tycho Brahes Weg zu Gott. Roman. Leipzig: Wolff, 1915. Neudr. Frankfurt a. M.: Suhrkamp, 1978. – Reubeni, Fürst der Juden. Ein Renaissanceroman. München: Wolff, 1925. Neudr. Frankfurt a. M.: S. Fischer, 1979. – Stefan Rott oder Das Jahr der Entscheidung. Roman. Wien: Zsolnay, 1931. Neudr. Frankfurt a. M.: S. Fischer, 1973. – Rebellische Herzen. Roman. Berlin: Herbig, 1957. Neudr. u. d. T.: Prager Tagblatt. Frankfurt a. M.: Fischer Taschenbuch Verlag, 1968. – Johannes Reuchlin und sein Kampf. Eine historische Monographie. Stuttgart: Kohlhammer, 1965. – Notwehr. Frühe Erzählungen. Hrsg. und mit einem Nachw. von Mathias Heydenbluth. Berlin: Rütten & Loening, 1990.

L: Margarita Pazi: Max Brod. Werk und Persönlichkeit. Bonn 1970. – Berndt W. Wessling: Max Brod. Ein Porträt zum 100. Geburtstag. Gerlingen 1984. – Margarita Pazi (Hrsg.): Max Brod 1884–1984. Untersuchungen zu Max Brods literarischen und philosophischen Schriften. New York [u. a.] 1987.

Spargel 217

E/D: Magazin für Litteratur (Berlin). Jg. 1903. 2. Oktoberheft. S. 425–427. – © Ilse Ester Hoffe, Tel Aviv.

RONALD CROSS

Pseudonym; nichts ermittelt.

Die Dichterguillotine. Groteske 47

E/D: Prager Presse 3. Nr. 191 (14. 7. 1923). Morgen-Ausgabe. S. 4f.

ERNST FEIGL

5. 6. 1887 Prag – 2. 1. 1957 Prag

Gerichtsreporter; Lyriker, Dramatiker. – Der Sohn eines jüdischen Armenadvokaten und Bruder des Malers Friedrich Feigl (1884 bis 1965) litt seit der Kindheit unter einem starken Sehfehler, der seine Kreativität früh auf die Literatur verwies. Trotz mehrerer Empfehlungen Kafkas konnte er seine existentielle, expressionistische Lyrik aber nur in Zeitungen und Zeitschriften (u. a. *Saturn* und *Anbruch*) veröffentlichen. Erfolgreicher waren das expressionistische Mysterienspiel *Don Juan* (1917) und der psychologische Einakter-Zyklus *Fremde* (1920). Sein eigentliches Metier wurde nach dem Ersten

Weltkrieg aber die Gerichtsreportage, in der er soziales Engagement mit einfühlsamer Charakteristik verband; unter dem Pseudonym »Ybbs« schrieb er für das *Prager Tagblatt* auch heiter-persönliche Glossen. 1939 versäumte Feigl die Flucht ins Exil, überlebte aber den Krieg dank seiner nichtjüdischen Frau Auguste; seine letzten Lebensjahre waren vom tragischen Schicksal seiner Freunde und Verwandten und von Krankheiten verdunkelt. Feigl ist das Vorbild für den Gerichtspoeten Fliegibus in Max Brods Roman *Rebellische Herzen* (1957).

W: Werkauswahl. Hrsg. von Dieter Sudhoff. In: Hartmut Binder (Hrsg.): Prager Profile. Vergessene Autoren im Schatten Kafkas. Berlin: Gebr. Mann, 1991. S. 357–414.
L: Dieter Sudhoff: Der Fliegenprinz von Arkadien. Notizen zum Leben und Schreiben des Prager Dichters Ernst Feigl. In: Binder (Hrsg.): Prager Profile. S. 325–356.

E/D: Undatierter Zeitungsausschnitt (Prager Tagblatt, um 1924) im Ernst-Feigl-Nachlaß (Literární archív památníku národního písemnictví v Praze); unter dem Pseudonym »Ybbs«. – © Marion Feigl, New York.

RUDOLF FUCHS

5. 3. 1890 Poděbrad – 17. 2. 1942 London

Beamter; Schriftsteller, Übersetzer. – Fuchs entstammte einer jüdisch tschechischen Unternehmerfamilie. Er lernte erst mit zehn Jahren die deutsche Sprache. Zur Schule ging Fuchs in Prag (Handelsakademie); anschließend verzeichnet seine Biographie einen Aufenthalt in Berlin als Angestellter einer Exportfirma. 1909 kam er nach Prag zurück und wurde – nach einem kurzen Intermezzo in einer Maschinenfabrik – 1914 Beamter der Handelsgewerbekammer. Später war Fuchs in Prag auch als Redakteur tätig, politisch schloß er sich den Sozialisten an. Wie so viele seiner Generation mußte er 1939 nach London emigrieren, wo er drei Jahre später von einem Autobus überfahren wurde. – Fuchs trat zunächst und vor allem als Übersetzer aus dem Tschechischen und bedeutender Kulturvermittler in Erscheinung, machte sich aber auch bald als expressionistischer und sozialrevolutionärer Lyriker einen Namen. Richard Dehmel reagierte auf seinen Erstling *Der Meteor* begeistert, auch Max Brod konnte er als Fürsprecher gewinnen. Nur noch wenige eigene Texte wurden zu Lebzeiten veröffentlicht. Zwei Nachlaßbände konnten bisher keine Renaissance einleiten.

W: Der Meteor. Gedichte. Heidelberg: Saturn, 1913. – Die Karawane. Gedichte. Leipzig: Wolff, 1919. – Aufruhr im Mansfelder Land. Massendrama in 26 Szenen. Berlin: Neuer Deutscher Verlag, 1928. – Gedichte aus Reigate. London: Barnard and Westwood, 1941. – Ein wissender Soldat. Gedichte und Schriften aus dem Nachlaß. London: Einheit, 1943. – Die Prager Aposteluhr. Gedichte, Prosa, Briefe. Ausgew., komm. und mit einem Nachw. vers. von Ilse Seehase. Halle/Leipzig: Mitteldeutscher Verlag, 1985.
L: Jürgen Serke: Böhmische Dörfer. Wanderungen durch eine verlassene literarische Landschaft. Wien/Hamburg 1987. S. 246–257.

D: R. F.: Die Prager Aposteluhr. S. 187–193. – © Mitteldeutscher Verlag, Halle a. d. S. und Leipzig.
E: Die Aktion (Berlin) 9. Nr. 39/40 (4. 10. 1919) Sp. 670–672.

HANS GERKE
(auch: Jan Gerke)
24. 11. 1895 Prag – 18. 5. 1968 London

Diplomat, Kaufmann. – Der Sohn eines früh verstorbenen technischen Beamten war Mitschüler und Freund Johannes Urzidils und fand bereits als Gymnasiast Zugang zum »Arco«-Kreis um Ernst Polak. Er galt als literarisches Wunderkind, veröffentlichte außer dem *Ziegelarbeiter* aber keine größeren Arbeiten und gab bereits 1915, mit dem Einrücken zum Militär, seine künstlerischen Ambitionen auf. Im Weltkrieg lief er zur Tschechoslowakischen Legion in Rußland über und kehrte erst 1920 über Japan und Amerika aus Sibirien zurück. Er wurde Diplomat im Außenministerium des neuen tschechoslowakischen Staates, studierte nebenher Jura und war zwischen 1921 und 1925 Attaché der Botschaft in Berlin, an der auch Camill Hoffmann und Hermann Ungar arbeiteten; 1926/27 gehörte er zur tschechoslowakischen Gesandtschaft in Athen, war dann im Prager Außenministerium tätig und wurde 1931 schließlich Erster Sekretär der Botschaft in London. Der Vertraute Jan Masaryks nahm nach der Besetzung der Tschechoslowakei 1939 die britische Staatsangehörigkeit an und wurde erfolgreicher Geschäftsmann des Londoner Kaufhauses Marks & Spencer. Nach dem Krieg schrieb er noch einige Gedichte in englischer Sprache.

L: Hartmut Binder: Jan Gerke: Soziogramm eines Prager Musensohns. Aus Johannes Urzidils Schülertagen. In: Prager deutschsprachige Literatur zur Zeit Kafkas. Wien 1989. (Schriftenreihe der Franz Kafka-Gesellschaft. 3.) S. 1–36.

E/D: Saturn (Heidelberg) 3. H. 3 (März 1913) S. 61–67.

HERMANN GRAB

6. 5. 1903 Prag – 2. 8. 1949 New York

Musiker, Erzähler. – Grab stammte aus einer reichen jüdischen Unternehmerfamilie und studierte in Wien, Berlin, Heidelberg und Prag Philosophie und Musik; nebenher absolvierte er auch ein Jurastudium. Er arbeitete als Jurist, Pädagoge und Pianist, von 1932 bis 1938 war er auch Musikkritiker des *Prager Montagsblatt*. 1939 kehrte er von einem Konzert in Paris nicht in die besetzte Heimat zurück und emigrierte nach dem Zusammenbruch Frankreichs über Portugal nach New York, wo er an Musikschulen unterrichtete und 1941 das »Music-House« gründete. Grabs Hauptwerk ist der impressionistische und an Marcel Proust geschulte Kindheitsroman *Der Stadtpark* (1935); im Exil entstanden Erzählungen über die Erfahrungen der Vertreibung, Flucht und Ankunft auf dem neuen Kontinent, die Ernst Schönwiese 1957 unter dem Titel *Hochzeit in Brooklyn* postum herausgab.

W: Der Stadtpark und andere Erzählungen. Mit einem Nachw. von Peter Staengle. Frankfurt a. M.: Fischer Taschenbuch Verlag, 1985. (Verboten und verbrannt / Exil.)
L: Karl Hobi: Hermann Grab. Leben und Werk. Diss. Freiburg (Schweiz) 1969.

E/D: H. G.: Der Stadtpark und andere Erzählungen. S. 188–192. [Erstfass. (um 1935) verschollen, vom Autor nach 1944 rekonstruiert (Hobi, S. 134–137).] –

VICTOR HADWIGER

6. 12. 1878 Prag – 4. 10. 1911 Berlin

Lyriker, Prosaist. – Hadwiger entstammte einem bürgerlichen Elternhaus; der Vater war Oberstabsarzt in der k. u. k. Armee. Früh schon kam es wegen Hadwigers künstlerischen Ambitionen zu Konflikten mit dem herrischen Familienoberhaupt. Hadwiger studierte Literaturgeschichte, blieb jedoch ohne Abschluß. Noch vor der Jahrhundertwende veröffentlichte er erste Gedichte. Zu dieser Zeit gehörte er der literarischen Gruppe »Jung-Prag« um Oskar Wiener und Paul Leppin an. Hochverschuldet mußte der 25jährige überstürzt seine Geburtsstadt in Richtung Berlin verlassen, wo 1903 sein zweiter Gedichtband *Ich bin* erschien, den der Literaturwissenschaftler Hanns W. Eppelsheimer für die erste expressionistische Lyrikveröffentlichung in Buchform ansah. In Berlin unterhielt er Kontakt zur zeitgenössischen Kabarettszene und heiratete die Schriftstellerin Else Strauß, eine Großnichte von David Friedrich Strauß. – Der antibürgerliche Bohemien zeigt sich in seinen Gedichten und Erzählungen als literarischer Exponent einer Umbruchsituation. Seine Lyrik verrät zunächst noch deutliche Einflüsse von Rilke und der Neuromantik; seine Prosa (*Abraham Abt,* 1911; *Il Pantegan,* 1919) ist beherrscht von ausschweifender Phantastik und krassen Effekten einerseits, andererseits gibt es Passagen starker Bildlichkeit und atmosphärischer Dichte.

W: Gedichte. Dresden/Leipzig: Pierson, 1900. – Ich bin. Gedichte. Leipzig/Berlin: Meyer, 1903. – Blanche. Des Affen Jogo Liebe und Hochzeit. Liebesgeschichten. Berlin: Weber-Haus, 1911. – Il Pantegan / Abraham Abt. Prosa. Hrsg. von Hartmut Geerken. München: edition text + kritik, 1984. (Frühe Texte der Moderne.)
L: Ferdinand Josef Schneider: Victor Hadwiger. 1878–1911. Ein Beitrag zur Geschichte des Expressionismus in der deutschen Dichtung der Gegenwart. Halle 1921.

D: V. H.: Il Pantegan / Abraham Abt. S. 195–201. [Binnenerzählung im Roman *Abraham Abt.*] –
E: Die Aktion (Berlin) 1. Nr. 6 (27. 3. 1911) Sp. 175–179.

CAMILL HOFFMANN

31. 10. 1878 Kolín – 1944 Auschwitz

Diplomat; Lyriker. – Nach der Kindheit im tschechisch-ländlichen Milieu besuchte der jüdische Gastwirtssohn das Altstädter Gymnasium und die Handelsakademie in Prag, wo er sich der neuromantischen »Frühlings-Generation« um Paul Leppin anschloß und mit melancholischen Gedichten in der Art Rilkes hervortrat. 1899 ging er nach Wien und wurde 1902 Feuilletonredakteur der linksliberalen *Zeit*; von 1912 bis 1919 war er Redakteur und Kritiker der *Dresdner Neuesten Nachrichten*. Nach dem Krieg setzte ihn Masaryk als Direktor des geplanten Regierungsblattes *Prager Presse* ein und schickte ihn 1920 als Presse- und Kulturattaché an die tschechoslowakische Vertretung in Berlin. 1939 wurde er abberufen und mußte nach Prag zurückkehren. Im April 1942 wurde er mit seiner Frau Irma nach Theresienstadt deportiert, am 28. Oktober 1944 ging er mit dem letzten Transport nach Auschwitz. – Hoffmann verstand sich vor allem als Kulturvermittler (Editionen, Übersetzungen); seine eigene, neuromantische Lyrik sammelte er lediglich in zwei frühen Bänden.

W: Adagio stiller Abende. Gedichte. Berlin/Leipzig: Schuster & Loeffler, 1902. – Die Vase. Neue Gedichte. Berlin-Charlottenburg: Juncker, 1910. – Zuflucht. Späte Gedichte und Erzählungen. Mit einem Nachw. hrsg. von Dieter Sudhoff. Siegen: Universität-Gesamthochschule, 1990. (Vergessene Autoren der Moderne. 48.)
L: Jürgen Serke: Böhmische Dörfer. Wanderungen durch eine verlassene literarische Landschaft. Wien/Hamburg 1987. S. 218–229. – Dieter Sudhoff: Nachwort. In: Camill Hoffmann: Zuflucht. S. 44 bis 54.

D: Erstveröffentlichung nach einem Manuskript aus dem Nachlaß (Archiv Edith Yapou, Jerusalem); vermutlich vor 1911 geschrieben. – © Edith Yapou, Jerusalem.

FRANZ JANOWITZ

28. 7. 1892 Poděbrad – 4. 11. 1917 Unter-Breth

Lyriker, Philosoph. – Der jüngere Bruder von Hans Janowitz gilt als eine der größten lyrischen Begabungen der Prager Literatur, entwickelte in der Nachfolge Otto Weiningers, über den er eine Dissertation plante, aber auch eigenwillige philosophische Theoreme. Er debütierte mit frühexpressionistischen Gedichten in den *Herder-Blättern* (1911) und in *Arkadia* (1913); die postume Veröffentlichung der Lyriksammlung *Auf der Erde* besorgte Karl Kraus, dessen erste Prager Vorlesungen Janowitz zusammen mit seinem Freund Willy Haas organisiert hatte. 1911/12 studierte Janowitz in Leipzig Chemie, 1912/13 in Wien Philosophie. Während des Krieges war er in Galizien und mehrfach an der Südtiroler Alpenfront eingesetzt. Am 24. Oktober 1917 erlitt er beim Sturmangriff auf die italienischen Stellungen am Monte Rombon eine Brustwunde, der er wenige Tage darauf in einem Militärspital erlag. – Teile des Nachlasses erschienen zwischen 1920 und 1928 im Innsbrucker *Brenner*; eine Nachlaßedition, an der Karl Röck 1926/27 arbeitete, kam nicht zustande. Eine Werkausgabe wird von Dieter Sudhoff vorbereitet.

W: Auf der Erde. Gedichte. München: Wolff, 1919.
L: Christine Ulmer: Franz Janowitz. Diss. Innsbruck 1970.

D: Erstveröffentlichung nach einer Maschinenabschrift des verschollenen Manuskripts (1910) durch Karl Röck (Brenner-Archiv, Innsbruck, Röck-Nachlaß), S. 4–24 (die ersten Seiten fehlen); offensichtliche Schreibfehler Röcks wurden stillschweigend korrigiert, Streichungen durch Janowitz stehen in runden Klammern, im Manuskript für Röck fragwürdige oder unleserliche (von uns zum Teil erschlossene) Stellen in eckigen Klammern.

HANS JANOWITZ

2. 12. 1890 Poděbrad – 25. 5. 1954 New York

Lyriker, Erzähler, Drehbuchautor. – Hans Janowitz studierte vor dem Krieg Geschichte und Soziologie in München und war eine Zeitlang Regieassistent am Deutschen Schauspielhaus in Hamburg. Seine frühen expressionistischen Arbeiten erschienen im *Brenner*, in den *Herder-Blättern* und in *Arkadia*. Aus dem Krieg kehrte er als Pazifist zurück und gründete in Berlin die »Wilde Bühne«, wo seine frivolen *Asphaltballaden* gesungen wurden. Mit Carl Mayer verfaßte er das Skript für den expressionistischen Film *Das Kabinett des Dr. Caligari* (1920); weitere Szenarien folgten, ehe Janowitz 1924 die väterliche Ölmühle in Poděbrad übernahm. Sein neusachlicher Roman *Jazz,* der die Geschichte einer Jazzband erzählt, ist auch formal nach den Gesetzen der Jazzmusik komponiert. 1939 mußte Hans Janowitz mit seiner Frau nach New York emigrieren, wo er Parfümhersteller wurde. Die im Exil entstandenen Arbeiten (u. a. der Roman *So wie die Andern*) sind bis heute unveröffentlicht.

W: Asphaltballaden. Berlin: Die Schmiede, 1924. – Jazz. Berlin: Die Schmiede, 1927. – Requiem der brüderlichen Brüderschaft. Prag: Die Bücherstube, 1928.

Das zierliche Mädchen 363

E/D: Der Brenner (Innsbruck) 3. H. 11 (1. 3. 1913) S. 477–483.

ELISABETH JANSTEIN

19. 10. 1893 Iglau – 31. 12. 1944 Winchcombe

Journalistin, Lyrikerin. – Als Tochter einer angesehenen Offiziersfamilie hätte es Elisabeth Janstein nicht nötig gehabt, in Wien den Lebensunterhalt durch Telefondienste zu bestreiten. Ihr Streben nach Selbständigkeit zeigte sich auch im weiteren Werdegang. Angeregt vom österreichischen Spätexpressionismus, begann sie um 1918 erste Gedichte zu verfassen, die u. a. in der *Aktion* erschienen. In den zwanziger Jahren arbeitete sie als Gerichtsberichterstatterin für den *Abend* und dann als Korrespondentin in Paris und Brüssel für die *Neue Freie Presse.* Ihre Artikel über Politik, Gesellschaft und Kultur brachten ihr hohe Anerkennung: 1935/36 war Janstein Vizepräsidentin der Fédération Internationale des Journalistes. Bei Ausbruch des Zweiten Weltkriegs flüchtete sie nach Großbritannien, wo sie schwerkrank in der Nähe Londons lebte. – Von Elisabeth Janstein wurden lediglich zwei Lyrik- und ein Prosaband veröffentlicht, in denen sie Themen wie Einsamkeit, Krankheit und die Scheinhaftigkeit der menschlichen Existenz behandelt. Wesentliche journalistische Schriften und ein autobiographischer Roman harren noch der Veröffentlichung.

W: Gebete um Wirklichkeit. Gedichte. Wien/Leipzig: Strache, 1919. – Die Kurve. Aufzeichnungen. Wien/Prag/Leipzig: Strache, 1920. – Die Landung. Gedichte. München: Drei Masken, 1921.

L: Hans Heinz Hahnl: Vergessene Literaten. Fünfzig österreichische Lebensschicksale. Wien 1984. S. 187–190.

E/D: E. J.: Die Kurve. S. 85–88.

OSKAR JELLINEK

22. 1. 1886 Brünn – 12. 10. 1949 Los Angeles

Novellist. – Einer jüdischen Großbürgerfamilie entstammend, lebte Jellinek seit 1904 in Wien, wo er Jura studierte und nach der Promotion für kurze Zeit im Gerichtsdienst tätig war. Am Ersten Weltkrieg nahm er als Artillerieoffizier teil. 1919 entschloß er sich zur Existenz eines freien Schriftstellers; 1924 wurde seine Novelle *Der Bauernrichter* (1925) preisgekrönt. 1938 ging Jellinek nach Brünn, 1939 emigrierte er nach Paris. Nach seiner Internierung konnte er 1940 in die USA fliehen, 1943 ließ er sich in Los Angeles nieder. – Jellineks formstrenge und realistische Novellen behandeln häufig dramatische Ereignisse im mährischen Bauernmilieu, erheben das Regionale durch ihre psychologische Darstellung aber zur Allgemeingültigkeit.

W: Gesammelte Novellen. Mit einer Einf. von Franz Karl Ginzkey. Wien: Zsolnay, 1950. – Gedichte und kleine Erzählungen. Mit einem Nachw. von Richard Thieberger. Wien: Zsolnay, 1952.
L: Karel Krejčí: Oskar Jellinek. Leben und Werk. Brno 1967. – Alma Nowotny: Die Novellen Oskar Jellineks. Diss. Wien 1972.

D: O. J.: Gedichte und kleine Erzählungen. S. 57–65. – © 1952 Paul Zsolnay Verlag GmbH, Wien.
E: Neue Freie Presse (Wien). 25. 12. 1928.

FRANZ KAFKA

3. 7. 1883 Prag – 3. 6. 1924 Kierling

Versicherungsangestellter; Erzähler, Romancier. – Franz Kafka wurde als ältestes von sechs Kindern eines aus ärmlichen Verhältnissen kommenden jüdischen Kaufmanns und dessen aus angesehener

Kaufmannsfamilie stammender Frau geboren. Er besuchte das Altstädter Deutsche Gymnasium und studierte in Prag auf Drängen des gefürchteten Vaters Jura. 1906 wurde er promoviert; von 1908 bis zum Ausbruch der Lungentuberkulose 1917 arbeitete er in der Prager Arbeiter-Unfall-Versicherungs-Anstalt. Aufgrund der Verschlechterung des Gesundheitszustands wurde Kafka 1922 nach mehreren Sanatoriumsaufenthalten vorzeitig pensioniert. Lebensgefährtin der letzten Monate war die junge Dora Diamant, mit der er in Berlin eine vergleichsweise glückliche Zeit des Zusammenseins erfuhr. Kafkas Leben wurde bestimmt durch verschiedene intensive Konflikte: den mit dem Vater, den zu Frauen (Kafka war dreimal verlobt, ohne zu heiraten) und den des Schreibens, das mit seinem stupiden Beruf kollidierte. In Max Brod hatte er einen langjährigen verständnisvollen Freund, der gegen Kafkas Wunsch seine Werke der Vernichtung entzog. Zu Weltruhm kam Kafka erst postum durch die sukzessive Veröffentlichung seiner Romane und Erzählungen durch Brod. Ein wesentlicher Teil des Nachlasses ging verloren; vermutlich vernichtete Dora Diamant auf Wunsch Kafkas einige Manuskripte. Über Kafkas Beziehungen zu seiner zweimaligen Verlobten Felice Bauer, seiner Geliebten Milena oder Max Brod geben mehrere Briefbände und die erhaltenen Tagebücher Auskunft.

W: Gesammelte Werke. 11 Bde. Hrsg. von Max Brod [u. a.]. Frankfurt a. M.: S. Fischer, 1950–74. – Schriften, Tagebücher, Briefe. Kritische Ausgabe. Hrsg. von Jürgen Born, Gerhard Neumann, Malcolm Pasley und Jost Schillemeit. Frankfurt a. M.: S. Fischer, 1982ff. [Jeweils mit Text- und Kommentarbänden; noch nicht abgeschlossen.]

L: Kafka-Handbuch. 2 Bde. Unter Mitarb. zahlreicher Fachwissenschaftler hrsg. von Hartmut Binder. Stuttgart 1979. – Klaus Wagenbach: Franz Kafka. Bilder aus seinem Leben. Berlin ^{2}1989.

Das Urteil. Eine Geschichte 203

E/D: Arkadia. Ein Jahrbuch für Dichtkunst. Hrsg. von Max Brod. Leipzig: Wolff, 1913. S. 53–65. – © 1972 S. Fischer Verlag GmbH, Frankfurt a. M.

EGON ERWIN KISCH

29. 4. 1885 Prag – 31. 3. 1948 Prag

Journalist, Schriftsteller. – Kisch stammte aus einer deutschsprachigen jüdischen Tuchhändlerfamilie. Nach der Reifeprüfung und einem kurzen Ingenieurstudium wurde er Lokalreporter bei der Prager *Bohemia.* Später arbeitete er als Publizist und Dramaturg in Berlin, bevor er im Ersten Weltkrieg schwer verwundet wurde. Als Mitglied der Roten Garde beteiligte er sich an der Revolution in Wien, mußte für kurze Zeit hinter Gitter und siedelte 1921 erneut nach Berlin über. In den folgenden Jahrzehnten unternahm Kisch zahlreiche ausgedehnte Reisen u. a. nach Rußland, Amerika und China; nach dem Reichstagsbrand 1933 wurde er verhaftet und nach Prag abgeschoben. Seitdem hielt er sich an den Brennpunkten des antifaschistischen Widerstandes auf: im Pariser Exil, bei den Internationalen Brigaden in Spanien und seit 1940 in Mexiko, wo er für die Exilzeitschrift *Freies Deutschland* und im Vorstand des Heinrich-Heine-Klubs tätig war. 1946 kam er zurück nach Prag. – Kisch erhob die Reportage zur literarischen Kunstform, deren Inhalt immer einer wissenschaftlichen Überprüfung standhalten sollte. Berühmt wurde er als »rasender Reporter«, der 1913 die Affäre »Oberst Redl« als Spionagefall aufdeckte. Mit konsequenter sozialistisch-klassenkämpferischer Haltung führte er in seinen Artikeln den unaufhaltsamen Verfall der Donaumonarchie vor. Wenig bekannt sind Kischs Reiseberichte. Nach ihm wurde ein Preis für hervorragende publizistische Leistungen benannt.

W: Gesammelte Werke in Einzelausgaben. 10 Bde. Hrsg. von Bodo Uhse und Gisela Kisch, fortgef. von Fritz Hofmann und Josef Poláček. Berlin/Weimar: Aufbau-Verlag, 1960–85.
L: Dieter Schlenstedt: Egon Erwin Kisch. Leben und Werk. Berlin 1985. – Klaus Haupt, Harald Wessel: Kisch war hier. Reportagen über den »Rasenden Reporter«. Berlin 1985. – Fritz Hofmann: Egon Erwin Kisch. Der rasende Reporter. Biografie. Berlin 1988.

D: E. E. K.: Gesammelte Werke in Einzelausgaben. Bd. 7: Marktplatz der Sensationen / Entdeckungen in Mexiko. [5]1985. S. 155–164. – © 1967 Aufbau-Verlag, Berlin und Weimar.
E: E. E. K.: Marktplatz der Sensationen. Mexiko: El Libro Libre –

Das Freie Buch, 1942. – Frühere Fass. u. d. T.: Die Mutter des Mörders und ein Reporter. In: E. E. K.: Der rasende Reporter. Berlin: Reiss, 1924.

PAUL KORNFELD

11. 12. 1889 Prag – 25. 4. oder Januar 1942 Łódź

Dramatiker, Erzähler, Essayist. – Als Sohn eines jüdischen Unternehmers verbrachte Kornfeld seine Kindheit und Jugend in Prag, wo er mit Franz Werfel in eine Schule ging. Bereits als Sechzehnjähriger begann er zu schreiben, jedoch sind die frühen Werke nicht erhalten. In Prag gehörte Kornfeld zum Dichterkreis um Brod, bevor er während des Ersten Weltkriegs nach Frankfurt ging, wo er sich als freier Schriftsteller niederließ und 1919 die Schauspielerin Fritta Brod heiratete. 1925 war er Dramaturg bei Max Reinhardt in Berlin, von 1928 bis 1932 in Darmstadt, und 1932 kehrte er nach Prag zurück. Hier wurde er 1941 von den Nazis gefaßt und ins Konzentrationslager Łódź deportiert, wo er an Typhus starb. – Kornfeld begann mit lyrisch-ekstatischen Dramen, die dem Expressionismus zum Durchbruch verhalfen; durch die politischen Enttäuschungen nach dem Krieg sah er sich zu schlichteren Komödien veranlaßt. Ende der zwanziger Jahre verfaßte Kornfeld ironisch-witzige und sarkastische Aufsätze als Zeit- und Literaturkritik für die Zeitschrift *Das Tagebuch.* Als sein bedeutendstes Werk gilt der fragmentarisch aus dem Nachlaß herausgegebene Roman *Blanche,* in dem das Bild einer brüchigen und bedrohten Welt gezeichnet wird. Über 500 Blatt Notizen und Tagebuchaufzeichnungen zu diesem Roman lagern unveröffentlicht in Marbach.

W: Die Verführung. Eine Tragödie in fünf Akten. Berlin: S. Fischer, 1916. – Legende. Erzählung. Berlin: S. Fischer, 1917. – Palme oder Der Gekränkte. Komödie. Berlin: Rowohlt, 1924. – Jud Süß. Tragödie in drei Akten und einem Epilog. Berlin: Oesterheld, 1930. – Blanche oder Das Atelier im Garten. Roman. Hamburg: Rowohlt, 1957. Neudr. Reinbek bei Hamburg: Rowohlt, 1980. – Revolution mit Flötenmusik und andere Kritische Prosa 1916–1932. Hrsg. und komm. von Manon Maren-Grisebach. Heidelberg: Lambert Schneider, 1977.

L: Manon Maren-Grisebach: Weltanschauung und Kunstform im Frühwerk Paul Kornfelds. Diss. Hamburg 1960. – Margarita Pazi:

Zu Paul Kornfelds Leben und Werk. Tagebücher aus seiner Frankfurter Zeit 1914–1921. In: Jahrbuch der Deutschen Schiller-Gesellschaft 27 (1983) S. 59–85.

E/D: Die Neue Rundschau (Berlin) 28 (1917) Bd. 1. S. 355–366. – Mit Genehmigung des Rowohlt Verlages, Reinbek bei Hamburg.

ALFRED KUBIN

10. 4. 1877 Leitmeritz – 20. 8. 1959 Zwickledt

Graphiker, Illustrator, Erzähler. – Nach schulischen Mißerfolgen ging der Sohn eines Obergeometers nach Klagenfurt, wo er eine Photographenlehre absolvierte. Um Maler zu werden, studierte Kubin von 1898 an in München an einer privaten Zeichenschule und an der Kunstakademie. Danach unternahm er Studienreisen in die Schweiz, nach Paris und Italien, bevor er sich 1906 auf dem Landsitz Schloß Zwickledt endgültig niederließ. 1911 war er Mitbegründer des »Blauen Reiter«. – Kubin, beeinflußt von Poe und E. T. A. Hoffmann, trat zunächst mit der Veröffentlichung einer Mappe mit Zeichnungen hervor, bevor er mit dem heute als Schlüsselroman der Moderne geltenden Roman *Die andere Seite* auch als Schriftsteller dem Publikum bekannt wurde. Seine Doppelbegabung äußert sich in zahlreichen kongenialen Illustrationen zur Weltliteratur, u. a. zu Hoffmann, Dostojewskij und Poe. Kubin, der zeitlebens psychischen Gefährdungen ausgesetzt war, behandelt in seinen Werken die Bedrohung des Menschen von inneren und äußeren dämonischen Mächten. Kubin hinterließ ein umfangreiches zeichnerisches Werk, meist in Einzelblättern, und zahlreiche autobiographische Schriften sowie Briefe.

W: Die andere Seite. Ein phantastischer Roman. München: Müller, 1909. Neudr. München: edition spangenberg, 1990. – Sansara. Ein Cyclus ohne Ende. München/Leipzig: Müller, 1911. Neudr. München: edition spangenberg, 1990. – Die Blätter mit dem Tod. Berlin: Cassirer, 1919. – Der Guckkasten. Erzählungen. Wien: Johannes Presse, 1925. – Aus meinem Leben. Gesammelte Prosa. Hrsg. von Ulrich Riemerschmidt. München: edition spangenberg, 1974. – Alfred Kubin / Fritz von Herzmanovsky-Orlando: Der Briefwechsel. In: F. v. H.-O.: Werke. Bd. 7. Salzburg: Residenz Verlag, 1983.

L: Hans Bisanz: Alfred Kubin. Zeichner, Schriftsteller, Philosoph. Salzburg 1977. – Otto Breicha (Hrsg.): Alfred Kubins Weltgeflecht. Ein Kubin-Kompendium. Schriften und Bilder zu Leben und Werk. München 1978.

E/D: A. K.: Aus meiner Werkstatt. Hrsg. von Ulrich Riemerschmidt. Gesammelte Prosa mit 71 Abbildungen. München: Nymphenburger Verlagshandlung, 1973. S. 132–136. [Entst. 1925.]

PAUL LEPPIN

27. 11. 1878 Prag – 10. 4. 1945 Prag

Lyriker, Erzähler, Dramatiker. – Paul Leppin ist einer der eigenartigsten und typischsten Vertreter der absonderlichen Prager Literatur. In ärmlichen Verhältnissen aufgewachsen, fristete er sein Dasein von 1897 bis zur krankheitsbedingten Pensionierung 1928 als Angestellter der Prager Post- und Telegraphendirektion. In den bewegten Jahren nach der Jahrhundertwende wurde er mit seinen lasziven Liedern und schwermütigen Gedichten zum Wortführer der literarischen Boheme und vereinte die neuromantische Prager Avantgarde in der »Frühlings-Generation«. Noch vor dem Krieg, mit dem Verlust des alten Prag, geriet er ins Abseits, wurde aber gerade durch dieses Verlusterlebnis zum eigenständigen Dichter, der fortan in seinen Werken erinnernd den unheimlichen und erotischen Zauber Alt-Prags beschwor. Seine als obszön und blasphemisch inkriminierten Romane machten Skandal, seine melancholische Lyrik erhob ihn zum »Troubadour des alten Prag« (Otto Pick). 1939 wurde Leppin von der Gestapo inhaftiert; nach seiner Entlassung erlitt er zwei Schlaganfälle und starb schließlich an den Spätfolgen einer Syphilis. In seinen letzten Gedichten sah er sich als »Gefangenen«.

W: Daniel Jesus. Ein Roman. Berlin/Leipzig: Rothbarth, 1905. – Severins Gang in die Finsternis. Ein Prager Gespensterroman. München: Delphin, 1914. Neudr. hrsg. von Dirk O. Hoffmann. Ravensburg: Selinka, 1988. – Hüter der Freude. Ein Roman. Wien/Leipzig: Deutsch-Oesterreichischer Verlag, 1918. – Blaugast. Ein Roman aus dem alten Prag. Hrsg. von Dirk O. Hoffmann. München/Wien: Langen Müller, 1984. [Entst. um 1932.] – Frühling um 1900. Prager Geschichten. Prag/Brünn: Deutsche Buchgemeinde, 1936. – Prager

Rhapsodie. 2 Bde. Prag: Werner, 1938. – Der Gefangene. Gedichte eines alten Mannes. Mit einem Nachw. hrsg. von Dieter Sudhoff. Siegen: Universität-Gesamthochschule, 1988. (Vergessene Autoren der Moderne. 36.) – Alt-Prager Spaziergänge. Hrsg. von Dirk O. Hoffmann. Ravensburg: Selinka, 1990.
L: Dierk Hoffmann: Paul Leppin. Ein Beitrag zur Prager deutschen Literatur der ersten Hälfte des 20. Jahrhunderts. 5 Tle. Diss. Basel 1973. Teildr. Clausthal-Zellerfeld 1973. – Dirk O. Hoffmann: Paul Leppin. Eine Skizze mit einer ersten Bibliographie der Werke und Briefe. Bonn 1982.

D: P. L.: Alt-Prager Spaziergänge. S. 43–49.
E: Der Sturm (Berlin) 5 (1914/15) S. 13 f.

FRITZ MAUTHNER

22. 11. 1849 Hořitz – 29. 6. 1923 Meersburg

Schriftsteller, Philosoph. – Nach dem Studium der Rechtswissenschaften, das der Sohn deutsch-jüdischer Webereibesitzer nicht zu Ende führte, und der kurzen Beschäftigung in einer Kanzlei entschloß sich Mauthner um 1876, freier Schriftsteller zu werden. Er arbeitete als Kulturkritiker und übernahm 1895 die Leitung der Redaktion beim *Berliner Tageblatt.* In Berlin, das er 1905 in Richtung Freiburg verließ, war er Mitbegründer der Freien Bühne und in naturalistischen Zirkeln aktiv. 1909 zog sich Mauthner nach Meersburg zurück, wo er intensive private Studien betrieb und ab 1911 die *Bibliothek der Philosophen* herausgab. Bekannt wurde Mauthner als Schriftsteller vor allem durch Parodien großer deutscher Dichter. Mit seinen Prosaminiaturen schuf er so etwas wie eine neue Gattung, mit der er auf Paul Scheerbart Einfluß ausübte. Später verfaßte Mauthner gesellschaftskritische, historische und philosophische Romane. Als Literat hat er jedoch nicht die Bedeutung erlangt, die ihm seine philosophischen, vor allem sprachkritischen Abhandlungen, mit denen er u. a. auf Wittgenstein wirkte, einbrachten. Als Denker vertrat Mauthner eine agnostische Mystik, in der der Mensch nie über eine bildliche Darstellung der Welt hinauskomme, weil die Sprache als Instrument der Erkenntnis versage. Im menschlichen Sein, wo Sprache und Denken zusammenfallen, lehnte er jede Metaphysik ab. Wörter als kognitive Mittel seien ohne Realitätsbezug und als Möglichkeit der Objektivierung ungeeignet. – Neben Christian Morgenstern und Julius Bab bekannten sich auch Gustav Landauer und nach dem Zweiten Weltkrieg der Avantgardist Oswald Wiener und die Gruppe um Gerhard Rühm zu Mauthner.

W: Ausgewählte Schriften. 6 Bde. Stuttgart: Deutsche Verlags-Anstalt, 1919.
L: Walter Eschenbacher: Fritz Mauthner und die deutsche Literatur um 1900. Eine Untersuchung zur Sprachkrise der Jahrhundertwende. Bern/Frankfurt a. M. 1977.

Ein Abend im Irrenhause 52

E/D: Der Heimat zum Gruss. Ein Almanach deutscher Dichtung und Kunst aus Böhmen. Hrsg. von Oskar Wiener und Johann Pilz. Berlin: Prometheus Verlagsgesellschaft, 1914. S. 188–203.

GRETE MEISEL-HESS
(d. i. Grete Gellert)

18. 4. 1879 Prag – 18. 4. 1922 Berlin

Dichterin, Frauenrechtlerin. – Daß Grete Meisel-Heß nicht unter dem Namen ihres Mannes, sondern unter ihrem Geburtsnamen veröffentlichte, geschah mit dem emanzipierten Bewußtsein der intellektuell eigenständigen Frau. Die Schriftstellerin wuchs in wohlbehütetem und begütertem Elternhaus als Tochter eines Fabrikbesitzers in Wien auf und gehörte zu einer ersten Generation von Frauen, die in den Genuß höherer Bildung gelangten. Sie studierte Philosophie, Soziologie und Biologie in Wien. 1908 ging Grete Meisel-Heß nach Berlin, wo sie am Tag ihres 43. Geburtstags früh starb. – Ab 1900 veröffentlichte die Schriftstellerin zahlreiche Romane, Novellen und gelehrte Abhandlungen über Individualismus, die Frauenfrage, Sozial- und Sexualreform. Kennzeichnend für die fortschrittliche Geisteshaltung der heute völlig vernachlässigten Dichterin war ihre entschieden formulierte Gegenposition zu Otto Weiningers Bestseller *Geschlecht und Charakter* (1903). Werk und Gedankengut Meisel-Heß' sind für die historische Frauenforschung in ihrer überragenden Bedeutung noch zu entdecken.

W: Generationen und ihre Bilder. Essay. Berlin: Edelheim, 1900. – In der modernen Weltanschauung. Leipzig/Berlin: Seemanns Nachf., 1901. – Weiberhaß und Weiberverachtung. Eine Erwiderung auf die in Dr. Otto Weiningers Buche »Geschlecht und Charakter« geäußerten Anschauungen über »Die Frau und ihre Frage«. Wien: Die Wage, 1904. – Eine sonderbare Hochzeitsreise. Neun Novellen. Wien: Szelinski, 1905. – Die Stimme. Roman in Blättern. Berlin: Wedekind, 1907. – Die Intellektuellen. Roman. Berlin: Oesterheld, 1911. – Das Wesen der Geschlechtlichkeit. Die sexuelle Krise in ihrer Beziehung zur sozialen Frage und zum Krieg. Zu Moral, Rasse und Religion und insbesondere zur Monogamie. 2 Bde. Jena: Diederichs, 1916.

E/D: Die Aktion (Berlin) 1. Nr. 7 (3. 4. 1911) Sp. 209–212.

GUSTAV MEYRINK
(d. i. Gustav Meyer)

19. 1. 1868 Wien – 4. 12. 1932 Starnberg

Romancier, Erzähler, Übersetzer. – Meyrink wurde auf der Durchreise als Sohn einer Schauspielerin aus altem steirischem Adelsgeschlecht und des württembergischen Staatsministers von Varnbüler unehelich in Wien geboren. Sechzehnjährig kam er von Hamburg nach Prag, wo er die Handelsakademie besuchte und Inhaber einer Wechselstube wurde. Sein Leben dort war skandalumwittert. Meyrink war Gründer mehrerer okkulter Orden, experimentierte mit Rauschgift, lag jahrelang mit dem Prager Offizierskorps in Streit und mußte wegen angeblichen Betrugs für drei Monate hinter Gitter. Wegen seiner exzentrischen Lebensweise wurde er bald zum Mittelpunkt der Prager Boheme; 1903 mußte er die Stadt sozial und finanziell ruiniert verlassen. Meyrink ging nach Wien, wo er die satirische Zeitschrift *Der liebe Augustin* redigierte, später nach München, bevor er sich in Starnberg niederließ. – Zur ersten Veröffentlichung kam Meyrink eher zufällig. Ein eingesandtes Manuskript fischte Ludwig Thoma aus dem Papierkorb, wo es – als »Produkt eines Wahnsinnigen« eingeschätzt – gelandet war, ließ es erscheinen und forderte weitere Manuskripte vom Autor. In den Erzählungen und Romanen wird die geordnete, glatte Wirklichkeit in grotesker Verzerrung als unwahr dargestellt und ihre Kehrseite (bei Kubin die »andere Seite«) als ihr eigentliches Wesen aufgezeigt. Sie äußert sich in Hintergründigkeit, unheimlicher Komik, in Phantasmagorien, Spuk und Grauen.

W: Gesammelte Werke. 6 Bde. Leipzig: Wolff, 1917. – Das Haus zur letzten Latern. Nachgelassenes und Verstreutes. Hrsg. von Eduard Frank. München/Wien: Langen Müller, 1973. – Fledermäuse. Erzählungen, Fragmente, Aufsätze. Hrsg. von Eduard Frank. München/Wien: Langen Müller, 1981.
L: Eduard Frank: Gustav Meyrink. Werk und Wirkung. Büdingen-Gettenbach 1957. – Evelyn Aster: Personalbibliographie Gustav Meyrink. Bern/Frankfurt a. M. 1980. – Frans Smit: Gustav Meyrink. Auf der Suche nach dem Übersinnlichen. München/Wien 1988.

E/D: G. M.: Orchideen. Sonderbare Geschichten. München: Langen, 1904. S. 34–38. – © Langen Müller Verlag in der F. A. Herbig Verlagsbuchhandlung GmbH, München.

HANS NATONEK
(Pseud. N. O. Kent)
28. 10. 1892 Prag – 23. 10. 1963 Tucson

Journalist, Romancier. – Der Sohn eines Versicherungsdirektors studierte in Wien und Berlin Philosophie und kam 1913 zur *Aktion*, wo er erste journalistische Erfahrungen sammelte. In der Folgezeit schrieb er für zahlreiche bedeutende Zeitschriften und Zeitungen, u. a. für das *Berliner Tageblatt* und die *Weltbühne*. 1917 ging Natonek nach Leipzig, wo er zunächst Redakteur am *Leipziger Tageblatt* und 1923 einflußreicher Feuilletonchef der *Neuen Leipziger Zeitung* wurde. 1927 erschien sein erstes Buch, eine Sammlung mit kritischen und satirischen Prosatexten; 1932 erhielt er für sein Gesamtschaffen den Goethe-Preis der Stadt Leipzig. Im Jahr der Machtergreifung Hitlers mußte der getaufte Jude Natonek Leipzig in Richtung Prag verlassen. Im Herbst 1938 floh er nach Paris, von wo er drei Jahre später über Portugal ins amerikanische Exil ging. – Natonek verfaßte neben zahlreichen kürzeren und längeren Prosatexten u. a. zwei Romane, in denen er in unterhaltsamer Form Kritik am kapitalistischen System und der Allmacht des Geldes übt, sowie einen eindrucksvollen Zeitroman (*Kinder einer Stadt*) aus der Presseszene mit Prag-Reminiszenzen.

W: Schminke und Alltag. Bunte Prosa. Leipzig: Krick, 1927. – Der Mann, der nie genug hat. Roman. Wien: Zsolnay, 1929. – Geld regiert die Welt. Roman. Wien: Zsolnay, 1930. – Kinder einer Stadt. Roman. Wien: Zsolnay, 1932. Neudr. Wien/Hamburg: Zsolnay, 1987. – In Search of Myself. New York: Putnam, 1943. – Die Straße des Verrats. Publizistik, Briefe und ein Roman. Hrsg. und mit einem Nachw. von Wolfgang U. Schütte. Berlin: Der Morgen, 1982. – Blaubarts letzte Liebe. Roman. Mit einem Nachw. von Jürgen Serke. Wien/Darmstadt: Zsolnay, 1988.
L: Jürgen Serke: Böhmische Dörfer. Wanderungen durch eine verlassene literarische Landschaft. Wien/Hamburg 1987. S. 87–129.

Wahnsinnig. Groteske 385

E/D: Berliner Börsen-Courier. Nr. 547 (23. 11. 1920). 1. Beilage. – © Ruth Cronick, Tucson (Arizona).

LEO PERUTZ

2. 11. 1882 Prag – 25. 8. 1957 Bad Ischl

Versicherungsmathematiker; Erzähler. – Der Sohn eines wohlhabenden jüdischen Textilfabrikanten übersiedelte bereits 1899 nach Wien und hatte mit wenigen Ausnahmen (Weiß, Kisch) kaum Kontakt zu Prager Dichtern. In Wien ließ er sich als Versicherungskaufmann ausbilden und hörte entsprechende Vorlesungen. Von 1907 bis in die zwanziger Jahre (unterbrochen durch den Kriegsdienst) und wieder im Exil war er als Versicherungsmathematiker tätig. 1915 debütierte er mit dem historischen Roman *Die dritte Kugel,* dem zahlreiche weitere spannend konstruierte Romane aus der Vergangenheit und Gegenwart folgten, die ihn als Erfolgsautor etablierten. 1938 emigrierte Perutz nach Tel Aviv.

W: Die dritte Kugel. München: Langen, 1915. – Zwischen neun und neun. Roman. München: Langen, 1918. – Der Marques de Bolibar. Roman. München: Langen, 1920. – Der Meister des jüngsten Tages. Roman. München: Langen, 1923. – Wohin rollst du, Äpfelchen ... Roman. Berlin: Ullstein, 1928. – St. Petri-Schnee. Roman. Berlin/Wien/Leipzig: Zsolnay, 1933. – Der schwedische Reiter. Roman. Wien: Zsolnay, 1936. – Nachts unter der steinernen Brücke. Ein Roman aus dem alten Prag. Frankfurt a. M.: Frankfurter Verlagsanstalt, 1953. – Seit 1985 erscheint eine Werkausgabe in Einzelbänden im Wiener Paul Zsolnay Verlag, hrsg. von Hans-Harald Müller.

L: Dietrich Neuhaus: Erinnerung und Schrecken. Die Einheit von Geschichte, Phantastik und Mathematik im Werk Leo Perutz'. Frankfurt a. M. 1984. – Jürgen Serke: Böhmische Dörfer. Wanderungen durch eine verlassene literarische Landschaft. Wien/Hamburg 1987. S. 258–281. – Reinhard Lüth: Drommetenrot und Azurblau. Studien zur Affinität von Erzähltechnik und Phantastik in Romanen von Leo Perutz und Alexander Lernet-Holenia. Meitingen 1988. – Leo Perutz 1882–1957. Eine Ausstellung der Deutschen Bibliothek, Frankfurt am Main. Ausstellung und Katalog Hans-Harald Müller und Brita Eckert. Wien/Darmstadt 1989. – Leo Perutz. Eine Bibliographie. Hrsg. von Hans-Harald Müller und Wilhelm Schernus. Frankfurt a. M. 1990.

D: L. P.: Herr erbarme dich meiner. Mit einem Nachw. von Hans-Harald Müller. Wien/Hamburg: Zsolnay, 1985. S. 40–48. – © 1985 Paul Zsolnay Verlag GmbH, Wien.

E: L. P.: Dienstag 11. Oktober 1916. In: Der Neue Tag (Wien) 1. Nr. 271 (25. 12. 1919) S. 11f.

OTTO PICK

22. 5. 1887 Prag – 25. 5. 1940 London

Bankbeamter; Lyriker, Erzähler, Kritiker, Übersetzer, Herausgeber. – Otto Pick war Sohn eines kleinen jüdischen Händlers und zunächst als Angestellter einer Wechselstube tätig. 1911/12 besorgte er mit Willy Haas und Norbert Eisler die Herausgabe der *Herder-Blätter*, 1921 kam er als Redakteur und Literaturkritiker zur *Prager Presse*. 1938 emigrierte er nach England, wo er zwei Jahre später im Exil starb. – Pick trat vor allem als Literaturvermittler mit dem Ziel, nationale Barrieren seiner Heimat zu überwinden, hervor. Er übersetzte tschechische Literatur ins Deutsche und gab deutsche Erzähler in tschechischer Sprache heraus. Berühmt wurde seine Anthologie *Deutsche Erzähler aus der Tschechoslowakei* (1922). Pick war bekannt mit Max Brod und Franz Kafka. Sein Freund Werfel schätzte die Novellen und Gedichte, die ab 1912 erschienen, außerordentlich. Heute ist Pick gänzlich vergessen.

W: Freundliches Erleben. Gedichte. Berlin: Juncker, 1912. – Die Probe. Novellen. Heidelberg: Saturn, 1913. – Wenn wir uns mitten im Leben meinen. Gedichte. Prag: Die Bücherstube, 1926. – Spielende Kinder. Erzählung. Prag: Orbis, 1928. – Preisungen. Gedichte. Prag: Werner, 1937.

E/D: Der Brenner (Innsbruck) 2. H. 14 (15. 12. 1911) S. 466–475.

RAINER MARIA RILKE

4. 12. 1875 Prag – 29. 12. 1926 Valmont

Lyriker, Erzähler, Übersetzer. – Rilkes Vater, ein Militär- und Eisenbahnbeamter, zwang den sensiblen Knaben, die Militärrealschule zu besuchen, um ihn auf die Offizierslaufbahn vorzubereiten. Nach mehrjährigem Privatunterricht studierte er von 1895 bis 1899 Kunst-, Literatur- und Rechtsgeschichte in Prag, München und Berlin. Mit Lou Andreas-Salomé, die er in München kennengelernt hatte, unternahm er erste Reisen u. a. nach Rußland, bevor er sich in Worpswede niederließ, heiratete und Vater wurde. Nach der Auflösung der Ehe mit der Bildhauerin Clara Westhoff 1902 begann für Rilke ein dauerhaft unstetes Leben mit zahlreichen Reisen, als Gast auf Schlössern, in Hotels und ständig wechselnden Wohnungen. 1905/06 war er Privatsekretär Auguste Rodins in Paris, 1911/12 lebte er bei Fürstin Marie von Thurn und Taxis auf Duino. Während des Krieges verbrachte Rilke kurze Zeit beim österreichischen Landsturm und im Wiener Kriegsarchiv. Die letzten Jahre lebte er in der Schweiz, ab 1923 mehrfach im Sanatorium. Er starb an Leukämie.

W: Sämtliche Werke. 12 Bde. Hrsg. vom Rilke Archiv. In Verb. mit Ruth Sieber-Rilke bes. durch Ernst Zinn. Frankfurt a. M.: Insel, 1975.
L: August Stahl [u. a.]: Rilke-Kommentar. 2 Bde. München 1978–79.

D: R. M. R.: Sämtliche Werke. Bd. 8: Frühe Erzählungen und Dramen. Zweite Hälfte. S. 623–629. – © 1985 Insel Verlag, Frankfurt a. M.
E: R. M. R.: Briefe und Tagebücher aus der Frühzeit 1899–1902. Leipzig: Insel, 1931. S. 222–229. [Entst. 8./9. 11. 1899.]

HUGO SALUS

3. 8. 1866 Böhmisch-Leipa – 4. 2. 1929 Prag

Gynäkologe; Lyriker, Erzähler. – Wie sein Vater, der Tierarzt war, schlug Salus die medizinische Laufbahn ein. Er studierte in Prag, wo er 1895 seine Praxis als Frauenarzt eröffnete. Als Rivale des neun Jahre älteren Friedrich Adler wandte er sich früh ab von einer eklektischen Spätklassik und verschrieb sich statt dessen einer biedermeierlichen Neuromantik. Mit seinen melancholischen und satirischen Gedichten mit anakreontischen Anklängen sowie elegisch-ironischen Erzählungen und Novellen genoß er großes Ansehen. Selbst Rilke verehrte ihn in »schwärmerischer Dankbarkeit«. Zu Salus' Bekanntheitsgrad trug sicher auch die große, hagere Erscheinung bei, mit bleichem Gesicht und langen Haaren unter dem schwarzen runden Hut. Man sagte, daß er nicht nur selbst literarische Schöpfungen hervorbringe, sondern als Geburtshelfer ganze neue Dichtergenerationen. Obwohl Jude, konnte er sich nicht bedingungslos der zionistischen Bewegung Prags anschließen. Trotz mancher Ehrbezeugung, unter anderem von dem alternden Max Brod oder von Werfel, und einer ausführlichen Würdigung von Albert Soergel in seiner Literaturgeschichte verblaßte der Ruhm Hugo Salus' schnell.

W: Gedichte. München: Langen, 1898. – Neue Gedichte. München: Langen, 1899. – Ehefrühling. Leipzig: Diederichs, 1900. – Novellen des Lyrikers. Berlin: Fleischel, 1903. – Das blaue Fenster. Novellen. Berlin: Fleischel, 1906. – Trostbüchlein für Kinderlose. Jena: Diederichs, 1909. – Das neue Buch. Neue Gedichte. München: Langen, 1919.

L: Hermann Kletzander: Hugo Salus und der Jugendstil. Diss. Salzburg 1977.

D: H. S.: Seelen und Sinne. Neue Novellen. Leipzig: Xenien, 1913. S. 85–100.

E: Xenien (Leipzig) 5 (1912) Oktoberheft.

WALTER SEIDL

17. 4. 1905 Troppau – 29. 8. 1937 Neapel

Redakteur; Erzähler, Dramatiker. – Von seinem Vater, einem Reichsratsabgeordneten, ursprünglich für die Offizierslaufbahn bestimmt, studierte Seidl nach dem Zusammenbruch der österreichisch-ungarischen Monarchie an der Universität Grenoble Musikwissenschaft und wurde schließlich Musikreferent beim *Prager Tagblatt.* Während einer Schiffsreise starb er an einer Typhuserkrankung. – In seinem epischen Hauptwerk, dem autobiographischen Bildungsroman *Der Berg der Liebenden*, schildert er die Befreiung von der väterlichen Ordnungswelt, problematisiert das deutschtschechische Verhältnis und tritt für eine deutsch-französische Verständigung ein. Mit grotesken und utopischen Dramen hatte er auch auf der Bühne kurzzeitigen Erfolg.

W: Anasthase und das Untier Richard Wagner. Roman. Zürich/Leipzig/Wien: Amalthea, 1930. – Welt vor der Nacht. Ein Mysterium der Zukunft. Baden-Baden: Merlin, 1930. [Bühnenmanuskript.] – Wirbel in der Zirbeldrüse. Groteske Komödie in drei Akten (mit O. W.). Baden-Baden: Merlin, 1930. [Bühnenmanuskript.] – Romeo im Fegefeuer. Roman. Berlin: Reiss, 1932. – Erlebnis im Hause Knut Hamsuns. Chemnitz: Gesellschaft der Bücherfreunde, 1933. – Der Berg der Liebenden. Erlebnisse eines jungen Deutschen. Leipzig/Mährisch-Ostrau: Kittls Nachf., 1936.

Variation über ein Thema der Wesendonck 451

E/D: Der Sturm (Berlin) 20 (1929/30) S. 68.

ERNST SOMMER

29. 10. 1888 Iglau – 20. 10. 1955 London

Jurist; Schriftsteller. – Ernst Sommer kam in Iglau, einer Kleinstadt an der böhmisch-mährischen Grenze, als Sohn eines deutschsprachigen jüdischen Süßwarenfabrikanten zur Welt. Nach der Reifeprüfung ging er nach Wien, wo er sich für kurze Zeit an der medizinischen Fakultät einschrieb, bevor er Jura studierte und mit der Promotion abschloß. 1920 ließ er sich in Karlsbad als Rechtsanwalt nieder; von dort emigrierte er 18 Jahre später nach England. 1948 wurde er in London Anwalt für internationales Recht. Er starb nach langjähriger Nervenkrankheit. – Seine 1924 gegründete Zeitschrift *Die Provinz* konnte das Ziel, nationale, rassische und politische Schranken abzubauen, nicht erreichen und ging nach einem Jahr ein. Sommer hatte sich mit Zurückhaltung der zionistischen Idee angeschlossen, wanderte aber nicht aus, sondern trat den Sozialdemokraten bei. Nach grotesken Novellen wandte sich Sommer dem historischen Roman zu. Hierin zeigt er Einzelschicksale meist unschuldiger Menschen, die durch die Zeitumstände schuldig werden oder umkommen. Daneben schrieb er eine umfangreiche (unveröffentlichte) Studie zur tausendjährigen böhmischen Geschichte und verschiedene historische Porträts (u. a. von Thomas Münzer, François Villon und Ulrich von Hutten).

W: Gideons Auszug. Roman. Wien: Österreichischer Verlag, [1913]. – Der Fall des Bezirksrichters Fröhlich. Eine Groteske. Reichenberg: Sudetendeutscher Verlag, 1922. – Die Templer. Roman. Berlin: Wolff, 1935. – Botschaft aus Granada. Roman. Mährisch-Ostrau: Kittls Nachf., 1937. Neudr. Wien/Hamburg: Zsolnay, 1987. – Revolte der Heiligen. Erzählung. Mexiko: El Libro Libre, 1944. – Antinous oder Die Reise eines Kaisers. Roman. Rudolstadt: Greifenverlag, 1955. – Der Aufruhr und andere ausgewählte Prosa. Mit einer Einf. und einer Bibl. von Věra Macháčková-Riegerová. Wiesbaden: Steiner, 1976. (Verschollene und Vergessene.)
L: Věra Macháčková-Riegerová: Ernst Sommer. Leben und Werk. Praha 1969. – Jürgen Serke: Böhmische Dörfer. Wanderungen durch eine verlassene literarische Landschaft. Wien/Hamburg 1987. S. 202–217.

D: E. S.: Der Aufruhr und andere ausgewählte Prosa. S. 39–72. –
E: E. S.: Der Aufruhr. Wien/Prag/Leipzig: Strache, 1920.

HERMANN UNGAR

20. 4. 1893 Boskowitz – 28. 10. 1929 Prag

Diplomat; Erzähler, Dramatiker. – Aufgewachsen im Judenghetto einer mährischen Kleinstadt, studierte Hermann Ungar orientalische Sprachen in Berlin und Jura in München und Prag. Nach dem Krieg, der ihm zum künstlerischen Erlebnis wurde, war er u. a. kurze Zeit Bankbeamter in Prag. Von 1921 bis 1928 arbeitete Ungar in der Handelsabteilung der tschechoslowakischen Botschaft in Berlin, zuletzt war er Ministerialkommissar auf dem Hradschin. – Mit seinen formal strengen und thematisch radikalen Prosawerken *Knaben und Mörder* (1920), *Die Verstümmelten* (1922) und *Die Klasse* (1927) ist Ungar einer der bedeutendsten Autoren nicht nur der Prager Literatur; beim zeitgenössischen Publikum war er erfolgreicher mit dem Revolutionsschauspiel *Der rote General* (1928) und der Bürgersatire *Die Gartenlaube* (1929).

W: Krieg. Drama aus der Zeit Napoleons. Mit einem Anh. hrsg. von Dieter Sudhoff. Paderborn: Igel Verlag, 1990. [Entst. 1917/18.] – Die Verstümmelten. Roman. Hrsg. und mit einem Nachw. vers. von Dieter Sudhoff. Frankfurt a. M.: Suhrkamp, 1987. (Bibliothek Suhrkamp. 952.) – Das Gesamtwerk. [Unvollst.] Mit einem Nachw. von Jürgen Serke. Wien/Darmstadt: Zsolnay, 1989. – Der Bankbeamte und andere vergessene Prosa. Erzählungen, Essays, Aufzeichnungen, Briefe. Mit einem Anh. hrsg. von Dieter Sudhoff. Paderborn: Igel Verlag, 1989.
L: Nanette Klemenz: Hermann Ungar. Eine Monographie. Bonn 1970. – Jürgen Serke: Böhmische Dörfer. Wanderungen durch eine verlassene literarische Landschaft. Wien/Hamburg 1987. S. 230 bis 245. – Dieter Sudhoff: Hermann Ungar. Leben – Werk – Wirkung. Würzburg 1990. – Carina Lehnen: Krüppel, Mörder und Psychopathen. Hermann Ungars Roman »Die Verstümmelten«. Paderborn 1990. (Studien zur Prager deutschen Literatur. Hrsg. von Dieter Sudhoff. 1.)

D: H. U.: Der Bankbeamte und andere vergessene Prosa. S. 22–29. [Das ursprüngliche Eingangskapitel des Romans *Die Verstümmelten.*] – © Igel-Verlag, Paderborn.
E: Deutsche Erzähler aus der Tschechoslowakei. Ein Sammelbuch. Hrsg. und eingel. von Otto Pick. Reichenberg/Prag/Leipzig/Wien: Heris, 1922. S. 298–313.

JOHANNES URZIDIL

3. 2. 1896 Prag – 2. 11. 1970 Rom

Diplomat; Erzähler, Lyriker, Essayist. – Urzidil, Sohn eines deutschen Bahnbeamten und einer Jüdin, studierte von 1914 bis 1919 in seiner Heimatstadt Germanistik, Slawistik und Kunstgeschichte. Von 1922 bis 1933 war er als Pressebeirat an der deutschen Gesandtschaft in Prag tätig. Urzidil verkehrte in den Prager Literaturkreisen, wo er engen Kontakt mit Werfel hatte. Er schrieb für verschiedene Periodika, redigierte 1918/19 die Brünner Revue *Der Mensch* und war seit 1936 Redaktionsmitglied der österreichischen Literaturzeitschrift *das silberboot.* 1939 emigrierte er nach England und zwei Jahre später in die USA, wo er zunächst als Kunsthandwerker und ab 1951 als freier Schriftsteller arbeitete. – Urzidil begann seine schriftstellerische Laufbahn mit expressionistischer Lyrik, entwickelte sich später aber zum von Stifters Sprache beeinflußten Erzähler mit stark autobiographischen Zügen. In den dreißiger Jahren schrieb er umfangreiche kulturhistorische Untersuchungen, darunter ein Buch über tschechische Maler der Gegenwart. Auch noch das in den USA entstandene Werk ist weitgehend auf die Prager Heimat bezogen. Es ist geprägt von der Grundhaltung des Erinnerns. In seinem *Prager Triptychon* beispielsweise wird in einem phantastischen Spiel aus Realem und Fiktionalem der Ort der Kindheit heraufbeschworen. Im Roman *Das große Halleluja* hingegen werden amerikanische Themen behandelt. Urzidil, der auch als Übersetzer aus dem Englischen hervortrat, wurden spät zahlreiche literarische Ehren zuteil.

W: Sturz der Verdammten. Gedichte. Leipzig: Wolff, 1919. (Der jüngste Tag. 65.) – Goethe in Böhmen. Wien/Leipzig: Epstein, 1932. Wesentlich erw. Fass. Zürich/Stuttgart: Artemis, 1962. – Die verlorene Geliebte. München: Langen Müller, 1956. – Das große Halleluja. Roman. München: Langen Müller, 1959. – Prager Triptychon. München: Langen Müller, 1960. – Die letzte Tombola. Erzählungen. Zürich/Stuttgart: Artemis, 1971. – Bekenntnisse eines Pedanten. Erzählungen und Essays aus dem autobiographischen Nachlaß. Zürich/München: Artemis, 1972.
L: Gerhard Trapp: Die Prosa Johannes Urzidils. Zum Verständnis eines literarischen Werdegangs vom Expressionismus zur Gegenwart. Bern [u. a.] 1967. – Hedwig Pistorius: Johannes Urzidil und das Exil. Diss. Wien 1978. – Christa Helling: Johannes Urzidil und Prag. Versuch einer Interpretation. Triest 1981. – Johannes Urzidil und der Prager Kreis. Vorträge des römischen Johannes-Urzidil-Symposions 1984. Hrsg. von Johann Lachinger, Aldemar Schiffkorn, Walter Zettl. Linz 1986.

E/D: J. U.: Das Elefantenblatt. Erzählungen. München: Langen Müller, 1962. S. 71–85. – © Langen Müller Verlag in der F. A. Herbig Verlagsbuchhandlung GmbH, München.

MELCHIOR VISCHER
(d. i. Emil Fischer)

7. 1. 1895 Teplitz-Schönau – 21. 4. 1975 Berlin

Erzähler, Dramatiker, Kritiker, Regisseur. – Der Autor von *Sekunde durch Hirn* (1920) veröffentlichte den ersten deutschsprachigen Dada-Roman und vertrat damit in seinen frühen Jahren die neueste Avantgarde in Prag. Nach seiner Kriegsteilnahme hatte er dort Philosophie, Germanistik und Mathematik studiert, von 1921 bis 1923 war er Feuilletonredakteur der *Prager Presse*. In den zwanziger Jahren arbeitete er an verschiedenen Bühnen Deutschlands als Dramaturg und Regisseur und war als Theaterautor produktiv. Danach lebte er als deutscher Staatsangehöriger zurückgezogen in Berlin, wo er außer zwei Biographien über den Feldherrn Münnich (1938) und Jan Hus (1940) nurmehr triviale Unterhaltungsromane (teils zusammen mit seiner Frau Eva German) veröffentlichte. Seine lyrischen Zyklen, an denen er seit 1930 schrieb, erschienen erst postum.

W: Sekunde durch Hirn, Der Teemeister, Der Hase und andere Prosa. Hrsg. von Hartmut Geerken. München: edition text + kritik, 1976. (Frühe Texte der Moderne.) – Fußballspieler und Indianer. Chaplin. Zwei Schauspiele. Hrsg. von Sigrid Hauff. München: edition text + kritik, 1984. (Frühe Texte der Moderne.) – Sekunde durch Hirn / Der Hase. Hrsg. und mit einem Nachw. vers. von Peter Engel. Frankfurt a. M.: Suhrkamp, 1988. (Bibliothek Suhrkamp. 975.) – Unveröffentlichte Briefe und Gedichte. Mit einem Vor- und Nachw. hrsg. von Raoul Schrott. Siegen: Universität-Gesamthochschule, 1988. (Vergessene Autoren der Moderne. 32.) – Muß wieder ein Morgen sein. Gedichte 1930–1960. Wien/Darmstadt: Zsolnay, 1989. – Werkauswahl. Hrsg. von Peter Engel. In: Hartmut Binder (Hrsg.): Prager Profile. Vergessene Autoren im Schatten Kafkas. Berlin: Gebr. Mann, 1991. S. 439–465.
L: Jürgen Serke: Böhmische Dörfer. Wanderungen durch eine verlassene literarische Landschaft. Wien/Hamburg 1987. S. 162–181. – Peter Engel: Die Wandlungen des Melchior Vischer. Vom Prager Avantgardisten zum Berliner Unterhaltungsschriftsteller. In: Binder (Hrsg.): Prager Profile. S. 417–437.

E/D: Das Dreieck (Berlin) 1. H. 2 (Oktober 1924) S. 43–45. –

F(RANZ) C(ARL) WEISKOPF

3. 4. 1900 Prag – 14. 9. 1955 Berlin

Diplomat; Erzähler, Journalist. – Der Sohn eines deutsch-jüdischen Bankangestellten leistete seinen Wehrdienst in der k. u. k. Armee, studierte dann Germanistik und Geschichte in Prag mit dem Abschluß zum Dr. phil. 1921 trat er der KPČ bei, für deren Ziele er sich publizistisch einsetzte. Nach mehreren Hochverratsanklagen siedelte Weiskopf 1927 nach Berlin über, wo er dem Bund Proletarisch-Revolutionärer Schriftsteller beitrat. 1933 wurde er nach Prag ausgewiesen, und 1939 mußte er über Paris in die USA emigrieren, wo er als aktiver Antifaschist verschiedene journalistische und verlegerische Projekte durchführte. Seit 1941 im diplomatischen Dienst der ČSR, war Weiskopf 1949 Gesandter in Stockholm und von 1950 bis 1952 Botschafter in Peking. 1953 ging er in die DDR, wo er zusammen mit Willi Bredel bis zu seinem Tod die *Neue Deutsche Literatur* herausgab. – Nur zu Beginn schrieb Weiskopf Gedichte. Bald wandte er sich der erzählenden Literatur, dem Essay, der Reportage und auch der Anekdote zu. In seinen Reiseschilderungen deckt er soziale Mißstände der Arbeiter und Bauern auf. In einer nicht vollendeten Romantrilogie verfolgte Weiskopf das Ziel, die Geschichte des mitteleuropäischen Raums, gespiegelt im Schicksal einer liberalen Unternehmerfamilie während des ersten Jahrhundertviertels, darzustellen. In der DDR erlebte Weiskopf aufgrund seiner kommunistischen Aktivitäten willkommene Aufnahme.

W: Gesammelte Werke. 8 Bde. Hrsg. von der Deutschen Akademie der Künste zu Berlin. Ausw. und Zsstell. durch Grete Weiskopf und Stephan Hermlin unter Mitarb. von Franziska Arndt. Berlin: Dietz, 1960.
L: Irmfried Hiebel: F. C. Weiskopf – Schriftsteller und Kritiker. Zur Entwicklung seiner literarischen Anschauungen. Berlin/Weimar 1973. – Petra Gallmeister: Die historischen Romane von Franz Carl Weiskopf. »Abschied vom Frieden« und »Inmitten des Stromes«. Frankfurt a. M. [u. a.] 1983.

E/D: F. C. W.: Gesammelte Werke. Bd. 6: Anekdoten und Erzählungen. S. 463–470. [Entst. 1938.]

ERNST WEISS

28. 8. 1882 Brünn – 15. 6. 1940 Paris

Erzähler, Dramatiker, Lyriker. – Der Sohn eines jüdischen Tuchhändlers studierte in Wien und Prag Medizin und war auch einige Jahre als Chirurg tätig; 1921 zog er von Prag nach Berlin, wo er als freier Schriftsteller lebte. Nach dem Reichstagsbrand emigrierte Weiß über Prag nach Paris; dort unternahm er am Tag des Einmarsches deutscher Truppen einen Selbstmordversuch und starb in der folgenden Nacht. – Ernst Weiß, der eine Zeitlang mit Kafka befreundet war, gehört sowohl mit seinem expressionistischen Frühwerk (*Tiere in Ketten*, 1918) wie auch mit seinen späteren neusachlichen Pseudobiographien (*Der arme Verschwender*, 1936), die oft psychologische Außenseiterschicksale schildern, zu den wichtigsten Prager Autoren; seine Renaissance begann 1963 mit der postumen Veröffentlichung des 1938/39 entstandenen Romans *Der Augenzeuge*, in dem die hysterische Blindheit des Kriegsgefreiten Hitler thematisiert wird.

W: Gesammelte Werke. 16 Bde. Hrsg. von Peter Engel und Volker Michels. Frankfurt a. M.: Suhrkamp, 1982.
L: Weiß-Blätter. Hrsg. von Peter Engel. Nr. 1–6/7 (April 1973 – August 1978). Neue Folge. Hrsg. von Peter Engel und Sven Spieker. Nr. 1 ff. November 1983 ff. – Klaus-Peter Hinze: Ernst Weiß. Bibliographie der Primär- und Sekundärliteratur. Hamburg 1977. – Ernst Weiß. Hrsg. von Peter Engel. Frankfurt a. M. 1982. – Ulrike Längle: Ernst Weiß – Vatermythos und Zeitkritik. Die Exilromane am Beispiel des »Armen Verschwenders«. Innsbruck 1981. – Rita Mielke: Das Böse als Krankheit. Entwurf einer neuen Ethik im Werk von Ernst Weiß. Frankfurt a. M. 1986. – Franz Haas: Der Dichter von der traurigen Gestalt. Zu Leben und Werk von Ernst Weiß. Frankfurt a. M. 1986.

D: E. W.: Gesammelte Werke. Bd. 15: Die Erzählungen. S. 84–103. – © 1982 Suhrkamp Verlag, Frankfurt a. M.
E: Genius (München) 1 (1919) S. 298–308.

FRANZ WERFEL

10. 9. 1890 Prag – 26. 8. 1945 Beverly Hills

Lyriker, Dramatiker, Romancier. – Einer jüdischen Kaufmannsfamilie entstammend, war Werfel der Prototyp des reichen großbürgerlichen Schriftstellers. Ihm wurde eine sorgfältige humanistische Bildung zuteil. Nach sporadischen Studien in Prag und Leipzig sowie einer nicht zu Ende geführten Kaufmannslehre in Hamburg wurde er 1912 Lektor im Leipziger Kurt Wolff Verlag und nahm von 1915 bis 1917 am Ersten Weltkrieg teil. Danach ließ er sich in Wien nieder, wo er die Witwe Gustav Mahlers, Alma Mahler-Gropius, heiratete. Werfel unternahm in der Folgezeit zahlreiche ausgedehnte Reisen und lebte zeitweise in Italien. 1938 mußte er Österreich verlassen. Durch eine abenteuerliche Flucht über Frankreich und Portugal gelangte er ins Exil nach Amerika. – Als frühreifer expressionistischer Lyriker kam der junge Werfel schnell zu hohem Ansehen und war zwischen 1910 und 1912 der unbestrittene Mittelpunkt des »Arco«-Kreises. Bei Wolff war Werfel u. a. Initiator der avantgardistischen Buchreihe *Der jüngste Tag.* Seine eigenen Werke erlebten hohe Auflagen, obwohl manche Kritiker später auf formale und sprachliche Mängel vor allem seiner frühen und mittleren Werke hinwiesen. Besonders aber aufgrund des epischen Spätwerks, in dem Werfel eindringliche Charakterbeschreibungen gelingen und er zu einem kunstvollen Erzählstil findet, gilt er nach Rilke und Kafka als der bedeutendste Prager deutsche Autor.

W: Gesammelte Werke. Hrsg. von Adolf D. Klarmann. Frankfurt a. M.: S. Fischer, 1948–67. – Zwischen oben und unten. Prosa, Tagebücher, Literarische Nachträge. Aus dem Nachlaß hrsg. von Adolf D. Klarmann. München/Wien: Langen Müller, 1975. – Gesammelte Werke in Einzelbänden. Hrsg. von Knut Beck. Frankfurt a. M.: S. Fischer, 1989ff.

L: Lore B. Foltin: Franz Werfel. Stuttgart 1972. – Peter Stephan Jungk: Franz Werfel. Eine Lebensgeschichte. Frankfurt a. M. 1987. – Norbert Abels: Franz Werfel. Reinbek bei Hamburg 1990. (rowohlts monographien. 472.)

D: F. W.: Gesammelte Werke in Einzelbänden: Die schwarze Messe. Erzählungen. 1989. S. 99–106. –

E: Die neue Dichtung. Ein Almanach. Leipzig: Wolff, 1918. S. 37–47.

OSKAR WIENER

4. 3. 1873 Prag – deportiert 20. 4. 1944

Lyriker, Erzähler, Feuilletonist, Herausgeber. – Oskar Wiener gehörte zum Zentrum des Prager Dichterkreises der Jahrhundertwende und der Vorkriegszeit. Anders als viele seiner Schriftstellerkollegen strebte er nicht nach neuen ästhetischen Formen, sondern blieb der Tradition verhaftet. Als Bänkelsänger eines noch biedermeierlich erlebten Prag führte Wiener ein unstetes Leben. Er sammelte bei seinen Spielmannsstreifzügen durch Böhmen deutsche, tschechische und jüdische Sagen, die er zu *Balladen und Schwänken* umformte. In seinem Roman, den Gedichten und Novellen zeichnet Wiener das Bild einer liebenswürdigen Stadt, in der es genug Originale gab, und die noch nicht aufgehört hatte, romantisch zu sein. Detlev von Liliencron, der mehrfach von den »Jung-Pragern« eingeladen wurde, war er geselliger Tischgast und Stadtführer. In seinem *Alt-Prager Guckkasten* zeigte er Bilder und Gestalten der Stadt, deren Dichter er in verschiedenen Anthologien versammelte, von denen besonders das Sammelbuch *Deutsche Dichter aus Prag* (1919) berühmt wurde. Wiener, der nach 1939 in Prag geblieben war, wurde 1944 von den Nazis in ein Konzentrationslager verschleppt; sein genaues Todesdatum ist unbekannt.

W: Gedichte. Berlin: Schuster & Loeffler, 1899. – Balladen und Schwänke. Minden: Bruns, 1903. – Verstiegene Novellen. Berlin: Harmonie, 1907. – Im Prager Dunstkreis. Roman. Wien/Leipzig: Strache, 1919. – Alt-Prager Guckkasten. Wanderungen durch das romantische Prag. Prag/Wien/Leipzig: Strache, 1922.

E/D: Der Heimat zum Gruss. Ein Almanach deutscher Dichtung und Kunst aus Böhmen. Hrsg. von Oskar Wiener und Johann Pilz. Berlin: Prometheus Verlagsgesellschaft, 1914. S. 38–51.

LUDWIG WINDER

7. 2. 1889 Schaffa – 16. 6. 1946 Baldock (Hertfordshire)

Redakteur; Erzähler, Lyriker, Dramatiker. – Kindheit und Jugend verbrachte der Sohn eines jüdischen Lehrers in mährischen Kleinstädten. Nach journalistischen Lehr- und Wanderjahren in Wien,

Bielitz, Teplitz und Pilsen wurde er 1914 Feuilletonredakteur und Theaterkritiker der *Bohemia* in Prag, wo er bis 1939 lebte. Er starb im englischen Exil. – Die frühen, noch vom Expressionismus beeinflußten Romane (*Die jüdische Orgel, Hugo. Tragödie eines Knaben*) reflektieren vor allem traumatische Kindheitserlebnisse, in seinen weiteren Romanen (*Die nachgeholten Freuden, Die Reitpeitsche*) behandelte Winder bevorzugt aktuelle Gesellschaftsphänomene der Nachkriegszeit und die Kohärenz persönlichen und allgemeinen Schicksals.

W: Die rasende Rotationsmaschine. Roman. Berlin/Leipzig: Schuster & Loeffler, 1917. – Kasai. Roman. Berlin: Rowohlt, 1920. – Die jüdische Orgel. Roman. Wien/Leipzig/München: Rikola, 1922. Neudr. Olten / Freiburg i. Br.: Walter, 1983. – Hugo. Tragödie eines Knaben. Wien/Leipzig/München: Rikola, 1924. – Die nachgeholten Freuden. Roman. Berlin: Ullstein, 1927. Neudr. Wien/Hamburg: Zsolnay, 1987. – Die Reitpeitsche. Ein Roman. Berlin: Ullstein, 1928. – Dr. Muff. Roman. Berlin: Cassirer, 1931. Neudr. Wien/Darmstadt: Zsolnay, 1990. – Steffi oder Familie Dörre überwindet die Krise. Roman. Leipzig/Mährisch-Ostrau: Kittls Nachf., 1935. – Der Thronfolger. Ein Franz-Ferdinand-Roman. Zürich: Humanitas, 1938. Neudr. Berlin: Rütten & Loening, 1984. – Die Pflicht. Zürich: Steinberg, 1949. [Entst. 1943.] – Der Kammerdiener. Roman. Mit einem Nachw. von Jürgen Serke. Wien/Darmstadt: Zsolnay, 1988. [Entst. 1942/43.]

L: Kurt Krolop: Ludwig Winder (1889–1946). Sein Leben und sein erzählerisches Frühwerk. Ein Beitrag zur Geschichte der Prager deutschen Literatur. Diss. Halle 1967. – Jürgen Serke: Böhmische Dörfer. Wanderungen durch eine verlassene literarische Landschaft. Wien/Hamburg 1987. S. 142–161.

E/D: Die Neue Rundschau (Berlin) 34 (1923) Bd. 2. S. 698–716. [Erster Teil des Prosabandes *Hugo.*] –

Literaturhinweise

Adler, H. G.: Die Dichtung der Prager Schule. In: Manfred Wagner (Hrsg.): Im Brennpunkt: ein Österreich. 14 Beiträge auf der Suche nach einer Konstante. Wien 1976. S. 67–98.

Binder, Hartmut (Hrsg.): Kafka-Handbuch. 2 Bde. Stuttgart 1979.

– Franz Kafka und die Prager deutsche Literatur. Deutungen und Wirkungen. Bonn 1988.

– Prager Profile. Vergessene Autoren im Schatten Kafkas. Berlin 1991.

Born, Jürgen (Hrsg.): Deutschsprachige Literatur aus Prag und den böhmischen Ländern 1900–1925. Chronologische Übersicht und Bibliographie. München [u. a.] 1991.

Brod, Max: Der Prager Kreis. Stuttgart/Berlin/Köln/Mainz 1966. – Neudr. mit einem Nachw. von Peter Demetz. Frankfurt a. M. 1979.

– Streitbares Leben. Autobiographie 1884–1968. Frankfurt a. M. 1979.

Castle, Eduard (Hrsg.): Deutsch-Österreichische Literaturgeschichte. Ein Handbuch zur Geschichte der deutschen Literatur in Österreich-Ungarn. Bd. 4: Von 1890 bis 1918. Wien 1937.

Cysarz, Herbert: Prag im deutschen Geistesleben. Blicke durch ein Jahrtausend. Mannheim-Sandhofen 1961.

Demetz, Peter: René Rilkes Prager Jahre. Düsseldorf 1953.

Drehscheibe Prag. Deutsche Emigranten 1933–1939. Eine Ausstellung des Adalbert Stifter Vereins, München. München 1989.

Eisner, Pavel: Německá literatura na půdě ČSR. Od roku 1848 do našich dnů. In: Československá vlastivěda. Díl 7: Písemnictví. Prag 1933.

Engerth, Ruediger (Hrsg.): Im Schatten des Hradschin. Kafka und sein Kreis. Graz/Wien/Köln 1965.

Goldstücker, Eduard (Hrsg.): Weltfreunde. Konferenz über die Prager deutsche Literatur. Prag 1967.

Haas, Willy: Die literarische Welt. Lebenserinnerungen. Frankfurt a. M. 1983.

Jaksch, Friedrich: Lexikon sudetendeutscher Schriftsteller und ihrer Werke für die Jahre 1900–1929. Reichenberg 1929.

Janouch, Gustav: Franz Kafka und seine Welt. Wien/Stuttgart/Zürich [1965].

Knobloch, Erhard Jos.: Kleines Handlexikon: Deutsche Literatur in

Böhmen, Mähren, Schlesien von den Anfängen bis heute. München ²1976.
Körner, Josef: Dichter und Dichtung aus dem deutschen Prag. In: Donauland (Wien) 1 (1917) S. 777–784.
Krolop, Kurt: Hinweis auf eine verschollene Rundfrage: »Warum haben Sie Prag verlassen?«. In: Germanistica Pragensia (Prag) 4 (1966) S. 47–64.
Mossel, Erik: Literaire Gids van Praag. Baarn 1988.
Mühlberger, Josef: Die Dichtung der Sudetendeutschen in den letzten fünfzig Jahren. Kassel-Wilhelmshöhe 1929.
– Geschichte der deutschen Literatur in Böhmen 1900–1939. München/Wien 1981.
Muneles, Otto: Bibliographical Survey of Jewish Prague. Prag 1952.
Pazi, Margarita: Fünf Autoren des Prager Kreises. Frankfurt a. M./Bern/Las Vegas 1978.
– / Zimmermann, Hans Dieter (Hrsg.): Berlin und der Prager Kreis. Würzburg 1991.
Pick, Otto: Deutsche Dichter in Brünn und im mährischen Gebiet. In: Prager Presse 7 (4. 12. 1927) Nr. 333.
Politzer, Heinz: Dieses Mütterchen hat Krallen. Prag und die Ursprünge Rainer Maria Rilkes, Franz Kafkas und Franz Werfels. In: Literatur und Kritik 9 (1974) Nr. 81. S. 15–33.
Prager deutschsprachige Literatur zur Zeit Kafkas. Wien 1989. (Schriftenreihe der Franz Kafka-Gesellschaft. 3.)
Reimann, Paul: Von Herder bis Kisch. Studien zur Geschichte der deutsch-österreichisch-tschechischen Literaturbeziehungen. Berlin 1961.
Ripellino, Angelo Maria: Magisches Prag. Tübingen 1982.
Serke, Jürgen: Böhmische Dörfer. Wanderungen durch eine verlassene literarische Landschaft. Wien/Hamburg 1987.
Slovník spisovatelů německého jazyka a spisovatelů lužickosrbských. Zpracoval kolektiv autorů za vedení Václava Boka, Věry Macháčkové-Riegerové a Jiřího Veselého. Prag 1987.
Stölzl, Christoph: Kafkas böses Böhmen. Zur Sozialgeschichte eines Prager Juden. München 1975.
Szegeda, Wilhelm: Tschechoslowakische und deutsche Literaturgeschichte der böhmischen Länder und der Slowakei mit ihren hauptsächlichsten Vertretern. Brünn ²[1935].
Tramer, Hans: Die Dreivölkerstadt Prag. In: H. T. / Kurt Loewenstein (Hrsg.): Robert Weltsch zum 70. Geburtstag von seinen Freunden. Tel Aviv 1961.

Urzidil, Johannes: Da geht Kafka. Zürich 1965.
– Der lebendige Anteil des jüdischen Prag an der neueren deutschen Literatur. In: Bulletin des Leo Baeck Instituts 10 (1967) S. 276 bis 297.
Warschauer, Frank: Prag heute. Prag 1937.
Weltsch, Felix: The Rise and Fall of the Jewish-German Symbiosis: The Case of Franz Kafka. In: Leo Baeck Institute, Year Book 1. London 1956. S. 255–276.
Wodak, Ernst: Prag von Gestern und Vorgestern. Tel Aviv 1948.
Wolkan, R.: Geschichte der deutschen Literatur in Böhmen und in den Sudetenländern. Augsburg 1925.
Zohn, Harry: Participation in German Literature. In: The Jews of Czechoslovakia. Historical Studies and Surveys. Bd. 1. Philadelphia/New York 1968. S. 468–522.

Abbildungsnachweis

Anthologien

aus der deutschen Literatur

Absichten und Einsichten. Texte zum Selbstverständnis zeitgenössischer Autoren. 8640
Bänkelsang. Texte – Bilder – Kommentare. 8041
Berlin! Berlin! Eine Großstadt im Gedicht. 8400
Die Berliner Moderne. 1885–1914. 8359 – auch gebunden
Berliner Straßenecken-Literatur 1848/49. Humoristisch-satirische Flugschriften aus der Revolutionszeit. 9856
Dada Berlin. Texte, Manifeste, Aktionen. 9857
Dada Zürich. Texte, Manifeste, Dokumente. 8650
Deutsche Anekdoten. 9825
Deutsche Aphorismen. 9889 – auch gebunden
Deutsche Arbeiterdichtung 1910–1933. 9700
Deutsche Arbeiterliteratur von den Anfängen bis 1914. 9840
Deutsche Balladen. 8501 – auch gebunden
Deutsche Erzähler 1920–1960. 8044 – auch gebunden
Deutsche Fabeln des 18. Jahrhunderts. 8429
Deutsche Gedichte. 8012 – auch gebunden
Deutsche Gedichte des 18. Jahrhunderts. 8422 – auch gebunden
Deutsche Gedichte 1930–1960. 7914
Deutsche Gedichte der sechziger Jahre. 8211
Deutsche Großstadtlyrik vom Naturalismus bis zur Gegenwart. 9448
Deutsche Liebeslyrik. 7759 – auch gebunden
Deutsche Literatur im Exil 1933–1945. Texte und Dokumente. 9865
Deutsche Lyrik-Parodien aus drei Jahrhunderten. 7975 – auch gebunden
Der deutsche Michel. Revolutionskomödien der Achtundvierziger. 9300
Deutsche Parabeln. 7761

Deutsche Prosa-Parodien aus zwei Jahrhunderten. 8483 – auch gebunden
Deutsche Reden. Bd. 1, Bd. 2. 9672
Deutsche Schwänke. 9954
Deutsche Sonette. 9934 – auch gebunden
Die deutschen Sprichwörter. 8453 – auch gebunden
Deutsche Unsinnspoesie. 9890
Der deutsche Vormärz. Texte und Dokumente. 8794
Deutscher Minnesang (1150–1300). 7857
Deutsches Rätselbuch. 9405
Einakter des Naturalismus. 9468
Einakter und kleine Dramen der zwanziger Jahre. 8505
Einakter und kleine Dramen des Expressionismus. 8562
Einakter und kleine Dramen des Jugendstils. 9720
Erhebe dich, meine Seele. Mystische Texte des Mittelalters. 8456 – auch gebunden
Erzählte Zeit. 50 deutsche Kurzgeschichten der Gegenwart. 9996
Erzählungen seit 1960 aus der Bundesrepublik Deutschland, aus Österreich und der Schweiz. 7977
Fastnachtspiele des 15. und 16. Jahrhunderts. 9415
Frauenemanzipation im deutschen Vormärz. Texte und Dokumente. 9903
Die Frauenfrage in Deutschland 1865–1915. Texte und Dokumente. 7737
Gedichte der Romantik. 8230 – auch gebunden
Gedichte des Barock. 9975
Gedichte des Expressionismus. 8726
Gedichte und Prosa des Impressionismus. 8691
Gespenstergeschichten. Reclam Lesebuch
Der Göttinger Hain. 8789
In Deutschland unterwegs. Reportagen, Skizzen, Berichte 1945 bis 1948. 7858
Italien-Dichtung. Bd. 1: *Erzählungen von der Romantik bis zur Gegenwart.* Mit Abbildungen. 8462 – Bd. 2: *Gedichte von der Klassik bis zur Gegenwart.* Mit Abbildungen. 8463 – gebunden auch zusammen in Kassette

Das Junge Deutschland. Texte und Dokumente. 8703
Kalendergeschichten. Mit Abbildungen. 9872
Kinder-Märchen. Von C. W. Contessa. F. de la Motte Fouqué. E. T. A. Hoffmann. Mit Vignetten. 8377 – auch gebunden
Kinderszenen. Geschichten aus zwei Jahrhunderten. Mit Abbildungen. 8427 – auch gebunden
Kinder- und Jugendliteratur der Aufklärung. 9992
Kinder- und Jugendliteratur der Romantik. 8026
Kinder- und Jugendliteratur vom Biedermeier bis zum Realismus. 8087
Klassiker des Feuilletons. 8965
Des Knaben Wunderhorn. Alte deutsche Lieder ges. v. A. v. Arnim und C. Brentano. Kritische Ausgabe. Bd. 1, 2, 3. 1250, 1251, 1252 – gebunden auch zusammen in Kassette
»Komm, heilige Melancholie«. Eine Anthologie deutscher Melancholie-Gedichte. 7984 – auch gebunden
Konkrete Poesie. 9350
Die Krokodile. Ein Münchner Dichterkreis. Texte und Dokumente. Mit Abbildungen. 8378
Lateinische Gedichte deutscher Humanisten. Zweisprachig. 8739
Liebesgeschichten. Von Arthur Schnitzler bis Hermann Broch. 8312 – auch gebunden
Literarische Collagen. Texte, Quellen, Theorie. 7695
Lustspiele der Aufklärung in einem Akt. 8350
Lyrik des Exils. 8089
Lyrik des Jugendstils. 8928
Lyrik des Naturalismus. 7807
Lyrik für Leser. Deutsche Gedichte der siebziger Jahre. 9976
Lyrische Porträts. 7988
Meistersang. 8977
Moderne deutsche Naturlyrik. 9969
Die Münchner Moderne. 8587 – auch gebunden
Musik-Erzählungen. 8661 – auch gebunden

Nichts ist versprochen. Liebesgedichte der Gegenwart. 8559

Das Nonsens-Buch. Reclam Lesebuch

Parodien des Wiener Volkstheaters. Mit einer Karte der Originalschauplätze. 8354

Die Pegnitz-Schäfer. Nürnberger Barockdichtung. 8545

Poetische Scherzartikel. Reclam Lesebuch

Die politische Romantik in Deutschland. 8093

Prosa des Expressionismus. 8379

Prosa des Jugendstils. 7820 – auch gebunden

Prosa des Naturalismus. 9471

Rheinreise. Gedichte und Lieder. 8320 – auch gebunden

Der Reiz der Wörter. Anthologie zum 150jährigen Bestehen des Reclam-Verlages. 9999

Reportagen. 9837

Satiren der Aufklärung. 9777

Texte aus der Arbeitswelt seit 1961. 9705

Texte der proletarisch-revolutionären Literatur Deutschlands 1919 bis 1933. 9707

Undinenzauber. Geschichten und Gedichte von Nixen, Nymphen und anderen Wasserfrauen. 8683 – auch gebunden

Die vier Jahreszeiten. Gedichte. Reclam Lesebuch.

Die Wiener Moderne. Literatur, Kunst und Musik zwischen 1890 und 1910. 7742 – auch gebunden

Die Wundertüte. Alte und neue Gedichte für Kinder. Reclam Lesebuch

Zauberei im Herbste. Deutsche Kunstmärchen von Wieland bis Hofmannsthal. 8440 – auch gebunden

Der Zauberkasten. Alte und neue Geschichten für Kinder. Reclam Lesebuch

Philipp Reclam jun. Stuttgart

